Continuous Reinforced Concrete Composite Asphalt Pavement

连续配筋混凝土复合式沥青路面

刘朝晖　著

人民交通出版社

内 容 提 要

本书以作者近年来从事连续配筋混凝土复合式沥青路面(CRC + AC)的研究成果为基础,结合湖南长潭高速公路改造工程、长永高速公路黄花至永安段改造工程等工程实践经验撰写而成。全书共分8章,内容包括绪论、CRC + AC复合式沥青路面结构分析、CRC + AC端部位移分析与端部处理方式、CRC + AC路肩板不配筋时纵缝拉杆受力分析、CRC + AC层间界面剪应力与沥青面层厚度分析、CRC + AC层间界面抗剪强度试验、CRC + AC复合式沥青路面结构设计和CRC + AC复合式沥青路面施工技术与工程案例。

为了增强本书的工程实践指导性,作者专门编制了连续配筋混凝土复合式沥青路面设计与施工技术指南,并列于书后。

本书内容丰富、全面、系统,可作为高等学校道路工程专业研究生和高年级本科生的学习参考书,也可供从事道路工程路面结构设计、材料研究及施工等工作的科技人员参考使用。

图书在版编目(CIP)数据

连续配筋混凝土复合式沥青路面/刘朝晖著. --北京:人民交通出版社,2012.7

ISBN 978-7-114-09510-8

Ⅰ.①连… Ⅱ.①刘… Ⅲ.①连续配筋混凝土路面-复合式路面-沥青路面 Ⅳ.①U416.2

中国版本图书馆CIP数据核字(2012)第169017号

书　　名:连续配筋混凝土复合式沥青路面
著 作 者:刘朝晖
责任编辑:张　斌　刘永超
出版发行:人民交通出版社
地　　址:(100011) 北京市朝阳区安定门外外馆斜街3号
网　　址:http://www.ccpress.com.cn
销售电话:(010) 59757969,59757973
总 经 销:人民交通出版社发行部
经　　销:各地新华书店
印　　刷:北京鑫正大印刷有限公司
开　　本:720×960　1/16
印　　张:19.5
字　　数:343千
版　　次:2012年7月　第1版
印　　次:2012年7月　第1次印刷
书　　号:ISBN 978-7-114-09510-8
定　　价:46.00元

前言 *qianyan*

连续配筋混凝土复合式沥青路面(CRC+AC)是将连续配筋混凝土(CRC)板的高强度与沥青混凝土(AC)层的行车舒适性相结合的一种新型复合式路面结构,CRC板作为刚性基础,主要起承重作用,表面AC层主要起功能作用。CRC+AC结构整体强度高、使用寿命长、维修费用小,是重载交通高速公路长寿命路面结构的发展方向之一。

本书以湖南长潭高速公路改造工程、长永高速公路黄花至永安段改造工程、常吉高速公路CRC+AC试验路、广东325国道恩平段连续配筋混凝土路面(CRCP)试验路和湖南耒宜高速公路CRCP实体工程为技术依托,根据CRC+AC的结构特点,围绕CRC+AC的设计理论与方法,进行CRC+AC结构荷载应力、温度应力、端部位移与结构、路肩板不配筋时纵缝拉杆受力分析与设计、层间剪应力分析、层间黏结材料抗剪强度试验、CRC+AC结构设计、配筋设计以及施工技术、材料性能与实体工程应用等方面的研究工作,形成了较为系统的研究成果。

根据CRC+AC路面结构的特点,形成CRC+AC的结构体系理论,分析了CRC+AC结构的损坏模式,提出层间界面的滑动推移与脱落、CRC板边冲断破坏和钢筋拉断破坏三种主要破坏形式。层间滑动需要通过沥青面层厚度设计与层间结构与材料设计来控制,CRC板边冲断破坏可通过板厚与配筋设计进行控制,钢筋拉断破坏主要是通过配筋设计来满足混凝土体积收缩应力。

应用空间等参元有限元模型,对CRC+AC复合式路面结构的荷载应力、温度应力进行了计算,分析了结构的最不利荷位及各参数对CRC板应力的影响规律,得到不同裂缝间距L_d时,CRC板的两种临界荷位,并分析指出

最佳裂缝间距 $L_d = 1.5 \sim 2.0$m 时，CRC + AC 结构的受力状态最佳。为方便结构设计，分析了无沥青面层时 CRC 板的应力，并绘制了诺谟图，提出了回归计算公式，同时给出了地基模量 E_t 的修正系数 K_d。

针对路肩边板不配筋的设想与实践，分析了边板配筋与不配筋时 CRC 板的端部位移，并运用有限元方法进行了验证；同时分析了考虑路肩边板纵缝拉杆约束条件下滑动区长度 L_1 的计算过程。根据 CRC + AC 结构端部位移状况与工程实践，针对其与 CRCP 路面的不同，提出了桥梁伸缩毛勒缝的端部处理方式，并提出了与桥梁结构伸缩装置合并的处理模式及相应的结构形式。

以 CRC + AC 结构层间界面剪应力分析、层间黏结层材料抗剪强度试验为基础，提出了考虑层间剪切指标的沥青面层厚度设计模式，并综合考虑层间界面剪应力、黏结层材料抗剪强度、沥青面层容许车辙深度的沥青面层厚度确定方式以及层间界面结构形式与材料要求。

根据 CRC + AC 的临界荷位与荷载组合，以现行规范《公路水泥混凝土路面设计规范》(JTG D40—2011)中的设计指标与标准为基础，以板底综合疲劳应力为指标，提出了 CRC 板厚设计方法，提出了以横缝边缘中部的荷载应力加相应位置横向温度翘曲应力的荷载组合 I 为控制 CRC 板边冲断疲劳破坏的最不利荷载模式，并提出了极端裂缝间距条件下 CRC 板的板边冲断极限破坏验算方法。

以规范中 CRC 板的配筋设计为基础，分析了裂缝的最佳间距(1.5 ~ 2.0m)和裂缝的合适宽度(0.7 ~ 1.0mm)，提出了纵向钢筋直径与间距的选择原则、布置方式与要求，并提出了 CRC 板的平面尺寸、接缝设置以及路肩边板不配筋时纵缝拉杆的设计。

通过修筑 CRC + AC 及连续配筋混凝土 CRCP 试验路，实际考察了 CRC + AC 的路用性能，积累了 CRC + AC 路面的设计与施工经验，成功解决了施工中的一些关键技术问题，包括钢筋制作、安装与支架，混凝土配合比设计与指标，双掺量混凝土材料的膨胀性能控制，施工布料与振捣控制，端部处理施工等，并对实体工程、试验路进行了跟踪观测，调查了试验路 CRC 板的裂缝变化情况。

本书是作者近年来依托工程实践，结合国家自然科学基金项目——连续配筋混凝土复合式沥青路面结构分析研究（项目批准号:50778025）、湖南省科技支撑计划重点项目——重载交通耐久性复合式沥青路面结构研究（项目批准号:2007GK2009）、交通运输部西部交通建设科技项目——连续配筋混凝土刚柔复合式路面研究（项目批准号:200831800072）、湖南省交通科技计划项目——湖南高速公路路面典型结构及修建技术研究（项目批准号:200731）的研究成果，系统总结了连续配筋混凝土复合式沥青路面的结构设计、材料性能与施工技术，以期对现有设计规范进行补充和完善，为同行提供参考。

项目研究过程中得到了国家自然科学基金委员会、交通运输部西部交通建设科技项目管理中心、交通运输部科技司、湖南省科技厅、湖南省交通运输厅、广东省交通运输厅、湖南省公路学会、湖南省高速公路管理局、广东省公路管理局、广东省江门市公路管理局、湖南省长潭高速公路管理处、湖南省长永高速公路管理处、湖南省常吉高速公路建设开发有限公司、湖南省耒宜高速公路建设开发有限公司、湖南省交通规划勘察设计院等科技主管部门和合作单位的鼎力支持，每一项研究成果的取得都凝聚着项目参与者的智慧和心血！同时，项目研究过程中得到了郑健龙、李宇峙、李健、龚先兵、张建华、秦仁杰、赵锋军、李盛、胡伟、陈星、龚啸、周科峰、谢军、秦志斌等人的大力支持，研究生阳宏毅、危文康、李文科、华正良、刘汉中、宁向向等做了大量工作。本书的顺利出版，得益于项目合作单位和参加项目研究工作的每一位参与者，在此对他们表示衷心感谢。

由于复合式路面研究正在迅速发展，加上作者的研究水平有限，书中不足之处在所难免，敬请专家和读者提出宝贵意见。

本书的出版得到国家自然科学基金资助，也得到西部交通建设科技项目、交通运输部应用基础研究项目、湖南省科技支撑计划重点项目、湖南省交通科技计划项目以及长沙理工大学的资助。

刘朝晖

2011 年 10 月于长沙

目录 *mulu*

第1章　绪　　论

交通运输是国民经济的动脉,道路是交通运输基础设施的重要组成部分。改革开放以来,高速公路一直是我国年投资力度最大、发展速度最快的重点基础设施。新中国成立以来,我国的公路建设发生了翻天覆地的变化。新中国成立初期,公路里程只有 8 万 km,到 2011 年年底公路总里程已经超过了 410 万 km,公路通车总里程和公路密度比 1978 年增长了 3 倍多,建成的公路桥梁总量是 1978 年的近 5 倍。2011 年年底,我国高速公路的通车总里程已达 8.49 万 km,通车总里程继续居世界第二位。预计到 2015 年,我国高速公路的通车总里程将超过 11 万 km。高速公路的快速发展为我国经济社会的现代化建设做出了巨大贡献。

近年来优先发展交通的观念已深入人心,人们对道路的使用性能和使用寿命的要求也越来越高。但是,在我国公路建设高速发展的同时,由于管理上的长期欠缺及受公路运输企业营运利益的驱使,车辆超载现象十分普遍。有关部门的调查资料显示,运输车辆几乎 100% 超载,超载程度一般都在 1 倍以上。车辆超载使国内一些高速公路提前进入大修期。据报道,由于超载现象严重,海南西线某高速公路九所至青岭隧道 3km 高速公路路面损坏严重,坑洼难行,在 2010 年进行大修; 2001 年在广东进行的一项交通调查资料显示,有 87% 的车辆超载,最大的单轴重 31t;湖南省某高速公路,通车 6 年来标准轴载累计作用次数为 10 746 920次,相当于原设计使用年限的标准轴载累计作用次数的 95.8%,接近使用寿命。

按常规条件和 10t 标准轴载设计出的道路很难承受如此大的交通压力,使道路难以达到正常的大修年限和使用寿命。我国早期修建的主干线高速公路,路面均出现了不同程度的早期破坏现象或远未达到设计使用年限而重建的情况,给国家造成了极大的经济损失、资源浪费和不良社会影响,并引起了全社会的广泛关注,因此迫切需要提高道路工程的耐久性,延长道路工程的使用寿命。

2006 年 5 月 30 日的《人民日报》针对某省境内一段约 300km 的主干线高速公路水泥混凝土路面一直维修不断、“补丁”数以千计的情况,进行了以“高速公路修修补补何时了”为主题的报道,社会影响极大。一条通车 5 年的高速公路,怎么就如此破损不堪？其主要原因是重载交通的迅速增长、恶劣的气候环境以及设计施工管理工作中存在的不足，其中远超过设计轴载的重荷载是关键因素。因此，提出应对重载交通的合理路面结构，提高高速公路路面的耐久性和长期路用性能就成为一个迫在眉睫的重要技术问题。

为了使路面结构具有足够的强度（承载能力）、稳定性（耐久性）和良好的使用性能，以便在行车荷载和自然因素共同作用下保证公路运输快速、安全、舒适，同时考虑到路面结构在技术上的先进性、经济上的合理性和环境资源上的可持续发展要求，当前世界各国都在不断探索新的路面结构和材料，近年来越来越为人们所重视的复合式路面就是一个典型的例子。

目前，道路路面结构一般可分为4种主要类型，即刚性路面、半刚性路面、柔性路面和复合式路面（刚性基层柔性路面）。复合式路面是指面层由两层不同材料类型和力学性质的结构层复合而成的路面，一般采用混凝土（PCC）与沥青面层（AC）进行复合，常用的路面结构有普通混凝土（JPC）、碾压混凝土（RCC）、贫混凝土（LCC）、连续配筋混凝土（CRC）、纤维混凝土（SFRC）与沥青面层（AC）的复合，如RCC + AC或旧水泥混凝土路面上加铺沥青面层，也有横缝设传力杆的普通混凝土板加沥青面层（JPC + AC）的复合式路面，以及连续配筋混凝土（CRC）与沥青面层（AC）相结合的复合式路面。

连续配筋混凝土复合式沥青路面（CRC + AC）是将连续配筋混凝土（CRC：Continuously Reinforced Concrete）的高强度、整体性与沥青混凝土（AC：Asphalt Concrete）的行车舒适性相结合的一种新型复合式路面结构，CRC作为刚性基础，主要起承重作用，表面AC层主要起功能作用。这种路面结构承载能力高、整体性好、使用寿命长、维修费用低，是今后国道主干线重载交通高速公路长寿命路面结构的发展方向之一。但现行规范中CRC + AC的设计与施工技术还不完善，需对CRC + AC复合式路面的关键技术问题进行深入的研究。

1.1 连续配筋混凝土复合式沥青路面结构概述

1.1.1 连续配筋混凝土复合式沥青路面结构

连续配筋混凝土复合式沥青路面结构（CRC + AC），由于CRC没有接缝，由混凝土路面接缝引起的唧泥、错台、断板等病害得到了有效的控制，而且大量配置的纵横向钢筋的强化作用限制了裂缝的宽度和发展，减少了加铺沥青面层的反射裂缝发生的可能性,同时为AC面层提供了强大的荷载承重层。而其上的AC层能缓冲汽车荷载对CRC板的冲击,降低了CRC板的温度梯度与温度应力,减少了CRC板产生裂缝、边缘冲裂等病害,并且为车辆提供了平坦、舒适的行驶表面,有利于降低行车噪声。因此,CRC + AC是一种较理想的刚柔相济的复合式路面结构形式。

CRC + AC复合式路面结构,一般由地基基础、CRC板、层间界面黏结层、AC面层等结构层组成。CRC板为承重结构层,AC面层为表面功能层,层间界面需要黏结层将刚性层与柔性层结合,以便共同受力与变形,同时还需要稳定的地基作为基础共同承载。

关于复合式路面沥青面层的厚度,根据《公路水泥混凝土路面设计规范》(JTG D40—2011)的有关要求,复合式路面中沥青混凝土上面层的厚度不宜小于4cm;《公路沥青路面设计规范》(JTG D50—2006)中的条文说明指出:刚性基层沥青路面,高速公路的沥青面层最小厚度不宜小于10cm。《公路水泥混凝土路面设计规范》(JTG D40—2011)规定,旧水泥混凝土路面上沥青加铺层厚度应兼顾混合料的公称最大粒径相匹配和减缓反射裂缝的要求,高速公路和一级公路沥青面层的最小厚度宜为10cm,其他公路等级的最小厚度宜为8cm。

应用SHELL牌公司的BISAR软件对复合式路面层间剪应力进行分析,通过大量的计算,求得最大层间剪应力随着AC层厚度增加而减小,而AC层超过一定厚度(如12cm)时层间剪应力缓解效果不再明显。对层间抗剪而言,AC层厚度为6~12cm比较经济合理。

有研究表明,AC层厚度增加,CRC板的荷载应力有所降低,但幅度不大,4cmAC层的作用相当于1cm混凝土板的作用;而CRC的温度应力随AC层厚度的增加有较大的下降,AC层厚度从4cm增加到12cm,CRC荷载应力下降8%左右,而温度应力下降52%左右;AC层厚度小于4cm时,CRC + AC的总应力与普通CRCP的应力比较接近或稍大,主要是由于AC层较薄,隔热效果不明显,对荷载的扩散能力有限,同时由于AC层有较大的太阳辐射吸收率,可使CRC板的温度梯度增大。综合考虑CRC + AC的结构应力与层间界面剪应力的理论计算与分析结果,沥青面层的厚度宜为6~12cm,一般宜为8~10cm。

CRC的板厚在理论上可比普通混凝土板略小,《公路水泥混凝土路面设计规范》(JTG D40—2011)采用普通混凝土结构分析方法计算CRC板的应力,以有沥青上面层的混凝土板应力分析进行结构计算,考虑沥青面层对CRC板结构应力的影响,并确定CRC结构层的厚度。

CRC + AC复合式路面结构,根据应用的条件不同,一般有新建CRC + AC

复合式路面结构、旧沥青路面或旧水泥混凝土路面上加铺沥青层的 CRC + AC 复合式路面结构、旧连续配筋混凝土路面(CRCP)上加铺沥青面层的复合式路面结构。

1.1.2 连续配筋混凝土复合式沥青路面的特点

复合式路面的主要特点:(1)充分发挥不同路面材料的特性,扬长避短。高强度的刚性基础提高了路面结构的承载能力,满足重载、超载、大交通量等荷载条件要求;(2)最大限度地利用地方性材料,包括非规格材料和工业废品及副产品,降低工程造价;(3)AC 层改善和提高了混凝土路面表面使用品质,满足汽车高速行驶性能要求,并且方便养护维修;(4)AC 层降低了混凝土板的荷载应力与温度应力(温度梯度),对车辆冲击荷载起到缓冲作用,并加强了结构的防水作用,减少了雨水对混凝土板的影响;(5)混凝土板的施工技术与质量标准可适当降低,如抗滑、耐磨及平整度等指标,可通过沥青面层来保证。

由热拌沥青混合料(HMA)和连续配筋混凝土(CRC)两种路面组合而成的 CRC + AC 复合式沥青路面,综合了刚性路面和柔性路面的特点,柔中有刚,刚柔相济。用连续配筋混凝土作为基础,刚性部分作为路面的主要承载结构,为面层提供了可靠的支持,使板底应力、弯沉、车辙减少,并能相应减少沥青面层所需厚度。沥青混凝土作为面层,能提高路面舒适性,降低噪声,缓解荷载对刚性部分的冲击,减少刚性面层的荷载疲劳应力和温度疲劳应力,并且便于维修。

同时,水泥混凝土材料能充分利用当地材料与资源,如水泥、粉煤灰、碎石、钢筋等,可以促进当地经济发展并减少对我国相对较缺乏的石油资源的依赖,在此背景下,CRC + AC 复合式路面已进入高速公路路面设计者的考虑范围。但是由于相对缺乏设计理论、设计方法、施工技术和长期使用的性能观测,需要进行不断的摸索,总结经验,减少或避免在实际应用中出现各种病害,将 CRC + AC 复合式路面的优点真正体现出来。

CRC + AC 复合式沥青路面结构,由 CRC 板承受交通荷载,作为主要承重结构,由 AC 面层将直接承受的车辆荷载传给 CRC 板,作为表面功能层,因此具有如下的结构特点。

1)CRC + AC 复合式沥青路面结构的力学特点

CRC + AC 复合式路面结构是弹性半空间地基上的连续配筋混凝土弹性薄板上覆沥青混合料弹性层的复杂结构,承受交通荷载和环境气候变化多种因素的作用。连续配筋混凝土的刚度与其上的沥青混凝土层模量相差较大,收缩变形的累计差异效应也比普通混凝土路面大的多。

由于连续配筋混凝土板中配置了连续的纵向钢筋和一定的横向约束钢筋，一般不设置胀缝和缩缝，混凝土收缩所产生的横向裂缝，由于钢筋的作用受到限制而不会发展过大，因此加铺沥青面层产生反射裂缝的可能性大大降低，反射裂缝不再是其主要的损害形式。

由于沥青混凝土面层摊铺在连续配筋混凝土层上，层间主要靠沥青结合料的黏结力、沥青的内聚力以及沥青混合料与水泥混凝土表层的摩擦力来抵抗层间界面水平剪力，而不像沥青混凝土层内部一样大量存在集料的嵌挤作用，抗剪能力相对较弱，在汽车起动、紧急制动、弯道等状态下，水平推力较大，路面容易产生车辙、滑移、壅包等现象，在拖车和挂车经常行驶的慢车道或较陡的上坡段，由剪应力产生的破坏现象就更加明显，尤其高温条件时在长期反复的荷载作用下，沥青的劲度模量降低，黏聚力减小，抗剪强度会明显减少。因此对于连续配筋水泥混凝土与沥青混凝土复合式路面，层间界面结合问题表现突出，层间的抗剪必须予以高度重视。

2) CRC + AC 复合式沥青路面结构的端部变形特点

CRC + AC 复合式路面结构端部会随着环境温度变化产生滑动位移，一般变形量在 2 ~ 3cm，需对端部进行特殊处理，而常规的 CRCP 端部处理方式对这种复合式路面不适用，目前一般采用桥梁结构中的伸缩缝形式，如普遍使用的毛勒缝。

3) CRC + AC 复合式沥青路面结构的优点

CRC + AC 结构具有复合式路面的各项优点，并且由于 CRC 中配置纵向钢筋，约束了混凝土板(CC)的变形和裂缝的张开，沥青面层不会产生反射裂缝问题，同时配筋率又可低于 CRCP 板，CRC 板的施工技术标准也可低于普通混凝土板(PCC)和 CRCP 板，是一种可充分利用当地资源和材料、结构强度高、使用寿命长、经济性和耐久性好的“资源节约型”和“环境友好型”的路面结构。

(1) CRC + AC 复合式路面，由于 CRC 配置了纵向钢筋和横向钢筋，以抵制混凝土路面板纵向收缩产生的断裂，CRC 板除施工缝及构造需要的端部以外，完全不需设置横向胀缝及缩缝，形成了完整的表面，避免了普通混凝土路面的接缝破坏，同时也增加了路面板的整体刚度，提高了承载能力和抗雨水作用。因此，与普通混凝土板相比，板体整体强度更高、承载能力更强、使用寿命更长、维修方便且费用更小。

(2) CRC + AC 复合式路面充分发挥不同路面材料的特点。CRC 刚性基层提高了路面的承载能力，满足重载、超载、大交通量等荷载条件的要求；AC 面层改善和提高了混凝土路面表面使用品质，满足汽车高速行驶性能要求，并且方便养护维修。水泥混凝土材料能充分利用当地材料与资源,如水泥、粉煤灰、碎石、砂砾石、钢筋等,促进当地经济发展并减少对我国相对较缺乏的石油资源的依赖;由于CRC板用作刚性基层,能最大限度地利用地方性材料,包括非规格材料和工业废品及副产品,降低了工程造价。

(3)由于CRC板作为路面基层,CC板的施工技术与质量标准可适当降低,如抗滑、耐磨及平整度等指标,可通过沥青面层来保证。

CRC+AC复合式路面,综合了刚性路面和柔性路面的特点,刚性部分作为路面的主要承载结构,为路面提供了可靠的支持,而柔性部分作为路面的表面功能结构,为行车提供舒适的表面。因此,这种类型的复合式路面是一种使用性能良好的结构形式,能充分满足重载交通条件下路面结构的耐久性要求,是我国目前气候环境和重载交通条件下长寿命路面结构形式之一。

1.1.3 CRC+AC复合式沥青路面结构研究的意义

永久性(Perpetual Pavement)或长寿命路面(Long-life Flexible Pavement)是国际道路工程界提出的新概念。长寿命路面在整个路面寿命周期内,不产生大量结构性破坏,不需要进行"开膛破肚"式的结构性维修,只需对沥青面层进行预防性养护,以保持沥青面层的优良性能,并在表面损坏达到一定程度后,对表面进行维修即可。美国沥青路面协会(APA)将长寿命路面定义为:在沥青路面设计使用年限达50年内无结构性的修复和重建,仅需根据表面层损坏状况进行周期性的修复。

CRC+AC复合式路面结构,以连续配筋混凝土(CRC)良好的整体强度与刚度作为结构承重层,来适应目前重轴载交通的荷载作用与荷载疲劳作用,以沥青面层改善混凝土板的行车性能与受力特性,因此,连续配筋混凝土复合式沥青路面正是重载交通长寿命沥青路面的一种新结构形式,在美国采用这种结构形式的路段较多(从每年长寿命路面评奖的路段来看),主要是旧连续配筋混凝土路面使用一段时间后,为改善行车性能,在其上通过加铺沥青面层,形成刚柔复合式沥青路面,但新建的这种结构较少。

CRC+AC复合式路面的主要破坏形式有:一是在裂缝间距较小时,最不利荷位在横向裂缝边缘的中部,且应力较大,在重轴载重复作用下容易产生板边冲断疲劳破坏和板边冲断极限破坏;二是层间界面结合处,在水平力作用下容易出现层间界面滑动与推移破坏。

CRC+AC复合式路面层间界面结合问题表现突出。由于沥青面层摊铺在连续配筋混凝土层上,主要靠沥青结合料的黏结力、沥青的内聚力以及沥青混合料与水泥混凝土表面间的摩擦力来抵抗水平剪力，抗剪能力相对较弱，加之沥青混凝土层与连续配筋混凝土层模量相差大，体积膨胀时变形协调性差，而且复合式路面沥青面层一般不如普通沥青面层厚，有时甚至只有薄薄的几厘米，容易产生丧失层间黏结的剪切破坏。特别是大型货车在起动、紧急制动状态和上坡、弯道等路段，对路面产生的水平推力较大，沥青面层容易产生开裂、滑移、壅包等剪切破坏现象。尤其在高温条件长期反复荷载作用下，沥青的劲度模量降低，黏聚力减小，抗剪强度也随之减少。

其次是由于压实不够或材料发生离析，黏结层的抗剪强度也会产生变异性，弱的地方容易发生滑移破坏。沥青路面的一些病害，很多是由沥青面层的抗剪强度不足而引起的，这种问题在 CRC + AC 复合式路面中同样也可能发生，等到路面发生大面积层间剪切滑移破坏后，将严重影响路面行驶的安全性和舒适性，迫使车辆减慢行驶速度，降低了道路的使用效率和服务水平，而且容易诱发安全事故，并带来其他的道路病害。若进行修补，则需封闭部分路段或完全中断道路交通，给交通带来极大的不便，既花费了大量的人力物力资源，又减少了公路管理部门的道路收费并带来了巨大的负面影响。所以 CRC 与 AC 的层间剪应力是一项重要的设计指标，提高层间抗剪强度是该类型复合式路面需要重视和解决的问题。

美国的研究资料显示，由于缺乏层间的黏结力而产生滑移破坏的 AC 层模量和未发生滑移破坏的 AC 层模量有明显的区别，原 AC 层模量大的发生滑移的可能性也小些，而厚的 AC 层能抵消一部分层间黏结能力的不足。当刚柔上下两层的模量相差太大时则容易引起滑移现象。这项研究表明复合式路面层间滑移是较为普遍的道路病害，得到了各国道路研究者的重视。

连续配筋混凝土刚柔复合式沥青路面在我国的应用较少。CRC + AC 复合式沥青路面是弹性半空间地基上的连续配筋混凝土弹性薄板上覆沥青混合料弹性层的复杂结构，并承受交通荷载和环境气候变化多种因素作用，需开展各种荷载作用下复合式路面结构的应力分析和层间界面剪应力分析、环境温度变化条件下的温度应力分析以及上覆沥青层厚度的设计研究，提出结构组合设计与厚度设计方法。CRC + AC 复合路面结构端部会随着环境温度、湿度变化产生滑动位移，需对端部进行特殊处理，而常规的 CRCP 端部处理方式对这种复合式路面的适应性不强，需研究满足 CRC + AC 端部位移要求的处理方式。

应用弹性地基上弹性薄板上覆沥青面层弹性层体系理论和空间等参元有限元方法对复合式路面结构进行应力分析，提出复合式路面结构组合设计、厚度设计、层间界面设计和端部设计，完善现行规范、提升复合式路面的应用水平、有效地解决工程实际问题,具有重要的理论与工程应用价值。

针对国道主干线重载交通高速公路,结合实体工程的经验,着重研究CRC + AC 复合式路面结构设计及其材料性能、施工技术与工程应用情况,并对理论分析进行验证。进行 CRC + AC 复合式结构应力分析、层间剪应力分析和层间结构与材料、CRC + AC 端部处理、CRC 路肩板不配筋时纵缝拉杆受力特性分析等研究工作,为在我国推广连续配筋混凝土复合式路面(CRC + AC)的应用,提供科学依据与技术支撑,并为类似路面(如水泥混凝土桥面沥青铺装、其他刚性基层沥青路面)提供借鉴。

1.2 国内外研究概况

1.2.1 CRCP 的研究概况

1)CRCP 的应用情况

连续配筋混凝土路面(CRCP:Continuously Reinforced Concrete Pavement)是在水泥路面板中配有足够数量的纵向与横向钢筋,除施工缝及构造需要的胀缝以外,不需设置横向胀缝及缩缝,形成完整而平坦的行车表面,从而改善了汽车行驶的平稳性,避免了普通混凝土路面的接缝破坏,同时也增加了路面板的整体刚度,提高了承载能力、抵抗雨水作用的能力。

由于 CRCP 平整度高,承载力强,耐久性好,经济性也比较明显,早在 1921 年美国联邦公路局就在华盛顿特区修建了第一条长为 600m 的 CRCP 试验路,以探索其工作原理与使用效果。1925 年在伊利诺伊州泥炭沼地上修筑了一条 800m 的连续配筋混凝土路面。1938 年在印第安纳州修建了不同配筋率的 CRCP 试验路,配筋率为 0.07% ~1.82%,板的断面为厚边式,板中厚 178mm,板边厚 229mm,并对连续钢筋采用螺纹钢筋与光圆钢筋进行了对比研究。随后得克萨斯州、宾夕法尼亚州、马里兰州等地都开展了大规模的工程试验,得到了比较满意的结果。在美国全国大量修建高速公路时(州际公路与国防公路系统)大量采用了连续配筋混凝土路面,据统计,这种路面的总里程已达 32 000km,经过 20 多年的使用实践,绝大部分路面完好无损。

除美国外,CRCP 已经被许多国家广泛地应用于高速公路和机场道面。到 1980 年时已建成的 CRCP 折合成双车道,美国为 22 600km,日本为 10 697km,比利时为 500km,西班牙为 80km,此外澳大利亚、瑞典、荷兰、英国、德国也有相当多的应用和研究,其中,美国和比利时是使用 CRCP 最成功的国家。

比利时在20世纪50年代开始修建了CRCP试验路，随后做了进一步的试验。1970年开始，CRCP被广泛应用于汽车专用公路和其他重交通道路上，截至1975年底已铺筑CRCP200km。1981年以后，比利时所有高速公路都采用CRCP结构形式，目前大约铺筑了500km的CRCP。

英国1975～1983年修建了4段CRCP路，总长27km。1979年和1981年在运营中的两段道路上进行了CRCP试验。1989年，英国在一段3车道4.8km长的高速公路上修筑了CRCP，到现在，几乎所有的CRCP都修建在预期存在不均匀沉降的路段。

法国一个半官方的收费机构Paris-Rhine-Rhone高速公路公司于1983年在巴黎东南部的道路重建中第一次引入CRCP，另一个半官方性质的机构Cot-IR-OUTE公司在1986年Orleans南部的新建工程中也采用了CRCP。1985～1991年间，法国共修建了20多条CRCP道路，包括重建和新建工程。现在CRCP在法国广泛应用于高速公路和其他重交通道路的新建和补强工程中，目前已修筑了约550km。

澳大利亚第一条CRCP路面(The pacific highway near Kempsey)修建于1975年。1975年以后，在刚性路面的总里程中，CRCP占了20%。在亚洲，除日本大量铺筑连续配筋混凝土路面以外，泰国于1988年在南北高速公路上铺筑了150km长的CRCP。

我国CRCP应用试验及相关的研究相对较晚。1989年江苏省在盐城区一级公路上修筑了长500m、宽7m、厚20cm的CRCP试验路。1991年长春市公路规划设计院在长春市郊区胡家店段修建了两段试验路，一段长405m，为重型交通车道；另一段长234m，为轻型交通车道。随后，江苏省在苏南路网镇江段修建了宽6m、长1km的CRCP试验路。1996年，西安公路学院(现长安大学)与铜川公路局在铜川境内的210国道上修建了一段宽9m、厚22cm、总长228m的两幅CRCP试验路。1997年河南省在许昌境内107国道上加铺修筑了半幅10km长的CRCP实体工程。2003年北京市交通委员会路政局在110国道延庆山区段修筑了3.398km的CRCP路面，路面结构为：15cm石灰粉煤灰砂砾+15cm贫混凝土+32cm连续配筋混凝土，配筋率0.76%。严格地说，CRCP每段长度要求在1km以上，因此，以上工程只有3个达到要求。

2001年原长沙交通学院(现长沙理工大学)与湖南省高速公路公司在京珠高速公路耒阳至宜章段修建了宽2×11.25m、厚28cm、总长40.1km的CRCP路面，实现了我国高速公路CRCP“零的突破”。2003年长沙理工大学(原长沙交通学院)与广东省公路管理局在325国道广东恩平东段一级公路旧水泥混凝土路面大修工程中修筑了长1.117km的CRCP试验路。

总体而言,国内对CRCP的应用和研究并不多,设计、施工水平和研究深度与国际水平有一定的差距,但发展的前景广阔,潜力很大。

2)CRCP的结构分析与设计

美国混凝土学会(ACI)对连续配筋混凝土路面的设计方法,组织有关人员进行了系统研究,于1972年正式颁布了关于设计方法的研究报告,随后美国各州公路与运输工作者协会(AASHTO)与波特兰水泥协会(PCA)也颁布了正式的设计方法,现行的设计规范为1990年美国联邦公路局(FHWA)颁发的刚性路面设计规范。

从1950年开始,国外的道路工作者就开始对CRCP在荷载、材料和环境因素作用下的破坏机理、使用性能、开裂模式、端部位移及锚固方式、后期维护等方面进行了大量的研究,提出了很多有价值的理论模型和经验公式。其中,美国是CRCP实践最早、最多的国家,并进行了长期的观测和研究,取得了大量的成果,所以最早有关CRCP的理论研究以美国最有代表性。

从1995年开始,国内学者也开始对CRCP进行了一些研究,这些研究大多是在国外现有研究成果的基础上,采用各种数学方法计算分析CRCP的结构受力和配筋率,或是结合工程实践,总结概括CRCP的施工技术等。

1.2.2 CRC+AC复合式沥青路面的研究概况

1)CRC+AC复合式路面的应用情况

CRC+AC复合式路面充分利用了CRC在承受重载交通和耐久性方面的明显优势,以及沥青混凝土路面行车舒适和维修方便等优点。它能够在重载交通情况下,提供较好的路用性能,并在较长使用期内不发生结构性破坏,只需对沥青混合料面层进行养护,具有长寿命的特点。

对于水泥混凝土+沥青混凝土复合式路面,在国外研究和应用较早,20世纪30年代,英国修筑了连续配筋混凝土(CRC)层上加铺沥青层的路面结构。20世纪40~50年代这种复合式路面结构开始用于一些城市道路上。

1986年,在法国格勒诺布尔至尼斯之间的罗纳至阿尔卑斯地区85号洲际公路修复坍方路段中,新路使用聚苯乙烯修建轻质路堤,其上配双层钢筋网浇筑加固水泥混凝土板,长60m,每5m设一条承压缝,混凝土板宽8.4m,试验路段纵坡度9%。首先在板上喷洒沥青乳液,并铺土工织物,然后铺筑4~5cm厚的沥青磨耗层。由于织物与混凝土板很好地黏结在一起，尽管冬季严寒（-20℃），但未发现面层裂缝。

美国近年来在高速公路的拓宽中，把新铺并拉纹的水泥混凝土路面作为承重层，其上铺筑沥青混凝土，收到了良好的使用效果。

碾压混凝土（RCC）加沥青混凝土（AC）复合式路面结构的修筑只是近十年发展起来的。1985 年，西班牙某高速公路拓宽车道的施工，在基层为 15cm 厚的水泥稳定层上铺筑 23cm 厚的 RCC 层，RCC 板上加铺 5cm 厚的热拌沥青混合料。安达卢西亚高速公路上，设置 20cm 的水泥稳定层，其上铺设 25cm 厚的 RCC，为了养生和兼作黏层油，洒布了沥青乳液，上层铺设了 6cm 沥青混合料联结层和 4cm 沥青混凝土。为了防止反射裂缝的产生，在联结层和表层的沥青混凝土之间，使用了起加固作用的土工材料。1984～1986 年间，西班牙在高等级干线公路上，将 RCC 作为路面下层，上层铺筑沥青层，铺设面积已达 $3.0\times10^5m^2$。1989～1991 年，在西班牙马德里通往法国边界的高速公路上，修筑 RCC+AC 复合式路面，采用双层式 AC 层，层厚达 12cm。1989 年 1 月澳大利亚 Penith 市在水泥稳定基层上修筑了 RCC+AC 复合式路面。巴西一些城市在市区承受中等交通和重交通的道路上成功修筑了类似复合式路面。

1988 年日本在某停车场对 RCC 作为沥青混凝土下层的适应性进行了研究，并将这种路面结构形式写入 1990 年 6 月出版的《碾压混凝土路面技术指南》（草案）中。据日本《铺装》杂志 1993 年报道，在山阳高速公路河内至西条段修筑了 9km 的混凝土（CC）+AC 复合式路面试验路，共 11 种结构类型，路面下层为不同厚度的 CRC 或 RCC，上层为 10cm 双层式沥青混凝土或 5cm 单层式沥青混凝土。

英国关于 CRC+AC 的设计已载入《道路指示 29 号》，这是目前唯一的由国家机构颁布的关于此类路面的设计方法。《道路指示 29 号》指出，当应用最小的沥青面层厚度 9cm 时，等效于有缝混凝土板厚 2.5cm。Gregory 建议的相关计算法偏于保守，对于厚 10cm 的沥青面层，CRC 的板厚比 CRCP 的厚度减小 1.7～2cm。英国道路学者认为，在结构上保持薄的面层更为有利，因为混凝土板的刚度远大于沥青面层，而且承担较大比例的荷载。另一方面，他们认为应用厚度小于 10cm 的沥青面层在实践上比较困难，因为此时要省去联结层或用较小粒径的集料，这对层间结合是不利的。薄的沥青面层减少了隔热作用，而当面层厚度小于 4cm 时，其隔热作用则可能完全丧失。CRC+AC 结构，较单一 CRCP 可节省约 30% 的钢筋量，并减小板的温度位移，从而使板自由的边位移减小，可不需锚固，极大地节省了经费。

在美国,CRC + AC 复合式路面结构形式较多用于旧路维护,20 世纪 50 年代就用沥青加铺层来修复普通混凝土和连续配筋混凝土路面,用以改善荷载承受能力,提高路面的表面性能。另外有许多针对层间结合状态的研究,如美国威斯康星州交通部于 2002 ~ 2003 年开展了一项研究,评估热拌沥青混凝土界面黏结性能。

在新泽西州的亚特兰大市,联邦航空管理局的国家机场道路设施试验场利用落锤式弯沉仪(FWD)来分析层间的界面结合损害,其根据是损害和未损害的路段,表面的回弹模量相差很大,可以用 FWD 来求得回弹模量,进而确定层间结合的损伤程度,但当路面较厚时,层间结合状态对回弹模量的影响则可以忽略,因此需要寻找其他的丧失黏结性能所导致的结果。为了确定层间结合状态丧失所导致的结果,需使用界面径向应力作为比较的基础,以界面上和界面下的径向应力的代数差来求得。尽管该项目原意只是考虑沥青混凝土内部发生层间滑移,但可以用其借鉴分析不同材料间的层间结合状态。

我国在“七五”期间开展了“水泥混凝土路面发展对策及修筑技术研究”(国家科技引导性项目 NO.025),其中包括对水泥混凝土(双层板)复合式路面设计理论与方法的研究。“八五”期间交通部科技立项,西安公路学院(现长安大学)、全国水泥混凝土路面技术委员会、河南省交通厅、安徽省高速公路管理局、江苏省公路管理局、西安公路科学研究所等单位承担了”碾压混凝土与沥青混凝土复合式路面修筑技术研究”,对 RCC + AC 复合式路面从设计理论、设计方法及参数选用到施工技术进行了深入研究,取得了一定成果。同时西安公路学院承担的“碾压混凝土加铺沥青混凝土复合式路面结构设计理论与方法研究”1993 年被列为国家自然科学基金资助项目。国内近年来对 RCC + AC 复合式路面研究较多,并在全国修筑了较多的实体工程,但这些实体工程的使用情况并不理想。

最近,国内水泥混凝土路面使用状况不理想,很多工程出现了早期损坏现象,在重载交通、雨水等因素的综合作用下,水泥混凝土板损坏严重,许多地方正在进行旧水泥混凝土路面的改造,其中直接加铺沥青面层是国内外的一种常用的加铺方式,其设计理论与设计方法也不完善。长沙理工大学(原长沙交通学院)与湖南省高速公路管理局于 2002 年 12 月完成的“旧水泥混凝土路面上沥青混凝土加铺设计及应用技术研究”,通过了湖南省科技厅组织的课题鉴定。该研究提出了成套设计方法与修筑技术,对全国的旧水泥混凝土路面改造具有指导意义。

广深高速公路建设中,收费广场路段采用 28cm 厚水泥混凝土路面加铺

22cm 厚沥青面层的路面结构,使用状况一直较好。最近,广深高速公路局部路段扩建工程中也采取了类似的方法,但沥青面层厚 18cm,使用效果也很好。

对于连续配筋混凝土复合式路面,国内其他省份近年来进行了一些研究,并初步应用于高速公路的建设中,具体工程应用情况见第 3 节的论述。

2) CRC + AC 复合式路面的结构分析与设计

CRC + AC 复合式路面的设计理论与设计方法,国外一些公路工作者进行了一些有益的探索性计算与分析。英国 Gregory 曾建议将 CRCP + AC 复合式路面的 CRC 层厚与 AC 作相关计算,用弹性理论分析计算沥青表层复合结构的作用。日本将沥青层表面作用的荷载按 45°角扩散到混凝土板上,按阿灵顿半经验公式计算板底应力。前苏联则按应力扩散角考虑沥青层的影响后,用弹性地基上无限大板计算板的荷载应力。

Luther 等人运用线弹性断裂理论对 PCC + AC 复分式路面这一问题进行计算和分析,并进行了室内试验验证,提出了反射裂缝增长速率的计算模型。Majidzadeh 等人运用二维有限元法对沥青加铺层内的应力进行了分析,认为这种路面的裂缝主要是由于温度变化引起混凝土板水平位移和翘曲产生的,并提出了计算面层拉应力的方法。

B · Franck 等人分析研究了因温度变化罩面层底部引起拉应变及车辆荷载通过接缝时,两块板产生挠度而引起罩面层的剪应变。NanjimChen 等人应用三层弹性理论对此进行求解,并考虑了应力消解层的效应。C · Clauwaort 利用有限差分法对沥青加铺层进行荷载和温度综合作用下的力学分析。1988 年,T · Krauthammer 等人用二维有限元计算了 CC + AC 复合式路面结构接缝的传荷能力,分析了沥青层中垂直与水平的拉、压应力,最大弯沉和最大剪应力,并在接缝处引入了杆单元和梁单元。1990 年,Mahmoud 等人对水泥混凝土基层上的沥青层利用八面体进行了分析研究,提出了沥青层的临界厚度。

对于复合式路面的理论计算,我国也分为弹性层状体系法和有限元法。长沙理工大学刘朝晖等人应用弹性层状体系理论和有限元方法对 CRC + AC 层间剪应力进行了分析。顾兴宇等人运用传热学原理和有限元方法分析了 AC + CRC 复合式路面的瞬态温度场问题。

长安大学胡长顺等人采用 20 节点等参单元对 RCC + AC 复合式路面进行了荷载应力和温度应力的系统分析。王秉纲应用三维等参元有限元和三层弹性层状体系分析了 PCC + AC 复合式路面的荷载应力和温度应力。同济大学、东南大学、空军工程学院等应用空间等参元、层状体系理论、断裂力学等对 PCC + AC 复合式路面结构进行了初步分析。

现行规范对 CRC + AC 的结构应力分析没有专门研究，而是参考 PCC 和 RCC + AC 的结构，采用长安大学的研究成果，以三维 20 节点等参元有限元方法，为模拟 RCC 与基层间的复杂结合状态引入正交各向异性接触模型，在不考虑 AC 层的影响时，计算 RCC 板的荷载应力与温度应力，再应用三层弹性体系理论计算 AC 层对应力的影响。而 CRC 不同于 PCC 和 RCC，由于配置钢筋其整体强度更高，裂缝间距有差异，结构尺寸也不同，造成临界荷位不同，结构破坏的形式差异较大。因此，现行的结构分析方法与实际存在较大的差别。而常规的 CRCP 端部处理方式对这种复合式路面不适用，需研究满足端部位移要求的处理方式。

对于层间界面黏结层抗剪强度，长沙理工大学刘朝晖等人采用层状体系理论和有限元方法对层间剪应力进行分析，并运用便携式岩土剪切仪对层间黏结材料的抗剪强度进行测试。长安大学的胡长顺教授和北京建筑工程学院的高金岐等先后进行过黏结层的层间剪切试验，原理大体一致，只是试验的仪器、材料和试验条件有所区别。顾兴宇根据层状体系理论，应用有限元方法分析了层间剪应力，并运用斜剪试验测试层间黏结材料的抗剪强度。

1.3 国内 CRC + AC 复合式沥青路面的工程应用

由于连续配筋混凝土用钢量较大，造价较高，一般公路建设中受投资的影响极少采用，目前 CRC + AC 复合式路面在国内的应用较少。现行《公路水泥混凝土路面设计规范》(JTG D40—2011)也只建议在极重、特重交通高速公路建设中使用。

2003 年长沙理工大学与现代投资股份有限公司长潭分公司、湖南省高速公路管理局在湖南省长潭高速公路旧水泥混凝土路面改造工程中采用 CRC + AC 复合式路面修筑了 44.76km 的实体工程。2004 年江苏省的沿江高速公路长寿命试验路结构方案中有两段采用了 CRC + AC 结构，其中沥青面层采用 10cm 厚结构的长 620m，采用 6cm 厚改性沥青 SMA-13 结构的长 580m，CRC 分别采用 26cm 和 24cm。2005 年江苏沪宁高速公路改扩建工程中修筑了长 670m、宽 14.5m的 CRC + AC 试验路。2006 年长沙理工大学与现代投资股份有限公司长永分公司在长永高速公路黄花至永安段旧水泥混凝土路面改造工程中修筑了 8km 的 CRC + AC 实体工程。2007 年河北省张石高速公路石家庄段修筑了 40km 的 CRC + AC 实体工程。2008 年湖南省常吉高速公路修筑了 1km 的CRC + AC 试验路。

1)湖南省长潭高速公路 CRC + AC 复合式路面

湖南省长潭高速公路为京珠主干线的一段,全长 44.76km,双向 4 车道,路基宽 27.5m,原路面结构为水泥混凝土路面,1997 年建成通车,经过 6 年多的运营,累计标准轴次已接近设计轴次,由于原结构层设计较薄(25cm 厚混凝土板 + 20cm 厚水泥砂砾基层),重轴载较多,调查资料表明,轴重大于 10t 的占 37.6%,而轴重大于 13t 的超重车也占 22.98%,到路面改造时,损坏严重。为满足重载交通的需要,弥补原结构层厚度的不足,在对原旧水泥混凝土路面进行换板、压浆、清缝、灌缝等处理后,采用连续配筋混凝土补强调平层后再加铺 10cm 厚沥青面层的改造方案(表 1-1)。

长潭高速公路连续配筋混凝土加铺层复合式路面结构　　表 1-1

结　构　层	混凝土加铺层复合式路面结构材料与厚度
表面层	4cmSBS 改性沥青 SMA-13(木质素纤维)
黏层	0.3 ~ 0.6L/m^2 改性乳化沥青
下面层	6cmSBS 改性沥青 AC-20J
黏结防水防裂层	浸渍 1.40kg/m^2 重交通沥青(AH - 70)聚酯长丝烧毛土工布
补强、调平层	18cm 连续配筋混凝土
隔离层	2.5cm 沥青混合料 AC-10I
黏层	0.3 ~ 0.5L/m^2 乳化沥青或 0.3 ~ 0.6kg/m^2 重交通沥青 AH - 70
旧混凝土板	换板压浆处治旧混凝土板

连续配筋混凝土板纵向采用 ϕ18mm 的 II 级钢筋,间距 24cm,配筋率 0.600 8%。计算可得:裂缝间距 1.632m,处于 1m 和 2.5m 之间;裂缝宽度 0.93mm,小于 1mm;钢筋应力 168MPa,小于钢筋屈服强度 335MPa。横筋采用 ϕ14mm 的 II 级钢筋,间距 80cm,配筋率 0.106 9%,纵向配筋率为横向配筋率的 5.62 倍,符合规范。改造工程于 2003 年实施并完工,经过多年的使用,效果良好。

2)江苏省沿江高速公路 CRC + AC 试验路

2004 年江苏省的沿江高速公路长寿命试验路结构方案中有两段采用CRC + AC 结构,其中沥青面层采用 10cm(4cm 改性沥青 SMA-13 + 6cm 改性沥青 AC-20)结构的长 620m 和 6cm 改性沥青 SMA-13 结构的 580m,CRC 分别采用 26cm 和 24cm,以适应不同的交通量。试验路结构如图 1-1 所示。

3)江苏省沪宁高速公路 CRC + AC 试验路

2005 年江苏省沪宁高速公路改扩建工程中修筑了长 670m、宽 14.5m 的 CRC + AC 试验路,见表 1-2。

试验段1(620m)	试验段2(580m)
4cm SMA-13	6cm SMA-13
6cm CDAC-20	24cm CRCP面板
26cm CRCP面板	1cm沥青胶砂下封层
1cm沥青胶砂下封层	26cm水泥稳定碎石基层
20cm水泥稳定碎石基层	20cm二灰土底基层
20cm二灰土底基层	

图1-1 江苏省沿江高速公路 CRC + AC 试验路结构

江苏省沪宁高速公路 CRC + AC 试验路结构 表1-2

路面结构层	结构层厚度与材料
沥青上面层	4cm SBS 改性沥青 SMA-13
沥青下面层	8cm 改性沥青 Sup-19
承重层	26cm CRC
基层	20cm 水泥稳定碎石
底基层	20cm 石灰土

4)湖南省长永高速公路 CRC + AC 复合式路面

2006 年长沙理工大学与现代投资股份有限公司长永分公司在长永高速公路黄花至永安段旧水泥混凝土路面改造工程中修筑了 8km 长的 CRC + AC 实体工程,路面结构见表1-3。本实体工程根据本书的一些研究成果,在长潭高速公路 CRC + AC 实体工程的基础上进行改进,沥青面层厚度降为 9cm,层间界面采用 SBS 改性沥青黏结防水层,边缘路肩板采用素混凝土,没有配筋,只设纵向施工缝拉杆。

湖南省长永高速公路黄花到永安段 CRC + AC 结构 表1-3

结构层	连续配筋混凝土复合式加铺层路面结构材料与厚度
表面层	4cmSBS 改性沥青 SMA-13(木质素纤维)
黏层	0.3~0.6L/m^2 改性乳化沥青
下面层	5cmSBS 改性沥青 AC-20
黏结防水层	1.6~1.8kg/m^2SBS 改性沥青黏结防水层
补强调平层	18cm 连续配筋混凝土(路肩板没有配筋)
隔离层	2.5cm 沥青混合料 AC-10
黏层	0.3~0.5L/m^2 乳化沥青
旧混凝土板	换板压浆处治旧混凝土板

5）河北省张石高速公路CRC + AC复合式路面

2007年河北省张石高速公路石家庄段修筑了40km长的CRC + AC实体工程，这是新建公路中规模较大的CRC + AC路面结构，沥青面层厚度降为6cm，见表1-4。

河北省张石高速公路石家庄段CRC + AC结构　　表1-4

沥青面层	6cm改性沥青SMA-16
黏结层	热洒SBS改性沥青
CRC层	28cm CRC板
基层	4cm AC-13
封层 + 透层	热洒70号沥青 + 乳化沥青
底基层	18cm 水泥碎石
垫层	16～20cm 级配碎石

6）湖南省常吉高速公路CRC + AC试验路

湖南省交通运输厅科技计划项目"湖南公路路面典型结构及修建技术研究"课题组于2008年在湖南省常吉高速公路修筑了1km长的CRC + AC试验路，沥青面层厚6cm，并采用复合改性沥青，基层强度提高到6MPa，路面结构见表1-5。

湖南省常吉高速公路CRC + AC试验路结构　　表1-5

路面结构层	结构层厚度与材料
沥青面层	6cmRMB + Domix复合改性沥青SMA-16
黏结防水防裂层	SBS + RMB复合改性沥青 + 单粒径碎石
承重层	26cmCRC
基层	19cm 6%水泥稳定碎石（5MPa）
底基层	18cm 水泥碎石（3MPa）
结构层总厚度	69cm

第2章　CRC + AC 复合式沥青路面结构分析

CRC + AC 复合式沥青路面结构既保留了普通混凝土路面加铺沥青面层高强耐久的优良特性,同时依靠纵向连续配筋,裂缝处传荷能力增强,连续平整的表面大大降低了沥青面层产生反射裂缝的概率,是重载交通长寿命路面结构的重要形式之一。但是,由于 CRC 板纵向连续配筋约束了混凝土板的收缩变形,裂缝间距(板长)随机变化以及不同沥青面层厚度的荷载(汽车活载与温度荷载)扩散能力的差异等因素,直接导致 CRC + AC 复合式沥青路面结构的综合应力与 CRCP、普通混凝土板、普通混凝土板加铺沥青面层、刚性基层沥青路面等路面结构有很大不同,需开展有针对性的研究,为 CRC + AC 复合式沥青路面结构板厚、沥青层厚、配筋率等参数的设计提供依据。

研究表明,CRCP 具有优良的承载能力,在 CRC 上加铺 AC 层旨在利用 AC 层进一步提高路面的表面使用性能,加强荷载应力的扩散、降低混凝土板的温度应力和防止雨水下渗。针对 CRCP 进行结构应力分析时,在考虑横向裂缝的时候很难得到解析解。对于 CRC + AC 复合式沥青路面结构的应力更为复杂,国内外广泛采用有限元法进行计算分析。

采用有限元方法、运用 ANSYS 有限元计算软件,先将纵向钢筋所在厚度范围转化为等效层,建立正交各向异性薄层材料模型。应用空间等参元 8 节点六面体有限单元建立沥青面层与混凝土板的有限单元,分析 CRC + AC 复合式沥青路面结构的受力特点、临界荷位、影响因素、荷载应力与温度应力。

2.1　CRC + AC 复合式沥青路面结构分析体系理论

2.1.1　CRC + AC 复合式沥青路面结构体系

CRC + AC 复合式路面结构一般由沥青面层、层间界面黏结防水层、CRC 板、隔离层、基层、垫层和路基组成,并包括路肩、路面排水、CRC + AC 的端部与接缝、CRC 配筋等组成部分。因此,CRC + AC 复合式沥青路面结构体系理论是弹性半空间地基上的连续配筋混凝土弹性薄板上覆沥青混合料弹性层的复杂结构体系,并承受交通荷载与环境因素(温度、湿度变化)的综合作用。

CRC + AC 复合式路面结构,CRC 板为主要承重结构层,承受荷载应力与环境应力(温度应力与干缩应力)的综合作用。沥青面层为表面功能层,可提供表面行车舒适性能,如表面平整度、抗滑性能;能够降低表面行车噪声,同时起到隔温(热)作用,降低 CRC 板的温度梯度和温度应力;可起到扩散荷载应力,缓冲动荷载的冲击作用;沥青面层的密水性,能防止雨水下渗,减少雨水对 CRC 板钢筋的锈蚀,保护 CRC 板的整体结构性能。层间界面黏结层为 CRC + AC 提供界面结合,防止在水平力作用下产生层间滑动与推移,保证结构层的连续与共同受力;层间黏结层有效防止雨水渗入 CRC 板内部,保护 CRC 板的整体结构。

2.1.2　CRC + AC 复合式路面结构的破坏模式

CRC + AC 复合式路面需要承受车辆荷载与温度荷载的综合作用,在环境荷载作用下,CRC 板因板内连续配置的纵向钢筋的约束而无法自由变形,在纵向钢筋、地基、板的自重等因素综合作用下,随机产生较多的横向裂缝而带缝工作。

CRC 板允许产生横向随机裂缝,因此裂缝不能作为主要破坏现象。调查、分析和研究表明,在钢筋混凝土结构中,由非荷载因素(如温度、湿度、不均匀变形等)引起的裂缝,在数量上比荷载引起的裂缝多很多。CRC 板作为钢筋混凝土结构,其大部分裂缝也是前期由温度、湿度变化、混凝土体积收缩等环境因素引起的。若 CRC 板较薄,在后期使用期也有可能由车辆荷载与温度荷载综合疲劳作用引起横向疲劳开裂的增加。

根据实体工程和试验路工程的调查及国外使用经验,CRC + AC 复合式路面中 CRC 板的破坏形式主要为纵向钢筋拉断和板边冲断破坏,CRC 板的结构设计中应主要针对其破坏形式,合理确定板厚和配置钢筋(配筋率);同时 CRC + AC 由于层间界面剪应力过大而容易出现剪切破坏,产生层间滑动、推移和脱落。

2.1.2.1　板边冲断破坏

CRC 板产生板边冲断破坏,是因为 CRC 板在温度与湿度荷载作用下产生较多横向裂缝,有时裂缝间距较小,只有 20 ~ 30cm,如图 2-1 所示,降低了 CRC 板的整体刚度,在重复荷载作用下,CRC 板受到面层传递来的冲击荷载,位于裂缝两侧的混凝土在过大冲击荷载作用下产生松动至剥落,致使裂缝扩大,使得裂缝间的板丧失集料间嵌锁的纵向传荷能力而成为独立板块,沿横向如悬臂梁一样工作;由于横向钢筋只是构造钢筋且配筋率较小,车辆荷载应力与温度翘曲应力综合作用，使得窄板产生过大的横向弯拉应力，造成板块沿纵向产生疲劳断裂，产生板边冲断破坏，如图 2-2 所示。

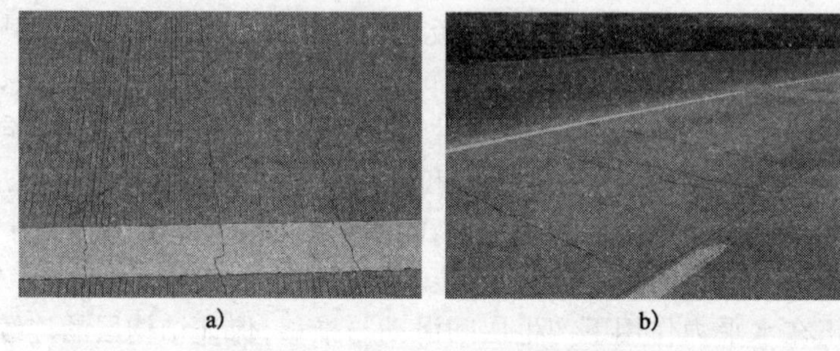

a) b)

图 2-1 CRC 板横向裂缝间距过小的现象

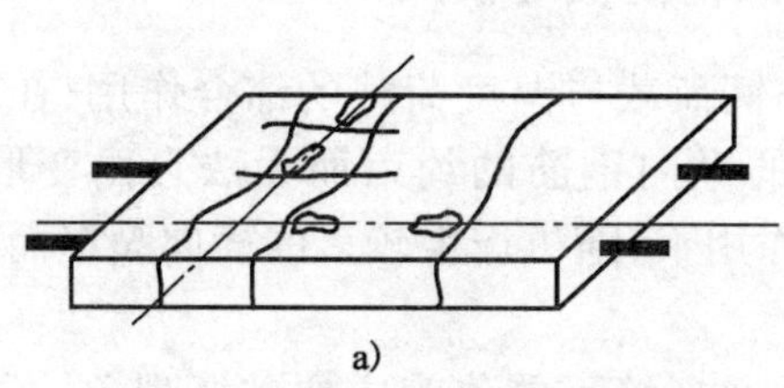

a)

b)

图 2-2 板边冲断破坏示意图和现场冲断破坏现象

针对 CRC 板冲断破坏现象，在进行 CRC 板厚度设计时，采用板底纵向与横向弯拉应力（裂缝间距较小时）指标进行厚度控制。配筋设计时，以钢筋应力、裂缝宽度、裂缝间距作为设计指标，通过配筋率控制 CRC 板的裂缝间距与宽度，避免出现裂缝间距过小和过大的情况，以免产生板边冲断破坏。

2.1.2.2 纵向钢筋拉断破坏

CRC 板产生钢筋拉断破坏是因为 CRC 板带缝工作，常常会受到雨水下渗的侵蚀作用，雨水在裂缝处锈蚀钢筋，使得钢筋截面积减少，CRC 板纵向配筋率逐渐减小，钢筋所承受的拉应力增加，从而使得纵向钢筋断裂破坏。

对于 CRC + AC 复合式路面结构，由于沥青面层和层间界面黏结层的防水保护作用，基本上可以消除路面雨水渗入 CRC 板裂缝中的可能性，只要设计的配筋率适当，一般不会出现纵向钢筋拉断破坏，除非沥青面层与层间黏结层防水失效，才有可能产生破坏，此时，一般需要对沥青面层进行修复。

2.1.2.3 层间界面剪切破坏

在汽车起动、下坡紧急制动、上坡、弯道等状态下，纵向和横向水平推力较大，CRC + AC 路面层间将产生较大的水平剪应力，路面容易产生界面滑移、内部推挤和壅包等现象。在重轴载行驶的慢车道较陡峭上坡段,由剪应力产生的破坏现象就更加明显。尤其在高温条件长期反复荷载作用下,沥青的劲度模量降低,黏聚力减小,抗剪强度也随之减少。另外在雨水的侵蚀下,发生沥青和黏结料的脱离和剥落,抗剪强度也会相应减少。层间滑动与推移损坏见图 2-3。

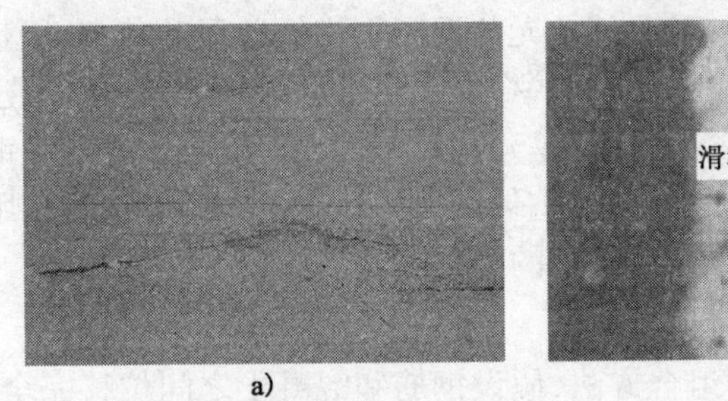

a)

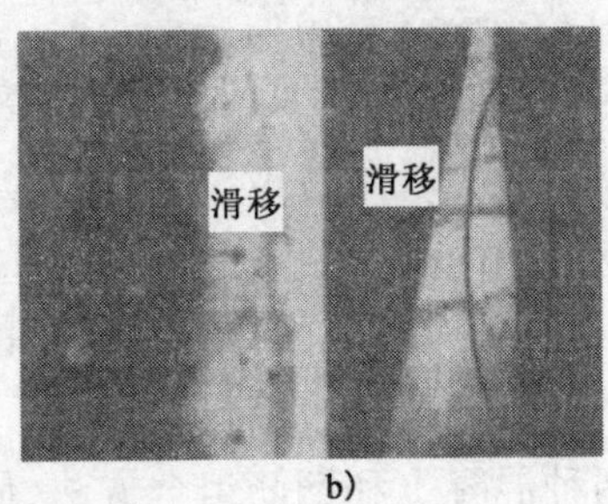

b)

图 2-3　复合式路面层间剪切破坏现象

a) 表面出现"U"形裂缝;b) 表面出现滑移现象

因此,CRC 与 AC 的层间剪应力是一项重要的设计指标,提高层间抗剪强度是该类型复合式路面需要重视和解决的问题。具体分析见第 5、6 章。

2.2　CRC + AC 复合式沥青路面结构有限元模型

2.2.1　CRC 板有限元模型

连续配筋混凝土板在工作环境下,因混凝土硬化时的干缩和温缩受阻,会产生横向细小裂缝,在道路结构中带缝工作。CRC 在纵、横向配有钢筋以控制和约束混凝土板收缩产生开裂的裂缝间距和裂缝宽度,一般 CRCP 面板的裂缝宽度为 0.58 ~ 1.2mm,CRC + AC 复合式结构中,由于 CRC 板下移,在沥青面层的保护下受环境的影响减小,其缝宽要求理论上可适当放宽。同时,CRC 利用纵、横向所配钢筋传递纵、横向荷载应力,保持路面结构受力的整体连续性,在建立有限元计算模型时须考虑钢筋的影响。

在建筑结构中,钢筋的考虑一般有以下三种方式:

1) 整体式模型

对于墙、板等钢筋分布比较密集而又均匀的构件形式,一般使用这种整体式钢筋混凝土模型。该模型是由弥散钢筋单元组成的整体式钢筋混凝土模型,它可以在三维空间的不同方向分别设定钢筋的位置、角度、配筋率等参数。在 ANSYS 中,直接利用 SOLID 65 提供的实参数建模,其优点是建模方便,分析效率高,但是缺点是不适用于钢筋分布较不均匀的区域,且得到钢筋内力比较困难。该模型主要用于有大量钢筋且钢筋分别较均匀的构件中,例如剪力墙或楼板结构。

2)分离式模型,位移协调

该模型利用杆单元模拟钢筋,杆单元与混凝土实体单元共节点,以达到钢筋与混凝土位移协调的目的。在 ANSYS 中,可以利用空间杆单元 link 8 建立钢筋模型和混凝土单元共用节点。其优点是建模比较方便,可以任意布置钢筋并可直观获得钢筋的内力。缺点是建模比整体式模型要复杂,需要考虑共用节点的位置,且容易出现应力集中拉坏混凝土的问题。

3)分离式模型,界面单元

前述两种混凝土和钢筋组合方法,假设钢筋和混凝土之间位移完全协调,没有考虑钢筋和混凝土之间的滑移,可采用黏结—滑移模型,通过加入界面单元的方法,进一步提高分析的精度。在 ANSYS 中,仍可利用空间杆单元 link 8 建立钢筋模型。不同的是混凝土单元和钢筋单元之间利用弹簧模型来建立连接。不过,由于一般钢筋混凝土结构中钢筋和混凝土之间都有比较良好的锚固,钢筋和混凝土之间滑移带来的问题不是很严重,一般不必考虑。

对于连续配筋混凝土路面,有学者采用前述2)、3)的模型建立有限元计算模型,也有学者直接将钢筋连续化处理,使之等效为一均质薄层,这一等效层具有正交各向异性的材料特性,即沿纵向钢筋对混凝土有明显的加强,而其他两个方向没有强化作用。

综上所述,对于连续配筋混凝土层,混凝土可以采用空间等参元 8 节点正六面体单元,而钢筋的建模则各有利弊。采用杆单元建立钢筋模型,能够近似模拟钢筋与混凝土变形协调或黏结—滑移的效果,但忽略了单元节点间钢筋与混凝土的变形协调性,杆单元本身也忽略了钢筋的空间体积特性,本该由钢筋占据的体积由混凝土填充了。采用正交各向异性薄膜单元也存在类似的不足。但是,建立钢筋的实体单元,钢筋截面尺寸与混凝土面板的三维尺寸相差太大,划分单元过小将导致计算量呈几何级数增加,甚至根本无法计算,划分单元增大则导致畸形单元的产生,应力集中以及计算误差大幅度增大,甚至导致计算结果不可信。

将钢筋布设层按照实体单元建模,将钢筋连续化处理,并采用空间正交各向异性材料模型模拟该层纵、横向配筋率不同以及厚度方向没有配筋的特性,沿纵向钢筋对混凝土有明显的加强,而其他两个方向没有强化作用。从钢筋层本身建模来看,钢筋是有方向性的弥散在混凝土里,从模型整体来看,面板的连续配筋特性被集中在钢筋所在厚度范围，将纵向钢筋面积分摊在宽度范围内形成薄层。

为计算方便，在荷载应力分析中采用如下假定：

(1) 钢筋层与混凝土层完全黏结，两者变形协调。

(2) 裂缝处不考虑混凝土集料嵌锁的传荷作用，只考虑钢筋层连续。

(3) 在取多板块计算时，横向裂缝间距按相同考虑。

(4) 采用弹性半空间地基，有限元分析中取有限尺寸。

(5) 忽略一方向钢筋对另一方向的增强作用，即不考虑耦合。

(6) 钢筋各向同性、完全成直线、线弹性、规则排列。

(7) 混凝土宏观各向同性、均匀性、线弹性。

2.2.2　钢筋层模型参数的确定

初步将钢筋层的厚度定为纵向钢筋面积在宽度方向所占的厚度，计算该层的纵、横向弹性模量。从钢筋层中任取一代表性体元，如图 2-4 所示。

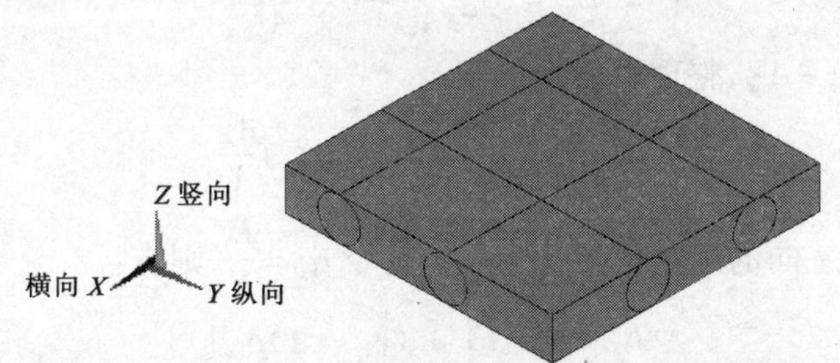

图 2-4　纵向钢筋层实体

设在代表性体元的钢筋方向（即 x 方向）的作用力为 F_x，则有：

$$F_x = F_{cx} + F_{sx} \tag{2-1}$$

式中：F_{cx}——混凝土所承受的荷载；

F_{sx}——钢筋所承受的荷载。

如果采用应力表示，并设 A_x 为钢筋混凝土板的横截面面积；A_{cx} 为混凝土的横截面面积；A_{sx} 为钢筋的横截面面积。则有

$$\sigma_x A_x = \sigma_{cx} A_{cx} + \sigma_{sx} A_{sx} \tag{2-2}$$

式中：σ_{cx}——混凝土所承受的应力；

σ_{sx}——钢筋所承受的应力；

σ_x——钢筋层所承受的应力。

由式(2-2)得到

$$\sigma_x = \sigma_{cx}\frac{A_{cx}}{A_x} + \sigma_{sx}\frac{A_{sx}}{A_x} \tag{2-3}$$

由基本假定(1)得到：

$$\varepsilon_x = \varepsilon_{cx} = \varepsilon_{sx} \tag{2-4}$$

式中：ε_{cx}——混凝土所承受的应变；

ε_{sx}——钢筋所承受的应变；

ε_x——钢筋层所承受的应变。

由胡克定律得：

$$\sigma_x = E_x\varepsilon_x;\sigma_{cx} = E_{cx}\varepsilon_{cx};\sigma_{sx} = E_{sx}\varepsilon_{sx} \tag{2-5}$$

式中：E_{cx}——混凝土的弹性模量；

E_{sx}——钢筋的弹性模量；

E_x——钢筋层的弹性模量。

将式(2-4)、式(2-5)代入式(2-3)可得：

$$E_x = E_{cx}\frac{A_{cx}}{A_x} + E_{sx}\frac{A_{sx}}{A_x} \tag{2-6}$$

注意到：$A_x = A_{sx} + A_{cx}$，整理可得：

$$E_x = E_{cx} + (E_{sx} - E_{cx})\frac{A_{sx}}{A_x} \tag{2-7}$$

不难看出，x 向的配筋率为 $\rho_{sx} = \frac{A_{sx}}{A_x}$，若令 $\alpha_x = \frac{E_{sx}}{E_{cx}}$ 则有：

$$E_x = E_{cx}[1 + (\alpha_x - 1)\rho_{sx}] \tag{2-8}$$

同理，对于横向则有：

$$E_y = E_{cy}[1 + (\alpha_y - 1)\rho_{sy}] \tag{2-9}$$

对于连续配筋混凝土板，所用混凝土假定为各向同性材料，故 $E_{cx} = E_{cy}$，则：

$$\begin{cases} E_y = E_c[1 + (\alpha_y - 1)\rho_{sy}] \\ E_x = E_c[1 + (\alpha_x - 1)\rho_{sx}] \end{cases} \tag{2-10}$$

因此，对于钢筋层，其弹性模量随着配筋率的提高而提高，由于纵横向配筋率的不同，该层表现出正交各向异性的特征。

对于厚度方向模量 E_z，国内外多个学者建立了不同的模型进行分析，计算结果相差较大，我国同济大学朱颐龄教授提出的矩形模型法的预测值与试验结果较为接近，计算公式如下：

$$E_z = E_c\frac{1 + \sqrt{\rho}(\alpha - 1)}{1 + \sqrt{\rho}(1 - \sqrt{\rho})(\alpha - 1)} \tag{2-11}$$

式中：$\rho=\min(\rho_{sx},\rho_{sy})$，取两向配筋率较小值。

对于连续配筋混凝土路面，其配筋目的不同于结构工程，配筋率较一般结构工程中的梁、板结构小得多，连续配筋混凝土路面厚度方向没有配筋，配筋率为零，故取厚度方向的弹性模量$E_z=E_c$，这样的简化在使用中偏于安全。

在计算前，除了需要确定正交各向异性钢筋层的弹性模量参数外，还需要确定各个方向的剪切模量和泊松比。对于剪切模量的确定，根据朱颐龄教授的研究成果，按照下式计算：

$$G_{xy}=G_c\frac{1-\sqrt{\rho}\left(1-\frac{G_s}{G_c}\right)}{1-\sqrt{\rho}(1-\sqrt{\rho})\left(1-\frac{G_s}{G_c}\right)} \tag{2-12}$$

式中：$\rho=\min(\rho_{sx},\rho_{sy})$，取两向配筋率较小值；

G_c——混凝土的剪切模量；

G_s——钢筋的剪切模量。

对于连续配筋混凝土板则有：

$$G_{xy}=G_c\frac{1-\sqrt{\rho_{sx}}\left(1-\frac{G_s}{G_c}\right)}{1-\sqrt{\rho_{sx}}(1-\sqrt{\rho_{sx}})\left(1-\frac{G_s}{G_c}\right)}$$

$$G_{xz}=G_c$$

$$G_{zy}=G_c$$

对于泊松比的确定，根据泊松比的定义，当钢筋层在x方向受拉时，y方向将产生收缩：

$$\mu_{xy}=-\frac{\varepsilon_y}{\varepsilon_x} \tag{2-13}$$

y方向的收缩变形应等于钢筋和混凝土横向收缩变形之和，即：

$$\Delta b_y=\Delta b_{cy}+\Delta b_{sy}=-b_{cy}\varepsilon_{cx}\mu_c-b_{sy}\varepsilon_{sx}\mu_s \tag{2-14}$$

式中：b_y——单元休y方向的尺寸；

b_{cy}——单元体混凝土部分y方向的尺寸；

b_{sy}——单元体钢筋部分y方向的尺寸。

根据变形协调性假设，$\varepsilon_x=\varepsilon_{cx}=\varepsilon_{sx}$，则有：

$$\mu_{xy}=\frac{b_{cy}\mu_c+b_{sy}\mu_s}{b_y}=\mu_c+\frac{b_{sy}}{b_y}(\mu_s-\mu_c) \tag{2-15}$$

由于$\rho_y=\frac{b_{sy}}{b_y}$（即$y$方向配筋率），故有：

$$\mu_{xy} = \mu_c + \rho_y(\mu_s - \mu_c) \tag{2-16}$$

同理可得:

$$\mu_{yx} = \mu_c + \rho_x(\mu_s - \mu_c) \tag{2-17}$$

同前述分析,$\mu_{xz} = \mu_{yz} = \mu_c$

2.2.3 混凝土层模型的建立

对于连续配筋混凝土板,在将钢筋层按照正交各向异性材料单独建模后,所剩余的素水泥混凝土层成为两层,分别建模,钢筋层以上的部分称为“上层”,钢筋层以下的部分称为“下层”,“上层”与“下层”均采用空间等参元8节点六面体单元,每个节点有 x、y、z 三个方向的自由度,单元坐标如图2-5所示。

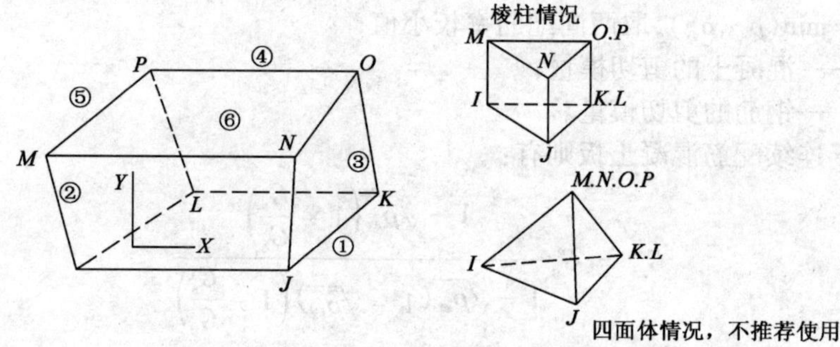

图2-5　8节点六面体单元的几何形状示意图

对于应力方向按照图2-6进行定义(横向为 x 方向,纵向为 y 方向):

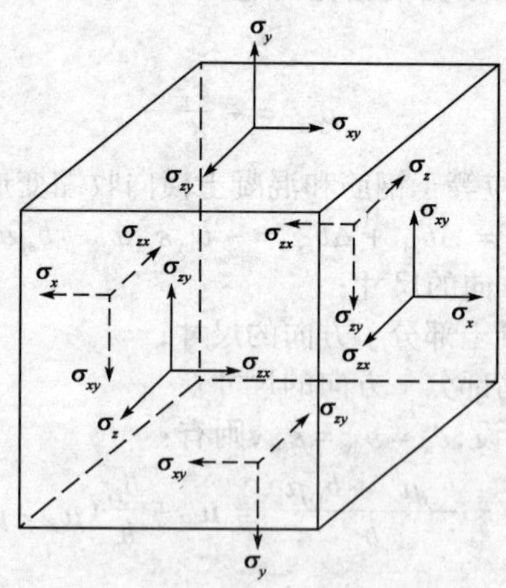

图2-6　8节点六面体单元应力方向示意图

对于线弹性材料,8 节点六面体单元任一节点的位移和节点力分别为:

$$\{d_t\} = \{u_t, v_t, w_t\}^T$$

$$\{F_t\} = \{X_t, Y_t, Z_t\}^T$$

如图 2-5 所示,$t = (i, j, k, l, m, n, o, p)$。单元的节点位移和节点力分别为:

$$\{d_e\} = \{u_i, v_i, w_i, u_j, v_j, w_j, \cdots, u_o, v_o, w_o, u_p, v_p, w_p\}^T$$

$$\{F_e\} = \{X_i, Y_i, Z_i, X_j, Y_j, Z_j, \cdots, X_o, Y_o, Z_o, X_p, Y_p, Z_p\}^T$$

单元内任一点的应变列阵为:

$$\{\varepsilon\} = [\varepsilon_x \quad \varepsilon_y \quad \varepsilon_z \quad \gamma_{xy} \quad \gamma_{yz} \quad \gamma_{xz}]^T$$

单元内任一点的应力列阵为:

$$\{\sigma\} = [\sigma_x \quad \sigma_y \quad \sigma_z \quad \tau_{xy} \quad \tau_{yz} \quad \sigma_{xz}]^T$$

单元能量泛函为:

$$\prod_e = \iiint \frac{1}{2}\{\varepsilon\}^T\{\sigma\}\mathrm{d}V - \{d_e\}^T\{F_e\} \tag{2-18}$$

设单元位移函数为:

$$u = u(x, y, z)$$

$$v = v(x, y, z)$$

$$w = w(x, y, z)$$

则有:

$$\{U\} = \{u, v, w\}^T = [N]\{d_e\} \tag{2-19}$$

式中:$[N]$——单元的形函数矩阵。

式(2-19)为位移函数与单元节点位移之间的关系式。

$$\{\varepsilon\} = [\varepsilon_x \quad \varepsilon_y \quad \varepsilon_z \quad \gamma_{xy} \quad \gamma_{yz} \quad \gamma_{xz}]^T = [B]\{d_e\} \tag{2-20}$$

$$\{\sigma\} = [\sigma_x \quad \sigma_y \quad \sigma_z \quad \tau_{xy} \quad \tau_{yz} \quad \sigma_{xz}]^T = [D]\{\varepsilon\} = [S]\{d_e\} \tag{2-21}$$

式中:$[B]$——单元应变矩阵;

$[D]$——弹性矩阵。

式(2-20)为应变与单元节点位移之间的关系式,式(2-21)为应力与单元节点位移的关系式。

将式(2-20)、式(2-21)代入式(2-18)则有:

$$\prod_e = \frac{1}{2}\{d_e\}^T\left(\iiint [B]^T[D][B]\mathrm{d}V\right)\{d_e\} - \{d_e\}^T\{F_e\} \tag{2-22}$$

根据势能原理,将式(2-22)对$\{d_e\}$取变分,可得:

$$\delta\prod_{e}=\frac{\partial\prod_{e}}{\partial\{d_{e}\}}\delta\{d_{e}\}=0 \tag{2-23}$$

由于$\delta\{d_e\}$的任意性,则有:

$$\frac{\partial\prod_{e}}{\partial\{d_{e}\}}=\iiint[B]^{T}[D][B]dV\{d_{e}\}-\{F_{e}\}=0 \tag{2-24}$$

单元刚度矩阵为:

$$[K_{e}]=\iiint[B]^{T}[D][B]dV \tag{2-25}$$

单元平衡方程为:

$$[K_{e}]\{d_{e}\}=\{F_{e}\} \tag{2-26}$$

将单元能量泛函式(2-22)对全部单元进行叠加,并注意到式(2-25),则有:

$$\prod=\sum_{e=1}^{N}\prod_{e}=\sum_{e=1}^{N}\frac{1}{2}\{d_{e}\}^{T}[K_{e}]\{d_{e}\}-\sum_{e=1}^{N}\{d_{e}\}^{T}\{F_{e}\} \tag{2-27}$$

按照单元刚度矩阵组装为整体刚度矩阵时的“对号入座”规则,考虑到节点力与节点荷载在节点上的应力平衡条件,可以得到:

$$\sum_{e=1}^{m}\frac{1}{2}\{d_{e}\}^{T}[K_{e}]\{d_{e}\}=\frac{1}{2}\{d\}^{T}[K]\{d\} \tag{2-28}$$

$$\sum_{e=1}^{m}\{d_{e}\}^{T}[K_{e}]=\{d\}^{T}\{P\} \tag{2-29}$$

式中:$\{d\}=\{u_1,v_1,w_1,u_2,v_2,w_2,\cdots,u_s,v_s,w_s\}^T$,$s$ 为节点总数;

$\{P\}=[p_1,p_2,\cdots,p_n]^T$,$n=3s$。

将式(2-28)、式(2-29)代入式(2-27),则:

$$\prod=\sum_{e=1}^{N}\prod_{e}=\frac{1}{2}\{d\}^{T}[K]\{d\}-\{d\}^{T}\{P\} \tag{2-30}$$

式中:$[K]=\sum_{e=1}^{N}[K_e]$。

式(2-30)对$\{d\}$取变分,可得:

$$[K]\{d\}=\{P\} \tag{2-31}$$

这就是整体结构的刚度方程。

对于线弹性材料,应力—应变关系满足下式:

$$\{\sigma\}=[D]\{\varepsilon\} \tag{2-32}$$

式中:$\{\sigma\}=[\sigma_x\quad\sigma_y\quad\sigma_z\quad\tau_{xy}\quad\tau_{yz}\quad\sigma_{xz}\quad]^T$;

$\{\varepsilon\}=[\varepsilon_x\quad\varepsilon_y\quad\varepsilon_z\quad\gamma_{xy}\quad\gamma_{yz}\quad\gamma_{xz}\quad]^T$;

$$[D]^{-1}=\begin{bmatrix}\frac{1}{E_x} & \frac{-\mu_{xy}}{E_x} & \frac{-\mu_{xz}}{E_x} & 0 & 0 & 0\\ \frac{-\mu_{yx}}{E_y} & \frac{1}{E_y} & \frac{-\mu_{yz}}{E_y} & 0 & 0 & 0\\ \frac{-\mu_{zx}}{E_z} & \frac{-\mu_{zy}}{E_z} & \frac{1}{E_z} & 0 & 0 & 0\\ 0 & 0 & 0 & \frac{1}{G_{xy}} & 0 & 0\\ 0 & 0 & 0 & 0 & \frac{1}{G_{yz}} & 0\\ 0 & 0 & 0 & 0 & 0 & \frac{1}{G_{xz}}\end{bmatrix}。$$

对于各向同性材料，μ、E 为常量，因此：

$$\frac{\mu_{xy}}{E_x}=\frac{\mu_{xz}}{E_x}=\frac{\mu_{yx}}{E_y}=\frac{\mu_{yz}}{E_y}=\frac{\mu_{zx}}{E_z}=\frac{\mu_{zy}}{E_z} \tag{2-33}$$

$$G_{xy}=G_{yz}=G_{xz}=G=\frac{E}{2(1+\mu)} \tag{2-34}$$

因此$[D]$为对称矩阵，素混凝土层、沥青混凝土面层以及地基就采用这种材料模型。

对于正交各向异性材料，由于 $E_x \neq E_y \neq E_z$、$\mu_{xy} \neq \mu_{yx} \neq \mu_{yz} \neq \mu_{zx} \neq \mu_{zy} \neq \mu_{xz}$、$G_{xy} \neq G_{yz} \neq G_{xz}$，因此$[D]$为不对称矩阵，对于钢筋层采用正交各向异性材料建模，就采用该模型计算。

2.2.4　其他结构层模型的建立

对于 CRC + AC 复合式沥青路面结构有限元计算模型的建立，除了前述的 CRC 层以外，还需要对沥青层、地基层以及接缝与裂缝的接触条件建模。

为保证模型的统一，对于沥青层和地基层，采用与素混凝土层相同的 8 节点六面体单元。

对于纵向接缝与横向裂缝，一般仅考虑钢筋的传荷作用，认为混凝土完全断开，忽略混凝土的传荷能力，而实际上，纵向接缝填料，以及横向裂缝开裂后的机械嵌锁，都起到了一定的传荷效果，采用裂缝虚拟填料的方法模拟该作用。该种建模方式有以下两个优点。

(1) 对于横向裂缝，在裂缝宽度较小，荷载较小情况下，荷载作用下的裂缝不会闭合，即不用考虑裂缝两面单元的接触问题，但是在承受重载或超载情况下，裂缝会闭合，如在骑缝荷载作用下，这时，有限元计算必须考虑裂缝两面的接触问题，过大的变形甚至会导致单元的相互刺入。因此对裂缝采用虚拟材料建模，避免了单元的接触与刺入问题。

（2）变化接缝虚拟材料的刚度，可以模拟接缝填料，以及横向裂缝开裂后的混凝土机械嵌锁的传荷作用。接缝虚拟材料的刚度接近零时，相当于接缝完全断开，仅仅依靠钢筋进行传荷。接缝虚拟材料的刚度等于混凝土的刚度时，相当于无接缝状态，钢筋和混凝土共同进行传荷。接缝虚拟材料的刚度介于 0 与混凝土刚度之间时，以模拟接缝的传荷能力，接缝虚拟材料的刚度越大，传荷能力越大。

最后完成 CRC + AC 复合式沥青路面结构有限元计算模型见图 2-7。当裂缝间距 $L = 0.5\text{m}$，模型单元数 157 080，节点数 174 240；当裂缝间距 $L = 1\text{m}$，模型单元数 143 880，节点数 159 720。

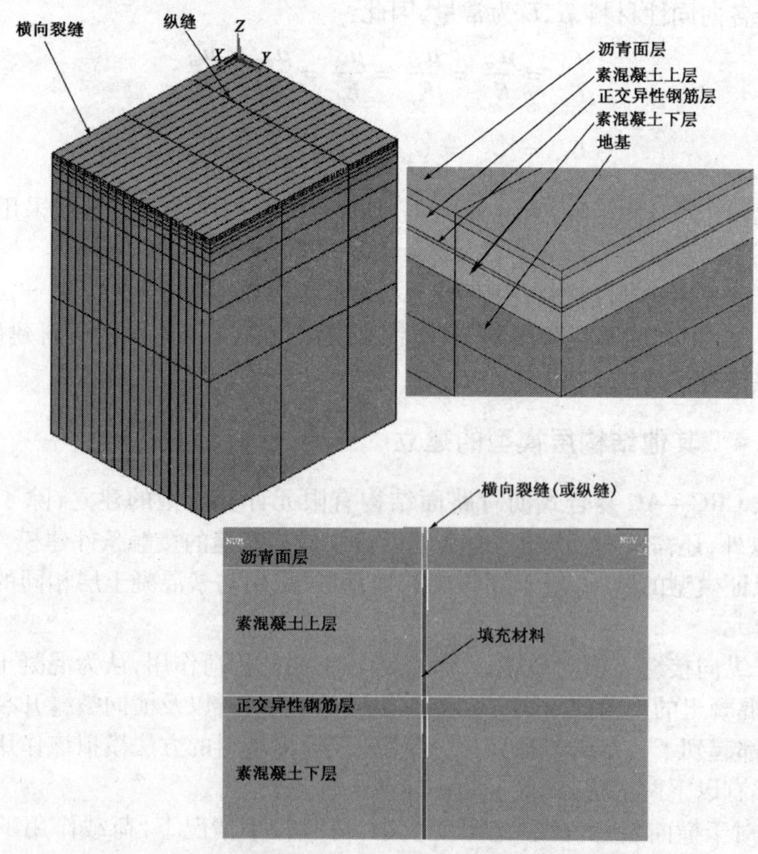

图 2-7　CRC + AC 复合式路面有限元计算模型

2.2.5　分析模型的验证

为保证模型计算结果的正确性,需要对前述所建模型进行验证性计算。弹性层状体系的解析解已经相当成熟,以其为基础的弹性层状体系的计算程序 BISAR3.0 也相当成熟,计算结果得到了广大研究人员的认可。采用所建模型计算弹性层状体系,将计算结果与 BISAR3.0 的计算结果进行比较,既可以验证本程序的正确性,又可以对所建模型的规模大小提供参考。

模型验证采用三层体系,如图 2-8 所示。

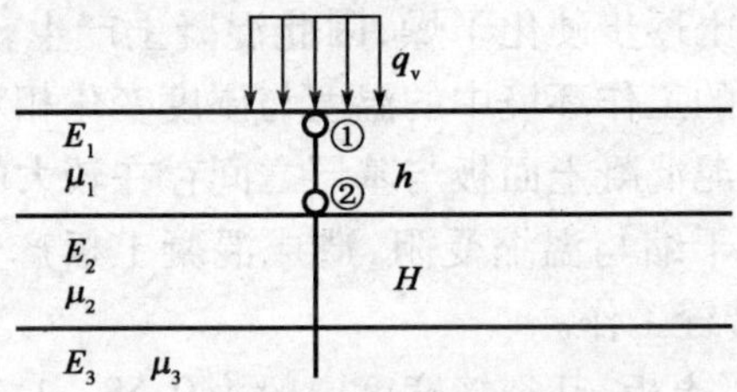

图 2-8　三层弹性层状体系计算图式

图 2-8 中荷载半径为 10cm,单圆垂直均布荷载的荷载集度为 1.0MPa,厚度 $h_1 = 5$cm,厚度 $H = 20$cm,弹性模量 $E_1 = 1\ 000$MPa,$E_2 = 500$MPa,$E_3 = 100$MPa,泊松比为 $\mu_1 = \mu_2 = 0.25$,$\mu_3 = 0.35$。

经过计算,将采用本有限元模型计算得到的层状体系应力与弯沉和采用 BISAR3.0 所计算得到相应数值进行比较,比较结果见表 2-1。有限元模型为 10m × 10m × 10m 的立方体范围,荷载为 20cm × 20cm 的矩形均布荷载,故有限元模型计算结果较弹性层状体系稍大。

有限元计算结果与三层体系解析解对比表　　表 2-1

计算位置	计算方法	应力(MPa)			弯沉(1/100mm)
		σ_r 或 σ_x	σ_θ 或 σ_y	σ_z	
①	解析解	−1.235	−1.235	−1.000	57.87
	有限元解	−1.257	−1.257	−1.000	61.07
	误差	1.75%	1.75%	0	5.20%
②	解析解	−0.103	−0.103	−0.835	54.70
	有限元解	−0.108	−0.108	−0.827	58.49
	误差	4.60%	4.60%	1.00%	6.50%

表2-1的计算结果表明,当计算范围足够大、单元足够精细,有限元计算结果收敛于解析解,采用本分析模型计算CRC+AC复合式沥青路面结构,在精度上满足工程需要。

2.3 CRC+AC复合式沥青路面结构荷载应力分析

CRC+AC复合式沥青路面为弹性半空间地基上CRC弹性薄板上覆沥青混合料弹性层的复杂结构,连续配筋混凝土板在运营环境里,受到车辆荷载和大气温度与湿度变化、混凝土逐步硬化干燥,因此混凝土产生较大的的干缩和温缩,相对而言,地基或基层的工作环境中的温度与湿度变化相对较小,产生的温缩与干缩现象不明显,而水泥混凝土面板与基层之间存在较大的摩擦力,以及纵向钢筋的约束,混凝土板的干缩与温缩受阻,造成混凝土板产生随机的细小横向裂缝,致使CRC板结构带缝工作。

对于连续配筋混凝土板,其裂缝宽度一般为0.58~1.2mm。对于CRC+AC复合式沥青路面结构,一方面连续配筋混凝土基层相对于面层来讲,承载层下移;另一方面,连续配筋混凝土CRC受到沥青面层的保护,受环境温度、湿度的影响明显降低,其裂缝宽度、裂缝间距与一般连续配筋混凝土路面有较大变化。根据国内外的研究成果与论文以及实体工程调查的数据分析,为了研究方便,选取裂缝宽度为0.7mm。

为了简化计算模型,边界条件采用扩大基础模拟,基础底面完全约束,侧向自由,CRC+AC沿路线方向侧向自由,垂直路线方向约束。

2.3.1 计算参数

为了确定基础模型尺寸,在一定参数下,对不同基础模型尺寸对应力的影响情况进行了分析,结果如表2-2所示。由表可知,随着模型尺寸的增大,尺寸对应力的影响减小,应力值趋于稳定,计算结果逐渐收敛。考虑到精度要求,最后取基础尺寸为宽11.75m×长10m×深16m。

不同模型尺寸对某固定点的应力影响 表2-2

模型尺寸(m×m×m)	应力(MPa)					
	σ_{x1}	σ_{x2}	σ_{y1}	σ_{y2}	σ_{z1}	σ_{z2}
11.75×2.5×16	0.7301	0.7740	0.4867	0.5492	0.2298	0.5906
11.75×5.0×16	0.6606	0.6938	0.3661	0.4273	0.2030	0.5912

续上表

模型尺寸（m×m×m）	应力（MPa）					
	σ_{x1}	σ_{x2}	σ_{y1}	σ_{y2}	σ_{z1}	σ_{z2}
11.75×7.5×16	0.6960	0.7327	0.4792	0.5400	0.2287	0.5842
11.75×10×16	0.7026	0.7392	0.4869	0.5484	0.2301	0.5903
11.75×12.5×16	0.7045	0.7410	0.4851	0.5464	0.2307	0.5902

以前述2.2节的模型为基础，选用荷载标准为现行路面设计标准轴载BZZ-100，轮胎内压0.7MPa，假定轮胎内压与轮胎接地压力相等。为计算的方便，假定轮胎的接地面积为矩形2×20cm×20cm，实际加载值较标准轴载BZZ-100稍大。双轮中心间距30cm。主要材料参数见表2-3。

主要材料参数　　表2-3

材　料　层	厚度（mm）	弹性模量（MPa）	泊松比μ
沥青混凝土面层（AC）	$h_a=40$	$E_a=2000$	0.25
连续配筋混凝土板（CRC）	$h_c=260$	$E_c=31000$	0.167
基础	水泥稳定碎石基层、底基层以及土基视为基础	E_t 取当量值150	0.35
钢筋	—	200000	0.30

2.3.2　临界荷载位置的确定

荷载作用位置不同，对CRC板会产生不同的作用效果，临界荷位是CRC板产生最大弯拉应力或最可能损坏的荷载作用位置。普通混凝土板的接缝一般等间距布置，其临界荷位是轴载作用于纵缝边缘中部，但连续配筋混凝土在温度荷载作用下将产生随机的横向裂缝，横向裂缝的间距变化较大，同时在横向裂缝处，由于纵向钢筋的连接作用，CRC板的整体性能依然较强。所以，分析时将具有良好传荷能力的CRC板按照多板系统计算。

CRC板中有不确定间距的横向裂缝，临界荷位的确定也因横向裂缝间距的大小不同而有变化。因此，CRC板中影响临界荷位的主要因素为横向裂缝的间距。分析时，将裂缝间距L取为0.5m、1.0m、1.5m、2.0m、2.5m、3.0m进行计算。

依据经验，连续配筋混凝土CRC结构的临界荷位可能位于行车道板的两相邻横向裂缝中部、横向裂缝边缘或骑缝处，计算时将重点分析以下3处荷位。

荷位1：荷载作用在横向裂缝边缘，并从板纵缝边缘向板中移动。

荷位2:荷载作用在横向裂缝上(骑缝对称布置),并从板纵缝边缘向板中移动。

荷位3:荷载作用在两相邻横向裂缝中部,并从板纵缝边缘向板中移动。

2.3.2.1 轮载分析

计算中将荷载分为单个双轮组轮载和两个双轮组轴载,图2-9为轮载模式。

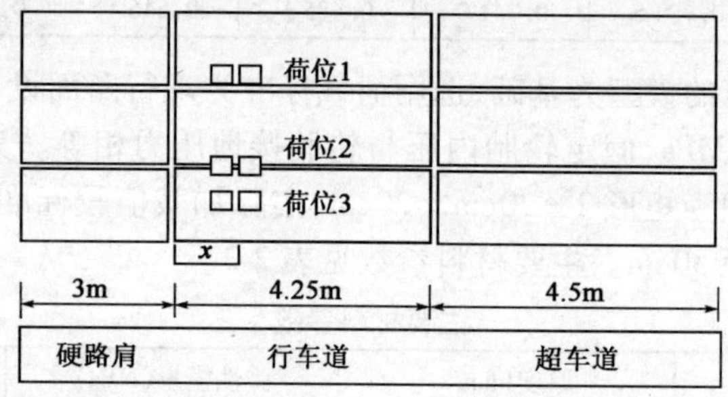

图2-9 荷位示意图

计算参数:板宽3m+4.25m+4.5m,中间设纵缝,纵缝宽为5mm,面层厚度$h_a=4cm$,CRC板厚度$h_c=26cm$,面层模量$E_a=2\,000MPa$,基层模量$E_c=31\,000MPa$,地基模量$E_t=150MPa$,面层泊松比$\mu_a=0.25$,CRC泊松比$\mu_c=0.167$,地基泊松比$\mu_3=0.35$,钢筋模量$E_s=2\times10^5MPa$,钢筋泊松比$\mu_s=0.3$,钢筋配筋率ρ为0.5%,纵向钢筋直径ϕ18mm,横向钢筋直径ϕ16mm,放置距板面处1/2处,裂缝间距$L=0.5m$,缝宽0.7mm,外侧轮载距板纵缝边缘$x=250mm$(边缘)、700mm、1 200mm(1/4板宽)、1 700mm、2 100mm(板宽中点),荷载$P=0.7MPa$。

分析表明,轮载作用所产生的板底弯拉应力比轴载大,对路面结构更为不利,所以考虑双轮荷载作用的变化规律。分别计算以上参数,裂缝间距$L=0.5m$,不同轮载横向位置变化时,板底横向(x方向)、纵向(y方向)弯拉应力计算结果见表2-4~表2-6。表中σ_z为板中竖向应力,正表示拉应力,负表示压应力。

荷载作用在板的横缝边缘时(荷位1)不同横向位置的应力(MPa) 表2-4

荷位	x(mm)	σ_{xmax}	σ_{xmin}	σ_{ymax}	σ_{ymin}	σ_{zmax}	σ_{zmin}
荷位1(横缝边)	250	0.813 3	-0.853 5	0.470 3	-0.534 9	0.241 8	-0.592 0
	700	0.890 7	-0.929 7	0.464 3	-0.517 5	0.085 6	-0.592 4
	1 200	0.902 7	-0.941 3	0.465 0	-0.518 1	0.085 1	-0.592 5
	1 700	0.896 6	-0.936 4	0.463 8	-0.516 9	0.084 9	-0.592 4
	2 100	0.874 5	-0.917 4	0.460 6	-0.513 9	0.084 9	-0.592 3

荷载作用在板的横缝骑缝位置时(荷位 2)
不同横向位置的应力(MPa)　　表 2-5

荷　位	x(mm)	σ_{xmax}	σ_{xmin}	σ_{ymax}	σ_{ymin}	σ_{zmax}	σ_{zmin}
荷位 2(骑缝)	250	0.787 6	−0.845 5	0.469 3	−0.539 6	0.159 1	−0.576 8
	700	0.866 2	−0.922 5	0.463 7	−0.525 6	0.098 7	−0.578 4
	1 200	0.877 4	−0.933 1	0.464 2	−0.526 2	0.062 4	−0.578 3
	1 700	0.871 2	−0.928 3	0.462 8	−0.524 8	0.062 2	−0.578 1
	2 100	0.850 1	−0.910 2	0.459 6	−0.522 0	0.062 1	−0.578 2

荷载作用在板的横缝中部位置时(荷位 3)
不同横向位置的应力(MPa)　　表 2-6

荷　位	x(mm)	σ_{xmax}	σ_{xmin}	σ_{ymax}	σ_{ymin}	σ_{zmax}	σ_{zmin}
荷位 3(横缝中)	250	0.781 9	−0.843 0	0.489 9	−0.537 6	0.271 4	−0.607 8
	700	0.858 6	−0.919 2	0.484 1	−0.519 4	0.183 3	−0.608 2
	1 200	0.870 9	−0.931 0	0.484 9	−0.519 8	0.183 0	−0.608 1
	1 700	0.864 9	−0.926 2	0.483 9	−0.519 0	0.183 0	−0.608 1
	2 100	0.842 9	−0.907 2	0.480 5	−0.516 2	0.182 9	−0.620 0

由表 2-4 ~ 表 2-6 可知:

(1)在一定裂缝间距下,横向应力 σ_x 随着荷载向板宽中部移动而增大,在板边范围内增加幅度大,尔后趋于稳定,当荷载作用于板宽中部(1/4 板宽,x = 120cm)时 σ_x 达到最大值;纵向应力 σ_y 随着荷载向板宽中部移动而减小,在板边范围内减小幅度大,尔后趋于稳定,当荷载作用于板纵缝边缘(x = 25cm)时 σ_y 最大。

(2)裂缝间距 L = 0.5m 时,CRC 板底最大弯拉应力为横向应力 σ_{xmax},比较 3 处荷位的横向应力 σ_{xmax},在相同横向位置 x 时,横向裂缝边缘中部荷位 1 > 横向骑缝荷位 2 > 横向裂缝中部荷位 3。

(3)裂缝间距 L = 0.5m 时,板的临界荷位为横缝边缘中部,靠板边 1/4 板宽处,因此,裂缝间距较小时,板宽 1/4 处产生冲断破坏的概率最大。

由表 2-7 可知,荷载作用在横缝边缘时的板内最大主应力 σ_{1max} 的分布规律与板内应力 σ_{xmax} 一致,且 $\sigma_{1max} \approx \sigma_{xmax}$。所以当 L = 0.5m 时,CRC 板临界荷位为横缝边缘,且位于 x = 1 200mm(1/4 板宽)处。

2.3.2.2　裂缝间距对 CRC 板临界荷位的影响

不同裂缝间距导致基层板内应力及主应力会产生较大差异。研究中将裂缝

间距 L 分别取值 0.2m、0.3m、0.4m、0.5m、1.0m、1.5m、2.0m、2.5m、3.0m 进行分析。由于水泥混凝土具有较强的抗压性能，在标准荷载作用下，取以上不同裂缝间距，在连续配筋混凝土板中产生的压应力变化范围为 0.351 2 ~ 1.760 0MPa，该值远远小于一般水泥混凝土的抗压强度。此外，拉应力分量 σ_{zmax} 及第二主应力 σ_{2max}、第三主应力 σ_{3max} 计算值较小且变化范围不大，所以重点研究 CRC 板内拉应力 σ_{xmax}、σ_{ymax} 及第一主应力 σ_{1max} 的变化规律。

荷载作用在板的横缝边缘位置时不同横向位置的第一主应力（MPa） 表 2-7

荷　位	荷位 1 横缝边缘				
x（mm）	250（板纵边）	700	1 200（1/4 板宽）	1 700	2 100（板中）
σ_{1max}	0.813 8	0.891 0	0.903 1	0.896 2	0.874 9
σ_{1min}	0.533 2	0.514 2	0.514 8	0.513 8	0.510 9

1）不同裂缝间距下，横向裂缝边缘荷位 1 时，板底应力变化及规律

计算结果见图 2-10 ~ 图 2-12 和表 2-8。

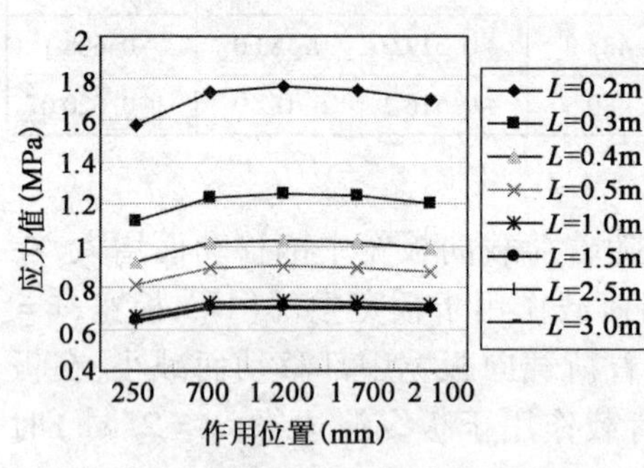

图 2-10　荷载作用横缝边缘时应力 σ_{xmax} 随作用位置变化图

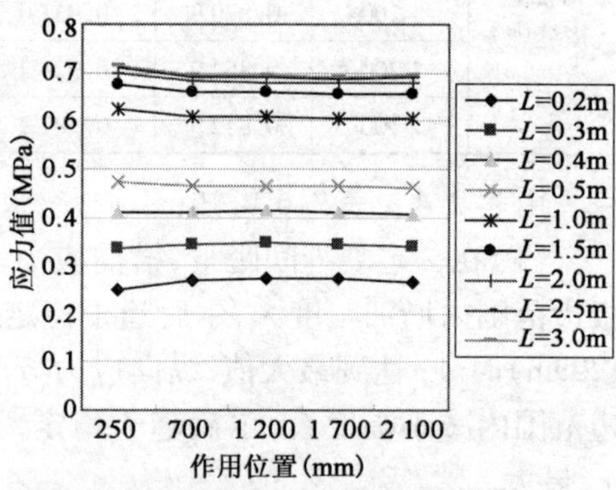

图 2-11　荷载作用横缝边缘时应力 σ_{ymax} 随作用位置变化图

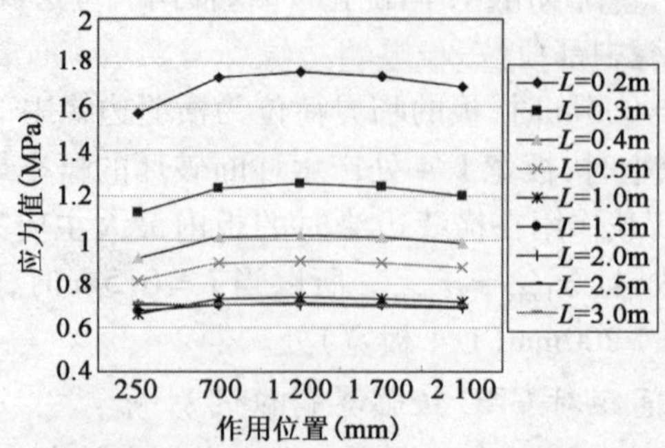

图 2-12　荷载作用横缝边缘时主应力 σ_{1max} 随作用位置变化图

荷载作用在板的横缝边缘位置时的板底应力(MPa)　　表 2-8

裂缝间距 L(m)	作用位置 x(mm)								
	$x=250$(板纵边)			$x=1\,200$(板宽 1/4)			$x=2\,100$(板中)		
	$\sigma_{x\max}$	$\sigma_{y\max}$	$\sigma_{1\max}$	$\sigma_{x\max}$	$\sigma_{y\max}$	$\sigma_{1\max}$	$\sigma_{x\max}$	$\sigma_{y\max}$	$\sigma_{1\max}$
$L=0.2$	1.570 0	0.250 9	1.570 0	1.760 0	0.274 4	1.760 0	1.690 0	0.265 7	1.690 0
$L=0.3$	1.120 0	0.334 0	1.120 0	1.250 0	0.345 9	1.250 0	1.200 0	0.339 5	1.200 0
$L=0.4$	0.917 5	0.410 9	0.918 0	1.020 0	0.412 3	1.020 0	0.986 1	0.407 1	0.986 5
$L=0.5$	0.813 3	0.470 3	0.814 0	0.902 7	0.465 0	0.903 1	0.874 5	0.460 5	0.874 9
$L=1.0$	0.663 3	0.622 9	0.663 7	0.733 2	0.607 3	0.733 7	0.717 2	0.604 5	0.717 7
$L=1.5$	0.659 3	0.645 6	0.656 6	0.733 0	0.638 8	0.733 5	0.694 0	0.636 8	0.694 5
$L=2.0$	0.634 0	0.699 1	0.699 2	0.702 1	0.680 6	0.702 7	0.689 6	0.679 4	0.690 2
$L=2.5$	0.632 9	0.708 5	0.708 6	0.701 1	0.689 8	0.701 8	0.688 9	0.689 1	0.690 0
$L=3.0$	0.632 7	0.712 4	0.712 4	0.701 0	0.693 5	0.701 8	0.688 7	0.693 3	0.693 8

(1)荷载作用横向裂缝边缘荷位 1 时,横向应力 $\sigma_{x\max}$ 的变化情况

由图 2-10 可知:

①横向应力 $\sigma_{x\max}$ 随荷载作用位置向板宽中部移动而增大,在板边范围内增加幅度大,尔后趋于稳定,当荷载作用于板宽中部(1/4 板宽,$x=120$cm)时,$\sigma_{x\max}$ 达到最大值,因此,荷位 1 时,横缝边缘中部一定范围内横向应力均较大。

②不同的裂缝间距,横向应力 $\sigma_{x\max}$ 随作用位置的变化规律基本一致。

③随着裂缝间距的增大,横向应力 $\sigma_{x\max}$ 逐渐减小,裂缝间距小于 1.5m 时,应力变化较大,大于 1.5m 时,变化幅度较小,且较接近。

(2)荷载作用横向裂缝边缘荷位 1 时,纵向应力 $\sigma_{y\max}$ 的变化情况

由图 2-11 可知:

①纵向应力 $\sigma_{y\max}$ 随着荷载向板宽中部移动而减小,在板边范围内减小幅度大,尔后趋于稳定,当荷载作用于板纵缝边缘($x=25$cm)时 $\sigma_{y\max}$ 最大,纵向应力最小值均出现在板宽正中 $x=2\,100$mm(板宽中部)处。

②不同裂缝间距下,纵向应力 $\sigma_{y\max}$ 随作用位置的变化规律及曲线基本一致。

③随着裂缝间距的增大,纵向应力增大,当 $L>2.0$m 时,应力随 L 的变化趋于平缓,即裂缝间距达到一定长度时,由于纵向钢筋的强约束作用,裂缝间距(板长)对应力的影响减小。

(3)荷载作用横向裂缝边缘荷位 1 时,第一主应力 $\sigma_{1\max}$ 的变化情况

由图 2-12 可知:

①当裂缝间距 $L \leqslant 1.5\text{m}$ 时，随着作用位置由纵缝边缘向板中移动，应力值逐渐增大，在 $x=1\,200\text{mm}$（1/4 板宽）附近达到峰值后，数值有所减小；当 $L>1.5\text{m}$ 时，随着作用位置由纵缝边缘向板中移动，应力值逐渐减小，最大应力峰值出现在 $x=250\text{mm}$（纵缝边缘）。

②对于相同的作用位置，当 $x \geqslant 700\text{mm}$ 时，第一主应力值 $\sigma_{1\max}$ 随着裂缝间距 L 的增加而减小，到一定程度时趋于稳定。

（4）比较图 2-10 ~ 图 2-12 和表 2-8 的控制应力情况

在相同的作用位置，同一裂缝间距下：

①当 $L \leqslant 1.5\text{m}$ 时，$\sigma_{x\max} \approx \sigma_{1\max}$，$\sigma_{x\max}$ 成为控制应力。

②当 $1.5\text{m}<L<2.0\text{m}$ 时，$\sigma_{x\max}$、$\sigma_{y\max}$ 两者应力最大值成为控制力。

③当 $L \geqslant 2.0\text{m}$ 时，$\sigma_{y\max} \approx \sigma_{1\max}$，$\sigma_{y\max}$ 成为控制应力。

2）不同裂缝间距下，荷位 2（骑缝）及荷位 3（板中）板内应力变化规律

与分析荷位 1（缝边）的方法相同，经分析，发现在 $x=250\text{mm}$（纵缝边缘）、1 200mm（1/4 板宽）处，对应力值有特殊的意义，这与荷位 1（缝边）一致，所以对以上两处作用位置进行重点分析，如表 2-9、表 2-10 所示。

对比表 2-9 与表 2-10，可知荷位 2（骑缝）及荷位 3（板中）时，板内应力变化规律基本相同：

①不同裂缝间距 L 下，当 $L<1.5\text{m}$ 时，$\sigma_{1\max}$ 在 $x=1\,200\text{mm}$（1/4 板宽）处出现峰值；当 $L \geqslant 2.0\text{m}$ 时，$\sigma_{1\max}$ 在 $x=250\text{mm}$（纵缝边缘）处出现峰值。

②在相同的作用位置 x 时，随着裂缝间距的不断增大，$\sigma_{x\max}$ 逐渐减小，但 $\sigma_{y\max}$ 却逐渐增加，当 $L>2.0\text{m}$ 后应力均趋于稳定。

荷载作用在板的横缝骑缝位置时（荷位 2）的板底应力（MPa） 表 2-9

裂缝间距 L(m)	作用位置 x(mm)								
	$x=250$（板纵边）			$x=1\,200$（板宽 1/4）			$x=2\,100$（板中）		
	$\sigma_{x\max}$	$\sigma_{y\max}$	$\sigma_{1\max}$	$\sigma_{x\max}$	$\sigma_{y\max}$	$\sigma_{1\max}$	$\sigma_{x\max}$	$\sigma_{y\max}$	$\sigma_{1\max}$
$L=0.2$	1.561 9	0.385 4	1.561 9	1.742 9	0.402 8	1.742 9	1.676 2	0.394 0	1.676 2
$L=0.3$	1.104 8	0.385 3	1.104 8	1.228 6	0.393 3	1.228 6	1.190 5	0.387 0	1.190 5
$L=0.4$	0.898 3	0.430 8	0.898 5	1.000 0	0.431 0	1.000 0	0.916 2	0.397 0	0.916 4
$L=0.5$	0.787 6	0.469 3	0.787 8	0.877 4	0.464 2	0.877 7	0.850 2	0.459 6	0.850 5
$L=1.0$	0.645 3	0.605 0	0.646 2	0.715 1	0.589 1	0.715 7	0.704 5	0.587 1	0.705 1
$L=1.5$	0.612 0	0.656 2	0.658 1	0.678 1	0.637 8	0.679 5	0.664 3	0.635 9	0.666 5
$L=2.0$	0.604 5	0.680 1	0.681 9	0.670 3	0.660 8	0.675 2	0.657 6	0.659 6	0.668 9
$L=2.5$	0.602 9	0.690 5	0.692 3	0.668 8	0.670 9	0.678 8	0.656 5	0.670 3	0.675 8
$L=3.0$	0.602 6	0.694 8	0.696 6	0.668 6	0.675 1	0.681 5	0.656 3	0.674 9	0.679 4

荷载作用在板中位置时(荷位 3)的板底应力(MPa)　　表 2-10

裂缝间距 L(m)	作用位置 x(mm)								
	x = 250(板纵边)			x = 1 200(板宽 1/4)			x = 2 100(板中)		
	σ_{xmax}	σ_{ymax}	σ_{1max}	σ_{xmax}	σ_{ymax}	σ_{1max}	σ_{xmax}	σ_{ymax}	σ_{1max}
L = 0.2	1.570 0	0.250 9	1.570 0	1.760 0	0.274 4	1.760 0	1.690 0	0.265 7	1.690 0
L = 0.3	1.120 0	0.334 0	1.120 0	1.250 0	0.345 9	1.250 0	1.200 0	0.339 5	1.200 0
L = 0.4	0.892 9	0.419 8	0.893 2	0.996 9	0.422 0	0.997 3	0.962 0	0.416 8	0.962 3
L = 0.5	0.781 9	0.489 9	0.782 3	0.870 9	0.484 9	0.871 2	0.842 9	0.480 5	0.843 2
L = 1.0	0.625 9	0.691 6	0.691 6	0.695 0	0.672 0	0.695 3	0.680 1	0.668 4	0.680 5
L = 1.5	0.609 4	0.712 6	0.712 6	0.677 3	0.733 4	0.733 4	0.665 0	0.733 3	0.733 3
L = 2.0	0.606 9	0.775 3	0.775 3	0.674 8	0.753 7	0.753 7	0.662 8	0.752 6	0.752 6
L = 2.5	0.606 2	0.779 8	0.779 8	0.674 0	0.758 3	0.758 3	0.662 0	0.757 8	0.757 8
L = 3.0	0.605 7	0.781 1	0.781 1	0.673 5	0.759 7	0.759 7	0.661 4	0.759 6	0.759 6

2.3.2.3　临界荷位的确定

选择连续配筋混凝土板的临界荷位,取决于第一主应力 σ_{1max},在板内能够产生第一主应力的荷位即为临界荷位。现将不同裂缝间距下,三种荷位作用时各产生的最大主应力 σ_{1max} 汇总如表 2-11 所示。

最大主应力 σ_{1max} 汇总表　　表 2-11

裂缝间距 L(m)	σ_{1max}(MPa)	作用位置 x(mm)	荷　位
L = 0.2	1.760 0	1 200(1/4 板宽)	荷位 1(横缝边缘中部)
L = 0.3	1.250 0	1 200(1/4 板宽)	荷位 1(横缝边缘中部)
L = 0.4	1.020 0	1 200(1/4 板宽)	荷位 1(横缝边缘中部)
L = 0.5	0.902 7	1 200(1/4 板宽)	荷位 2(横缝边缘中部)
L = 1.0	0.733 7	1 200(1/4 板宽)	荷位 2(横缝边缘中部)
L = 1.5	0.733 5	1 200(1/4 板宽)	荷位 2(横缝边缘中部)
L = 2.0	0.775 3	250(纵缝边缘)	荷位 3(纵缝边缘中部)
L = 2.5	0.779 8	250(纵缝边缘)	荷位 3(纵缝边缘中部)
L = 3.0	0.781 1	250(纵缝边缘)	荷位 3(纵缝边缘中部)

进一步分析不同裂缝间距时,荷载作用于 CRC 板纵缝边缘中部和横缝边缘中部时,板横向应力、纵向应力及最大主应力 σ_{1max} 的变化规律,见图 2-13。

综合表2-11、图2-13可知：

①当裂缝间距 L 在1.0～1.5m或更小时，即 $L \leqslant 1.5$m，荷载作用在横缝边缘中部距纵缝边缘1 200mm（1/4板宽 B）附近为临界荷位/荷位1。裂缝间距 L 在1.5～2.0m之间时，σ_{xmax} 与 σ_{ymax} 相当，且最大主应力比其他裂缝间距时稍小，故可仍将 σ_{xmax} 为最大主应力。

②当裂缝间距 $L \geqslant 2.0$m时，荷载作用纵缝边缘中点为临界荷位/荷位3，且随裂缝间距的增加应力增大较小并逐步趋于稳定，L 超过3m时应力已基本相当。此时，由于纵向钢筋的强约束作用，板长 $L \geqslant 2$m即与普通混凝土板的临界荷位一致，且 $\sigma_{ymax} \approx \sigma_{1max}$，$\sigma_{ymax}$ 成为控制力。

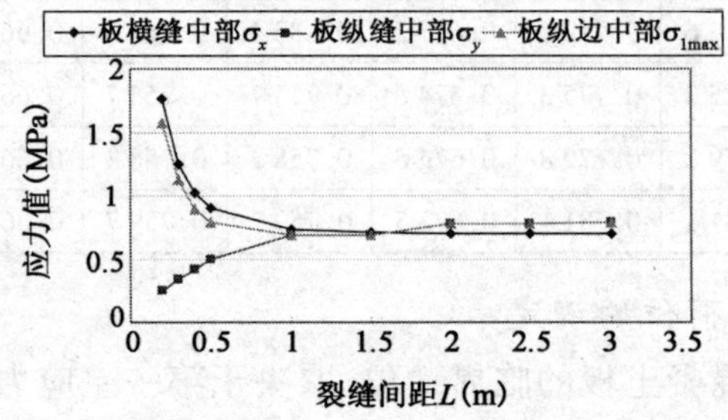

图2-13　不同裂缝间距 L 时板底横向、纵向与主应力变化图

2.3.3　参数影响规律分析

2.3.3.1　AC层厚度 h_a 对荷载应力的影响

当 $L=0.5$m，荷载作用在荷位1（横缝边缘）$x=1\ 200$mm，当 $L=1.5$m、2.0m，荷载作用在荷位3（纵缝边缘）$x=250$mm，配筋率为0.5%，主要材料参数见表2-3。

图2-14、图2-15所示为板内应力随AC层厚度的变化情况，当AC层厚度 h_a 由4cm变化到12cm时，应力值均呈凸型曲线单调下降，当 $L=0.5$m，σ_{xmax} 由0.902 7MPa降低至0.855 2MPa，减少5%，σ_{ymax} 由0.465 0MPa降低至0.369 4MPa，减少20%；当 $L=1.5$m、2.0m时，曲线基本重合，σ_{xmax} 减少10%左右，σ_{ymax} 减少17%左右，可见AC层厚度 h_a 对板内荷载应力有影响但不显著。

2.3.3.2　CRC板厚度 h_c 对荷载应力的影响

图2-16、图2-17所示为CRC板内应力随厚度 h_c 的变化情况，当CRC板厚度 h_c 由18cm变化到30cm时，应力值均呈单调下降，当 $L=0.5$m，荷载作用在荷位1（横缝边缘）$x=1\ 200$mm，σ_{xmax} 由1.310 0MPa降低至0.767 6MPa，减少41%，

σ_{ymax} 由 0.922 2MPa 降低至 0.347 2MPa，减少 62%；当 $L = 1.5$m、2.0m 时，荷载作用在荷位 3（纵缝边缘）$x = 250$mm，σ_{xmax} 减少 53% 左右，σ_{ymax} 减少 55% 左右，可见 CRC 层厚度 h_c 对板内荷载应力影响显著。

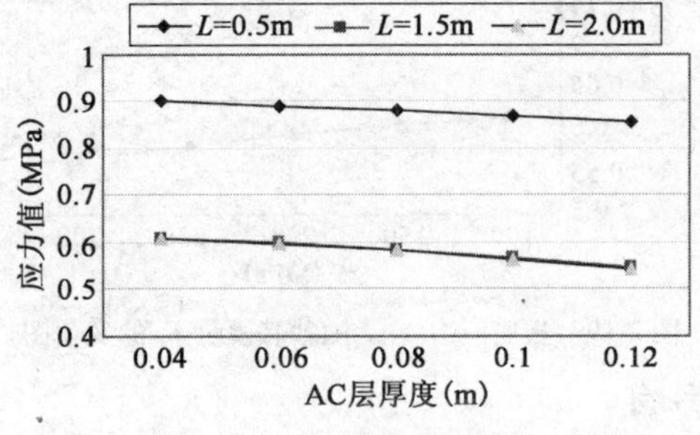

图 2-14　板底应力 σ_{xmax} 随 AC 层厚度 h_a 变化图

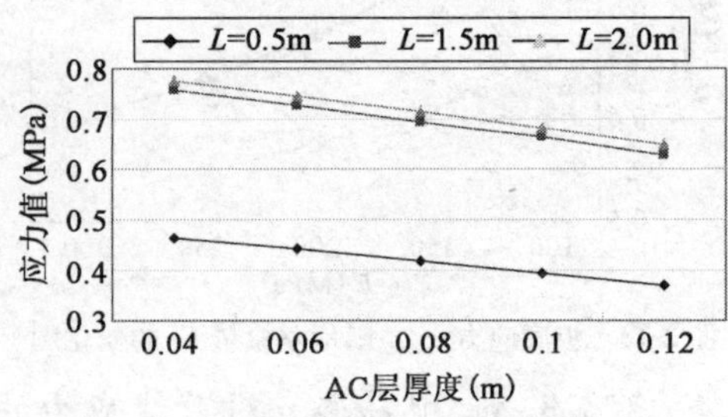

图 2-15　板底应力 σ_{ymax} 随 AC 层厚度 h_a 变化图

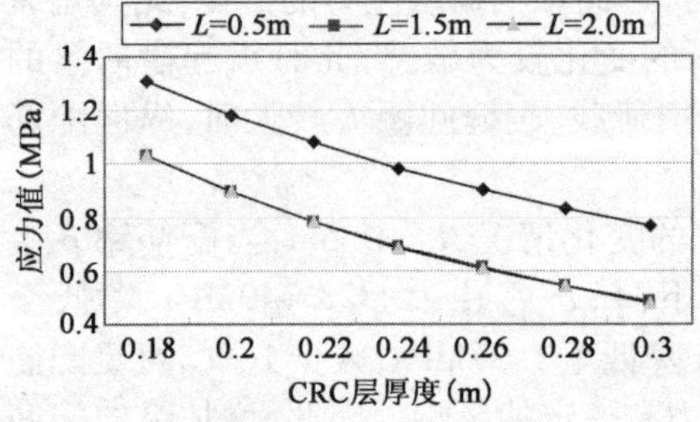

图 2-16　板底应力 σ_{xmax} 随 CRC 板厚度 h_c 变化图

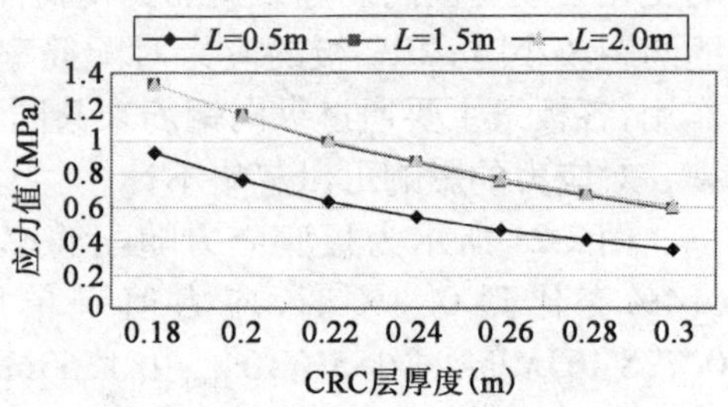

图 2-17　板底应力 σ_{ymax} 随 CRC 板厚度 h_c 变化图

2.3.3.3　地基模量 E_t 对荷载应力的影响

图 2-18 是裂缝间距 $L = 1.0$m，荷载作用在临界荷位 1（横缝边缘）$x = 1\,200$mm，CRC 板底横向应力 σ_{xmax} 随地基模量 E_t 的变化情况；裂缝间距 $L = 2.0$m，荷载作用在临界荷位 3（纵缝边缘）$x = 250$mm，CRC 板底应力 σ_{xmax} 随地基模量 E_t 的变化情况。图 2-19 是板底纵向应力 σ_{ymax} 随地基模量 E_t 的变化情况。板底纵向与横向应力随地基模量增加而减小，但减小的幅度随地基模量增大而逐渐减弱，说明地基模量的增大改善了 CRC 板的支承状况，从而降低板底应力。

2.3.3.4　混凝土板模量 E_c 对荷载应力的影响

混凝土板模量 E_c 对 CRC 板的应力影响见图 2-20，计算时 $E_t = 150$MPa，板厚为 $h_c = 26$cm，裂缝间距 $L = 1$m，从图中可知板底最大应力随 E_c 的增大而增大。

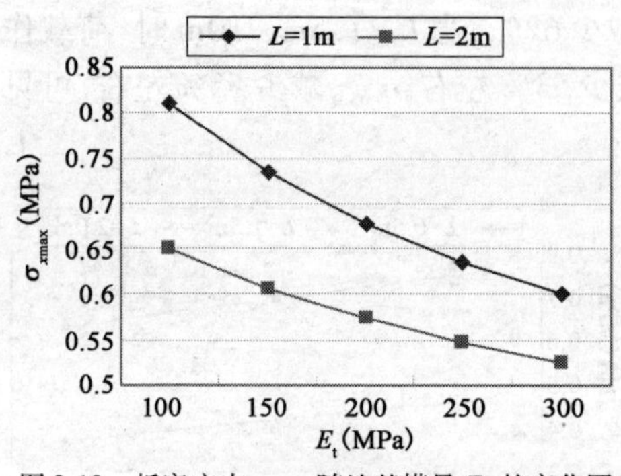

图 2-18 板底应力 σ_{xmax} 随地基模量 E_t 的变化图

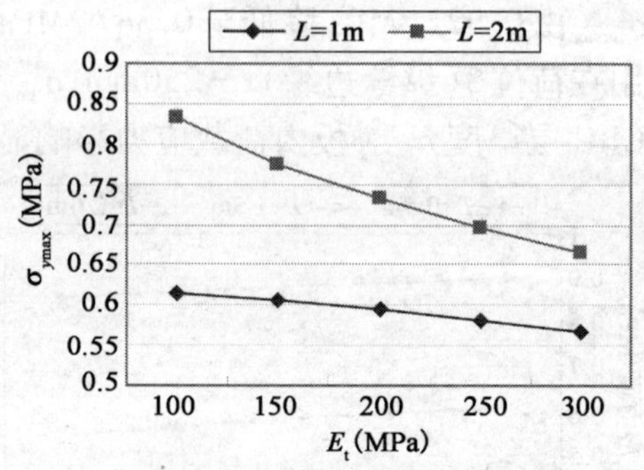

图 2-19 板底应力 σ_{ymax} 随地基模量 E_t 的变化图

2.3.3.5 配筋率 ρ 对荷载应力的影响

CRC 板纵向钢筋设置在板厚中部时,理论上不承受弯拉应力,但配筋率 ρ 的变化会改变横向裂缝处钢筋的传荷能力,进而影响荷载应力的变化;尤其是裂缝间距较小时,CRC 板的应力对配筋率 ρ 的变化较为敏感,此时板起横向梁的作用,各板条主要通过纵向钢筋来共同承担荷载;裂缝间距 L 较大时,纵向配筋率 ρ 对应力的影响可以忽略不计。

图 2-21 所示为板底应力随配筋率 ρ 的变化情况,$L=0.5$m,当配筋率 ρ 由 0.4% 变化到 0.8% 时,应力值呈单调下降,σ_{xmax} 由 0.823 349MPa 降低至 0.778 463MPa,减少 5%,σ_{1max} 由 1.63MPa 降低至 1.37MPa,减少 16%,可见配筋率 ρ 对裂缝间距较小时 CRC 板底荷载应力有一定的影响。因此,增加纵向配筋率 ρ 也是预防 CRC 板边冲断破坏的措施之一。

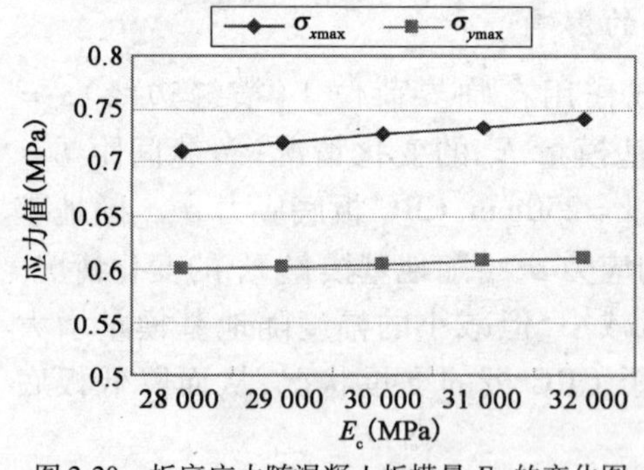

图 2-20 板底应力随混凝土板模量 E_c 的变化图

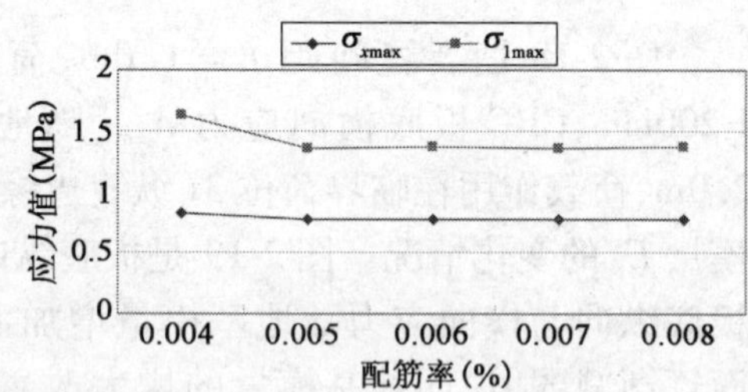

图 2-21 裂缝间距 $L=0.5$m 时板底应力随配筋率 ρ 的变化图

2.3.3.6 重荷载对荷载应力的影响

按照现行路面设计规范,行车荷载采用标准轴载 BZZ-100,轮胎内压0.7 MPa,但目前公路运输重载、超载现象严重,尤其是主干线高速公路,货运车辆的轴重远远超过了标准轴载。为研究 CRC + AC 路面的承载能力，需分析荷载变化对 CRC 板底应力的影响。

根据交通调查，轴载和轮压在一定范围内存在较好对应关系，见表 2-12。分别取超载率 20%、40%、60%、80%、100% 计算，结果见图 2-22、图 2-23。

后轴重与轮压的一般对应关系　　表 2-12

后轴重(t)	12	14	16	18	20
轮压(MPa)	0.878 9	1.041 8	1.204 6	1.367 5	1.530 4

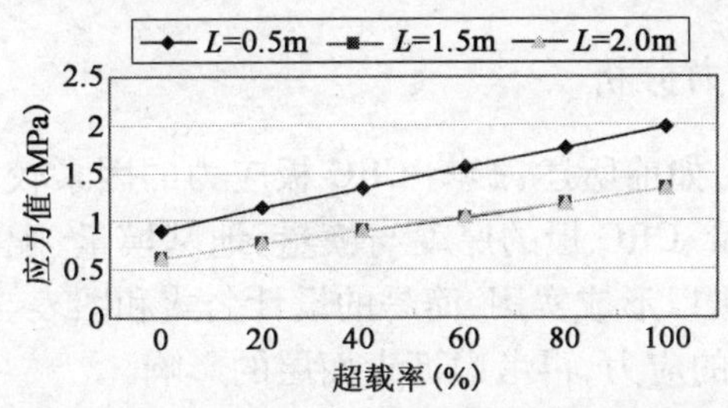

图 2-22　板底应力 $\sigma_{x\max}$ 随超载率的变化图

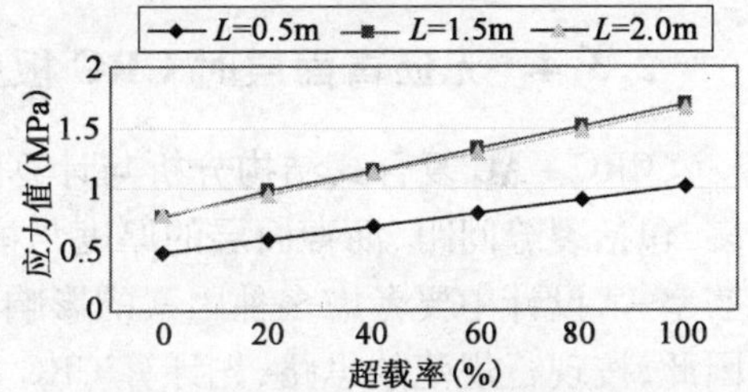

图 2-23　板底应力 $\sigma_{y\max}$ 随超载率的变化图

从图 2-22、图 2-23 中可知，随着荷载的增加，板底应力几乎呈直线增加，尤其是裂缝间距较小时，横向应力 $\sigma_{x\max}$ 成倍增长，容易造成板边冲断破坏。

1) AC 层厚度 h_a 对超载应力的影响

图 2-24、图 2-25 表明，随着沥青面层厚度的增加，对板底超载应力有一定的缓和，但影响不大，沥青面层主要是降低 CRC 板的温度梯度，从而降低温度应力。

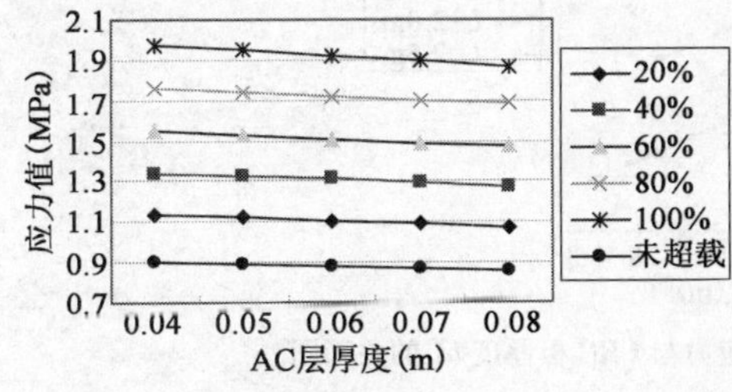

图 2-24　板底应力 $\sigma_{x\max}$ 随 AC 层厚度 h_a 变化图

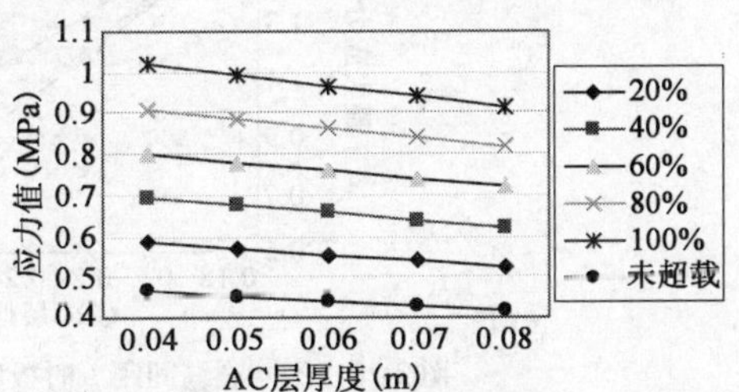

图 2-25　板底应力 $\sigma_{y\max}$ 随 AC 层厚度 h_a 变化图

2) CRC 板厚度 h_c 对超载应力的影响

图 2-26、图 2-27 表明，随着 CRC 板厚度的增加，可有效降低板底超载应力，因此，对于超载严重的公路，增加 CRC 板的厚度可有效降低板底应力，延长寿命。

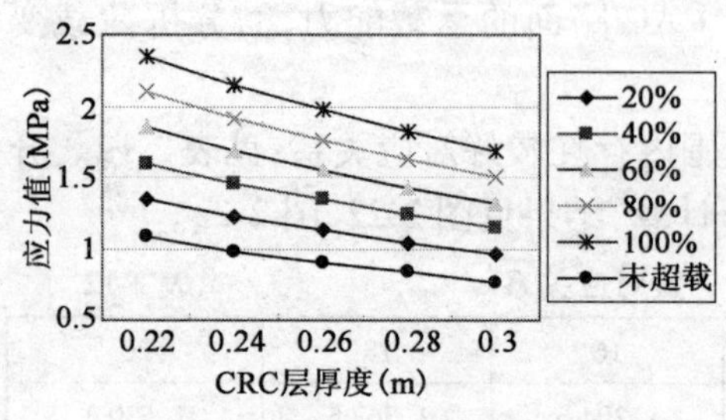

图 2-26　板底应力 $\sigma_{x\max}$ 与 CRC 层厚度 h_c 变化图

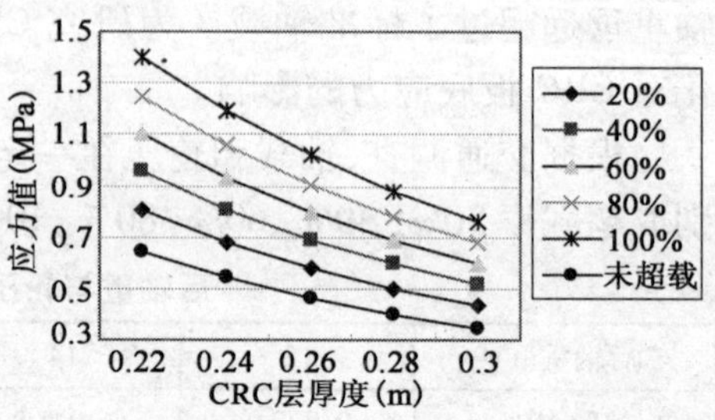

图 2-27　板内应力 $\sigma_{y\max}$ 与 CRC 层厚度 h_c 变化图

2.3.4　无沥青面层时 CRC 板应力分析

CRC + AC 复合式结构分析与计算时，如前所述，影响 CRC 板应力的因素较多，包括裂缝间距、沥青面层的厚度与模量、CRC 板的厚度与模量、地基模量、配筋率等，设计中要考虑多种因素的影响，难以形成实用、简易的设计公式和图表。因此，按现行规范的思路，先计算 CRC 板的应力，再考虑沥青面层的影响。

针对不同的裂缝间距 L(裂缝间距对临界荷位及应力大小有较大的影响)，先确定混凝土板的模量 E_c(一般混凝土的模量变化不大)，地基模量取为 E_t = 100MPa，配筋率 ρ 按 0.6%，其他参数按表 2-3 取值，分别计算不同 CRC 板厚 h_c 的荷载应力，绘制诺谟图和回归公式。诺谟图如图 2-28 所示，回归公式见表 2-13。

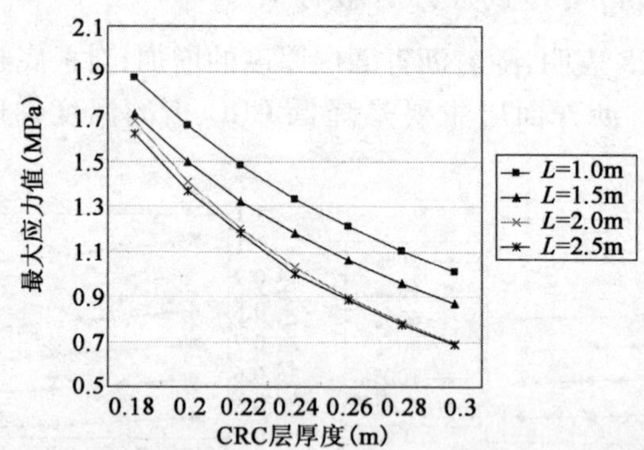

图 2-28　不同裂缝间距 L 时板底应力与 CRC 板厚度 h_c 的关系图

不同裂缝间距 L 时板底应力与 CRC 板厚度 h_c(m)的回归关系　　表 2-13

序号	裂缝间距 L(m)	临界荷位	CRC 板底应力 $\sigma_{\max}$ 与 CRC 板厚度 h_c 的回归关系
1	1.0	荷位 1	$\sigma_{\max} = 30.0600h_c^2 - 21.5180h_c + 4.7648, R^2 = 0.9997$
2	1.5	荷位 1	$\sigma_{\max} = 30.8730h_c^2 - 21.7270h_c + 4.6147, R^2 = 0.9995$
3	2.0	荷位 3	$\sigma_{\max} = 43.1500h_c^2 - 28.7890h_c + 5.4535, R^2 = 0.9992$
4	2.5	荷位 3	$\sigma_{\max} = 40.0450h_c^2 - 26.8710h_c + 5.1521, R^2 = 0.9993$

地基模量 E_t 对 CRC 板底应力有较大的影响，根据地基模量 E_t 对板底荷载应力的影响分析，根据实际的地基模量 E_t，按表 2-14 的修正系数 K_d 进行修正。

不同地基模量时板底应力的修正系数 K_d　　表 2-14

地基模量 E_t(MPa)		100	150	200	250	300
修正系数 K_d	荷位 1	1.000 0	0.905 2	0.837 6	0.785 5	0.743 5
	荷位 3	1.000 0	0.929 9	0.876 9	0.834 5	0.799 2

2.4　CRC + AC 复合式路面结构温度应力分析

2.4.1　CRC + AC 结构温度场分析与模型建立

2.4.1.1　温度场基本理论

温度场分析包括两大类：一类为稳态传热，就是指系统的温度场不随时间变化；另一类为瞬态传热，即系统的温度场随时间明显变化。对于 CRC + AC 复合式路面结构的温度场计算，采用稳态传热的计算结果作为温度场计算的初始条件。温度场分析遵循热力学第一定律，即能量守恒定律。对于一个封闭的系统，与不考虑质量损失时：

$$Q - W = \Delta U + \Delta KE + \Delta PE \tag{2-35}$$

式中：Q——热量；

W——做功；

ΔU——系统内能；

ΔKE——系统动能；

ΔPE——系统势能。

对于 CRC + AC 复合式路面结构的温度场计算问题：$\Delta KE = \Delta PE = 0$；通常考虑没有做功：$W = 0$，则 $Q = \Delta U$；对于稳态热分析：$Q = \Delta U = 0$，即流入系统的热量等于流出的热量；对于瞬态热分析：$q = \frac{dU}{dt}$，即流入或流出的热传递速率 q 等于系统内能的变化。

温度场中的热传递问题一般分为以下三种方式：

(1)热传导

热传导可以定义为完全接触的两个物体之间或一个物体的不同部分之间由于温度梯度而引起的内能的交换。热传导遵循傅立叶定律：

$$q'' = -k\frac{\mathrm{d}T}{\mathrm{d}x} \tag{2-36}$$

式中：q''——热流密度（W/m^2）；

k——导热系数[W/(m·℃)]；

“－”——热量流向温度降低的方向。

(2)热对流

热对流是指固体的表面与它周围接触的流体之间，由于温差的存在引起的热量的交换。热对流可以分为自然对流和强制对流两类。热对流用牛顿冷却方程来描述：

$$q'' = h(T_S - T_B) \tag{2-37}$$

式中：h——对流换热系数（或称膜传热系数、给热系数、膜系数等）；

T_S——固体表面的温度；

T_B——周围流体的温度。

(3)热辐射

热辐射指物体发射电磁能，并被其他物体吸收转变为热能的能量交换过程。物体温度越高，单位时间辐射的热量越多。热传导和热对流都需要有传热介质，而热辐射无须任何介质。实质上，在真空中的热辐射效率最高。

在工程中通常考虑两个或两个以上物体之间的辐射，系统中每个物体同时辐射并吸收热量。它们之间的净热量传递可以用斯蒂芬-波尔兹曼方程来计算：

$$q = \varepsilon\sigma A_1 F_{12}(T_1^4 - T_2^4) \tag{2-38}$$

式中：q——热流率；

ε——辐射率（黑度）；

σ——斯蒂芬-波尔兹曼常数，约为 $5.67\times10^{-8}W/m^2K^4$；

A_1——辐射面1的面积；

F_{12}——由辐射面1到辐射面2的形状系数；

T_1——辐射面1的绝对温度；

T_2——辐射面2的绝对温度。

由上式可以看出，包含热辐射的热分析是高度非线性的。对于 CRC + AC 复合式路面结构的温度场计算中的热传递问题，主要涉及热传导与热对流。

如果系统的净热流率为0，即流入系统的热量加上系统自身产生的热量等于流出系统的热量：$q_{流入} + q_{生成} - q_{流出} = 0$，则系统处于热稳态。在稳态传热分析中任一节点的温度不随时间变化。稳态热分析的能量平衡方程为(以矩阵形式表示)：

$$[K]\{T\}=\{Q\} \tag{2-39}$$

式中：$[K]$——传导矩阵，包含导热系数、对流系数及辐射率和形状系数；

$\{T\}$——节点温度向量；

$\{Q\}$——节点热流率向量，包括热生成。

利用有限元模型几何参数、材料热性能参数以及所施加的边界条件，生成$[K]$、$\{T\}$以及$\{Q\}$。

对于CRC+AC复合式路面结构的温度场随时间的变化采用瞬态传热过程计算。在这个过程中系统的温度、热流率、热边界条件以及系统内能随时间都有明显变化。根据能量守恒原理，瞬态热平衡可以表达为(以矩阵形式表示)：

$$[C]\{\dot{T}\}+[K]\{T\}=\{Q\} \tag{2-40}$$

式中：$[K]$——传导矩阵，包含导热系数、对流系数及辐射率和形状系数；

$[C]$——比热矩阵，考虑系统内能的增加；

$\{T\}$——节点温度向量；

$\{\dot{T}\}$——温度对时间的导数；

$\{Q\}$——节点热流率向量，包括热生成。

2.4.1.2　温度应力有限元计算模型

对于CRC+AC复合式路面结构的温度场有限元计算模型，首先确定其边界条件与初始条件。一般的热分析边界条件或初始条件可分为：温度、热流率、热流密度、对流、辐射、绝热和生热7种。此处分析主要采用温度边界条件。对于初始条件的确定采用稳态热分析，确定CRC+AC复合式路面结构的初始温度分布。计算参数如表2-15所示。

温度场计算参数表　　　　表2-15

材料名称	导热系数[W/(m·℃)]	导温系数($W\cdot m^2/J$)	密度(kg/m^3)	比热(J/kg℃)	热膨胀系数($℃^{-1}$)
CRC	1.861	1×10^{-6}	2 450	775.219	1×10^{-5}
AC	1.221	6.25×10^{-7}	2 400	887.908	2.1×10^{-5}
土基	1.512	9.03×10^{-7}	1 700	984.906	0.5×10^{-5}

建立有限元模型如图2-7所示，与荷载应力分析时模型基本一致。

采用稳态热分析方法，计算分析模型的温度场分布，为计算的方便，假设模型初始温度全部为0℃，此时模型处于零应力状态。以路面降温30℃为例，土基保持常温 0℃，经过无限长时间，CRC + AC 复合式路面结构的温度场见图 2-29。

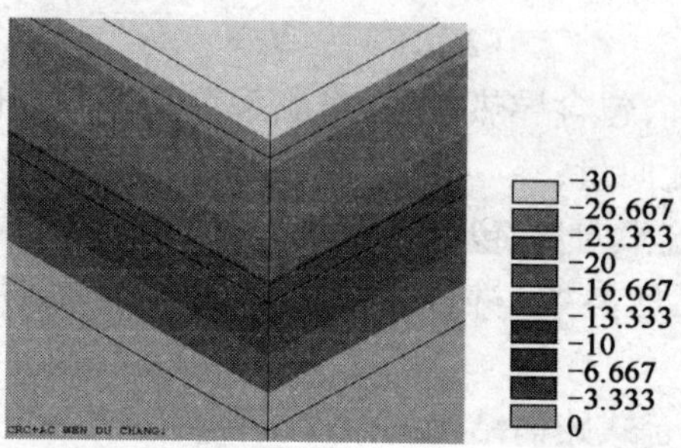

图 2-29　CRC + AC 复合式路面结构稳态温度场

对于 CRC + AC 复合式路面结构不会长期保持低温状态，因此需要进行瞬态传热过程分析，仍以上述条件，计算 2h(7 200s)内的温度场变化，见图 2-30 ~ 图 2-36。

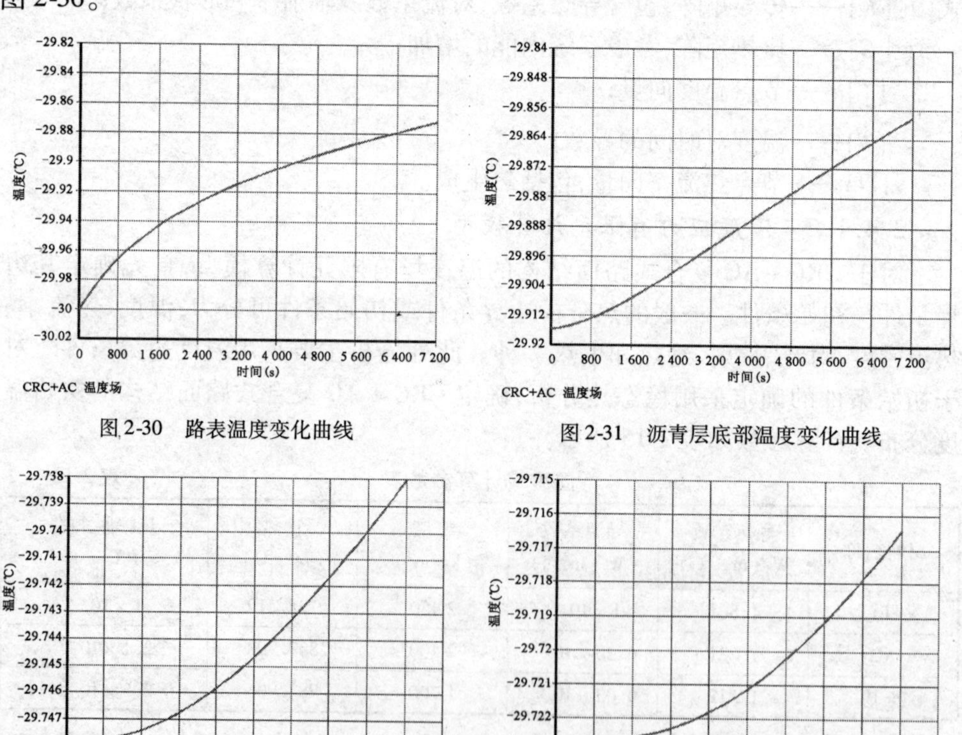

图 2-30　路表温度变化曲线

图 2-31　沥青层底部温度变化曲线

图 2-32　钢筋层顶面温度变化曲线

图 2-33　钢筋层底面温度变化曲线

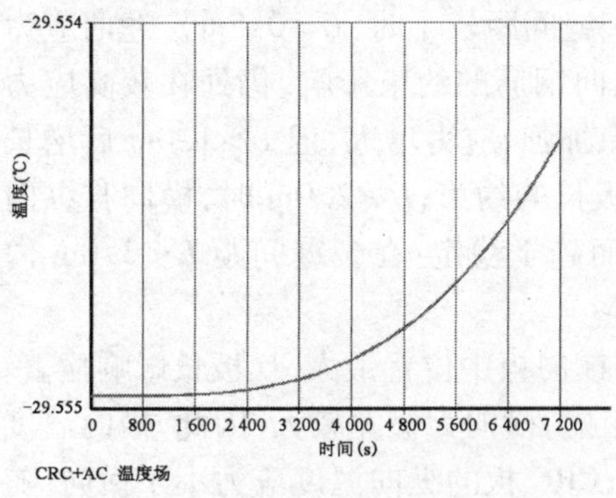

图 2-34　CRC 层底面温度变化曲线

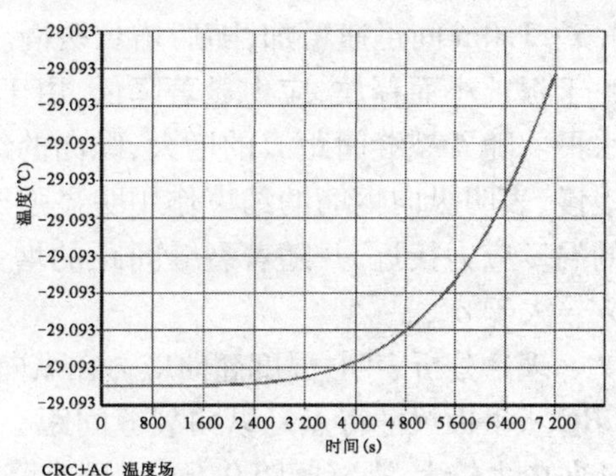

图 2-35　地基以下 25cm 温度变化曲线

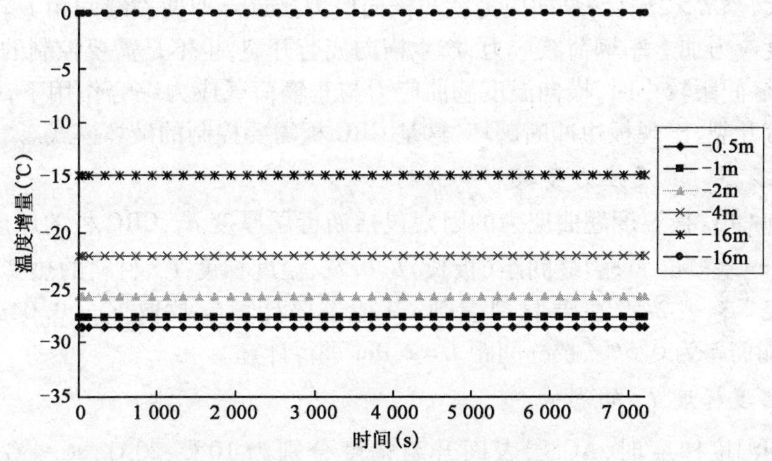

图 2-36　地基内部温度变化曲线

2.4.2　温度翘曲应力分析

2.4.2.1　计算参数

CRC + AC 路面结构温度场计算参数见表 2-15。其他主要计算参数取 h_a = 0.04m，h_c = 0.26m，配筋率为 0.6%，取温度梯度 T_g 为 88℃/m，AC 层表面升温幅度为 26.4℃，相当温度梯度 88℃/m。分析时，裂缝间距 L 分别取为 0.5m、1.0m、1.5m、2.0m、2.5m、3.0m 进行计算。

2.4.2.2　温度翘曲应力最不利作用位置分析

由图 2-37 可知，当裂缝间距 $L<2.0$m 时，板底横向 σ_{xmax} 与纵向 σ_{ymax} 随裂缝间距 L 的增大逐渐增大，而 σ_{xmax} 增加缓慢；σ_{ymax} 在 $L=0.5$m 时应力较小，$L=$

0.5～1.0m 间迅速增加，随后增长缓慢。裂缝间距较小时（$L=0.5$m），翘曲应力由于板长小而释放，应力显著降低，由于纵向钢筋的约束影响，仍处在较高应力水平。随着裂缝间距 L 的增大，纵向的约束加强，应力增大，但 $L>1.0$m 后增长缓慢，表明纵向钢筋的约束作用明显强于板长的约束；$L \geqslant 2.0$m 时，横向与纵向的温度应力接近，并随着裂缝间距的增大而趋于稳定；在裂缝间距 $L<3.0$m 内 $\sigma_{x\max}$ 大于 $\sigma_{y\max}$。

理论分析表明，温度翘曲应力在纵向与横向板中位置最大，且板长影响显著。CRC 板平面尺寸特点是纵向裂缝间距小、板短，横向为板宽较大，因此，横向温度翘曲应力较大，裂缝间距 0.5m 时稍有降低；CRC 板的纵向温度应力小于横向，随 L 的变化幅度较大，由于纵向钢筋的强约束作用，尽管板长较短，但温度翘曲应力仍较大，当 $L>2$m 后，纵向应力就与横向应力接近。即便裂缝间距 L 较大时，纵向温度应力加上车辆荷载应力，产生横向疲劳开裂，也不是需要控制的破坏模式；而裂缝间距较小时，横向温度翘曲应力与车辆荷载应力综合作用下，CRC 板产生疲劳开裂，出现板边冲断破坏，这是 CRC 板需要控制的破坏模式。

2.4.2.3 温度应力参数影响分析

影响 CRC 板温度翘曲应力的因素包括沥青层厚度 h_a、CRC 板的厚度 h_c 与模量 E_c、地基模量 E_t、裂缝间距（板长）L、板宽、温度梯度 T_g、材料的热膨胀系数等。取表 2-3、表 2-15 主要材料参数，其他主要计算参数取 $h_a=0.04$m、$h_c=0.26$m、配筋率为 0.5%、裂缝间距 $L=2.0$m 进行计算。

1）温度梯度 T_g 的影响

不同温度梯度时，AC 层表面升温幅度分别为 10℃、20℃、26.4℃、30℃、40℃、50℃。作用在不同裂缝间距板的应力值如图 2-38、图 2-39 所示。温差越大，作用在 CRC 板的横向与纵向应力越大，温度梯度的影响越大且每条曲线规律也都比较接近。

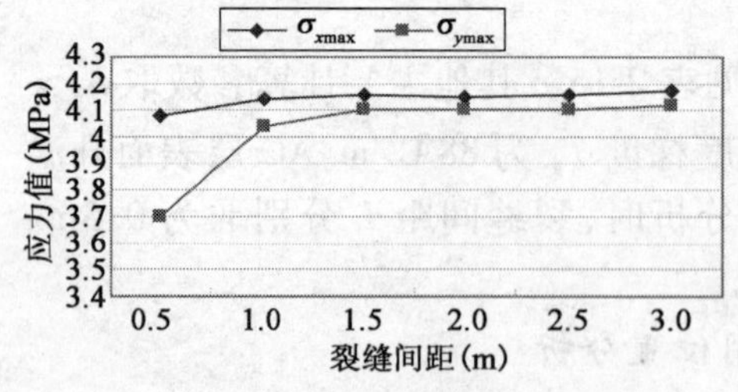

图 2-37 裂缝间距 L 与温度翘曲应力关系图

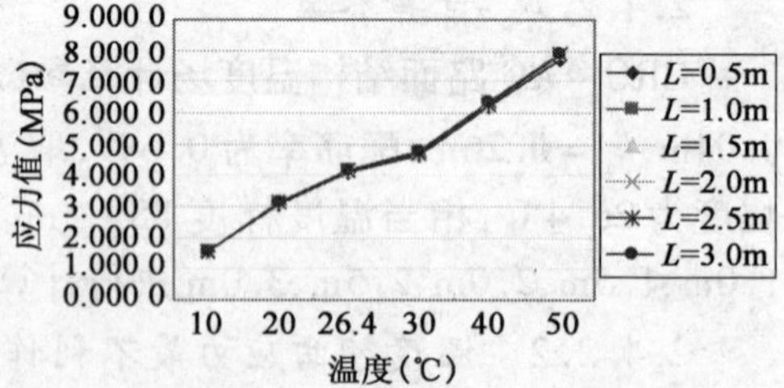

图 2-38 温度梯度 T_g 与板的横向温度翘曲应力 $\sigma_{x\max}$ 关系图

2) AC 层厚度 h_a 的影响

沥青面层越厚，由于 AC 层的保护作用，CRC 板上的温度差与温度梯度越小，CRC 板的温度应力也越小。由图 2-40 可知，随着 AC 层厚度 h_a 的增大，应力值单调递减，$L = 2.0$m 时，横向温度应力 $\sigma_{x\max}$ > 纵向温度应力 $\sigma_{y\max}$。

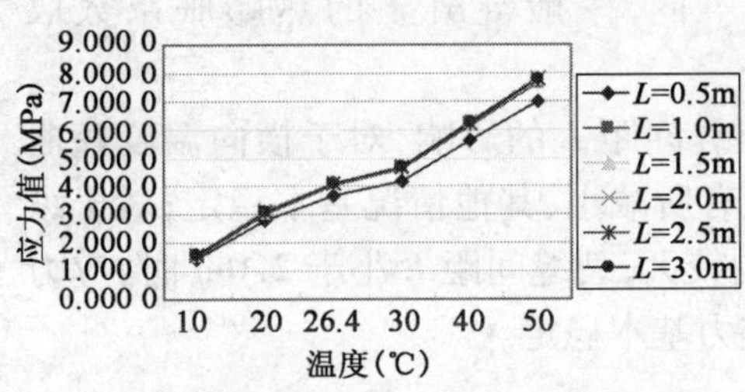

图 2-39　温度梯度 T_g 与板的纵向温度翘曲应力 $\sigma_{y\max}$ 关系图

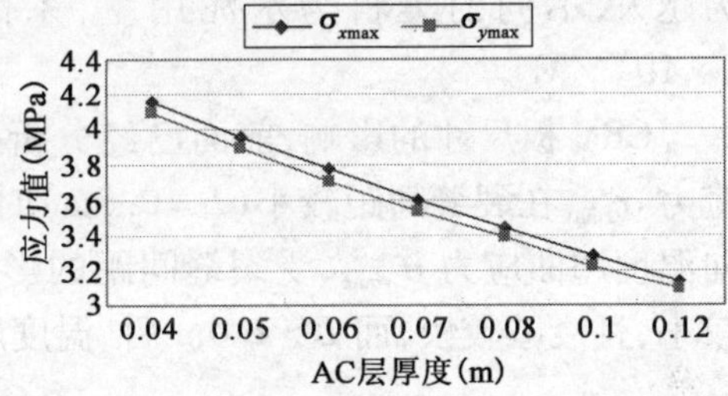

图 2-40　AC 层厚度 h_a 与温度应力关系图(L = 2m)

3) CRC 板厚度 h_c 的影响

由于温度梯度 T_g 不变，温度应力随板厚的增加而增大，即温差增大。由图 2-41 可知，随着 CRC 层厚度的增大，应力值单调递增，$L = 2$m 时，横向温度应力 $\sigma_{x\max}$ > 纵向温度应力 $\sigma_{y\max}$。

4) 沥青面层导热系数的影响

沥青面层的导热系数影响到温度的传递与扩散速度，导热系数越大则 CRC 板表面的温度梯度越大，相应的温度应力也大。AC 层的导热系数分别为0.8W/(m·℃)、1.0W/(m·℃)、1.2W/(m·℃)、1.4W/(m·℃)、1.8W/(m·℃)、2.0(W/m·℃)。由图 2-42 可知，AC 层的导热系数越大，温度应力越大，$L = 2.0$m 时，横向温度应力 $\sigma_{x\max}$ > 纵向温度应力 $\sigma_{y\max}$。

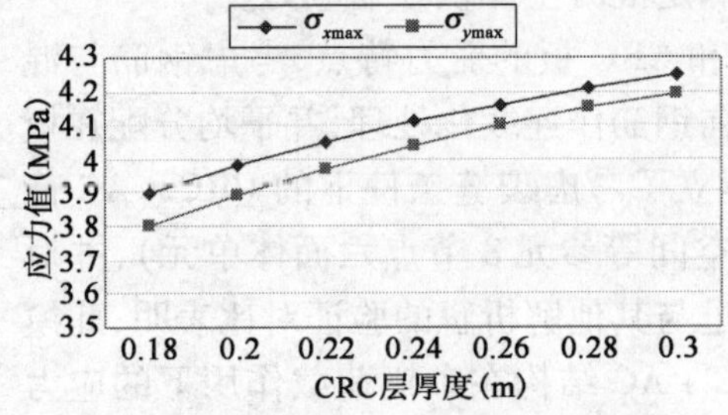

图 2-41　CRC 层厚度 h_c 与温度应力关系图

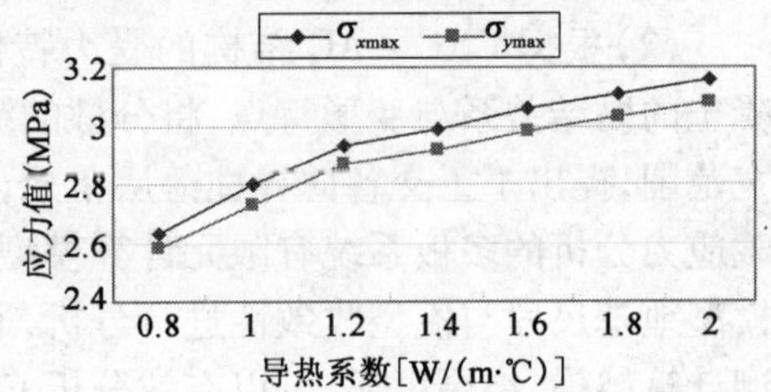

图 2-42　导热系数与温度应力关系图

5) 其他因素的影响

分析表明，地基模量 E_t 越大，对 CRC 板的约束越强，则温度翘曲应力增大，但影响不明显，其相对误差在 5% 以内，可以忽略，一般取地基模量为 200MPa。

CRC 板的模量 E_c 越大，对板的约束越强，因此，板的刚度增大，板的温度翘曲应力也增大，分析表明其与板厚的变化规律相似，一般工程中混凝土的模量相差不大，可取为定值(3.1×10^4MPa)。

CRC 板材料的热膨胀系数越大，温度变化时的体积变形越大，因此温度应力越大，不同的集料与水泥用量，系数不同，一般混凝土的热膨胀系数取 1×10^{-5}/℃。

CRC 板尺寸的影响，前面已经分析裂缝间距 L 的影响，对于横向温度翘曲应力 $\sigma_{x\max}$ 在裂缝间距较小($L=0.5$m)时，有所减小，其他情况基本稳定；对于纵向温度翘曲应力 $\sigma_{y\max}$，受裂缝间距的影响较大，裂缝间距 L 小于 2.0m 时，应力较小，且衰减较快，而 $L>2.0$m 后，温度应力基本稳定。

2.5 本章小结

CRC + AC 复合式沥青路面是弹性半空间地基上的连续配筋混凝土弹性薄板上覆沥青混合料弹性层的复杂结构体系，并承受交通荷载与环境因素(温度、湿度变化)的综合作用。采用 ANSYS 有限元计算软件，将钢筋所在厚度范围转化为等效层，采用正交各向异性薄层材料模型，应用空间等参元 8 节点六面体有限元方法分析 CRC + AC 路面结构的荷载应力与温度应力。

(1)根据 CRC + AC 路面结构的特点，提出 CRC + AC 的结构体系理论；分析 CRC + AC 结构的损坏模式，提出层间界面的滑动与推移、CRC 板边冲断破坏和钢筋拉断破坏等三种主要破坏形式，层间滑动需要通过沥青面层厚度设计与层间结构与材料设计来控制；CRC 板边冲断破坏可通过板厚与配筋设计进行控制；钢筋拉断破坏主要是通过配筋设计来满足混凝土体积收缩应力。

(2)根据 CRC + AC 结构的受力特性和 CRC 板的受力特点，考虑钢筋与混凝土的黏结关系与变形特点，将分散的纵向钢筋作连续化处理，并平均分配在板宽范围，提出了正交各向异性薄层单元，建立了考虑裂缝条件下的 CRC + AC 荷载应力分析的多板系统有限元计算模型(空间等参元 8 节点六面体单元)，并对模型地基尺寸与模型收敛性进行分析，通过与其他解析解的验证对比表明，此模型计算精确、结果可靠，可以有效分析 CRC + AC 结构在车辆荷载作用下的应力状态。

(3)考虑车辆荷载在行车道上的各种可能位置，对 CRC + AC 结构的不利荷位进行了分析，计算中考虑了轮载与轴载的影响，纵缝与横缝、板中与板角及不同裂缝间距的影响。结果表明，裂缝间距对临界荷位的影响显著，当裂缝间距

$L<1.5$m 时，临界荷位为轮载作用于横缝边缘中部（距纵缝边缘 1/4 板宽位置），横向应力与最大主应力相近；当裂缝间距 $L>2.0$m 时，临界荷位为轮载作用于纵缝边缘中部，纵向应力与最大主应力相近；当裂缝间距 $L=1.5\sim2.0$m 时，纵向与横向应力相近并与最大主应力相近，且最大主应力比其他裂缝间距时稍小。因此，裂缝间距 $L=1.5\sim2.0$m 时，CRC + AC 结构的受力状态最佳。

（4）通过对参数的影响分析，沥青面层厚度的增加可减小荷载应力，但不显著；CRC 板厚度的增加，荷载应力明显减小，板厚仍是控制板底应力的有效设计指标；地基模量增强，荷载应力明显减小，因此，适当的地基强度对板的受力是有利的；混凝土材料的模量增大，刚度加强，荷载应力也相应增大；配筋率只对裂缝间距较小时有较大的影响，纵向钢筋对窄板之间的荷载传递起作用；超载明显增大板的荷载应力，应予以控制。

（5）为方便 CRC + AC 结构设计，分析了无沥青面层时 CRC 板的应力，并绘制诺谟图、回归计算公式，同时提出了地基模量 E_t 的修正系数 K_d。

（6）建立了 CRC + AC 结构温度翘曲应力有限元分析模型，分析了随机横向裂缝条件下、不同裂缝间距时 CRC 板的温度应力最不利位置，分析了温度梯度、沥青面层厚度、CRC 板的厚度、材料导热系数等参数的影响。

分析表明，裂缝间距在 3m 范围内，CRC 板的横向温度翘曲应力大于纵向，纵向应力随裂缝间距 L 的增大而增大，裂缝间距 $L>2$m 时，纵向应力与横向应力接近，并趋于稳定。

第3章　CRC + AC 端部位移分析与端部处理方式

CRC + AC 复合式沥青路面,一般在连续配筋混凝土板全横断面上均配置纵向钢筋,则端部在横断面上的变形与位移是协调一致的,没有位移差,一般不会产生纵缝处两边 CRC 板变形不协调的破坏现象,但从经济性方面考虑,如果只在行车道板中配置钢筋,而硬路肩板中不配置纵向钢筋,结构也是安全的,则可节约近 1/3 的钢筋用量,从而节约投资。但由于温度变化会产生温度变形,而 CRC 板和素混凝土路肩板变形特性不同,因此存在着 CRC 板和硬路肩素混凝土板之间变形不协调的问题,见图 3-1。

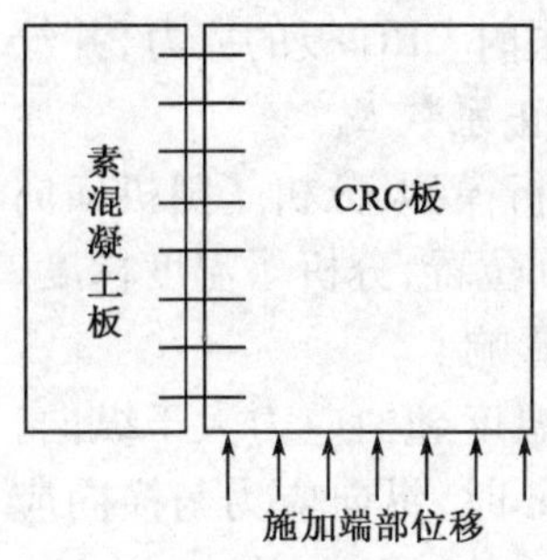

图 3-1　边部硬路肩板不配置钢筋时的示意图

一般来说,CRC 板因温度变化会产生较大的纵向推移和收缩,而素混凝土路肩板则在温度的变化下端部变形量较小,此时 CRC 板通过它们之间相联系的拉杆带动素混凝土路肩板变形,其变形的一致性是值得研究的问题。2003 年 325 国道广东恩平东段圣堂镇修建了 1.17km 的连续配筋混凝土路面结构,边部 4m 宽硬路肩板没有配置钢筋,中部 8m(半幅)CRC 板按设计配置纵向钢筋,目前使用状况良好,没有出现端部位移的明显差别,也没有出现边板纵向开裂的现象。

CRC + AC 路面结构不设胀、缩缝,CRC 板受环境温度变化影响会产生较大的变形,尤其是在端部,年温度变化条件下的端部自由位移有可能超过 5cm,CRC 板在端部产生的位移量最大,也就是说端部位置的素混凝土路肩板中拉杆承受的剪应力与拉应力最大,只要通过分析能够说明这一部分的拉杆是安全的,则其他部位的拉杆受力也是安全的,所以对端部位移的分析十分重要。

以往的研究主要是针对独立的 CRC 板在年温度变化条件下,温差所产生的端部位移,在计算时只考虑地基摩阻力的作用,而在本书的分析中 CRC 板在温度变化下会产生变形,在计算时不仅仅需考虑地基的摩阻力,同时还要考虑路肩板素混凝土纵缝拉杆对 CRC 板的阻碍作用。

3.1　CRC + AC 结构端部位移分析模型

对于 CRC + AC 复合式路面，在温度变化的情况下产生纵向位移，主要是 CRC 板的位移，AC 层主要随着 CRC 板变形，AC 与 CRC 层间连续，变形一致，同时 AC 层较薄，位移分析时忽略其影响，CRC 板的变形重点考虑以下三个方面：

(1) 混凝土和钢筋产生的受热膨胀和遇冷收缩，以及钢筋对混凝土变形的影响。

(2) CRC 板下地基摩阻约束对 CRC 板变形的影响。

(3) 路肩板素混凝土中纵缝处拉杆剪力对 CRC 板产生的约束影响。

分析时，假设钢筋和混凝土之间紧密黏结，变形一致，根据复合材料力学有关理论，将连续配筋混凝土板沿纵向看成一种横观各向同性的复合材料，并可根据有关理论计算出该复合材料的弹性模量、泊松比和线膨胀系数。这样，CRC 板纵向可以看作一种温度线弹性体，它的纵向变形与发生变形前后的温差成正比。温度变化引起的温度变形受到约束时，板会产生温度应力。

CRC 板在温度变化时，必然产生一定的变形，除了受到连续钢筋的约束外还将受到地基的约束。混凝土板与地基之间的摩阻关系包括了挤压力、剪力、黏结力。地基与混凝土板的相互作用可以认为是地基和混凝土板两种介质接触面上的剪应力与两者相对位移关系的问题。混凝土板与地基之间的摩擦力的大小取决于基层的种类和两者间的相对位移。关于摩阻剪应力与相对滑移的关系，国内外已有多种计算模型。

在计算 CRC 板的端部位移时，做如下假定：

(1) 路面板的厚度与密度均匀一致，具有线弹性性质。

(2) 路面板整体温度均匀，即不考虑横截面温度梯度。

(3) CRC 板在无外力约束的情况下，温度变化所引起的体积变化是均匀的。

(4) 板底摩擦系数均匀一致，且与支承地基的类别有关。

(5) 钢筋与混凝土黏结紧密，两者无相对滑移。

3.2　CRC 复合材料的参数

在本书的计算中根据复合材料的相关理论，把 CRC 板沿纵向看成一种复合材料，由于垂直钢筋的横截面可以视为各向同性平面，因此该复合材料可以视为横观各向同性材料。

从材料力学的角度、线弹性、各向异性材料的应力应变关系式为：

$$\begin{Bmatrix} \sigma_1 \\ \sigma_2 \\ \sigma_3 \\ \tau_{23} \\ \tau_{31} \\ \tau_{12} \end{Bmatrix} = \begin{bmatrix} C_{11} & C_{12} & C_{13} & C_{14} & C_{15} & C_{16} \\ C_{21} & C_{22} & C_{23} & C_{24} & C_{25} & C_{26} \\ C_{31} & C_{32} & C_{33} & C_{34} & C_{35} & C_{36} \\ C_{41} & C_{42} & C_{43} & C_{44} & C_{45} & C_{46} \\ C_{51} & C_{52} & C_{53} & C_{54} & C_{55} & C_{56} \\ C_{61} & C_{62} & C_{63} & C_{64} & C_{65} & C_{66} \end{bmatrix} \begin{Bmatrix} \varepsilon_1 \\ \varepsilon_2 \\ \varepsilon_3 \\ \gamma_{23} \\ \gamma_{31} \\ \gamma_{12} \end{Bmatrix} \tag{3-1}$$

材料的应变能表达式为：

$$\begin{aligned} \omega &= \frac{1}{2}(\sigma_1\varepsilon_1 + \sigma_2\varepsilon_2 + \sigma_3\varepsilon_3 + \tau_{23}\gamma_{23} + \tau_{31}\gamma_{31} + \tau_{12}\gamma_{12}) \\ &= \frac{1}{2}C_{11}\varepsilon_1^2 + C_{12}\varepsilon_1\varepsilon_2 + C_{13}\varepsilon_1\varepsilon_3 + C_{14}\varepsilon_1\gamma_{23} + C_{15}\varepsilon_1\gamma_{31} + C_{16}\varepsilon_1\gamma_{12} + \\ &\quad \frac{1}{2}C_{22}\varepsilon_2^2 + C_{23}\varepsilon_2\varepsilon_3 + C_{24}\varepsilon_2\gamma_{23} + C_{25}\varepsilon_2\gamma_{31} + C_{26}\varepsilon_2\gamma_{12} + \\ &\quad \frac{1}{2}C_{33}\varepsilon_3^2 + C_{34}\varepsilon_3\gamma_{23} + C_{35}\varepsilon_3\gamma_{31} + C_{36}\varepsilon_3\gamma_{12} \end{aligned} \tag{3-2}$$

由于坐标轴是人为取的，所以当 z 轴变为反向，坐标 z 及位移分量 ω 均变号，因此，两个剪应变 $\gamma_{23} = \frac{\partial v}{\partial z} + \frac{\partial \omega}{\partial y}$和 $\gamma_{31} = \frac{\partial u}{\partial z} + \frac{\partial \omega}{\partial x}$将变号；而当材料为横观各向同性材料时，当 x 轴改为相反方向以及 x 轴和 y 轴互换时应变能表达式(3-2)应保持不变，这时可以推出：

$C_{14} = C_{15} = C_{24} = C_{25} = C_{34} = C_{35} = C_{46} = C_{56} = C_{16} = C_{26} = C_{36} = C_{45} = 0$，

$C_{22} = C_{33}$，$C_{55} = C_{66}$，$C_{23} = C_{13}$。

由于 yoz 是材料的各向同性平面，则在这个平面内沿着任何方向都有相同的材料性能，因此不论坐标轴转过任何角度，应力应变间都有相同的关系，容易证明：

$$C_{44} = \frac{1}{2}(C_{22} - C_{23}) \tag{3-3}$$

所以，将以上各式代入式(3-1)得横观各向同性材料的应力应变关系式为：

$$\begin{Bmatrix}\sigma_1\\ \sigma_2\\ \sigma_3\\ \tau_{23}\\ \tau_{31}\\ \tau_{12}\end{Bmatrix}=\begin{bmatrix}C_{11} & C_{12} & C_{13} & 0 & 0 & 0\\ C_{12} & C_{22} & C_{23} & 0 & 0 & 0\\ C_{13} & C_{23} & C_{22} & 0 & 0 & 0\\ 0 & 0 & 0 & \dfrac{(C_{22}-C_{23})}{2} & 0 & 0\\ 0 & 0 & 0 & 0 & C_{55} & 0\\ 0 & 0 & 0 & 0 & 0 & C_{55}\end{bmatrix}\begin{Bmatrix}\varepsilon_1\\ \varepsilon_2\\ \varepsilon_3\\ \gamma_{23}\\ \gamma_{31}\\ \gamma_{12}\end{Bmatrix} \tag{3-4}$$

显然,横观各向同性材料只有 5 个独立弹性常数。横观各向同性的应变-应力关系式为:

$$\begin{Bmatrix}\varepsilon_1\\ \varepsilon_2\\ \varepsilon_3\\ \gamma_{23}\\ \gamma_{31}\\ \gamma_{12}\end{Bmatrix}=\begin{bmatrix}S_{11} & S_{12} & S_{13} & 0 & 0 & 0\\ S_{12} & S_{22} & S_{23} & 0 & 0 & 0\\ S_{13} & S_{23} & S_{22} & 0 & 0 & 0\\ 0 & 0 & 0 & 2(S_{22}-S_{23}) & 0 & 0\\ 0 & 0 & 0 & 0 & S_{55} & 0\\ 0 & 0 & 0 & 0 & 0 & S_{55}\end{bmatrix}\begin{Bmatrix}\sigma_1\\ \sigma_2\\ \sigma_3\\ \tau_{23}\\ \tau_{31}\\ \tau_{12}\end{Bmatrix} \tag{3-5}$$

用工程常数将上式表达出来为:

$$\begin{Bmatrix}\varepsilon_1\\ \varepsilon_2\\ \varepsilon_3\\ \gamma_{23}\\ \gamma_{31}\\ \gamma_{12}\end{Bmatrix}=\begin{bmatrix}\dfrac{1}{E_1} & -\dfrac{\nu_{21}}{E_2} & -\dfrac{\nu_{31}}{E_2} & 0 & 0 & 0\\ -\dfrac{\nu_{12}}{E_1} & \dfrac{1}{E_2} & -\dfrac{\nu_{32}}{E_2} & 0 & 0 & 0\\ -\dfrac{\nu_{13}}{E_1} & -\dfrac{\nu_{23}}{E_2} & \dfrac{1}{E_2} & 0 & 0 & 0\\ 0 & 0 & 0 & \dfrac{1}{G_{23}} & 0 & 0\\ 0 & 0 & 0 & 0 & \dfrac{1}{G_{12}} & 0\\ 0 & 0 & 0 & 0 & 0 & \dfrac{1}{G_{12}}\end{bmatrix}\begin{Bmatrix}\sigma_1\\ \sigma_2\\ \sigma_3\\ \tau_{23}\\ \tau_{31}\\ \tau_{12}\end{Bmatrix} \tag{3-6}$$

在这里,将同一水平方向平行配置钢筋的混凝土板看作单层复合材料层,如图 3-1 所示,图中 1 方向取为钢筋的轴线方向,2 方向取为垂直于钢筋轴向的水平方向,3 方向取为垂直与配筋混凝土板平面的法线方向,即厚度方向。

由于垂直钢筋的横截面可以视为各向同性平面,可以将横观各向同性材料化为平面问题来求解各项物理常数。

通过钢筋的弹性模量 E_s、泊松比 μ_s、混凝土弹性模量 E_c、泊松比 μ_c 及 CRC 板中的配筋率 ρ,运用复合材料力学方法,可以获得配筋混凝土沿复合材料 1、2、3 主方向的弹性模量 E_1、E_2 和 E_3。

对于 CRC 钢筋与混凝土复合材料中,纵向即钢筋方向 1 方向复合材料的弹性模量 E_1 和泊松比 μ_{12} 材料的求解如下。

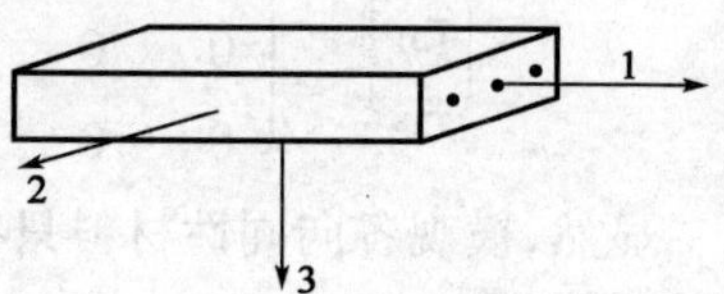

图 3-2　单层配筋 CRC 复合材料主坐标图

由前述图 3-2 所示的 CRC 单层板模型中,截取单位长度为 1,宽度为 h 的代表性微元如图 3-3 所示,并设垂直于 1 方向的截面上的平均温度应力 σ_1、相应的应变为 ε_1。由平衡条件可得:

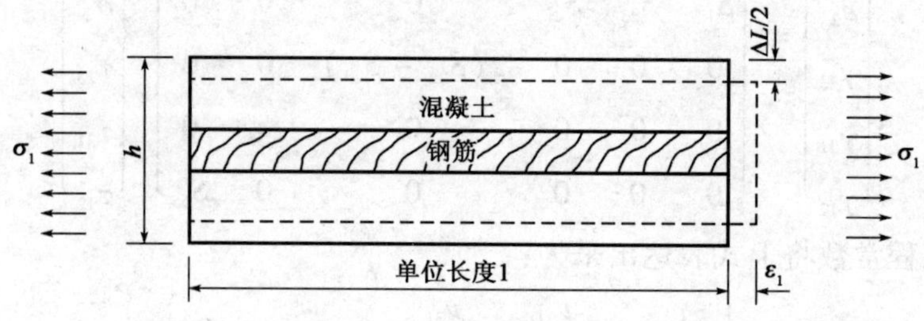

图 3-3　正轴坐标系 1 方向受力的单元变位平面图

$$\sigma_1 A = \sigma_s A_s + \sigma_c A_c \tag{3-7}$$

式中:$A_s = n\pi d^2/4$——是 n 根配置钢筋的截面积,其作用应力为 σ_s;

A_c——是混凝土的截面面积,其作用的应力为 σ_c;

$A = A_s + A_c$——是钢筋与混凝土截面的总面积。

设钢筋与混凝土完全黏结,钢筋和混凝土在钢筋方向的应变相同且为 ε_1,两者都处于小变形的弹性状态,因而有:

$$\sigma_s = E_s\varepsilon_s \qquad \sigma_c = E_c\varepsilon_c \qquad \sigma_1 = E_1\varepsilon_1$$

由以上各式可以求得:

$$E_1 = E_s\frac{A_s}{A} + E_c\frac{A_c}{A} = E_s\rho + E_c(1-\rho) \tag{3-8}$$

式中:$\rho = A_s/A_c$——板内的配筋率,$A_c \approx A$。

如图 3-3 所示，设钢筋的横向变形为 Δh_s，混凝土横向变形为 Δh_c，则横向总变形 ΔL 为：$\Delta L = \Delta h_s + \Delta h_c$

产生 Δh_s 变化的横向尺寸可以认为等于 ρh。产生 Δh_c 变化的横向尺寸可认为等于 $(1-\rho)h$，故有：

$$\Delta h_s = \rho h \times \mu_S \varepsilon_1$$

$$\Delta h_c = (1-\rho) h \times \mu_c \varepsilon_1$$

又

$$\Delta L = -h\varepsilon_2 = h\mu_{12}\varepsilon_1$$

对上式整理后得：

$$\mu_{12} = \rho\mu_s + (1-\rho)\mu_c \tag{3-9}$$

同理 CRC 层合板的重度：$\gamma = \rho\gamma_s + (1-\rho)\gamma_c$　(3-10)

根据复合材料学，CRC 板的温度线膨胀系数 α 为：

$$\alpha = \frac{A_c E_c \alpha_c + A_s E_s \alpha_s}{A_c E_c + A_s E_s} = \frac{E_c \alpha_c + \rho E_s \alpha_s}{E_c + \rho E_s} \tag{3-11}$$

式中：A_c——混凝土的截面面积（m^2）；

A_s——钢筋的截面积（m^2）；

E_c——混凝土的弹性模量（MPa）；

E_s——钢筋的弹性模量（MPa）；

α_c——混凝土的温度膨胀系数（1/℃）；

α_s——钢筋的温度膨胀系数（1/℃）；

ρ——纵向配筋率，$\rho = A_s / A_c$。

3.3　CRC 板的端部位移分析

当 CRC 板端部不受其他人为约束时，在受热的条件下，CRC 板会以道路总长的横向中心线为对称轴而向两边对称膨胀，在温度下降的情况下，CRC 板会以道路总长的横向中心线为对称轴而对称收缩，但是由于板体本身内部钢筋的约束和地基摩阻对板体的约束，道路总长的横向中心线两边都有对称的一段距离内，CRC 板是不能发生位移的，只有靠近端部的部位才会发生滑移。

图 3-4 表示一长度为 L 的混凝土路面板在温度变化时，所产生的位移 δ，作用于板底的摩擦应力 τ，以及混凝土板体内部应力 σ 沿板长 L 的分布。

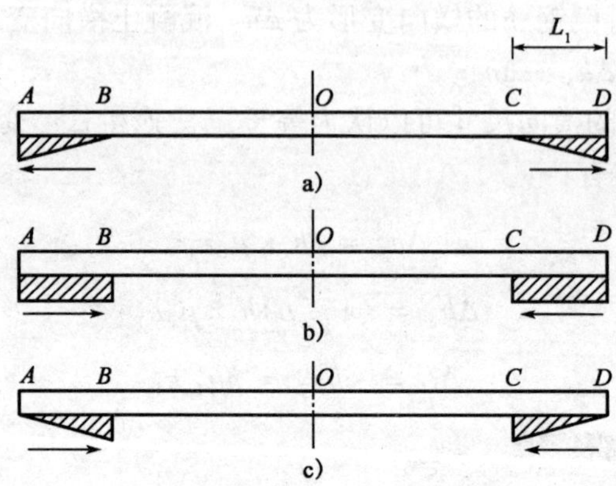

图 3-4　升温时混凝土板的变化情况

由图 3-4 可以看出，位移 δ 的分布，在板的两端最大，因为端部不受任何约束，从端部向板长的中心 O 点发展，由于累计的摩擦阻力逐渐加大，位移量逐渐减少，至 L_1 以后，则完全没有位移发生。摩擦阻力分布与位移趋势有关，根据资料，当位移的趋势至少为 1.5mm 时摩擦应力才能产生，根据调查结果，CRC 板的端部位移通常是在 2 ~ 4cm 左右，因此由 CRC 板端部至 L_1 的范围内，板底的摩擦力 τ 是均匀分布的。

$$\tau = \gamma h f \tag{3-12}$$

式中：τ——路面板与基础之间的摩擦应力（N/m^2）；

γ——混凝土板的重度（N/m^3）；

h——CRC 板的厚度（m）；

f——摩擦阻力系数。

根据路面板的位移趋势和承受摩擦阻力的情况，可以将长度为 L 的路面板分为滑动区（AB，CD）和固定区（BC）。在固定区内面板无位移发生，假定不产生摩擦阻力，在滑动区，面板产生不同程度的位移，同时存在摩擦阻力。

根据试验路研究结果，在升温条件下，距 CRC 端部较远的路面部分（BC 段）不会产生伸长变形，因为其变形会受到地基摩阻力的约束。只有在端部附近的一定距离内（图 3-5 中 CD 段，设其长度为 L_1），才会产生水平位移。取出 CD 段脱离体进行分析，如图 3-5 所示，C 点处没有水平位移，在 D 点处，路面升温后产生膨胀变形，设其伸长长度为 ΔL。当有锚固端墙时，ΔL 为锚固端墙限制下的端部允许位移；当端部没有限制时，ΔL 为升温条件下端部的自由伸长。CD 段脱离体的受力状态为：C 端受到路面膨胀产生的压应力，CD 段路面底面受到地基摩阻力作用，通常是 C 端附近摩阻力小，D 端附近摩阻力大。当 CRC 设锚固端墙时，D 端会受到端墙的压应力，当端部自由时，D 端不受力。

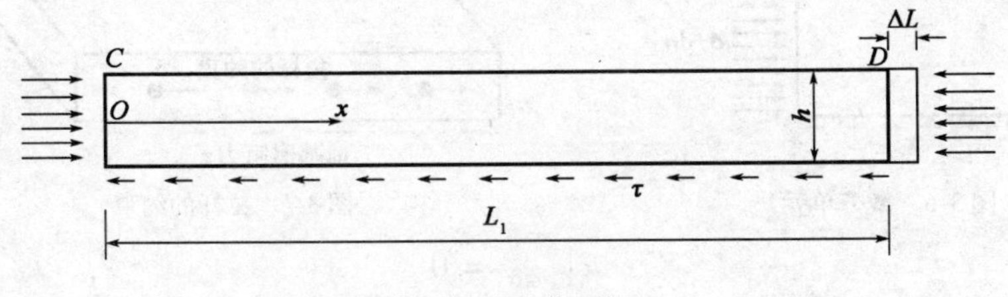

图 3-5　CD 截取段

3.3.1　不考虑路肩板影响的 CRC 板端部位移分析

CRC 板在温度的变化下只受地基摩阻力的约束作用，而不考虑路肩板通过拉杆对板的约束作用。

从图 3-5 中 CD 段的任意处截取长度为 $\mathrm{d}x$ 的微分单元体，受力情况如图 3-6 所示。设 CRC 板混凝土截面积为 A，模量为 E_1，地基的水平摩阻力为 τ。微分单元体的宽度（CRC 板）取为 b_1，端部自由位移用 u 表示，由 $\sum F_X = 0$ 易得：

$$(\sigma + \mathrm{d}\sigma)A - \sigma \times A + \tau \times \mathrm{d}x \times b_1 = 0 \tag{3-13}$$

而 $\sigma = E_1\varepsilon = E_1\left(\alpha\Delta T - \dfrac{\mathrm{d}u}{\mathrm{d}x}\right)$，$\dfrac{\mathrm{d}\sigma}{\mathrm{d}x} = -\dfrac{\mathrm{d}^2u}{\mathrm{d}x^2}E_1$，$A = b_1 \times h$，代入式(3-13)可以得到：

$$\frac{\mathrm{d}\sigma}{\mathrm{d}x} + \frac{\tau b_1}{A} = 0 \tag{3-14}$$

即：

$$E_1\frac{\mathrm{d}^2u}{\mathrm{d}x^2} - \frac{\tau}{h} = 0 \tag{3-15}$$

由于该段为滑动取 CD 段，故取地基的摩阻力为均匀分布，即：$\tau = \gamma hf$ 代入上式：

$$\frac{\mathrm{d}^2u}{\mathrm{d}x^2} - \frac{\gamma f}{E_1} = 0 \tag{3-16}$$

令 $a = \dfrac{\gamma f}{E_1}$，则可以解出上式的通解：

$$u = \frac{1}{2}ax^2 + c_1x + c_2 \tag{3-17}$$

当 CRC 板端部未设锚固端墙时，端部在温度的变化下可以自由伸长，其端部的位移主要受地基摩阻力的影响，由图 3-7 得出此时的边界条件：

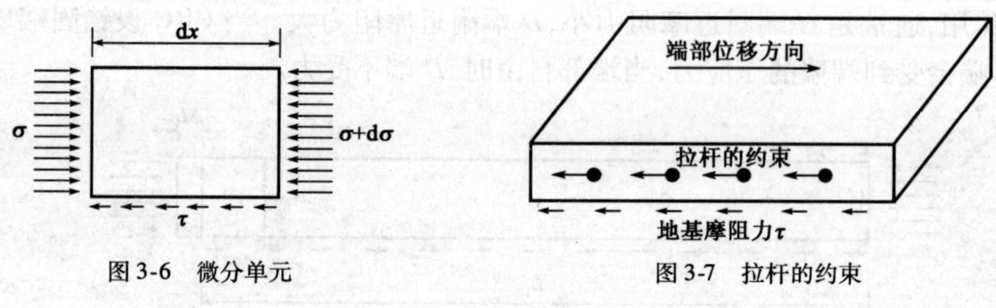

图 3-6　微分单元　　　　图 3-7　拉杆的约束

$$u\big|_{x=0} = 0$$

$$\sigma\big|_{x=L_1} = 0$$

将上述边界条件代入通解可解出：

$$c_2 = 0$$

$$c_1 = \alpha\Delta T - \frac{\gamma f L_1}{E_1}$$

不受路肩板通过拉杆影响的 CRC 板自由端部位移的公式为：

$$u = \frac{1}{2} \times \left(\frac{\gamma f}{E_1}\right)x^2 + \left(\alpha\Delta T - \frac{\gamma f}{E_1}L_1\right)x \tag{3-18}$$

3.3.2　考虑路肩板影响的 CRC 板端部位移分析

从经济性方面考虑，为了节约资金，如不在硬路肩混凝土板中配置纵向钢筋，而采用素混凝土硬路肩，在 CRC 板和边部素混凝土路肩之间设置拉杆。此时，CRC 板在温度的变化下不仅受到地基摩阻力的作用，而且还受到边板通过拉杆传递过来的约束作用。假定 CRC 板和素混凝土之间设置了足够的拉杆，也就是说假定拉杆在传力的过程中不会受到破坏，拉杆所传递的力是由素混凝土路肩板的地基摩阻力提供的。

取和不受路肩板影响的 CRC 板相同的微分单元体，如图 3-5 和图 3-6 所示，而素混凝土板的宽度取为 b_2，并且和 CRC 板具有相同的地基摩阻力。拉杆的约束如图 3-7 所示。

对微分单元体进行受力分析，根据 $\sum F_X = 0$ 易得：

$$(\sigma + \mathrm{d}\sigma)A - \sigma \times A + \tau \times \mathrm{d}x \times b_1 + \tau \times \mathrm{d}x \times b_2 = 0 \tag{3-19}$$

而 $\sigma = E_1\varepsilon = E_1\left(\alpha\Delta T - \frac{\mathrm{d}u}{\mathrm{d}x}\right)$，代入式(3-19)可以得到：

$$\frac{\mathrm{d}\sigma}{\mathrm{d}x} + \frac{\tau b_1}{A} + \frac{\tau b_2}{A} = 0 \tag{3-20}$$

地基摩阻力按均匀分布考虑，$\tau = \gamma h f$ 代入上式可以得到：

$$\frac{\mathrm{d}^2 u}{\mathrm{d}x^2} - \frac{\gamma f}{E_1} - \frac{\gamma f b_2}{b_1 E} = 0 \tag{3-21}$$

令 $k = \frac{(b_1 + b_2)\gamma f}{b_1 E_1}$ 则可以解出上式的通解：

$$u = \frac{1}{2}kx^2 + c_1 x + c_2 \tag{3-22}$$

当 CRC 板端部未设锚固端墙时，其端部的主要位移主要受地基摩阻力和拉杆约束的影响，由以上图得出此时的边界条件：

$$u\big|_{x=0} = 0$$

$$\sigma\big|_{x=L_1} = 0$$

将上述边界条件代入通解可接出：

$$c_2 = 0$$

$$c_1 = \alpha\Delta T - \frac{(b_1 + b_2)\gamma f}{b_1 E_1} \times L_1$$

CRC 板在路肩板通过拉杆影响下的自由端部位移的公式为：

$$u = \frac{1}{2} \times \frac{(b_1 + b_2)\gamma f}{b_1 E_1} x^2 + \left[\alpha\Delta T - \frac{(b_1 + b_2)\gamma f}{b_1 E_1} \times L_1\right] x \tag{3-23}$$

3.3.3　滑动区的有效长度 L_1 的确定

3.3.3.1　CRC 板不受拉杆约束时滑动区的长度 L_1

从上面端部位移的公式可以看出，滑动区的长度 L_1 也是影响端部位移大小的一个很重要的参数，所以首先要计算出滑动区的长度。

在固定区 BC 以内，面板无位移发生，形似完全固端约束，其温度应力为：

$$\sigma = \alpha E_1 \Delta T \tag{3-24}$$

在滑动区 AB、CD 以内，板体应力可以按照下式进行计算：

$$\sigma = \gamma f x \tag{3-25}$$

式中：x——计算位置至端部的距离。

假定滑动区的长度为 L_1，即可以得到滑动区内最大的应力（B 点、C 点）为：

$$\sigma_B = \sigma_C = \gamma f L_1 \tag{3-26}$$

由于 B 点和 C 点的应力和固定区的应力是相等的，故联立式（3-24）和式（3-26）便可以得到滑动区的长度 L_1。

$$L_1 = \frac{\alpha E_1 \Delta T}{\gamma f} \tag{3-27}$$

可以看出，滑动区的范围 L_1 与路面板的长度无关，并不同于人们认为的板越长,滑动的范围越长,随着板长的增加只是增加了固定区的长度。滑动区范围的影响因素,除了混凝土本身的物理特性(α、E、ρ)之外,主要取决于ΔT与f。

3.3.3.2　受路肩板约束时 CRC 端部自由滑动区的长度 L_1

由于边部硬路肩素混凝土板的拉杆作用,就相当于增加了地基摩阻力,所以有效计算长度会变小,进行受力分析:

$$\alpha E \Delta T \times b_1 = L_1 \times b_1 \times \gamma \times h \times f + L_1 \times b_2 \times \gamma \times h \times f \tag{3-28}$$

可以推出考虑拉杆作用时,滑动区的长度为:

$$L_1 = \frac{\alpha E_1 \Delta T}{\gamma f} \times \frac{b_1}{b_1 + b_2} \tag{3-29}$$

可以看出,滑动区的长度L_1,除了考虑拉杆的影响因素外,还取决于素混凝土路肩的宽度b_2和 CRC 板的宽度b_1,边板越宽,影响越大,则滑动区长度L_1越小;CRC 板越宽,路肩板的相对影响越小,端部滑动区的长度越接近不受路肩板影响时的长度。

3.4　CRC 板端部位移有限元分析

建立 CRC 板的三维有限元模型,模型的长度为滑动区的实际长度L_1,混凝土采用 8 节点六面体等参单元,在 ANSYS 中用 solid65 来实现,为体现地基对路面的水平摩阻力,在板底面引入表面效应单元,在 ANSYS 中用 surf154 单元来实现。根据 CRC 板端部位移与受力特点分析可知,在左端$x=0$处,施加的约束条件为约束x方向的位移;在右端$x=L_1$处,假定端部不受约束自由伸缩,则不施加任何边界条件,在计算过程中直接施加温度荷载。在对边板设立拉杆的 CRC 板进行有限元计算时,拉杆对板的约束作用在 ANSYS 中用侧向直接施加力来进行模拟,侧向力的大小根据素混凝土板的极限摩阻力进行计算,然后把这些力平均施加到 CRC 板侧向的节点上。

连续配筋混凝土路面的端部位移主要是由温度的变化引起的,所以在用 ANSYS 进行有进行端部位移计算时主要是加入温度荷载。在本书中编制命令流文件施加温度荷载,主要用的命令为:TREF—定义参考温度,在此温度下结构平衡,无温度应力;TUNIF,TEMP—再定义各个节点的初始温度,此时结构热膨胀,按照热膨胀系数计算膨胀或收缩,相对参考温度下的膨胀或收缩,超静定体系同时产生应力。

进行 CRC 板端部位移计算时,根据 325 国道广东恩平段连续配筋混凝土路面试验路实际施工实际情况,路面配筋率为 0.6%,其他参数取值如下:

1)混凝土材料

弹性模量:$E_c = 3.0\times10^4$MPa;

温度变形系数:由混凝土粗集料类型为石灰岩,$\alpha_c = 6.84\times10^{-6}$/℃(表 3-1);

重度:$\gamma_c = 2.5\times10^4$N/m^3;

混凝土的泊松比:$\mu_c = 0.2$。

不同岩石的混凝土线膨胀系数(10^{-5}/℃)　　表 3-1

粗集料类型	混凝土线膨胀系数	粗集料类型	混凝土线膨胀系数
石英岩	1.188	花岗岩	0.954
砂岩	1.170	玄武岩	0.864
砂石	1.080	石灰岩	0.684

2)钢筋

弹性模量:$E_s = 2.0\times10^5$MPa;

温度变形系数:$\alpha_s = 9\times10^{-6}$/℃;

重度:$\gamma_s = 7.8\times10^4$N/m^3;

钢筋的泊松比:$\mu_s = 0.3$。

3)地基

表面摩阻系数:摩阻系数主要与路面板下的材料类型有关(表 3-2),由路面板下材料类型为沥青表面处治,故而取 $f = 2.2$,在温度变化相同的条件下,端部位移量主要和地基摩阻系数有着很大的关系。

CRC 混凝土板底地基摩阻系数 f　　表 3-2

板下材料类型	摩阻系数 f	板下材料类型	摩阻系数 f
沥青表面处治	2.2	砂岩	1.2
石灰稳定,水泥稳定和沥青稳定	1.8	天然路基	0.9
砾石和碎石	1.5		

4)板的尺寸及温度变化

在计算时 CRC 板的宽度 $b_1 = 8$m,素混凝土路肩的宽度取 $b_2 = 2$m,混凝土板的厚度 $h = 0.2$m,温度变化 $\Delta T = 30$℃。

CRC 混凝土板为一种复合材料,根据前面推导的复合材料的计算公式,推导出的相关参数如下:

重度:$\gamma_1 = \gamma_c + \rho\gamma_s = 2.504\times10^4 \approx \gamma_c = 2.5\times10^4$N/m^3;

泊松比:$\mu_1 = \mu_c + \rho\mu_s = 0.2006 \approx \mu_c = 0.2$;

膨胀系数：$\alpha = \dfrac{E_c\alpha_c + \rho E_s\alpha_s}{E_c + \rho E_s} = 6.92 \times 10^{-6}$；

弹性模量：$E_1 = E_c + \rho E_s = 3.1 \times 10^4 \text{MPa}$。

3.4.1 CRC 板端部位移的计算

根据以上推导的 CRC 板端部自由滑动区长度的推导公式和相关参数可以计算出在不同的地基摩阻系数下 CRC 板端部的滑动区有效计算长度 L_1，如表 3-3 所示，两种情况下地基摩阻系数和滑动区长度之间的关系如图 3-8 所示。

不同地基摩阻系数下 CRC 板的端部滑动区的有效计算长度 L_1 表 3-3

地基摩阻系数 f	2.2	1.8	1.5	1.2	0.9
滑动区长度 L_1(m)(不考虑路肩板的影响)	117	143	172	215	286
滑动区长度 L_1(m)(考虑路肩板的影响)	94	114	137	172	229

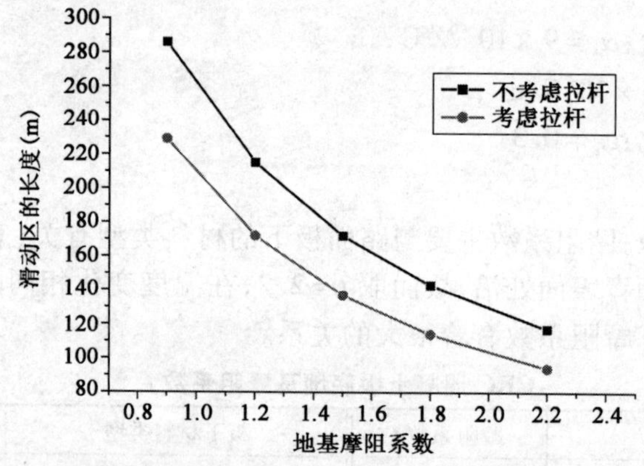

图 3-8 两种情况下地基摩阻系数 f 和滑动区有效长度 L_1 之间的关系

可以看出 CRC 板端部滑动区的长度随着地基摩阻力的增大而逐渐减小，考虑路肩板通过拉杆约束的路面滑动区的长度小于不受路肩板通过拉杆影响的 CRC 板的滑动区长度。

3.4.2 CRC 板不受路肩板影响时端部位移的解析解和有限元计算结果

在不考虑路肩板通过拉杆的约束时根据式(3-18)计算出 CRC 板端部自由位移的解析解，并用有限元计算软件 ANSYS 几何的计算结果进行验证。计算结果如表 3-4 所示，有限元计算的 CRC 板端部位移结果见图 3-9；有限元结果和解析解之间的关系见图 3-10。

CRCP 端部位移的解析解和有限元解(cm)　　表 3-4

地基摩阻系数	解析解	有限元结果	地基摩阻系数	解析解	有限元结果
2.2	1.214 5	1.161 6	1.2	2.226 7	2.133 9
1.8	1.484 5	1.421 0	0.9	2.969 0	2.847 4
1.5	1.781 4	1.690 5			

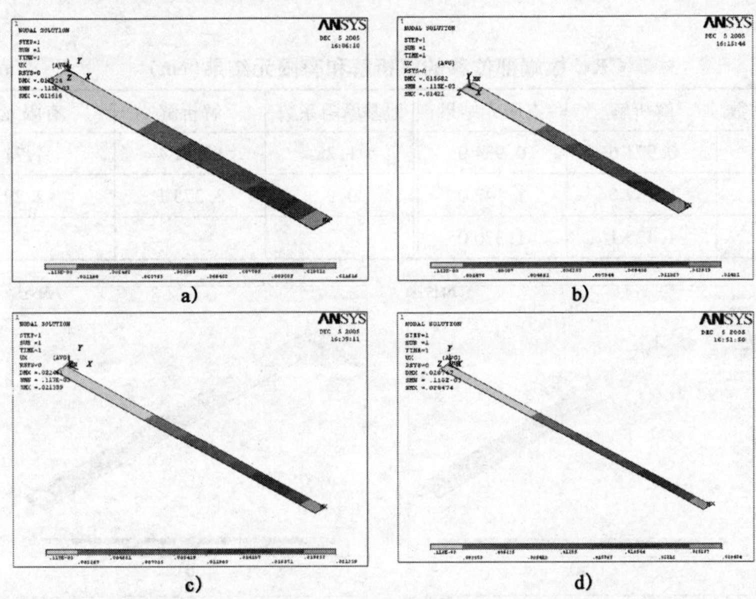

图 3-9　不同摩阻系数下有限元计算的端部位移

a)摩阻系数为 2.2 时的端部位移;b)摩阻系数为 1.8 时的端部位移;c)摩阻系数为 1.2 时的端部位移;d)摩阻系数为 0.9 时的端部位移

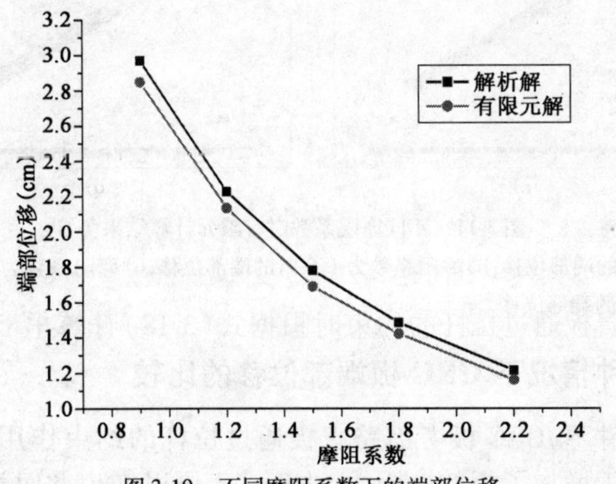

图 3-10　不同摩阻系数下的端部位移

3.4.3 CRC 板受路肩板影响时端部位移的解析解和有限元计算结果

CRC 板在考虑边部边板的拉杆约束时根据式(3-23)计算出端部位移的解析解,并用有限元计算软件 ANSYS 几何的计算结果进行验证。计算结果如表 3-5 所示,有限元计算的端部位移结果见图 3-11,有限元结果和解析解之间的关系见图 3-12。

CRC 板端部位移的解析解和有限元结果(cm)　　表 3-5

地基摩阻系数	解析解	有限元结果	地基摩阻系数	解析解	有限元结果
2.2	0.971 6	0.934 0	1.2	1.781 4	1.711 8
1.8	1.187 6	1.142 0	0.9	2.375 1	2.293 7
1.5	1.425 1	1.370 0			

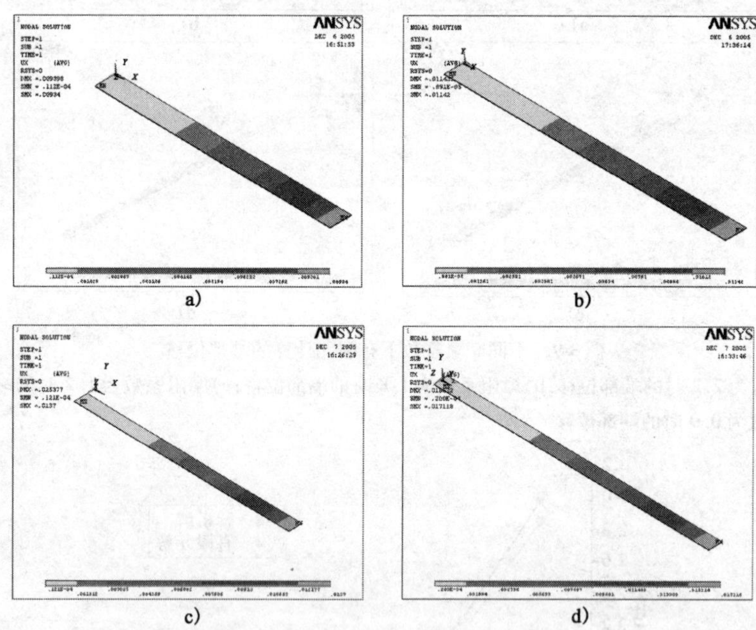

图 3-11　不同摩阻系数时有限元计算结果

a)摩阻系数为 2.2 时的端部位移;b)摩阻系数为 1.8 时的端部位移;c)摩阻系数为 1.5 时的端部位移;d)摩阻系数为 1.2 时的端部位移

3.4.4 两种情况下 CRC 板端部位移的比较

在相同的条件下,CRC 板考虑路肩板通过拉杆的约束作用时,由于拉杆的约束作用就相当于增加了板的摩阻力,由表 3-3 可以知道此时滑动区的长度缩短，相应的端部位移也减少，在不考虑拉杆的约束作用和考虑拉杆的约束作用下端部位移的比较如图 3-13 所示。

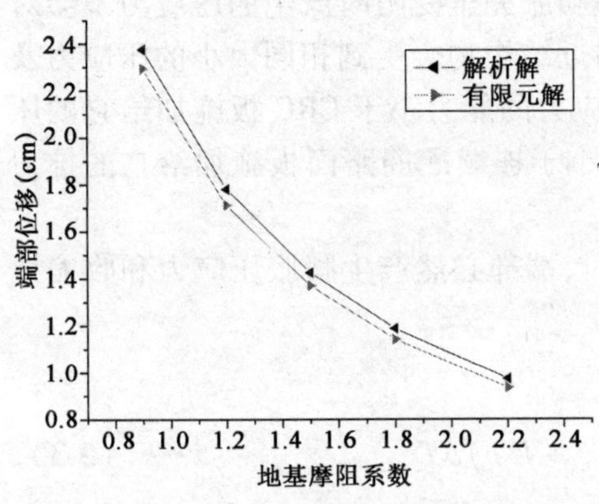

图 3-12　考虑路肩板作用时不同地基磨阻系数时解析解和有限元计算结果比较

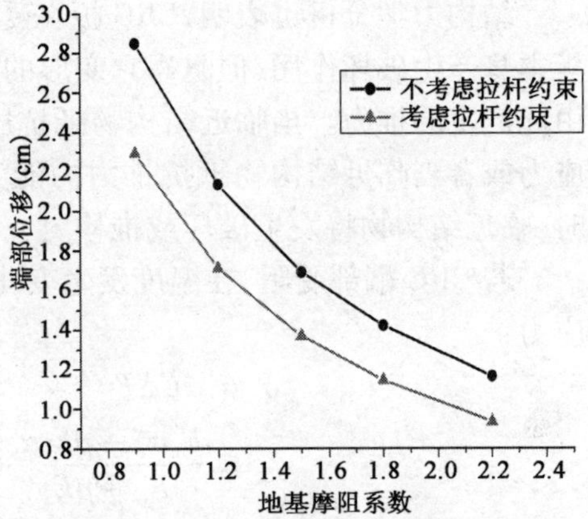

图 3-13　两种情况下 CRC 板端部位移的比较

从以上的计算可以得出以下结论：

(1)连续配筋混凝土 CRC 板的端部位移随着地基摩阻力的增大而逐渐减小。

(2)CRC 板在考虑路肩板约束后的端部位移，由于纵缝拉杆的约束作用在相同的地基摩阻力下小于普通的 CRC 板的端部位移。

(3)CRC 板端部自由位移量，在各种情况下，由于受到各方面的影响与约束，位移量均不大，最大位移量也在 2 ~ 3cm 左右，现场测试结果也验证了这一点。

3.5　CRC + AC 复合式路面端部处理方式

3.5.1　CRC + AC 复合式路面端部位移的影响

与普通混凝土路面(JCP)一样，连续配筋混凝土复合式路面(CRC + AC)在季节性温度变化下将产生周期性位移，由于连续配置的钢筋对温度荷载有一定的传递作用，且取消了横向接缝，在板中由于受到路基或基础的约束而无位移，若两端没有任何约束措施，在温度变化下，CRC + AC 的两端在一定长度范围内将会产生很大的位移，这种位移量一般在 2 ~ 3cm，有时高达 10cm，如此大的移动量必须采取一定的措施加以限制，以避免 CRC 混凝土板被挤压破坏，严重影响路面的使用性能，避免对与之相连的其他路面或桥梁、通道、涵洞等构造物产生危害。

结构力学分析也表明，CRC 板在受热膨胀完全受阻时产生的压应力不会对板本身产生破坏作用，但阻碍它变形的临近结构物会受到相同大小的压应力及由此产生的推力。当临近结构物抵抗压应力的能力小于 CRC 板施加给它的压应力或者当临近结构物抵抗推力的能力小于连续配筋路面板施加给它的推力时，临近结构物将发生破坏或推移。

若 CRC 端部受阻，在温度发生变化时，端部必然产生膨胀压应力和收缩拉应力：

$$\sigma = \alpha E\Delta T = \frac{E_c\alpha_c + \rho E_s\alpha_s}{E_c + \rho E_s}(E_c + E_s\rho)\Delta T \tag{3-30}$$

当温度变化增量 $\Delta T = 35℃$ 时，将 $E_c = 3.0\times10^4\mathrm{MPa}$、$E_s = 2.0\times10^5\mathrm{MPa}$、$\alpha_s = 9\times10^{-6}/℃$ 及不同粗集料混凝土板的热膨胀系数和各种配筋率代入上式中计算可得表 3-6。

不同配筋率、不同碎石材料 CRC 板端部压应力或拉应力（MPa） 表 3-6

板的粗集料种类 \ ρ(%)	0.4	0.5	0.6	0.7	0.8	0.9	1.0
石灰岩	7.434	7.497	7.560	7.623	7.686	7.749	7.812
玄武岩	9.219	9.282	9.345	9.408	9.471	9.534	9.597
花岗岩	10.269	10.332	10.395	10.458	10.521	10.584	10.647
砂石	11.592	11.655	11.718	11.781	11.844	11.907	11.97
砂岩	12.537	12.6	12.663	12.726	12.789	12.852	12.915
石英岩	12.726	12.789	12.852	12.915	12.978	13.041	13.104

从表 3-6 中可以看出：

（1）当温度变化增幅相同且 CRC 板端部约束时，随着配筋率的增大，同一种粗集料混凝土板板内压应力增大。

（2）当温度变化增幅相同且 CRC 板端部约束时，在相同的配筋率下，不同类型的粗集料板内应力随着 CRC 板材料的热膨胀系数增大而增大。

（3）端部产生的压（拉）应力的最大值为 13.104MPa，小于一般道路水泥混凝土的抗压强度 40MPa，这说明压应力不会使板本身遭到破坏，相反，它对板的受力有利，相当于对板施加了预应力，但都大于混凝土的抗弯拉强度 5MPa，因此混凝土板将产生温缩开裂。CRC 板中部由于地基作用不会产生温度变形量，相当于受阻，因此在后期的养护与运营过程中 CRC 板的开裂主要是由此所产生，而端部滑动区（端部采用滑动结构）由于板能自由变形，因此，端部一定范围内不会出现裂缝，与多条试验路的观测结果一致。

国内外部分 CRC 路面实体工程的端部处理采用了端部锚固的方法，即采用在端部连续设置地锚梁或地锚桩，相当于将 CRC 板端部完全约束。那么 CRC 板在降温收缩时，地锚梁或地锚桩附近的 CRCP 路面板将因为 CRC 板内拉应力过大而开裂，即端部范围内也会产生裂缝。

虽然当 CRC 板在受热膨胀受阻的情况下产生的压应力不会对板混凝土本身产生破坏作用，但阻碍它变形的临近结构物会受到相同大小的压应力及由此产生的推力。临近结构物受到的推力大小为：

$$F = \frac{E_c\alpha_c + \rho E_s\alpha_s}{E_c + \rho E_s}(E_c + E_s\rho)bh\Delta T \tag{3-31}$$

式中：h——CRC 板的厚度（m）；

b——CRC 板的宽度（m）。

当临近结构物抵抗压应力的能力小于 CRC 板施加给它的压应力或者当临近结构物抵抗推力的能力小于连续配筋路面板施加给它的推力时，临近结构物将发生破坏或推移。

经观察表明，一般冬季收缩，夏季膨胀，且位移量最大处在端部，因此必须对 CRC 板端部进行处理，以约束、消除或调节 CRC 板的纵向位移，这是连续配筋混凝土 CRC 板有别于普通混凝土路面的特殊要求。

而 CRC + AC 复合式路面与普通 CRCP 路面结构又存在差异，普通 CRCP 端部接缝处没有上覆沥青面层，不需考虑 CRCP 端部变形对沥青面层的影响，因此，对 CRC + AC 的端部处理需特殊考虑。

3.5.2　CRCP 端部处理方式

连续配筋混凝土路面 CRCP 存在热胀冷缩变形，当连续配筋混凝土面层与其他类型路面或构造物相连接时，应设置端部处理结构，以约束、消除或调节 CRCP 纵向位移，以免对其他结构产生破坏。一般有两种方式，一是固定，设置端部锚固结构，约束连续配筋混凝土路面端部的膨胀与收缩位移；二是放开，设置端部滑动结构，预留足够的空间满足端部膨胀和收缩时的位移量。

1）端部锚固结构

设置端部锚固结构，约束连续配筋混凝土板端部的膨胀与收缩位移，主要的形式有凸形钢筋混凝土地锚梁、钢筋混凝土灌注桩锚固等。

根据美国陆军工程师兵团的连续配筋混凝土路面 CRCP 端部处理的规定，由水泥混凝土的温度胀缩造成的端部最大相对纵向位移量约为 5cm，本书研究过程中分析计算的端部位移量为 2 ~ 3m（最大温差按 30℃ 考虑）。采用此方法约束纵向位移的措施不是很成功，容易造成 CRCP 与其他路面或构造物的损坏。

矩形地锚可限制端部约 50% 的位移量，在端部的其他路面结构或构造物，还应设计多条胀缝加以保护。矩形地锚端部处理主要是依靠被动土压力来约束纵向位移，因此，宜在有黏聚力的土质情况下使用，填石路基、石质挖方路基或土质条件较差的端部使用较困难。同时，钢筋混凝土地梁施工复杂、造价高，对旧水泥混凝土路面加铺层改建施工，开挖工程量大、不方便。

钢筋混凝土灌注桩锚固是采用桥梁桩基础的形式应用于连续配筋混凝土路面的端部，并将桩基与面板通过钢筋连接为一整体，面板相当于桥梁桩基础的承台。混凝土灌注桩的造价较高，施工较复杂，实际中较少采用。

2）端部滑动结构

设置端部滑动结构，预留足够的空间满足端部膨胀和收缩时的位移量。主要的形式有宽翼缘工字钢梁接缝、连续设置胀缝、桥梁伸缩缝等。

宽翼缘工字钢梁是一种较好的、经济的方法，且施工方便。目前美国一般采用宽翼缘工字钢梁，使用效果较好。在湖南省耒宜高速公路连续配筋混凝土路面试验路中也采用这种方式，通过试验证明，使用效果好。

但国内没有合适的、满足规格的工字钢梁材料，需特殊加工。对宽翼缘内部的混凝土浇筑要求较高，必须密实，以防止宽翼缘结构破坏。湖南省耒宜高速公路连续配筋混凝土路面中也出现了部分损坏现象，见图 3-14。

a）

b）

图 3-14　连续配筋混凝土端部宽翼缘工字钢梁接缝损坏情况

损坏的主要原因是由于国内没有满足要求的工字钢梁产品，翼缘板宽度过大，行车荷载作用下的弯矩过大，翼缘板根部易产生剪切疲劳断裂破坏现象；另一方面是由于翼缘板过宽,翼缘板下的混凝土浇筑不容易振捣密实,可能出现空洞现象,更加剧翼缘板受力,剪切疲劳断裂破坏加剧。

连续设置几道胀缝方法是利用胀缝的工作性能,调节连续配筋混凝土路面的胀缩纵向位移。该方法往往会因胀缝处理不好,会造成许多接缝损坏,如接缝处剥落严重,影响行车,使用效果不理想。

桥梁伸缩缝采用桥梁结构的伸缩变形机制来调节连续配筋混凝土路面的纵向位移。桥梁伸缩缝是比较成熟的技术,设备和材料都有定型的产品,施工技术成熟,使用寿命长,使用效果好。

在我国《公路水泥混凝土路面设计规范》(JTG D40—2011)中,列出了端部锚固结构可采用钢筋混凝土地梁或宽翼缘工字钢梁接缝等形式,国外也有采用混凝土灌注桩锚固和连续设置胀缝等形式。端部处理形式目前使用较多的是钢筋混凝土地梁锚固结构和宽翼缘工字钢梁、桥梁伸缩缝等端部滑动结构三种。

3.5.3　CRC + AC 端部处理方式

针对 CRCP 端部处理形式中使用的凸形钢筋混凝土地梁锚固结构和宽翼缘工字钢梁、桥梁伸缩缝端部滑动结构三种方式,应用于 CRC + AC 端部处理的适用性进行讨论。

3.5.3.1　凸形钢筋混凝土地锚梁端部锚固结构

《公路水泥混凝土路面设计规范》(JTG D40—2011)中,示出了 CRCP 端部锚固结构采用凸形钢筋混凝土地锚梁的结构形式,见图 3-15。

图 3-15 中表明,CRC 板与端部普通水泥混凝土 JCP 路面相接时,采用凸形钢筋混凝土地锚梁时,有 3 条胀缝过渡,上面加铺沥青面层时,则存在 3 条反射裂缝;CRC 板与端部桥梁、明涵相接时,采用凸形钢筋混凝土地锚梁时,有 1 条胀缝与桥头搭板相接,也存在 1 条胀缝,再加上桥梁端部的伸缩缝,则有 2 条缝,对路面的使用性能与使用寿命影响较大,因此,采用凸形钢筋混凝土地锚梁,不是一种理想的 CRC + AC 端部处理方式。

3.5.3.2　宽翼缘工字钢梁端部滑动结构

《公路水泥混凝土路面设计规范》(JTG D40—2011)中,列出了 CRCP 端部滑动结构采用宽翼缘工字钢梁的结构形式,见图 3-16。

图 3-16 表明,在宽翼缘内部预留空间让 CRC 板自由滑动,预留的范围在 25mm 左右,同样在表面宽翼缘的两边需预留宽密封槽,即宽翼缘工字钢梁两边存在 2 条接缝,而且变形量较大,势必影响上履沥青面层的使用性能与使用寿命。

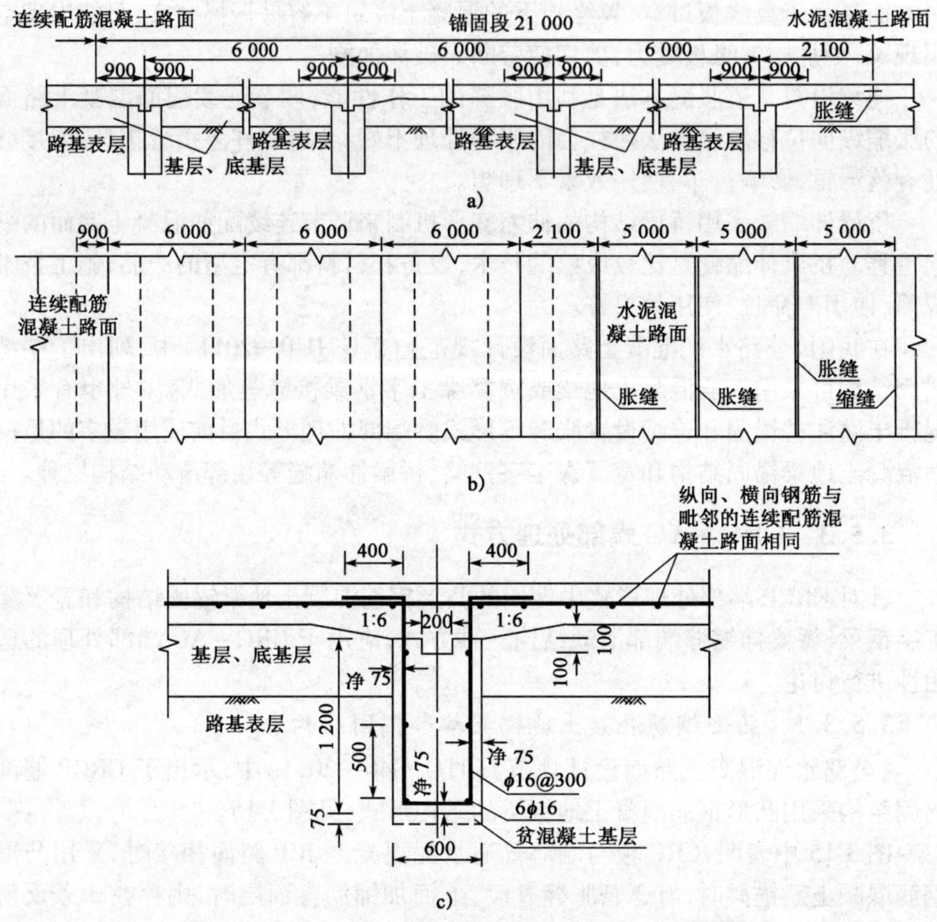

图 3-15　钢筋混凝土地梁锚固(尺寸单位:mm)

a)锚固段的纵断面(地梁应贯穿路面全宽);b)锚固段与毗邻板的平面图;c)地梁大样图

南方某高速公路 CRC + AC 试验路方案采用了上述两种端部处理方式,如图 3-17 所示。

试验段 1 与试验段 2 之间有一座 14m 长的明涵,CRC 在此断开,涵洞左边采用凸形钢筋混凝土地锚梁接普通混凝土板,有 3 条接缝,涵洞右边采用宽翼缘工字钢梁也有 3 条接缝,会造成路表面使用性能的降低,同时也会影响到路面的使用寿命。因此这两种方式并不是一种理想的 CRC + AC 端部处理形式。

3.5.3.3　桥梁伸缩缝端部滑动结构

桥梁伸缩缝是引用桥梁工程中的变形接缝形式,在湖南省耒宜高速公路端部损坏处理、长潭高速公路 CRC + AC 复合式路面等工程中,我们率先将桥梁变

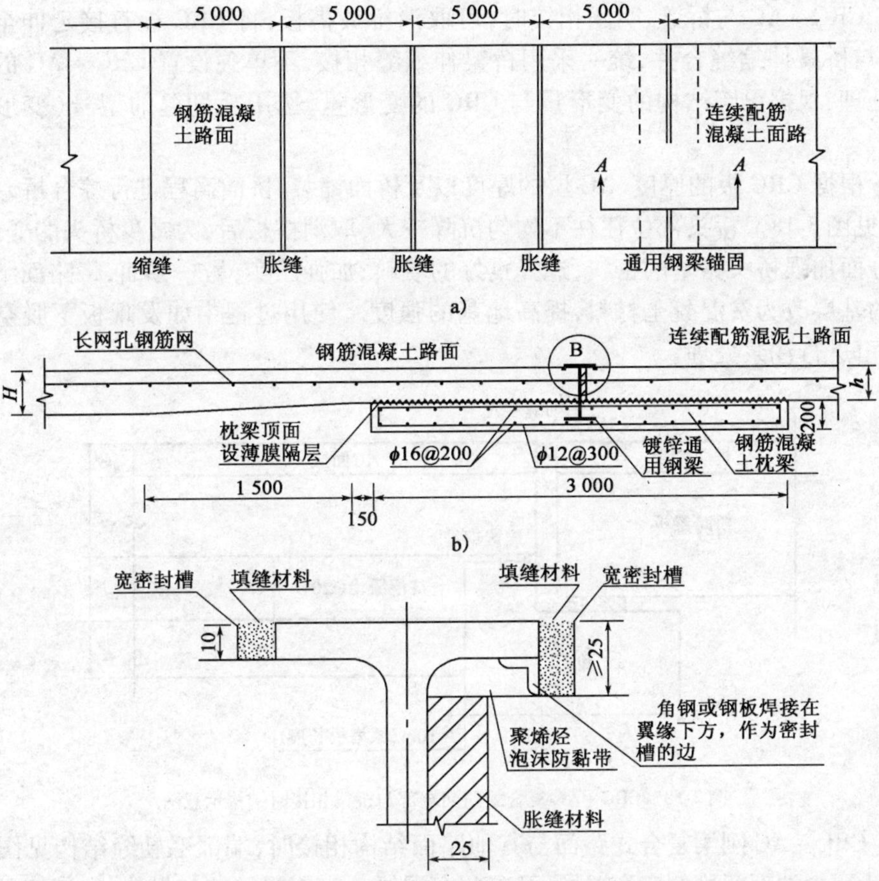

a)

b)

c)

图 3-16　宽翼缘工字钢梁接缝（尺寸单位：mm）

a）锚固段与毗邻板平面图；b）断面 *A-A*；c）*B* 大样图

图 3-17　南方某高速公路 CRC + AC 试验路

形接缝形式应用到 CRCP 及 CRC + AC 复合式路面结构中。

根据端部位移分析结果，一般变形量在 2 ~ 3cm，选用桥梁伸缩缝中的毛勒缝形式，其适用性较强，可根据变形量选用不同的型号，施工技术也相当成熟，使用质量好，使用寿命较长。

CRC + AC 与桥梁、明涵相接时，可取消桥头搭板，将 CRC 板直接延伸至桥台，与桥梁伸缩缝合并，统一采用桥梁伸缩缝相接，不单独设置 CRC + AC 的端部处理，根据梁跨结构的变形量与 CRC 的变形量，选用毛勒缝的型号（变形范围）。

根据 CRC 板的厚度、AC 层的厚度以及桥面铺装、桥面高程进行综合桥台设计，见图 3-18。桥头部位往往不均匀沉降较大，取消搭板后，为减少桥头的变形，一方面加强桥头路基的密实，选择良好的填料、加强压实；另一方面，将路面结构中的基层改为贫混凝土材料，提高地基的强度。使用过程中如发现板下脱空现象，可进行注浆处理。

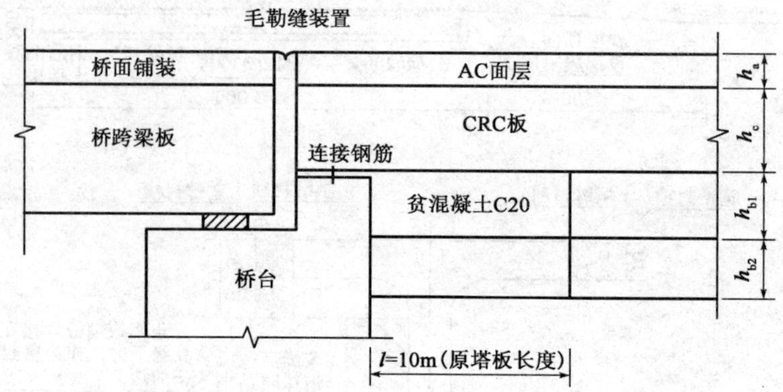

图 3-18 CRC + AC 复合式路面端部与桥梁相接时结构示意图

CRC + AC 刚柔复合式路面与其他路面结构相接时，端部毛勒缝结构见图 3-19，为减少端部两边的变形差异，可参照宽翼缘工字钢梁接缝的做法，在接缝处下设 3m 长的混凝土枕梁，见图 3-16。CRC + AC 端部毛勒缝施工情况见图 3-20。

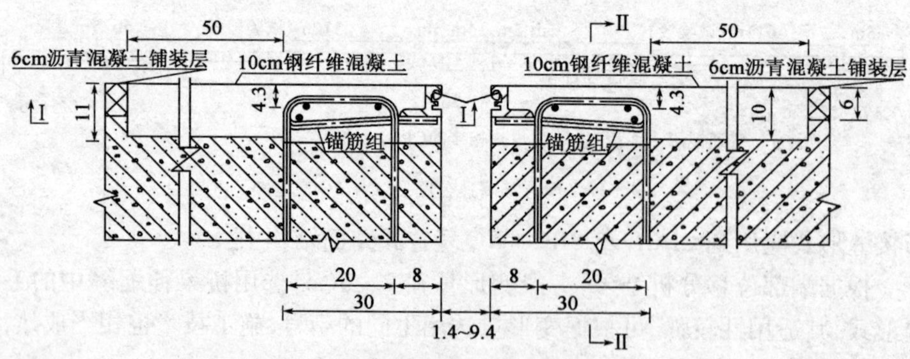

图 3-19 CRC + AC 复合式路面端部桥梁伸缩毛勒缝结构图（尺寸单位：cm）

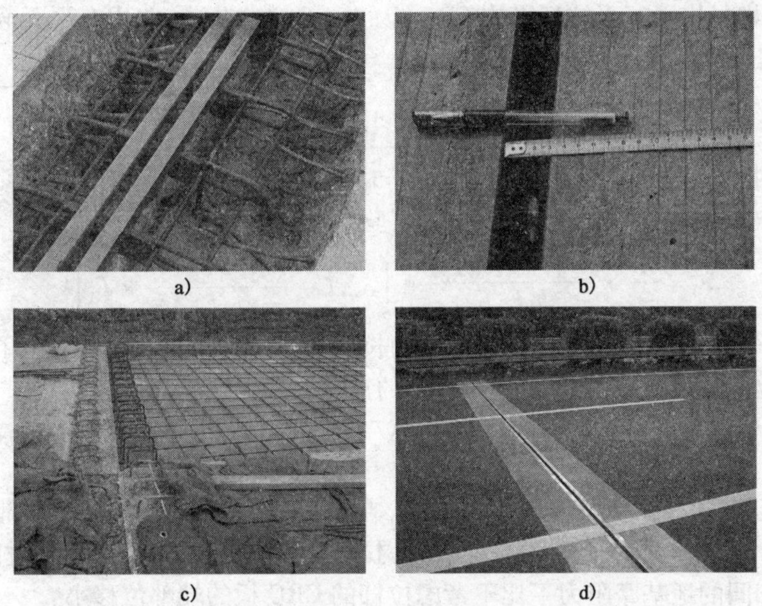

a)　b)　c)　d)

图 3-20　CRCP 及 CRC + AC 端部桥梁伸缩缝处理方式

a)CRCP 端部毛勒缝安装;b)CRCP 施工完成后的毛勒缝端部;c)施工中 CRC + AC 端部预留伸缩缝安装钢筋;d)施工完成后的 CRC + AC 端部毛勒缝

CRC + AC 路面需进行端部处理的主要是桥梁与明涵(一般是盖板涵,少数是箱涵),采用取消搭板的方式,将 CRC 板直接与桥台对接,将 CRC + AC 的端部与桥梁伸缩缝合并处理,既减少了搭板的工程量,又减少端部处理的工程量,且路表面接缝减少,使用性能提高。为减少桥台不均匀沉降,可将路面基层结构改为贫混凝土,对路面结构进行加强。

CRC + AC 与其他路面结构相接,只是在结构两端,也就两个接缝,同样采用桥梁毛勒缝的形式,即保证了端部接缝的质量,又保证接缝的平顺,提高路面的使用性能。

3.6　本 章 小 结

以往的研究主要是针对单独的 CRC 板在温度的变化下所产生的端部位移,在计算时只考虑地基摩阻力的作用,而在本书的分析中 CRC 板在温度的变化下产生了变形,在计算时不仅仅只考虑地基的摩阻力,同时要考虑路肩边板不配筋时,纵缝拉杆对 CRC 板的阻碍作用,主要的结论如下。

(1)推导出了不受拉杆影响 CRC 板的端部位移公式,并用有限元软件 ANSYS 对其进行了验证。

$$u = \frac{1}{2} \times \left(\frac{\gamma f}{E_1}\right)x^2 + \left(\alpha \Delta T - \frac{\gamma f}{E_1}L_1\right)x$$

(2)推导出了 CRC 板在边板不配筋时纵缝拉杆的约束下,端部位移计算公式,并用有限元软件 ANSYS 对其进行了验证。

$$u = \frac{1}{2} \times \frac{(b_1 + b_2)\gamma f}{b_1 E_1}x^2 + \left[\alpha \Delta T - \frac{(b_1 + b_2)\gamma f}{b_1 E_1} \times L_1\right]x$$

(3)CRC 板的端部位移跟滑动区的长度 L_1 有很大的关系,推导出了考虑边板纵缝拉杆约束条件下滑动区长度 L_1 的计算公式:

$$L_1 = \frac{\alpha E_1 \Delta T}{\gamma f} \times \frac{b_1}{b_1 + b_2}$$

(4)对两种条件下端部位移的计算结果进行了比较,CRC 板的端部位移随着地基摩阻力的增大而逐渐减小。考虑拉杆约束后的端部位移由于拉杆的约束作用在相同的地基摩阻力下比不考虑拉杆的 CRC 板的端部位移小。

(5)根据 CRC + AC 端部位移分析结果与工程实际,针对其与 CRCP 的不同特点,提出 CRC + AC 的平面与接缝设置,以及路肩板不配筋时纵缝拉杆的设计,提出了端部滑动处理方式,采用桥梁结构的伸缩方式(毛勒缝)并与桥梁结构伸缩装置合并的处理模式。

第4章 CRC+AC路肩板不配筋时纵缝拉杆受力分析

CRC+AC复合式沥青路面如果边部硬路肩混凝土板不配置钢筋,则可节约近1/3的钢筋用量,从而节约投资,但存在边部素混凝土板与中部CRC板端部变形不协调的问题,产生纵向水平变形差异,从而产生纵缝内部的应力,有可能导致拉杆剪切或拔出及拉伸屈服等破坏现象,也有可能产生由于拉杆的作用而压碎拉杆周围混凝土等破坏现象。通过对路肩板拉杆的受力进行分析,了解纵缝内部的应力状况,把握可能出现的破坏形式及破坏机理,找出避免产生破坏的措施,CRC+AC沥青路面结构不仅可以节约CRC板的建设资金,而且可以延长CRC+AC沥青路面的使用寿命,保持CRC+AC复合式沥青路面的高性能服务水平。

4.1 路肩板不配筋时纵缝拉杆的设置与形式

4.1.1 路肩板不配筋时纵缝拉杆设置的要求

路肩板不配筋时,拉杆的设置是必要的,主要有以下三方面的考虑:

(1)由于严重超载等现象在公路中在所难免,不设立拉杆的情况下,硬路肩有可能在重力分量的作用下下滑,使行车道和硬路肩之间的纵向缝隙增大,从而使雨水渗入和坚硬的大颗粒物料落入纵向缝隙,加上轴载的作用,行车道和硬路肩之间的缝隙会越来越大。同时纵缝拉杆可分担行车道板的荷载应力,降低边缘板底弯拉应力,减小板边缘竖向位移,提高路面结构的整体性和承载能力。

(2)由于水泥混凝土是一种线膨胀材料,即在受热的情况下会出现膨胀,在降温过程中会出现收缩。假设道路的行车道与超车道在它们之间的拉杆作用下结合紧密,且道路中线两侧的超车道与超车道之间由于拉杆也结合紧密,则在均匀受热的情况下,路面会出现以道路中线为对称轴的向外膨胀,硬路肩板会在行车道和超车道板因线膨胀而产生的压力作用之下出现向外推移;而在降温的情况下，行车道与超车道会在拉杆作用下出现以道路中线为对称轴的对称收缩，若不在行车道和硬路肩之间设置拉杆，则硬路肩会停留在原地以路肩板的纵、横向中轴线为对称轴的对称收缩，而不会与行车道和超车道一起向路面中线收缩移动，这样，因温度变化而使行车道和硬路肩之间出现较大缝隙。

(3)同样道理，水泥混凝土板会在温度作用下产生纵向的膨胀和收缩。当行车道和超车道是 CRC 板时，则在温度作用下会呈现一定整体的板块性。在铺筑路面时，为了节约建设资金，若路面的硬路肩做成素混凝土板的形式，而不在硬路肩内铺设纵向钢筋。在温度上升的情况下，硬路肩会出现向自由端膨胀并移动的情况，而当温度下降时，硬路肩会出现板体停留在原地并向板的横向中心线对称收缩的情况。由于 CRC 板内水泥混凝土和钢筋组成的复合层的线膨胀系数和素混凝土的线膨胀系数不同，加上 CRC 板和素混凝土路面膨胀收缩特性不同，若不设置拉杆，会出现素混凝土路肩和 CRC 板纵向膨胀收缩不一致的情况，即会产生相对位移，由于混凝土板侧面不会是绝对平顺，且混凝土抗压强度很高，这样，硬路肩和 CRC 板产生相对位移时两者之间的凹凸不平部位必然发生相互推挤作用，造成纵向裂缝损坏。

对于普通混凝土路面(JCP)而言，路面表面的降水，通过纵向接缝下渗到路面结构内部，而对于 CRC + AC 路面，则 AC 层将出现纵向反射裂缝。雨水的渗入可以使无黏结粒状材料和地基土的强度降低，可以使水泥混凝土路面产生唧泥，随之出现脱空、错台或板底出现不均匀支承，使纵缝边荷载应力增大，增加水泥板块断裂的机会和整个路肩破坏；下渗的雨水也可能积聚在路基内使冻胀土或膨胀土产生不均匀冻胀或膨胀。总之，雨水通过接缝下渗是促使路面过早损坏的重要因素之一。由于路面排水不良，造成路基、路面的强度和稳定性不足，导致路面使用状况恶化和使用寿命降低的工程实例很多。为了使路面具有良好的使用性能和较长的使用寿命，必须尽量减少雨水进入路面结构的可能性。

基于以上分析，为了保证 CRC 板和素混凝土路肩在超载和温度等因素的影响和作用下结合紧密，减少路面降水通过接缝向路面结构内部下渗，CRC 板和硬路肩板之间必须设置拉杆。

4.1.2 纵向施工缝拉杆设置的形式

混凝土一次铺筑宽度小于路面宽度时，需设置纵向施工缝；一次铺筑宽度大于 4 ~ 4.5m 时，需设置纵向缩缝，纵向施工缝采用设置拉杆的平缝或设拉杆的企口缝形式，如图 4-1、图 4-2 所示。

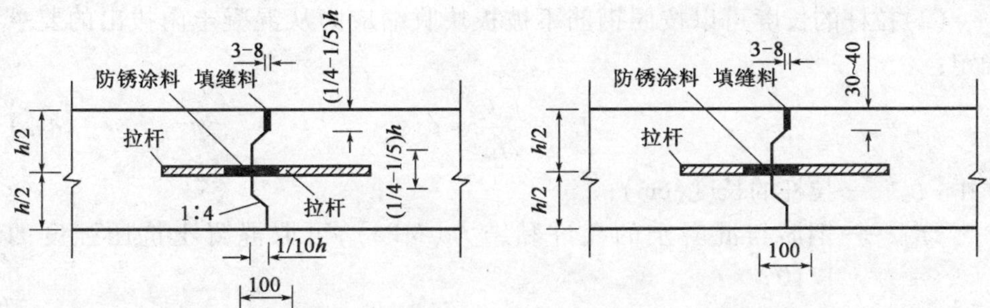

图4-1　纵向设拉杆的企口缝形式(尺寸单位:mm)　　图4-2　纵向设置拉杆的平缝形式(尺寸单位:mm)

对于 CRC 板和素混凝土路肩板之间设置的拉杆为了施工方便,一般采用平缝的形式。

普通水泥混凝土路面拉杆的设计主要从以下两个方面进行考虑:

(1)拉杆的尺寸按照将相邻板拉住的要求进行设计。为能承受所拉住板块的地基摩阻力,每延米接缝所需要的拉杆截面积可按下式确定:

$$A_s = \frac{Bh\gamma f}{10f_s} \tag{4-1}$$

式中:A_s——每延米接缝的钢筋截面积(cm^2);

B——设拉杆接缝到最近的未设拉杆接缝或自由边缘的距离(m)。为使收缩应力不致于过大而引起混凝土开裂,此距离不宜超过 15m(也即用拉杆连接的车道数不应超过 4 个);

h——混凝土面层厚度(cm);

γ——混凝土的重度(kN/m^3);

f——板底与基层顶面间的摩阻系数;

f_s——螺纹钢筋的容许应力(MPa)。通常取为钢筋屈服强度的 2/3,钢筋的屈服强度如表 4-1 所示。

各类钢筋的屈服强度和弹性模量　　表 4-1

钢筋的种类	钢筋直径 d(mm)	屈服强度 f_{sy}(MPa)	弹性模量 E_s(MPa)
HPB235	6 ~ 22	235	210 000
HPB300		300	
HRB335	6 ~ 50	335	200 000
HRB400		400	
HRB500		500	

(2)拉杆的长度可以按照钢筋不被板块收缩应力从混凝土内拔出的要求确定:

$$L_s = \frac{f_s d_s}{2f_{bs}} + t_s \tag{4-2}$$

式中:L_s ——拉杆的长度(cm);

f_{bs} ——钢筋与混凝土的允许黏结力(MPa),可取混凝土抗压强度的1/10;

t_s ——考虑拉杆对中偏差所保留的长度(cm),一般可取5~8cm。

根据《公路水泥混凝土路面设计规范》(JTJ D40—2011),拉杆应采用螺纹钢筋,设在板厚的中央,并应对拉杆中部100mm范围内进行防锈处理。拉杆的直径、长度和间距,可以参照表4-2选用。施工布设时,拉杆间距应按横向接缝的实际位置予以调整,最外测的拉杆距CRC板端部的距离不得小于100mm。

拉杆直径、长度和间距 表4-2

面层厚度(mm)	到自由边或未设拉杆纵缝的距离(m)					
	3.00	3.50	3.75	4.50	6.00	7.50
200~250	14×700×900	14×700×800	14×700×700	14×700×600	14×700×500	14×700×400
≥260	16×800×800	16×800×700	16×800×600	16×800×500	16×800×400	16×800×300

注:拉杆直径、长度和间距的数字为:直径×长度×间距(尺寸单位:mm)。

4.2 CRC板和路肩素混凝土板纵缝拉杆的受力分析

CRC板和边部素混凝土路肩板之间的拉杆除了要满足普通混凝土设计中拉杆要满足的条件外,最主要的就是素混凝土路肩板和CRC板在温度的作用下沿纵向存在一定的位移差,由第3章的分析计算可以知道,CRC板在自由端部位移最大,根据地基摩阻应力分段线性模型曲线可推知,端部的拉杆提供给素混凝土路肩板,以克服地基摩阻力的剪力应为最大。因此,只要在端部的拉杆不发生剪切破坏,其他部位的拉杆也不会发生剪切破坏。所以,分析CRC板纵向位移时的拉杆剪切破坏,只需分析自由端部的拉杆受力情况即可。

4.2.1 边板纵缝拉杆受力的有限元模型

对路肩边板纵缝拉杆有限元受力分析的关键在于模型的建立,由于CRC板一般都要在1km以上,在有限元分析时不可能取全长,素混凝土路肩板的长度取接缝的一般间距5m。根据实际情况,建立模型时采用两板系统,中间设立拉杆，拉杆和混凝土之间的联结采用完全黏结。在计算时取 CRC 板的端部的一段，长度和素混凝土路肩板取相同的长度 5m，素混凝土路肩板下面施加地基摩阻力（在 ANSYS 中用表面效应单元来实现），根据第 3 章中所得出的端部位移公式计算出端部位移，直接施加给 CRC 板，如图 3-1 所示。

4.2.2　实际地基摩阻力的反算

根据 CRC 板端部位移的计算公式可以看出，滑动区的长度 L_1 是影响端部位移的参数，在温度一定的情况下，地基摩阻系数是决定端部位移大小的一个很重要的参数，根据湖南省耒宜路的实际测量结果，可以反推出实际的地基摩阻力。

根据混凝土的极限抗拉强度算出地基摩阻力，代入第 3 章的式（3-23）算出端部位移，并和实际测得端部位移进行比较，根据比较的结果调整地基摩阻力，重新计算端部位移，这样循环计算直到计算的端部位移和实测的接近，此时的地基摩阻系数就是实际的地基摩阻系数。

CRC 板早期裂缝的开裂是由于混凝土的收缩约束引起的，其约束作用主要有钢筋、地基摩阻力，变形主要混凝土的收缩变形、温度下降引起的温缩变形及不均匀沉降等，本书主要考虑温度下降引起的温缩变形及由此引起的裂缝。

混凝土路面板由于自身失水收缩和温缩，断裂成若干个段落，在收缩时板的断裂首先是从靠近端部开始，由于端部自由，收缩时受到地基摩阻力的作用，在离端部一定的距离内（此段收缩自由，不会出现开裂，现场观测结果得到证实），混凝土首先开裂，也就是说在温度降低的情况下，混凝土板开始收缩，由于地基摩阻力的作用，混凝土板将要被拉裂，CRC 板出现裂缝，如图 4-3 所示。

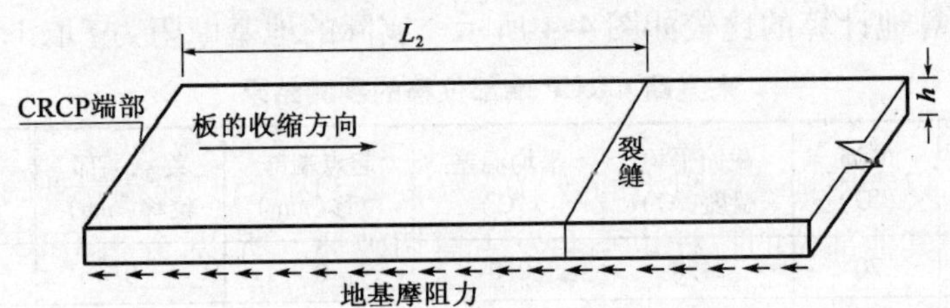

图 4-3　混凝土收缩时板的开裂示意图

从图 4-3 的分析可以知道，在温缩的情况下，由于地基摩阻力的作用会阻止板的收缩，此时混凝土板内会产生拉应力，当地基摩阻力累计达到板的极限抗拉强度时，混凝土板就会被拉裂而产生裂缝，设端部到第一条裂缝之间的距离为 L_2，对以上板进行受力分析：

$$\gamma h f L_2 \times b_1 = \sigma_1 \times b_1 \times h \tag{4-3}$$

所以,地基摩阻力系数:

$$f = \frac{\sigma_1}{\gamma L_2} \tag{4-4}$$

式中:b_1——CRC 板的宽度(m);

σ_1——混凝土板的极限抗拉强度(MPa);

L_2——CRC 板的端部到第一条裂缝之间的长度(m)。

根据耒宜路长期观测的数据这一段长度为 100m 左右,推导出真实的地基摩阻力,由于耒宜高速公路和广东恩平 325 国道试验路 CRCP 的板底都用相同的处理(封层),所以可以用该摩阻系数进行计算。

一般混凝土的抗拉极限强度 $\sigma_1 = 5\text{MPa}$,混凝土的重度 $\gamma = 2.5 \times 10^4 \text{N/m}^3$,$L_2$ 根据耒宜路的实测结果取 90m,根据式(4-4)可以计算出实际的地基摩阻系数 $f = 2.2$,弹性模量 $E_1 = 3.1 \times 10^4 \text{MPa}$,混凝土的膨胀系数 $\alpha_c = 0.684 \times 10^{-5}/℃$,路面板厚 $h = 28\text{cm}$。

对耒宜路连续配筋混凝土路面端部的纵向位移进行了跟踪观测,观测记录如表 4-3 所示。根据式(3-27)计算出滑动区长度 L_1 在不同的温度下的结果如表 4-4 所示。

根据式(3-18)计算出在不同温度下的端部位移如表 4-5 所示,将计算得出的端部位移和实测的结果进行比较,发现计算的结果偏小,所以对地基摩阻系数进行调整再进行试算一直到计算的端部位移和实测的结果比较接近时,此时的地基摩阻系数就是比较接近真实值的地基摩阻系数。经过计算得知当地基摩阻系数取 $f = 1.8$ 时计算的真实值比较接近真实值,计算结果如表 4-6 所示,实测值和最后试算地计算的比较如图 4-4 所示。实际的地基摩阻力 f 取 1.8。

耒宜路 CRCP 端部位移的观测结果 表 4-3

观测日期	气温(℃)	截面平均温度(℃)	平均温差(℃)	起点端部位移(mm)	终点端部位移(mm)	平均端部位移(mm)
2001.5.19	20	24.0	0.0	0	0	0
2001.5.26	25	30.0	6.0	1.5	1.6	1.55
2001.5.22	28	33.6	9.6	1.7	2	1.85
2001.6.20	36	43.2	19.2	6.0	5.8	5.9
2001.6.25	37	44.4	20.4	6.9	6.5	6.7
2001.6.26	39	46.8	22.8	7.8	8.0	7.9

在不同温度变化下的滑动区的长度 L_1　　表4-4

温差(℃)	L_1 的长度(m)	温差(℃)	L_1 的长度(m)
0.0	0	19.2	58
6.0	18	20.4	62
9.6	29	22.8	69

第一次试算 $f=2.2$ 时在不同温度变化下的端部位移计算结果　　表4-5

温差(℃)	端部位移(mm)	温差(℃)	端部位移(mm)
0.0	0	19.2	3.82
6.0	0.37	20.4	4.31
9.6	0.95	22.8	5.39

在 $f=1.8$ 时不同温度变化下的端部位移计算结果　　表4-6

温差(℃)	端部位移(mm)	温差(℃)	端部位移(mm)
0.0	0	19.2	6.08
6.0	0.59	20.4	6.86
9.6	1.52	22.8	8.57

从以上的试算可以看出,在地基摩阻系数取1.8时,计算得到的端部位移和实测的结果比较接近,所以在后面的计算中地基的摩阻系数 f 取1.8作为真实的地基摩阻系数。

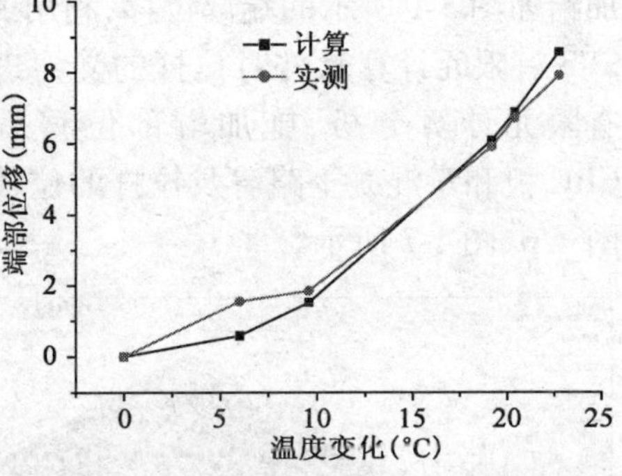

图4-4　在不同温度变化下CRC的端部位移

4.2.3　边板拉杆作用下CRC板的端部位移

4.2.3.1　计算参数

CRC板宽取 $b_1=8\text{m}$,素混凝土路肩 $b_2=3\text{m}$,材料的线膨胀系数 $\alpha=6.92\times10^{-6}$,弹性模量 $E_1=3.1\times10^4\text{MPa}$,重度 $\gamma_1=2.5\times10^4\text{N/m}^3$,混凝土的泊松比 $\mu_c=0.2$,混凝土的弹性模量 $E_c=3\times10^4\text{MPa}$,混凝土的重度 $\gamma_c=2.5\times10^4\text{N/m}^3$,钢筋的重度 $\gamma_s=7.8\times10^4\text{N/m}^3$,钢筋的泊松比 $\mu_s=0.3$,板厚 $h_c=0.24\text{m}$。温度的变化范围根据试验路所处的地理位置以及多年的温度调查最大的温差在 $\Delta T=35$℃左右。

4.2.3.2 在不同的温度下端部位移的计算

根据式(3-23)计算得到不同温度下的端部位移如表4-7和图4-5所示。

不同变化温度下的端部位移　　表4-7

ΔT(℃)	端部滑动长度 L_1(m)	端部位移(cm)
5	17.3	0.03
10	34.7	0.12
15	52.0	0.27
20	69.3	0.48
25	86.7	0.75
30	104.0	1.08
35	121.3	1.47

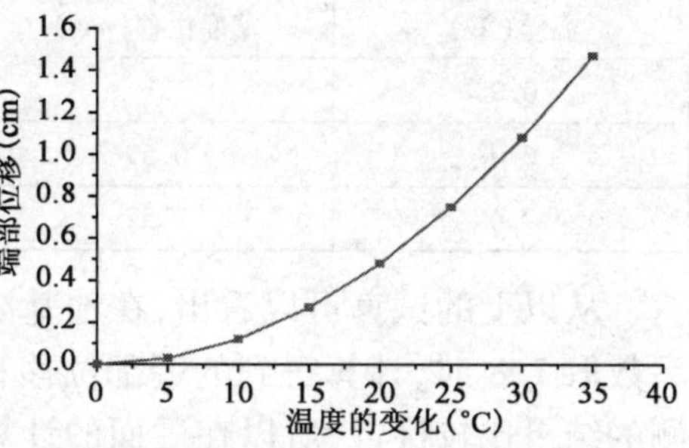

图4-5　在不同的温度变化下端部位移的计算结果

4.2.4 路肩板拉杆受力的有限元分析

根据以上的计算结果直接把位移施加给如图3-1所示的端部位移,利用ANSYS有限元计算软件对拉杆的受力进行有限元计算分析,施加端部位移后的CRC板和素混凝土路肩及拉杆的位移如图4-6、图4-7所示。

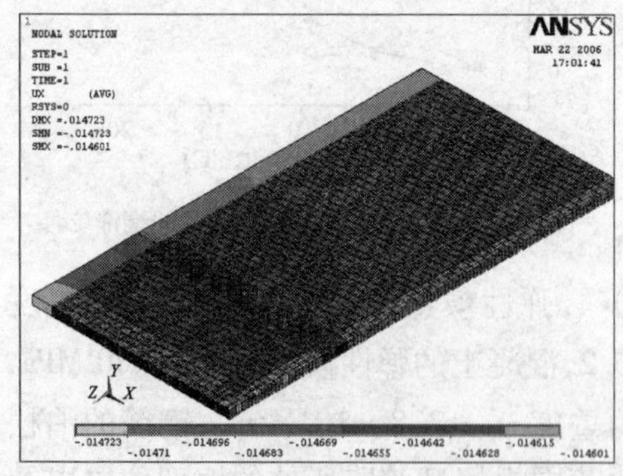

图4-6　CRC板沿纵向的位移

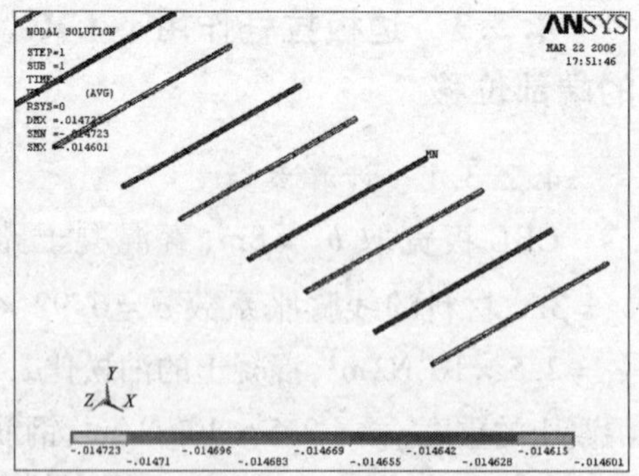

图4-7　拉杆沿纵向的位移

可以看出素混凝土硬路肩板由于拉杆的作用,随着 CRC 板一起移动,素混凝土路肩板混凝土受到的应力主要是由拉杆剪应力传递过来的压应力和由拉杆轴向拉应力传递过来的拉应力,所以对边板纵向拉杆的受力分析十分重要。

4.2.4.1　按照普通混凝土路面对拉杆进行设计

根据《公路水泥混凝土路面设计规范》(JTJ D40—2011)对普通混凝土路面拉杆的设计对该 CRC 板进行设计,给出拉杆的间距、直径以及拉杆的长度。

由式(4-1)可以计算出每延米接缝的钢筋面积(螺纹钢筋的容许应力为其屈服强度的2/3,所螺纹钢筋的容许应力为 $335\times2/3=223$MPa):$A_s=1.453\text{cm}^2$,所以拉杆的直径和间距可以参考表 4-8 取值为 14mm × 900mm。由式(4-2)可以计算出拉杆的长度为 600mm,根据规范的参考值取拉杆的长度为 700mm。

4.2.4.2　边板拉杆的有限元分析

1)拉杆间距对应力的影响

参照耒宜公路反算的实际地基摩阻系数 f 取 1.8,用 ANSYS 对拉杆的受力进行有限元分析,拉杆的间距分别设为 0.9m、0.8m、0.7m、0.6m、0.5m,拉杆在边板混凝土不同深度范围内的应力和混凝土在不同拉杆深度位置的受力如表 4-8 ~ 表 4-10、图 4-8 ~ 图 4-10 所示。

地基的摩阻系数 f = 1.8 时拉杆受到的剪应力(MPa)　　表 4-8

拉杆间距(m) / 不同拉杆位置(m)	0.9	0.8	0.7	0.6	0.5
0.00	224.10	197.57	180.23	158.31	126.53
0.05	0.10	0.14	0.21	0.18	0.12
0.10	2.11	1.84	1.62	1.44	1.26
0.15	1.24	1.04	0.90	0.82	0.74
0.20	0.63	0.55	0.46	0.39	0.33
0.25	0.22	0.22	0.20	0.17	0.14
0.30	0.10	0.10	0.10	0.06	0.12
0.35	0.00	0.08	0.00	0.01	0.00

注:不同拉杆位置是指每根拉杆以纵缝为零坐标伸入混凝土的长度。

地基的摩阻系数 f = 1.8 时混凝土板内的拉应力(MPa)　　表 4-9

拉杆间距(m) / 不同混凝土位置(m)	0.9	0.8	0.7	0.6	0.5
0.00	12.70	11.31	10.16	8.95	7.20
0.05	6.11	5.13	4.62	4.08	3.31

续上表

不同混凝土位置(m) \ 拉杆间距(m)	0.9	0.8	0.7	0.6	0.5
0.10	0.62	0.54	0.55	0.55	0.43
0.15	0.47	0.49	0.51	0.52	0.42
0.20	0.45	0.47	0.49	0.51	0.42
0.25	0.44	0.46	0.47	0.48	0.41
0.30	0.44	0.44	0.45	0.46	0.40
0.35	0.42	0.42	0.43	0.43	0.40

注:不同混凝土位置是指每根拉杆以纵缝为零坐标伸入混凝土的长度。

地基摩阻系数 f=1.8 时拉杆的轴向拉应力(MPa)　　表 4-10

不同拉杆位置(m) \ 拉杆间距(m)	0.9	0.8	0.7	0.6	0.5
0.00	-12.60	-11.74	-9.87	-8.93	-7.26
0.05	-4.53	-4.12	-3.47	-3.14	-2.84
0.10	-1.12	-1.06	-0.90	-0.81	-0.72
0.15	-0.25	-0.25	-0.21	-0.20	-0.17
0.20	-0.05	-0.06	-0.05	-0.05	-0.06
0.25	0.03	0.02	0.02	0.01	0.01
0.30	0.05	0.05	0.06	0.05	0.04
0.35	0.07	0.12	0.18	0.21	0.24

注:不同拉杆位置是指每根拉杆以纵缝为零坐标伸入混凝土的长度。

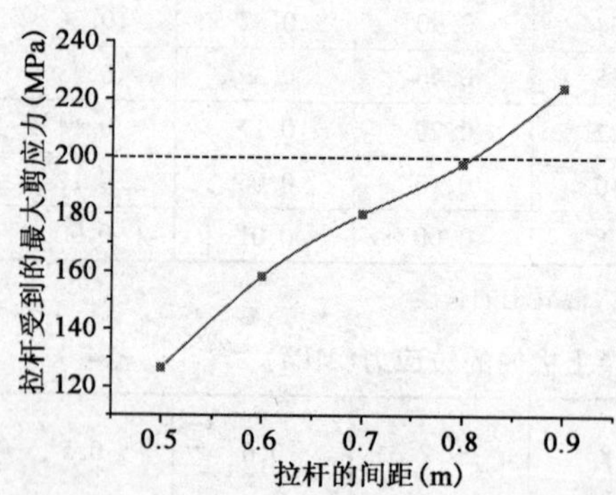

图 4-8　地基摩阻系数 f=1.8 时拉杆在不同的间距下受到的最大剪应力

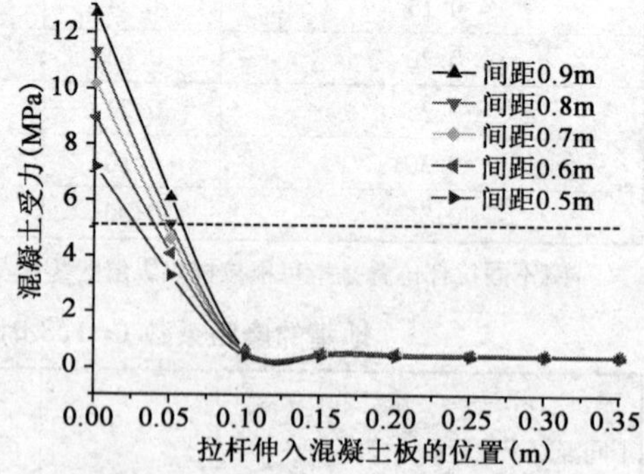

图 4-9　地基摩阻系数 f=1.8 时混凝土板内不同位置的拉应力

从以上的计算分析可以得到：

(1)拉杆在纵缝边缘处受到的剪应力最大，向内衰减很快；最大剪应力随着拉杆间距的增大而逐渐增大，当拉杆的间距较大、超过某一值时，拉杆受到的最大剪应力有可能超过拉杆的抗剪强度200MPa，这时拉杆有可能被剪断。

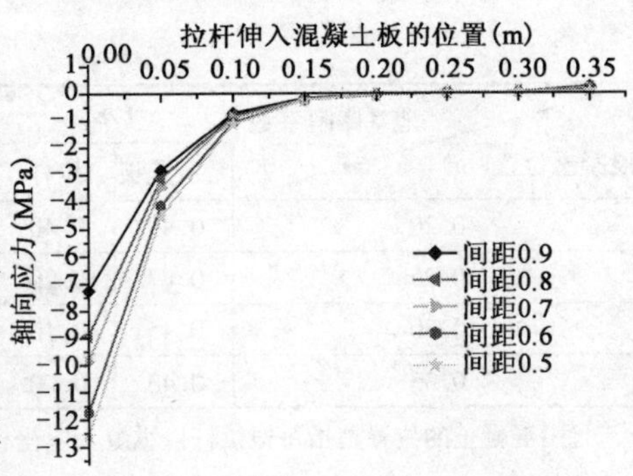

图 4-10 地基摩阻系数 $f = 1.8$ 时拉杆在不同的间距下受到的最大轴向应力

(2)混凝土边板在纵缝位置受到拉杆传递的轴向拉应力最大，但随深度方向迅速衰减，有效影响范围在 5cm 左右；当拉应力超过混凝土与拉杆钢筋的黏结强度时(一般混凝土与钢筋的黏结刚度系数为 30 ~ 34MPa/mm)，则有可能产生钢筋与混凝土之间的滑移，并有可能拉动拉杆边缘局部混凝土开裂。

(3)在相同的地基摩阻系数和相同的拉杆直径下，裹覆拉杆的混凝土受到的拉应力随着拉杆间距的增大而增大。

(4)拉杆受到的轴向应力大小为 10MPa 左右，远远小于它的屈服强度，一般不会产生拉杆拉断的破坏现象，所以在拉杆受力分析时只需考虑拉杆受到的最大剪应力，拉杆受到的轴向应力可以不考虑。

(5)拉杆与边板混凝土的受力分析表明，CRC 板端部变形时，会通过拉杆传递较大的剪应力与拉应力，拉杆数量和截面面积较小，如拉杆直径过小或拉杆间距过大时，拉杆所承受的剪应力和裹覆混凝土的拉应力较大，有可能产生破坏，需通过拉杆布置设计加以控制。

2)地基摩阻系数对应力的影响

在拉杆取相同的间距 0.7m 时，取不同的地基摩阻系数时拉杆剪应力和混凝土板内的拉应力如表 4-11 和图 4-11 ~ 图 4-14 所示。

拉杆间距取 0.7m 时混凝土板内的拉应力和拉杆的剪应力(MPa) 表 4-11

地基摩阻系数 / 混凝土位置(m)	1.8		1.6		1.2		0.9	
	混凝土板	拉杆	混凝土板	拉杆	混凝土板	拉杆	混凝土板	拉杆
0.00	10.16	180.00	9.03	160.02	6.77	120.01	5.07	89.93
0.05	4.62	0.20	4.11	0.17	3.08	0.12	2.31	0.09
0.10	0.55	1.60	0.49	1.47	0.36	1.10	0.27	0.82
0.15	0.51	0.90	0.45	0.83	0.34	0.62	0.25	0.47

续上表

混凝土位置(m) \ 地基摩阻系数	1.8		1.6		1.2		0.9	
	混凝土板	拉杆	混凝土板	拉杆	混凝土板	拉杆	混凝土板	拉杆
0.20	0.49	0.40	0.44	0.40	0.33	0.30	0.25	0.22
0.25	0.47	0.20	0.42	0.17	0.32	0.13	0.24	0.10
0.30	0.45	0.10	0.40	0.06	0.30	0.05	0.23	0.04
0.35	0.43	0.00	0.38	0.01	0.29	0.01	0.22	0.01

注:混凝土的位置是指每根拉杆以纵缝为零坐标伸入混凝土的长度。

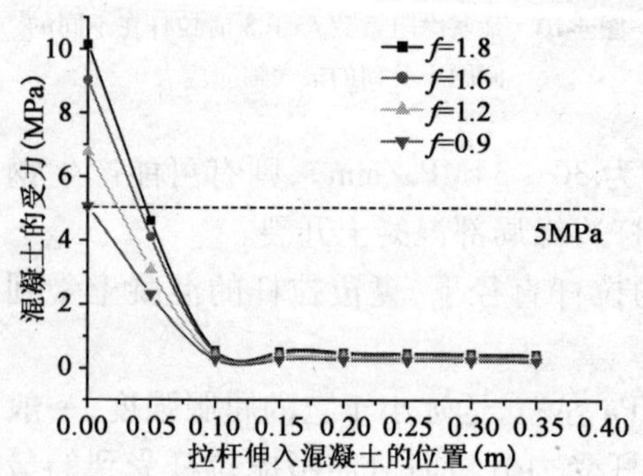

图4-11　拉杆的间距为0.7m时混凝土板内在不同地基摩阻系数下的拉应力

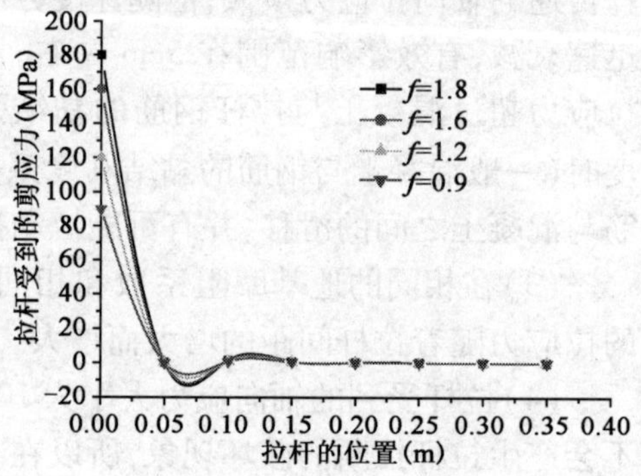

图4-12　拉杆的间距为0.7m时拉杆在不同的地基摩阻系数下的剪应力

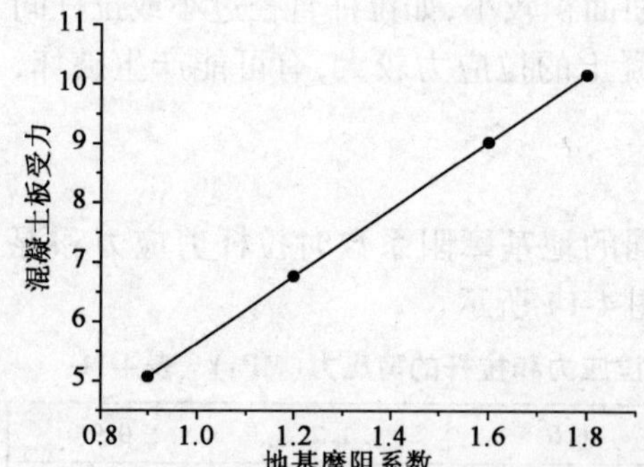

图4-13　拉杆的间距为0.7m时混凝土板内拉应力和地基摩阻系数之间的关系

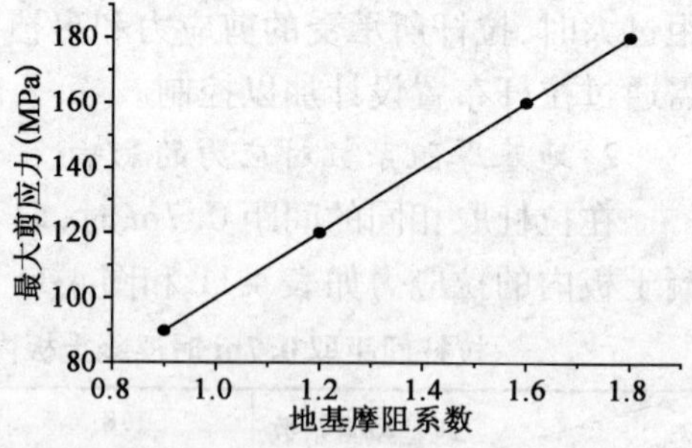

图4-14　拉杆的间距为0.7m时拉杆剪应力和地基摩阻系数之间的关系

从以上的计算分析可以得到:

(1)在相同的拉杆间距下,拉杆附近的混凝土受到的拉应力随着地基摩阻力的增大而逐渐增大;拉杆受到的随大剪应力随着地基摩阻系数的增大而逐渐增大。

(2)考虑到地基摩擦阻力对拉杆与混凝土受力的影响,为减小应力的产生,地基宜采用摩擦系数较小的材料,如设置滑动隔离层(如塑料薄膜、一布一膜土工布、油毡等)、细料式沥青混合料隔离层等,也可在刚性基础或半刚基层表面喷洒腊制养护剂,既可进行养生,又可减小层间摩擦阻力。

3)拉杆直径对应力的影响

在同一地基摩阻系数(f=1.6)、相同的拉杆间距(0.7m)不同的拉杆直径下混凝土板和拉杆受力如表 4-12 和图 4-15 所示。

f=1.6 拉杆间距为 0.7m 不同拉杆直径时混凝土板内的拉应力和拉杆的剪应力　　表 4-12

拉杆的直径 / 混凝土位置(m)	14mm		20mm		24mm		28mm	
	混凝土板	拉杆	混凝土板	拉杆	混凝土板	拉杆	混凝土板	拉杆
0.00	9.03	160.02	8.68	77.34	8.45	54.15	8.22	39.32
0.05	4.11	0.17	4.13	0.15	4.12	0.11	4.02	0.12
0.10	0.49	1.47	0.45	1.46	0.48	1.36	0.40	1.32
0.15	0.45	0.83	0.44	0.87	0.46	0.82	0.39	0.78
0.20	0.44	0.40	0.44	0.38	0.41	0.38	0.38	0.36
0.25	0.42	0.17	0.42	0.09	0.41	0.11	0.36	0.12
0.30	0.40	0.06	0.40	0.02	0.40	0.06	0.36	0.05
0.35	0.38	0.01	0.38	0.00	0.37	0.01	0.33	0.01

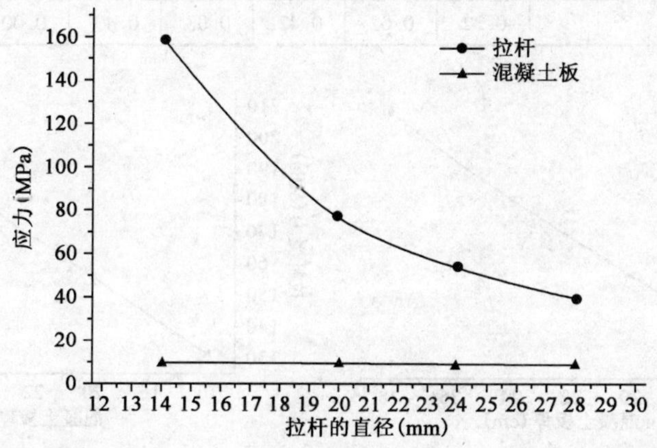

图 4-15　拉杆间距为 0.7m、摩阻系数为 1.6 时混凝土板内拉应力和拉杆剪应力随钢筋直径的变化

从以上的计算分析可以得出：

(1)混凝土板受力随拉杆直径的变大而逐渐便小，但是变化的幅度不是很大，拉杆的直径从 14mm 变化到 28mm，混凝土受力从 9.03MPa 减小到 8.22MPa。

(2)拉杆受到的最大剪应力随拉杆直径的变大而变小，变化的幅度比较明显，拉杆的直径从 14mm 变化到 28mm，拉杆受到的最大剪应力从 160.02MPa 减小到 39.32MPa。因此，适当增加拉杆的直径可明显降低拉杆的剪应力。

4)混凝土板厚 h_c 对应力的影响

在拉杆取相同的间距 0.7m 时，地基的摩阻系数 $f=1.8$，对混凝土板和拉杆在不同的板厚下的受力计算结果如表 4-13 和图 4-16、图 4-17 所示。图 4-18 ~ 图 4-22 所示为拉杆及水泥混凝土板的有限元网络划分及受力图。

不同板厚时混凝土板内拉应力和拉杆剪应力计算结果　　表 4-13

混凝土板厚度(cm) / 混凝土位置(m)	16		20		24		28	
	混凝土板	拉杆	混凝土板	拉杆	混凝土板	拉杆	混凝土板	拉杆
0.00	7.02	131.27	8.61	155.83	10.16	180.00	11.92	204.97
0.05	3.24	0.42	3.93	0.33	4.62	0.21	5.13	0.20
0.10	0.41	1.32	0.48	1.45	0.55	1.63	0.59	1.82
0.15	0.41	0.78	0.46	0.86	0.51	0.92	0.52	0.98
0.20	0.40	0.35	0.46	0.39	0.49	0.44	0.52	0.42
0.25	0.38	0.26	0.45	0.22	0.47	0.23	0.51	0.11
0.30	0.36	0.09	0.45	0.16	0.45	0.11	0.49	0.09
0.35	0.32	0.02	0.42	0.03	0.43	0.00	0.48	0.01

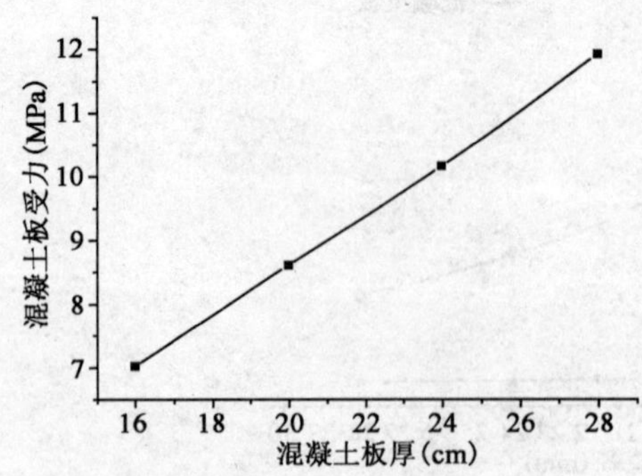

图 4-16　拉杆间距为 0.7m、摩阻系数为 1.8 时混凝土板内拉应力随板厚的变化

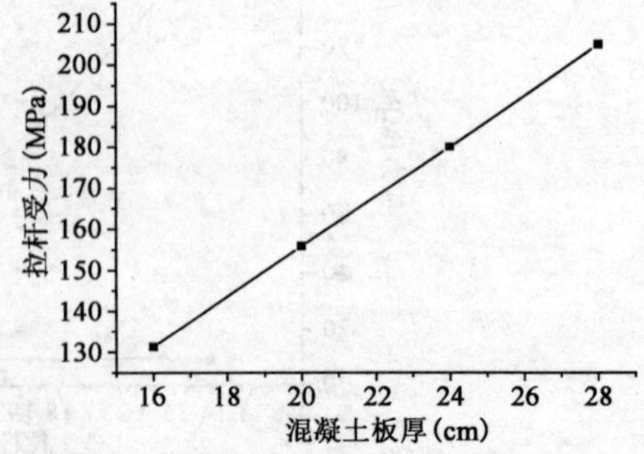

图 4-17　拉杆间距为 0.7m、摩阻系数为 1.8 时拉杆剪应力随板厚的变化

从以上的分析可以得出以下结论：

（1）在相同的地基摩阻系数、拉杆间距和拉杆直径下，拉杆附近的混凝土受到的拉应力和拉杆受到的最大剪应力随着板厚的增加而逐渐增加。

（2）随着混凝土板厚的增加，拉杆的直径应相应增大、间距应减小。

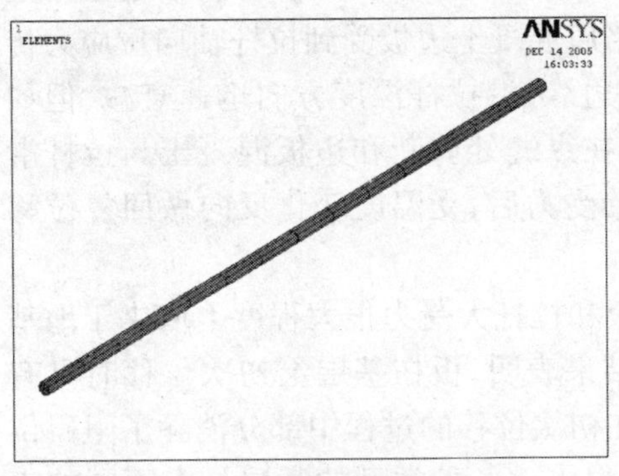

图 4-18　拉杆的有限元网格划分

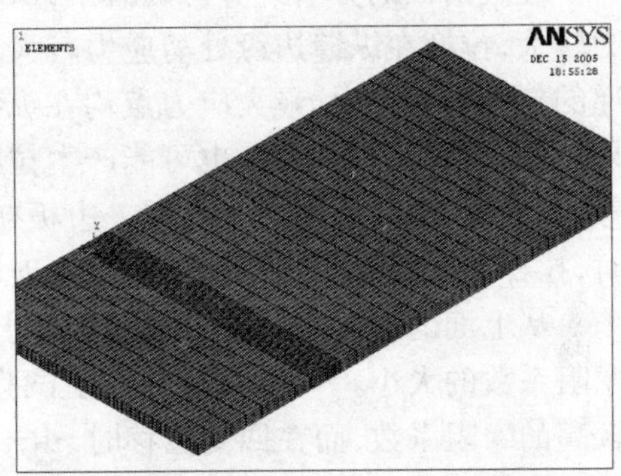

图 4-19　水泥混凝土板的有限元网格划分

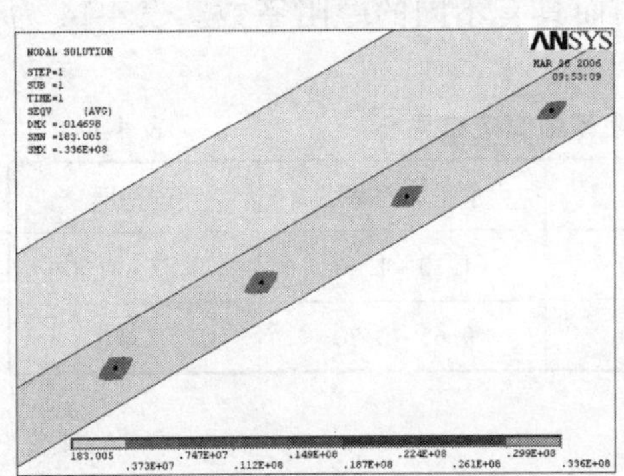

图 4-20　混凝土板受力的 Vonmises 图

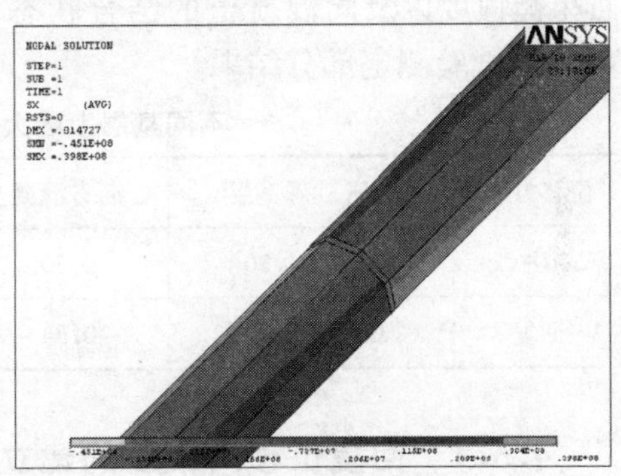

图 4-21　拉杆的受力图

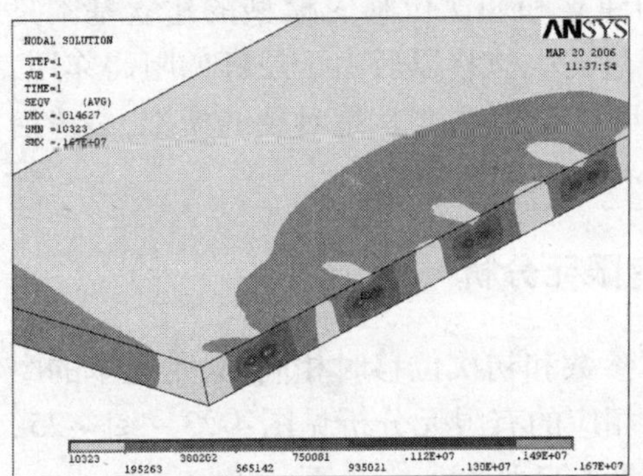

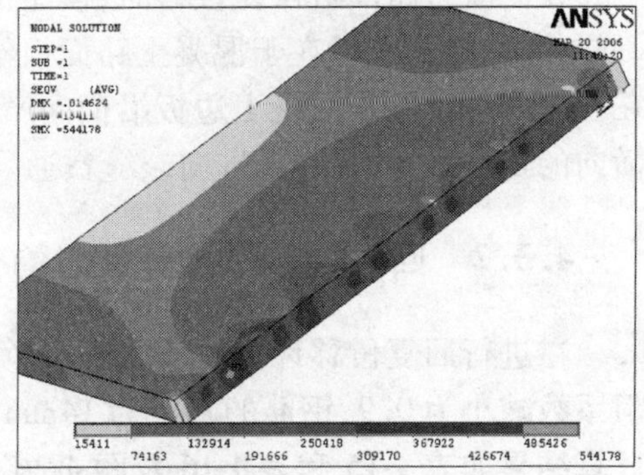

图 4-22　混凝土板受力的 Vonmises 图

4.3 CRC 板在回复位移时拉杆的受力分析

经过前面的分析计算可以看出,CRC 板在基层上初次位移时由于地基摩阻力较大,拉杆在纵缝边缘处剪应力较大,路肩混凝土边板受到拉杆轴向拉应力传递的拉应力也较大,最大应力点均在纵缝边缘,沿拉杆深度方向迅速衰减,但如果拉杆布置设计不合理,也可能产生拉杆在纵缝处剪断和边板混凝土与拉杆滑移或边缘局部混凝土产生拉裂。边板初始受力后,受温度变化反向做回复位移时,拉杆与边板混凝土是否还会产生破坏。

从上面的分析计算不难知道混凝土板和拉杆大受力很大程度上取决于地基摩阻系数的大小。Weil 进行的摩阻试验结果表明,板在基层上初次位移时具有较高的摩阻系数,而在回复位移时,由于在初次位移的过程中部分消除了阻碍位移的层间接触面的不平整,摩阻系数下降很多。各种类型的基层具有不同的表面粗糙程度以及同混凝土的结合状态,因而具有不同的摩阻系数。表 4-14 为 Weil 的试验测定部分结果。

不同基层上最大摩阻系数测定结果 表 4-14

位移方向	沥青砂砾基层	沥青混凝土基层	水泥加固基层	砂基层
往	1.15 ~ 1.20	0.30 ~ 1.80	1.10 ~ 1.40	0.87 ~ 1.00
回复	0.70 ~ 0.75	0.84 ~ 0.90	0.65 ~ 0.70	0.60

4.3.1 回复位移时模型的建立

在混凝土路面板恢复位移时,模型的建立和初次位移时模型的建立基本是一样的,主要区别就在于混凝土路面板经过初次位移以后由于拉杆的阻碍作用,在拉杆的位置假定混凝土边板沿横向产生了裂缝,主要就是对裂缝模拟,裂缝沿横向的长度取 5cm,竖直方向裂缝贯通。

4.3.2 回复位移时拉杆受力的有限元分析

在进行回复位移计算时,其他的计算参数和初次位移时相同,只是地基的摩阻系数减小为 0.9,钢筋的直径为 14mm,相应的有限元分析见图 4-23 ~ 图 4-25,计算结果如表 4-15 和表 4-16 及图 4-26、图 4-27 所示。

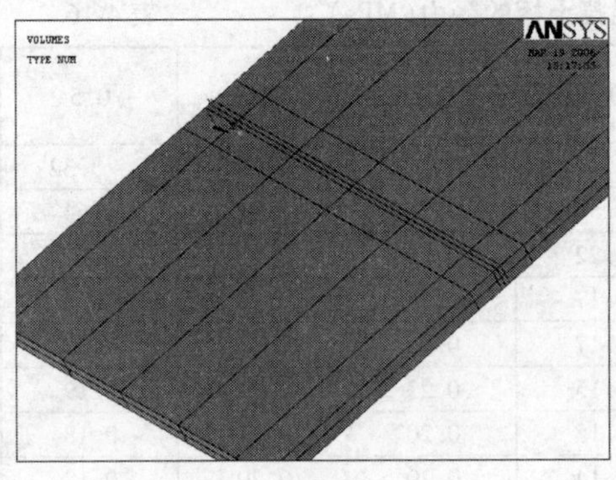

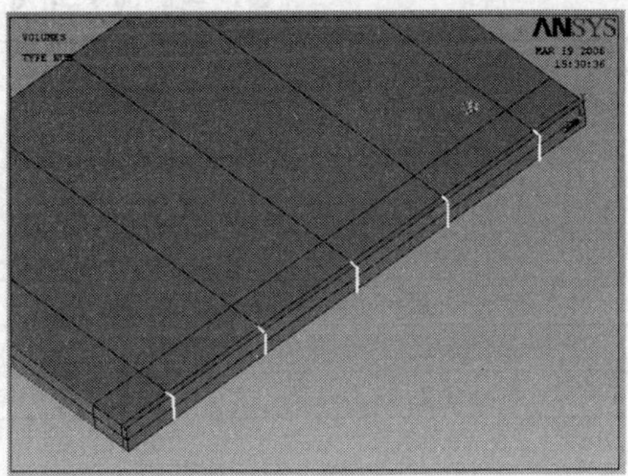

图 4-23　回复位移时有限元模型

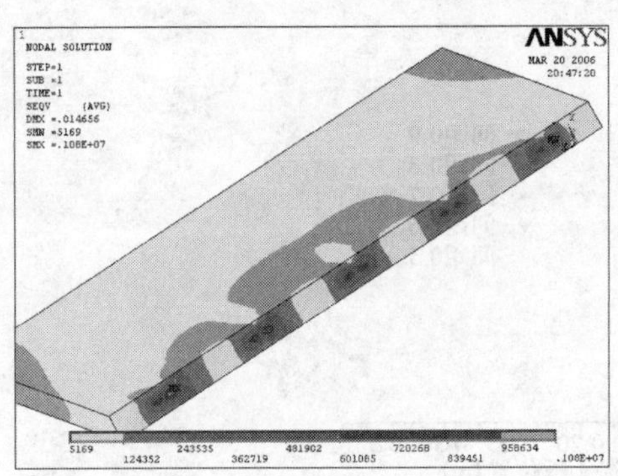

图 4-24　混凝土板受力的 Vonmises 图　　　　图 4-25　拉杆受力

回复位移时取 $f=0.9$ 拉杆受到的剪应力(MPa)　　　　表 4-15

拉杆间距(m) 拉杆位置(m)	0.9	0.8	0.7	0.6	0.5
0.00	108.28	93.24	88.53	76.14	60.18
0.05	0.10	0.07	0.09	0.08	0.06
0.10	1.00	0.90	0.93	0.72	0.53
0.15	0.56	0.52	0.46	0.41	0.31
0.20	0.27	0.25	0.21	0.20	0.17
0.25	0.12	0.11	0.12	0.09	0.06
0.30	0.04	0.04	0.03	0.03	0.02
0.35	0.01	0.02	0.01	0.01	0.01

注:拉杆的位置是指每根拉杆以纵缝为零坐标伸入混凝土的长度。

回复位移时取 $f=0.9$ 混凝土板的受力(MPa)　　表 4-16

混凝土位置(m) \ 拉杆间距(m)	0.9	0.8	0.7	0.6	0.5
0.00	-6.13	-5.41	-5.02	-4.35	-3.32
0.05	2.81	2.36	2.28	2.01	1.64
0.10	0.24	0.22	0.25	0.26	0.21
0.15	0.19	0.17	0.24	0.25	0.21
0.20	0.18	0.17	0.24	0.23	0.20
0.25	0.17	0.15	0.23	0.23	0.19
0.30	0.17	0.15	0.20	0.21	0.18
0.35	0.16	0.14	0.20	0.20	0.18

注:混凝土的位置是指每根拉杆以纵缝为零坐标伸入混凝土的长度。

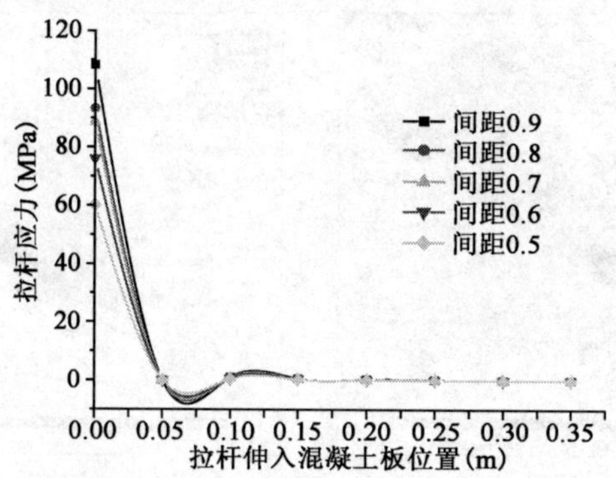

图 4-26　回复位移时在不同位置拉杆的受力

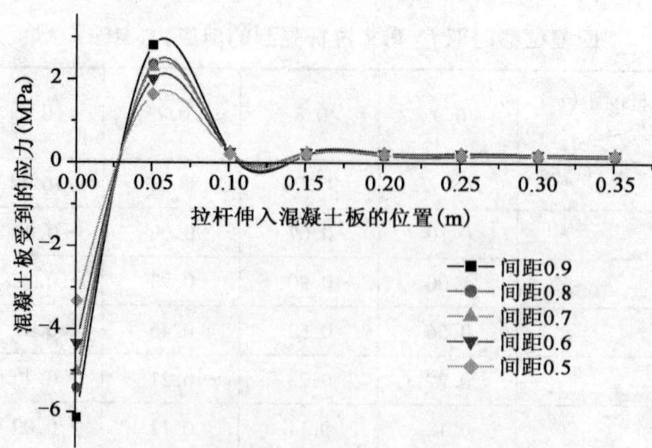

图 4-27　回复位移时在不同位置混凝土板的受力

从以上分析可以看出:

(1)混凝土路面在回复位移时拉杆受到的最大剪应力位置仍在纵缝边缘,

应力大小由于地基摩阻力的减小而减小,其他规律基本不变。

(2)拉杆附近的混凝土板受力发生了变化,在混凝土板初次位移时由于拉杆的作用,混凝土受到的是拉应力;在回复位移时,在开裂的部位混凝土由于拉杆的作用而受到的是压应力,受到的压应力远小于混凝土的极限抗压强度,混凝土中受拉的位置向深度方向移动,受到的拉应力也小于混凝土的极限抗拉强度,也就是说混凝土边板不会开裂。

4.3.3 回复位移和初次位移拉杆受力的比较

在相同的拉杆间距下,对初次位移和回复位移时混凝土板和拉杆的受力进行比较,拉杆的间距取定值0.9m,拉杆的直径为14mm,结果如表4-17和图4-28、图4-29所示。

回复位移和初次位移拉杆受力(MPa) 表4-17

类别 / 混凝土位置(m)	初次位移		回复位移	
	混凝土	拉杆	混凝土	拉杆
0.00	12.7	224.1	-6.13	108.28
0.05	6.10	0.1	2.81	0.10
0.10	0.62	2.1	0.24	1.00
0.15	0.47	1.2	0.19	0.56
0.20	0.45	0.6	0.18	0.27
0.25	0.44	0.2	0.17	0.12
0.30	0.44	0.1	0.17	0.04
0.35	0.42	0.0	0.16	0.01

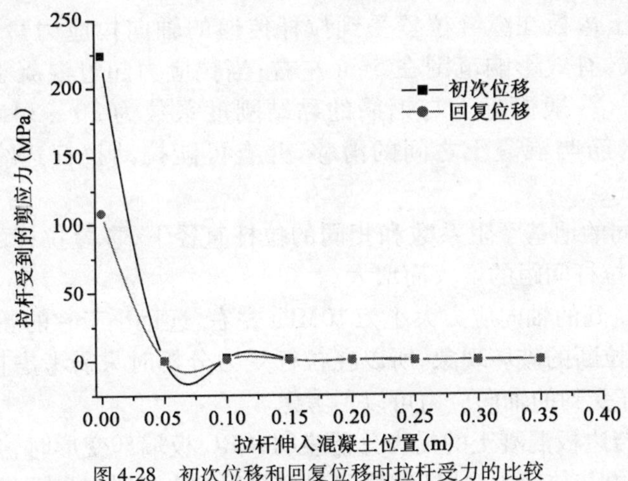

图4-28 初次位移和回复位移时拉杆受力的比较

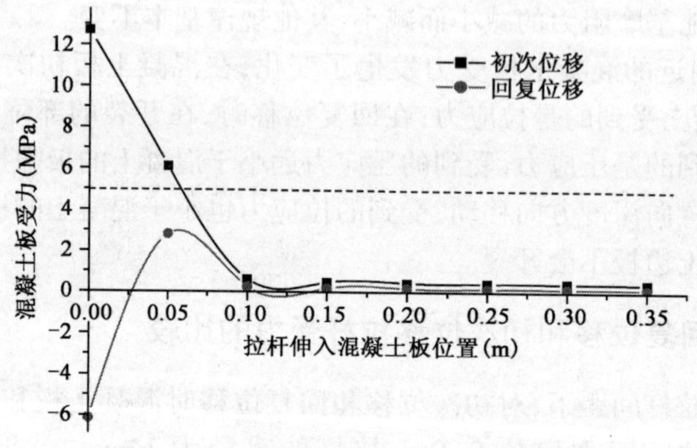

图 4-29　初次位移和回复位移时混凝土板受力比较

4.4　本章小结

本章通过大型通用有限元软件 ANSYS 对连续配筋混凝土路面和素混凝土路肩板之间纵缝拉杆的受力进行了有限元计算分析,并得出以下结论:

(1)由于地基摩阻力是决定端部位移以及拉杆受力的一个很重要的参数,根据试验路实测的端部位移数据反推出了实际的地基摩阻力系数 $f=1.8$。

(2)拉杆在纵缝边缘处受到的剪应力最大,向内衰减很快;最大剪应力随着拉杆间距的增大而逐渐增大,当拉杆的间距较大、超过某一值时,拉杆受到的最大剪应力有可能超过拉杆的抗剪强度 200MPa,这时拉杆有可能被剪断。

(3)混凝土边板在纵缝位置受到拉杆传递的轴向拉应力最大,但随深度方向迅速衰减,有效影响范围在 5cm 左右;当拉应力超过混凝土与拉杆钢筋的黏结强度时(一般混凝土与钢筋的黏结刚度系数为 30 ~ 34MPa/mm),则有可能产生钢筋与混凝土之间的滑移,并有可能拉动拉杆边缘局部混凝土开裂。

(4)在相同的地基摩阻系数和相同的拉杆直径下,裹覆拉杆的混凝土受到的拉应力随着拉杆间距的增大而增大。

(5)拉杆受到的轴向应力大小为 10MPa 左右,远远小于它的屈服强度,一般不会产生拉杆拉断的破坏现象,所以在拉杆受力分析时只需考虑拉杆受到的最大剪应力,拉杆受到的轴向应力可以不考虑。

(6)拉杆与边板混凝土的受力分析表明,CRC 板端部变形时,会通过拉杆传递较大的剪应力与拉应力,拉杆数量和截面面积较小,如拉杆直径过小或拉杆间距过大时，拉杆所承受的剪应力和裹覆混凝土的拉应力较大，有可能产生破坏，需通过拉杆的直径和间距设计加以控制。

(7)在相同的拉杆间距下，拉杆附近的混凝土受到的拉应力随着地基摩阻力的增大而逐渐增大；拉杆受到的最大剪应力随着地基摩阻系数的增大而逐渐增大。

(8)混凝土板受力随拉杆直径的变大而逐渐便小，但是变化的幅度不是很大，拉杆的直径从 14mm 变化到 28mm，混凝土受力从 9.03MPa 减小到8.22MPa。拉杆受到的最大剪应力随拉杆直径的变大而变小，变化的幅度比较明显，拉杆的直径从 14mm 变化到 28mm，拉杆受到的最大剪应力从 160.02MPa 减小到39.32MPa。因此，适当增加拉杆的直径可明显降低拉杆的剪应力。

(9)在相同的地基摩阻系数、拉杆间距和拉杆直径下，拉杆附近的混凝土受到的拉应力和拉杆受到的最大剪应力随着板厚的增加而逐渐增加。

(10)CRC 板在回复位移时路肩边板纵缝拉杆受到的最大剪应力位置仍在纵缝边缘，应力大小随地基摩阻力的减小而减小，其他规律基本不变。拉杆附近的混凝土板受力发生了变化，在混凝土板初次位移时由于拉杆的作用，混凝土受到的是拉应力；在回复位移时，在开裂的部位混凝土由于拉杆的作用而受到的是压应力，受到的压应力远小于混凝土的极限抗压强度，混凝土中受拉的位置向深度方向移动，受到的拉应力也小于混凝土的极限抗拉强度，也就是说混凝土路肩边板不会开裂。

总之，连续配筋混凝土板和素混凝土路肩板之间纵向接缝拉杆的间距和直径跟基层的类型(摩阻系数)、素混凝土路肩板的宽度和厚度等因素都有很大的关系。所以对连续配筋混凝土板和素混凝土路肩板之间拉杆的间距、长度和直径的取值可以参考普通混凝土路面拉杆的设计进行，然后再对拉杆受到的剪应力和混凝土板的受拉力进行检算，以确定合理的拉杆直径和间距。一般应根据路肩板基础类型、边板宽度、边板厚度，参考规范的基础上适当增加拉杆的直径、缩小拉杆间距，以确保边板与 CRC 板的紧密接触、不产生分离，拉杆不产生接缝处的剪断破坏，边板混凝土拉杆周围的混凝土不产生滑移和局部混凝土拉裂。

2003 年完成的广东 325 国道恩平段 CRCP 试验路中拉杆的间距为 70cm，拉杆长度 80cm，拉杆伸入每侧混凝土板的长度为 40cm，拉杆的直径为 14mm，从前面的分析可以得出设计是合理的、安全的。目前试验路经过多的使用检验，边板纵向接缝处没有出现任何损坏现象。2006 年湖南省长永高速公路黄花至永安段 8kmCRC + AC 实体工程中，路肩边板也没有配置纵向钢筋，只设拉杆连接，目前经过多年的使用也没有出现任何问题，使用效果良好，证明在连续配筋混凝土 CRC 路面结构中，只在行车道部位配置纵向钢筋，而路肩边板不配纵向钢筋是可行的，并可大大节约工程费用。

第5章　CRC+AC层间界面剪应力分析

5.1　弹性层状体系理论与计算软件

对于CRC+AC复合式沥青路面,CRC板一般没有设置胀缝和缩缝,具有良好的整体性,较好地符合层状体系的假设,所以可以用弹性层状体系理论来分析结构的受力。层状体系包括线弹性层状体系理论、非线弹性层状体系理论以及黏弹性层状体系理论,后两种理论虽然更接近实际路面材料性质尤其是高温下沥青混合料的性质,但由于较复杂而研究得不够深入,现未达到实际广泛应用的水平。

5.1.1　弹性层状体系理论

目前主要应用的是线弹性层状体系理论(简称弹性层状体系理论)。弹性半空间体理论应该是弹性层状体系的萌芽,即只有一层的弹性层状体系,布辛尼斯克(J·Boussinesq)给出一集中力下应力和变形分布的解析解。1929年洛夫(A·E·Love)求出圆形均布荷载作用下的理论解。

真正的弹性层状体系理论发展是1943年波米斯特(D·M·Burmister)发表双层体系理论解开始的,1945年他提出了三层体系理论,1948年福克斯(L·Fox)和汗克(Hank)给出了数值解。1967年Verstraeten研究了多层弹性体系的数值解的一般方法。

弹性层状体系理论广泛应用于柔性路面结构的力学计算和分析。它是研究垂直和水平荷载综合作用下层间剪应力变化规律的有效手段。弹性层状理论采用下列基本假设,列出所需的力学平衡、几何、物理方程并进行求解:

(1)各层都是由均质各向同性的材料组成,其弹性模量和泊松比为E和μ。

(2)设土基在水平方向和向下的深度方向均为无限,其上的路面各层均为有限,但水平方向仍为无限。

(3)假定路面上层表面作用有垂直荷载和水平荷载,同时认为水平方向与最下层无限远处应力和位移都为零。

(4)层次之间的接触面上采用两种假定:

①层间接触完全连续,它们共同工作如同一个天然组成的弹性体。

②层间接触完全光滑。

另外也可以采用两者之间的状态,即有部分摩擦力。

荷载采用双圆均布水平和垂直荷载,水平荷载主要是由于汽车在启动、制动、行驶时克服摩擦力而产生的。

首先确定各层的参数如 h_1、E_1,μ_1,h_2、E_2,μ_2,……,h_n、E_n,μ_n。层数由上而下确定。

对于垂直均布荷载,采用苏斯威尔(Southwell)给出的轴对称课题基本方程求解。在水平荷载作用下的应力、应变、位移属于非轴对称课题,其基本方程可用密歇尔(Michell)应力函数表示。如果同时存在水平荷载和竖直荷载,则需进行应力叠加。

5.1.2　弹性层状体系理论计算软件

采用的 BISAR 软件由(Shell)壳牌石油公司开发,最早的版本开始于 20 世纪 60 年代,它是以弹性层状体系理论为基础,本书采用的版本是 BISAR3.0,能分析的最大层数为 10,最大的荷载数为 10,层间接触条件从完全连续到完全滑动。输入有三部分:荷载状况、结构层状况和计算点位置。

荷载(都以圆形均布,包括垂直荷载和水平荷载)的输入可用 3 种情况,可以输入:①荷载大小和压应力;②荷载大小和作用半径;③压应力和半径。另需输入荷载中心位置的坐标以及水平应力的方向角。

结构层输入的参数包括结构层厚度、回弹模量、泊松比。在层间结合方面包括完全连续和完全光滑状态,在 BISAR3.0 中是以 spring compliance(直译为弹簧柔度)表征,当 spring compliance 为 0 时,表示完全连续。当 spring compliance 为 1 时,表示完全光滑,参数可在 0 ~ 1 之间选取,表示部分结合状态。

计算应力位置需输入 X、Y、Z 轴坐标,一次最多可计算 10 个不同坐标位置的点,当点的位置在层间时,可用选定是上层或下层,也可同时计算。需要注意的是,地面向下为正方向。

对于结果的输出,包括 X、Y、Z 轴坐标方向的正应力、应变和位移,X、Y、Z 三向剪应力及应变,该点纯压应力下的三向应力应变和方向(以对主轴的余弦值表示),剪应力下的三向应力应变及方向。对于数值符号与弹性力学规定的一致,拉应力为正,压应力为负,剪应力的正负号仅表示力的方向,对于层间破坏没有什么区别(假定路面材料是弹性各向同性匀质体)。

与有限元程序 ANSYS 软件相比较，BISAR 可以计算到很精确的位置，可达到毫米甚至更低，而 ANSYS 由于结点划分的关系，即使是加密部分，不可能划分到如此小。而且由于 BISAR 所计算的位置预先确定，因此计算的时间较 ANSYS 小得多，也不必担心结果会不会收敛。计算的解是解析解，精度相对较高。

5.2 CRC + AC 层间界面水平剪应力分析

CRC + AC 层间界面水平剪应力分析主要考虑层间受到与汽车行驶反向的水平剪应力，即 *ZY* 值。由于竖向压应力影响实际抗剪强度，也需适当考虑 *ZZ* 值。分析结构层厚度、材料特性、水平摩擦系数、层间结合状况、荷载大小等因素对黏结层水平剪应力的影响。

连续配筋混凝土路面，由于一般不设置横缝，可近似地看成弹性层状体，对于板中部的应力分析较准确，对于板边 0.6m 范围内层间应力分析可能误差较大。

基本路面结构层分为四层：土基（水平向下无限远）、水泥碎石稳定基层（厚度取 40cm）、水泥混凝土连续配筋层（厚度取 18cm）、沥青混凝土面层（厚度取 10cm）。荷载形式采用垂直均布标准轴载，压力为 0.7MPa，单轴双轮组重 100kN，轮压半径 δ 为 10.65cm，两轮间距为 32cm（约 3δ），轴宽为 182cm（图 5-1）。

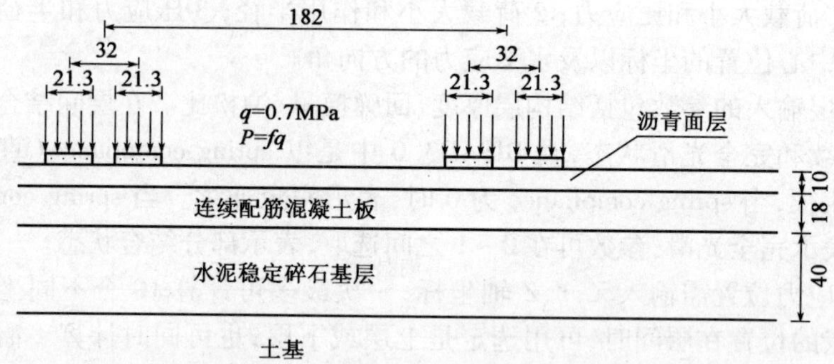

图 5-1 连续配筋混凝土复合式路面结构分析示意图示（尺寸单位：cm）

路面结构在车辆行驶过程中可能产生的水平力包括：①车轮滚动产生的滚动摩阻力；②车辆加减速而产生的加减速阻力；③制动过程中可能产生的滑动阻力；④车辆上下坡时的坡度阻力；⑤弯道行驶时的离心力。因此路面在车辆行驶时，不仅受到竖向力的作用，也受到水平力的作用。

受到的水平力可根据下列方法进行推算：

(1)车辆在加速时产生的水平力占竖向力的比例：

$$f = a/g \tag{5-1}$$

式中：f——水平力系数；

a——车辆加速度；

g——重力加速度。

(2)车辆在上坡时，受到的重力在水平方向的分力成为作用于路面的水平力。对于高等级公路路面的合成坡不超过10%。因此坡度阻力产生的水平力与竖向力的比值一般不超过0.1。

(3)车辆在弯道匀速行驶时所受的离心力与竖向力的比值按下式进行计算：

$$f = v^2/rg \tag{5-2}$$

式中：f——离心率系数；

v——车辆行驶速度；

r——弯道半径；

g——重力加速度。

按上式计算可知一般行驶条件下水平力与竖向力的比值不大于0.2。

(4)汽车最大地面制动力：

$$X_{\max} = \psi \times G \tag{5-3}$$

式中：ψ——路面附着系数；

G——车重。

ψ 常见取值见表5-1。

不同路面条件下的附着系数 ψ 表5-1

路面类型	路面状况			
	干燥	潮湿	泥泞	冰滑
水泥混凝土路面	0.7	0.5	—	—
沥青混凝土路面	0.6	0.4	—	—
中级及低级路面	0.5	0.3	0.2	0.1

水平剪应力考虑较不利于制动情况，故沥青混凝土表面层摩擦系数取0.5，按轮载均布。土基、基层和连续配筋下面层为完全连续，连续配筋混凝土层与沥青混凝土层结合状况则分为完全连续、部分连续、完全光滑三种情况。材料参数的取值根据路面设计手册取其代表值，如表5-2所示。

CRC + AC 结构层基本力学计算参数 表 5-2

路面结构	沥青混凝土面层(AC)	连续配筋水泥混凝土板(CRC)	水泥稳定碎石基层(CTB)	土基(S)
回弹模量 E(MPa)	1.2×10^3	3×10^4	1.5×10^3	2.5×10^3
泊松比(μ)	0.35	0.15	0.20	0.40

注:括号内为其英文缩写,以下皆同于此。

荷载的坐标以最左侧轮的中心为原点,横轴方向为 X,汽车前进方向为 Y,路面以下为正方向。最大水平 Y 向剪应力,需要在平面上搜寻,由于荷载汽车纵向中轴对称,只需将点布置在一侧的两个轮子正前、后方向,以 0.1δ 为单位递增。

经计算得最大层间剪应力约在轮中心正前方 0.9δ 处,为 0.247 8MPa,横向的第二个车轮的同一位置剪应力值经计算也相同,剪应力沿汽车纵向中轴呈对称分布,故以后计算只需计算最左侧的边轮,下面变换条件参数求解层间剪应力。

5.2.1 沥青层厚度 h_a 对层间最大剪应力的影响

其他条件不变,改变沥青面层厚度 h_a(由 1 ~ 20cm 依次增加),并分为 AC/CRC 层间完全连续、完全光滑、部分连续。完全连续时计算结果如表 5-3 所示。

CRC 与 AC 层完全连续时层间最大剪应力 表 5-3

厚度 h_a(cm)	1	2	3	4	5	6	7	8	9	10
剪应力(MPa)	-0.371	-0.368	-0.361	-0.349	-0.335	-0.320	-0.302	-0.284	-0.266	-0.248
位置(δ)	1	1.1	1	1	0.9	0.9	0.9	0.9	0.9	0.9
厚度 h_a(cm)	11	12	13	14	15	16	17	18	19	20
剪应力(MPa)	-0.232	-0.216	-0.201	-0.187	-0.174	-0.163	-0.152	-0.142	-0.134	-0.126
位置(δ)	1	1	1	1	1.1	1.1	1.1	1.2	1.2	1.3

注:除特殊标明外,剪应力是指水平纵向最大剪应力,位置为其距轮中心的 δ 倍数。

CRC 与 AC 完全光滑,即 spring compliance 为 1 时,其他层仍完全连续时,计算结果如表 5-4 所示。

CRC 与 AC 层完全光滑时层间最大剪应力　　表 5-4

厚度 h_a(cm)	1	2	3	4	5	6	7	8	9	10
剪应力 (MPa)	-0.161	-0.113	-0.090	-0.076	-0.067	-0.061	-0.056	-0.052	-0.049	-0.046
位置(δ)	0.1	0.2	0.3	0.5	0.7	0.8	0.8	1	0.9	1
厚度 h_a(cm)	11	12	13	14	15	16	17	18	19	20
剪应力 (MPa)	-0.043	-0.041	-0.039	-0.037	-0.035	-0.032	-0.032	-0.029	-0.028	-0.027
位置(δ)	1	1.1	1.1	1.2	1.2	1.3	1.4	1.4	1.4	1.4

当 spring compliance 取 0.5 时，即 CRC 与 AC 部分连续，其他层仍完全连续，计算结果如表 5-5 所示。

CRC 与 AC 层间 spring compliance 取 0.5 时层间最大剪应力　　表 5-5

厚度 h_a(cm)	1	2	3	4	5	6	7	8	9	10
剪应力 (MPa)	-0.213	-0.158	-0.128	-0.109	-0.098	-0.090	-0.083	-0.077	-0.073	-0.068
位置(δ)	0.1	0.2	0.3	0.5	0.7	0.8	0.8	1	0.9	1
厚度 h_a(cm)	11	12	13	14	15	16	17	18	19	20
剪应力 (MPa)	-0.064	-0.061	-0.057	-0.054	-0.052	-0.049	-0.045	-0.041	-0.041	-0.040
位置(δ)	1	1.1	1.1	1.2	1.2	1.3	1.4	1.4	1.4	1.4

计算结果绘制成图 5-2。

由图 5-2 可看出，最大层间剪应力随着 AC 层厚度增加而减小，且结合状态越好，层间最大剪应力越大，这表明路面在刚修建时剪应力较大，随着龄期增加结合状态降低而剪应力有所减小。当然不能靠降低层间结合状态来减少剪应力，因为抗剪强度也许下降得更快。过早进入这个阶段，等于无形中减少了路面的使用寿命。道路在使用初期 CRC 层与 AC 层接近于完全结合（理想状态），在使用过程中结合状态逐渐衰减。当层间处于部分结合时（道路使用时实际状况），AC 层到达 8cm 后靠增加 AC 层厚度来减小剪应力的作用就不大了。由于部分结合与完全光滑时剪应力分布趋势相近，故只对部分结合状态进行剪应力回归计算：

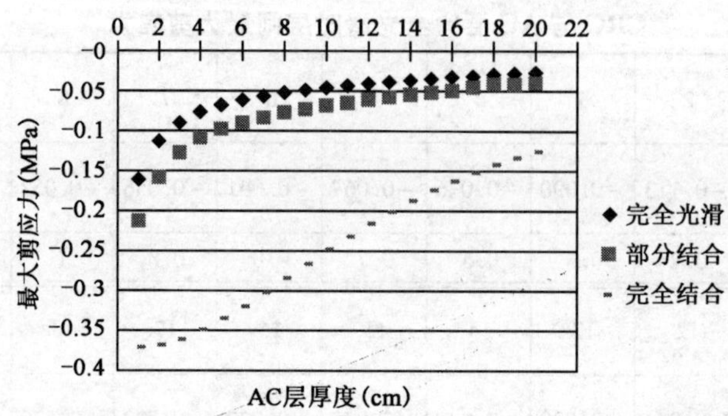

图 5-2　不同层间结合状态下 AC 层厚度 h_a 变化时层间最大剪应力图

部分结合状态时,AC 层为 1 ~20cm 时层间最大剪应力回归计算公式为:

$$\tau_{max} = 0.0006h_a^2 - 0.0186h_a + 0.1924 \quad [R^2 = 0.9167, h_a\text{为面层厚度(cm)}] \tag{5-4}$$

如果层间完全结合,则剪应力呈线性趋势下降的厚度更大,接近 20cm,AC 层为 1 ~20cm 时层间最大剪应力回归计算公式为:

$$\tau_{max} = 0.0001h_a^2 - 0.0166h_a + 0.4055 \quad (R^2 = 0.9924) \tag{5-5}$$

5.2.2　CRC 板及基层厚度变化对层间最大剪应力的影响

在其他条件不变时,改变连续配筋混凝土板的厚度,计算结果如表 5-6 所示。

连续配筋混凝土层厚度 h_c 变化时对层间最大剪应力的影响效应　　表 5-6

CRC 厚度 h_c(cm)	15	16	17	18	19	20	21	22
剪应力(MPa)	−0.2496	−0.2490	−0.2485	−0.2481	−0.2478	−0.2475	−0.2472	−0.2471
位置(δ)	0.9	0.9	0.9	0.9	0.9	0.9	0.9	0.9

由上可知增加连续配筋混凝土板的厚度,对于层间界面剪应力有微弱的减小作用,但靠增加连续配筋混凝土板的厚度来减少层间剪应力没什么实际意义。同时单纯改变基层厚度,其他条件不变,发现对层间剪应力没有什么影响。

5.2.3　材料回弹模量和泊松比变化对层间最大剪应力的影响

沥青是一种黏弹性材料,在低温下主要呈现线弹性,而在高温下则表现出明显的黏弹性,沥青混合料中沥青虽然只占百分之几,但对沥青混合料的影响却不可低估,沥青混合料在外力作用下的变形不仅与荷载、荷载作用的时间有关,而且与温度的关系很大,表现出黏弹性性质。

AC层在不同温度下的回弹模量不同,通常的设计模量是20℃的值,这里忽略荷载时间的影响,只考虑不同温度下不同模量对层间剪应力的影响,且不考虑泊松比的变化。由于缺乏温度与回弹模量的对应表,根据壳牌公司的沥青混合料劲度模量与温度的关系曲线,按所给出的诺谟图大致估算其回弹模量,并计算层间界面最大剪应力。计算结果如表5-7所示。

AC层回弹模量 E_a 变化时黏结层最大剪应力　　表5-7

温度 T(℃)	-10	0	10	20	30	40	50
回弹模量(MPa)	7×10^3	6×10^3	4×10^3	1.2×10^3	5×10^2	9×10	5×10
泊松比 μ	0.35	0.35	0.35	0.35	0.35	0.35	0.35
剪应力(MPa)	-0.250 4	-0.250 6	-0.250 4	-0.248 7	-0.247 5	-0.247 0	-0.247 0
位置(δ)	1	1	1	0.9	0.9	0.9	0.9

由表5-7可知沥青面层回弹模量的变化对层间最大剪应力有一定的影响。沥青面层模量越高剪应力越大,夏季高温季节,沥青混合料的模量降低,层间界面的剪应力略有降低。

当路面由素混凝土换成连续配筋混凝土路面,整体的回弹模量会增加,但通过试算发现对层间剪应力没有多少影响,可以忽略不计,只是对弯沉产生一定的效应,且显然有利于提高混凝土的抗弯拉强度。

由于复合式路面中基层材料类型较多,回弹模量变化的范围所以也更大,从低的级配碎石(约 2×10^2 MPa)到高的水泥稳定碎石(约 15×10^2 MPa)都有,所以本书主要分析基层模量变化对黏结层最大剪应力的影响(其他条件不变,层间取完全结合,泊松比也随着降低,假定存在如表对应关系)。

分析结果如表5-8所示。

基层回弹模量 E_b 变化时层间最大剪应力　　表5-8

回弹模量(MPa)	2×10^2	3×10^2	4×10^2	5×10^2	6×10^2	7×10^2	8×10^2
泊松比 μ	0.3	0.3	0.3	0.3	0.25	0.25	0.25
剪应力(MPa)	-0.248 9	-0.248 8	-0.248 7	-0.248 7	-0.248 6	-0.248 5	-0.248 5
位置(δ)	0.9	0.9	0.9	0.9	0.9	0.9	0.9
回弹模量(MPa)	9×10^2	10×10^2	11×10^2	12×10^2	13×10^2	14×10^2	15×10^2
泊松比 μ	0.25	0.25	0.2	0.2	0.2	0.2	0.2
剪应力(MPa)	-0.248 4	-0.248 3	-0.248 3	-0.248 2	-0.248 2	-0.248 1	-0.248 1
位置(δ)	0.9	0.9	0.9	0.9	0.9	0.9	0.9

由表 5-8 可知改变基层材料对 CRC + AC 层间最大剪应力的影响较小。对于连续配筋混凝土层，模量 E_c 变化值很小，故不需计算。

5.2.4 沥青路面表面水平摩擦系数对层间剪应力和竖向压应力影响

沥青路面表面由于干湿等因素使得水平摩擦系数在较大范围内波动，摩擦系数的变化将影响到水平力的大小，现分别计算如表 5-9 所示。

沥青混凝土表面水平摩擦系数 f 变化时对黏结层剪应力的影响　　表 5-9

摩擦系数 f	0	0.1	0.2	0.3	0.4	0.5	0.6	0.7
剪应力(MPa)	−0.151 8	−0.171 0	−0.190 3	−0.209 6	−0.228 8	−0.248 1	−0.267 4	−0.286 6
压应力(MPa)	−0.322 4	−0.341 9	−0.361 3	−0.380 7	−0.400 2	−0.419 6	−0.439 0	−0.458 5
位置(δ)	0.9	0.9	0.9	0.9	0.9	0.9	0.9	0.9

由库仑定律：$\tau = c + \sigma\tan\varphi$，根据大多数的剪切试验结果，内摩擦角一般为 30°左右，$\tan\varphi$ 则约等于 0.577，可计算出抗剪强度增加值。绘制计算结果如图 5-3 所示。

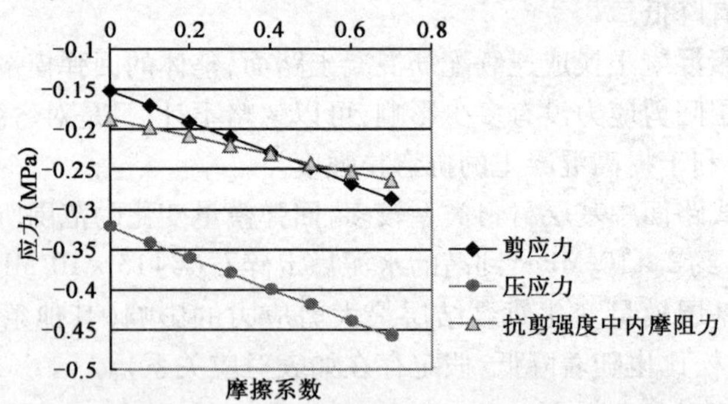

图 5-3　摩擦系数 f 变化时对剪应力和压应力的影响

图 5-3 中可观察到层间界面最大剪应力与路面表面摩擦系数呈线性关系，摩擦系数的大小(水平力的大小)对层间最大剪应力有很大的影响。同样，摩擦系数对层间界面竖向压应力也呈线性增加关系，且压应力与剪应力的斜率比较相近。

由于夏季气温高时，层间温度升高，层间黏结层的黏结力 c 降低较快，层间抗剪强度主要依靠竖向压应力 σ 所产生的内摩阻力。由于层间竖向压应力的增大，层间抗剪强度也会相应增大。但层间剪应力的增加斜率大于层间抗剪强度增加的斜率，故汽车制动时产生的水平力增大，层间竖向应力也增大，层间抗剪强度增加的幅度赶不上层间剪应力的增加幅度，因此，路面摩擦系数大时，汽车制动时的水平力大，层间剪应力也大，对层间抗剪不利。

5.2.5　层间结合状态对剪应力、压应力的效应及对抗剪强度影响

路面初始阶段层间的结合状态较好，在荷载、温度和其他因素综合作用下，层间结合状态会降低，反过来又会影响层间的剪应力变化，层间剪应力和层间结合状态是相互影响、相互作用的两个因素，它们之间的作用伴随着层间结合状态的整体下降的过程。

BISAR3.0 软件中的 spring compliance 能方便的表征层间结合状态，现分析沥青混凝土与连续配筋混凝土面层间 spring compliance 增加（即层间结合状态降低）时层间应力的变化（其他层连续）。竖向压应力则是计算水平剪应力最大位置（表 5-10）。

AC/CRC 层间结合状态变化时对层间剪应力和压应力的影响　　表 5-10

spring compliance	0	0.1	0.2	0.3	0.4	0.5
剪应力（MPa）	-0.248 1	-0.142 5	-0.107 7	-0.089 1	-0.076 8	-0.068 1
该点压应力（MPa）	-0.419 6	-0.442 0	-0.449 0	-0.452 6	-0.454 9	-0.393 0
位置（δ）	0.9	0.9	0.9	0.9	0.9	1
spring compliance	0.6	0.7	0.8	0.9	1.0	—
剪应力（MPa）	-0.061 6	-0.056 4	-0.052 2	-0.048 7	-0.045 7	—
该点压应力（MPa）	-0.393 9	-0.394 6	-0.395 1	-0.395 6	-0.396 0	—
位置（δ）	1	1	1	1	1	—

由计算结果可知，层间结合状态降低时，层间水平剪应力有所减少，而竖向压应力反而增加（竖向压应力的梯度大于水平剪应力的变化梯度）。可见就层间剪应力而言，结合状态降低会减少剪应力的大小。

对于土基和水泥稳定碎石基层，水泥稳定碎石基层与水泥混凝土面层之间，由于土基压实不均匀、汽车荷载的反复作用产生的弯沉不同、土基含水率变化以及土的不均匀沉降等原因，各层之间结合状态降低是不可避免的现象，而连续配筋混凝土板刚性较大，因此严重时甚至会出现脱空。考虑其结合状态降低时对沥青混凝土与连续配筋混凝土层间剪应力和压应力的影响，通过试算发现影响不大。

5.2.6　车辆荷载大小对层间最大剪应力的影响

对于路面存在的超载现象，考虑超载对路面层间最大剪应力的效应。根据

一项交通调查资料，得知轴载和轮压在一定范围内存在较好对应关系，如图5-4所示，图中轮重表示轴载重，故轮重为100kN时约对应0.7MPa。按图中给出的回归公式计算轮压，将回归公式所得结果填入表5-11。

后轴重与轮压的一般对应关系　表5-11

后轴重(kN)	60	80	100	120	140	160	180	200
轮压(MPa)	0.390 3	0.553 2	0.716 0	0.878 9	1.041 8	1.204 6	1.367 5	1.530 4

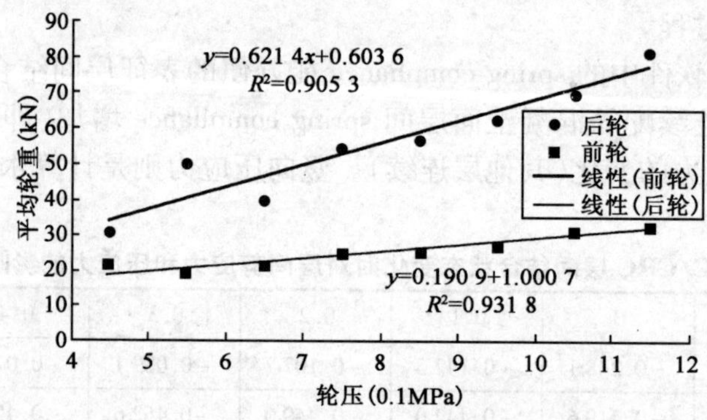

图5-4　轮重与轮压关系图

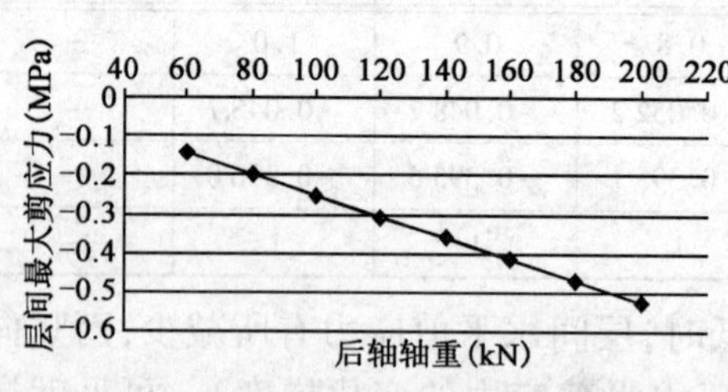

图5-5　轴载与层间最大剪应力关系图

利用BISAR进行计算，将结果绘制成诺谟图5-5。

可知轮重与最大剪应力呈近似线性增长。超载对层间剪应力的影响作用非常大，特别是高温下层间抗剪强度降低，剪切破坏更加容易发生，而且实际超载程度比后轴重200kN还严重，因此严格限制超载、超重对减少层间剪切破坏具有重要意义。

若假定轴载不变，改变轮胎的接地面积从而改变轮胎内压(由0.5~1.2MPa依次增加)，可得计算结果如表5-12所示。作出两者的关系图如图5-6所示，可知增加轮胎接地面积对减小层间剪应力有明显的效应。

轮压变化时层间最大剪应力　表5-12

单轴轴载(kN)	100	100	100	100	100	100	140	160
剪应力(MPa)	−0.200 4	−0.225 8	−0.247 8	−0.269 3	−0.286 9	−0.304 6	−0.320 0	−0.333 3

续上表

轮压(MPa)	0.5	0.6	0.7	0.8	0.9	1.0	1.1	1.2
位置(δ)	1.1	1.0	0.9	0.8	0.8	0.8	0.8	0.8

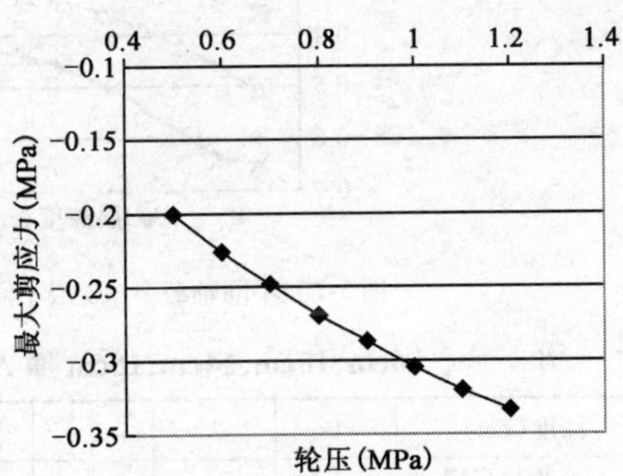

图 5-6　轮压与黏结层层间最大剪应力计算诺谟图

5.2.7　面层内及轮迹线上剪应力的分布曲线

虽然主要研究层间剪应力，但对 AC 面层内剪应力的分布也稍作计算，计算轴载分别为 60kN、100kN、140kN、180kN 四种情况，轮压按上小节公式给出的计算取整，计算结果见表 5-13 和图 5-7。了解沥青面层内部剪应力分布有助于把握 CRC + AC 层间是不是剪应力最大位置，AC 层内部也可能由于本身抗剪能力较弱而可能产生剪切破坏。

60kN、100kN、140kN、180kN 轴载下 AC 层不同深度处的最大剪应力 表 5-13

深度(cm)	1	2	3	4	5	6	7	8	9	10
60kN 剪应力(MPa)	-0.200	-0.187	-0.172	-0.158	-0.146	-0.137	-0.131	-0.130	-0.134	-0.145
100kN 剪应力(MPa)	-0.361	-0.328	-0.299	-0.273	-0.252	-0.237	-0.227	-0.224	-0.230	-0.248
140kN 剪应力(MPa)	-0.510	-0.466	-0.424	-0.388	-0.359	-0.337	-0.323	-0.318	-0.326	-0.352
180kN 剪应力(MPa)	-0.650	-0.638	-0.590	-0.541	-0.498	-0.463	-0.440	-0.430	-0.441	-0.477

绘制沥青面层不同深度位置与最大剪应力的关系图：最上层剪应力值（绝对值，正负号表方向）随深度增加而减小，但到一定深度位置（8cm）出现转点，应力值随后升高。

对于不同厚度的沥青混凝土面层，同样分析不同深度位置水平剪应力，考虑的面层厚度分 6cm、10cm、14cm、18cm 四种情况，计算并绘图，结果见表 5-14、图 5-8。

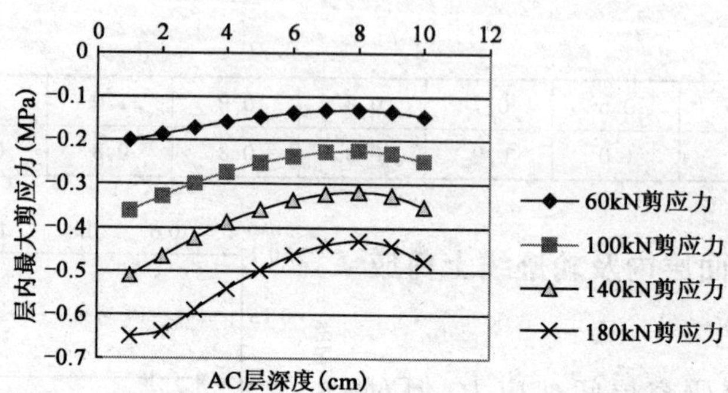

图 5-7 不同轴载下 AC 层不同深度处的最大剪应力计算诺谟图

6cm、10cm、14cm、18cm 厚 AC 层不同深度处的最大剪应力 表 5-14

深度(cm)	1	2	3	4	5	6	7	8	9
6cm 厚 AC 层剪应力(MPa)	-0.349	-0.314	-0.290	-0.280	-0.290	-0.320	—	—	—
10cm 厚 AC 层剪应力(MPa)	-0.361	-0.328	-0.299	-0.273	-0.252	-0.237	-0.227	-0.224	-0.230
14cm 厚 AC 层剪应力(MPa)	-0.370	-0.342	-0.314	-0.288	-0.264	-0.242	-0.225	-0.205	-0.190
18cm 厚 AC 层剪应力(MPa)	-0.375	-0.350	-0.325	-0.301	-0.276	-0.253	-0.232	-0.212	-0.194
深度(cm)	10	11	12	13	14	15	16	17	18
6cm 厚 AC 层剪应力(MPa)	—	—	—	—	—	—	—	—	—
10cm 厚 AC 层剪应力(MPa)	-0.248	—	—	—	—	—	—	—	—
14cm 厚 AC 层剪应力(MPa)	-0.179	-0.172	-0.171	-0.175	-0.187	—	—	—	—
18cm 厚 AC 层剪应力(MPa)	-0.178	-0.164	-0.151	-0.142	-0.135	-0.131	-0.131	-0.134	-0.142

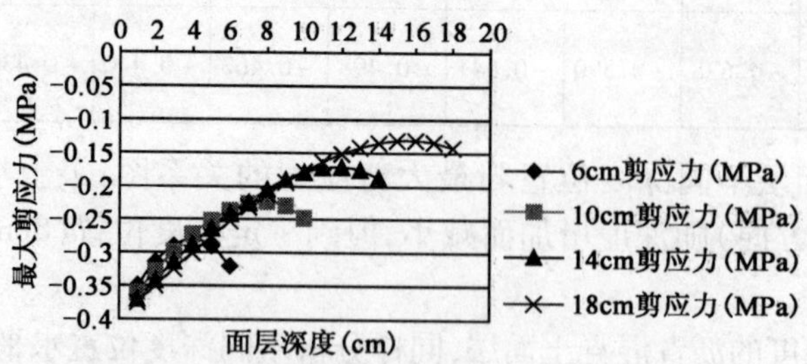

图 5-8 不同 AC 层深度处层内剪应力变化曲线图

由计算结果绘制的诺谟图可知，AC 层厚度变化时面层顶部的剪应力变化不大，面层厚的最大剪应力反而稍大。厚度增加只是会降低面层下部的最大剪应力。且靠近层间位置面层内剪应力都会出现拐点，绝对值略微上升。

设轮迹线上一点为车轮中心，前后各取 1m，每隔 0.1m 计算一次层间剪切应力，其他参数取标准值，摩擦系数按行驶时较大值取 0.2，可得表 5-15，并绘制诺谟图见图 5-9。

轮迹线上不同位置的层间剪应力分布（车前进方向为负方向） 表 5-15

距车辆水平距离（m）	−1.0	−0.9	−0.8	−0.7	−0.6	−0.5	−0.4	−0.3	−0.2	−0.1
剪应力（MPa）	2.322×10^{-3}	2.720×10^{-3}	3.301×10^{-3}	4.202×10^{-3}	5.677×10^{-3}	8.260×10^{-3}	1.313×10^{-2}	2.408×10^{-2}	7.189×10^{-2}	1.909×10^{-1}
距车辆水平距离（m）	0.1	0.2	0.3	0.4	0.5	0.6	0.7	0.8	0.9	1.0
剪应力（MPa）	-1.138×10^{-1}	-2.723×10^{-2}	-8.464×10^{-3}	-6.705×10^{-3}	-5.189×10^{-3}	-4.063×10^{-3}	-3.269×10^{-3}	-2.720×10^{-3}	-2.326×10^{-3}	-2.038×10^{-3}

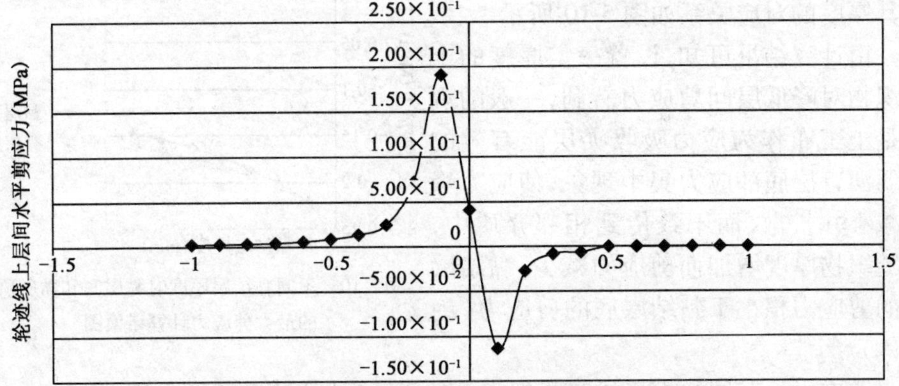

图 5-9 轮迹线上不同位置的层间剪应力计算诺谟图

5.2.8 层间夹层材料对水平剪应力的影响

铺设一定厚度的黏结层以后，特别是中间铺设了夹层的情况下，层间的破坏形式可能是黏结层与上面的 AC 层发生相对位移，也可能是黏结层与其下的 CRC 层发生相对位移。在一般的路面工程中，夹层包括橡胶应力吸收夹层，土工织物夹层和土工格栅等形式。橡胶应力吸收夹层是由橡胶沥青混合料组成的高弹性低劲度软夹层。土工格栅包括聚丙烯或聚酯土工格栅、玻璃格栅和金属格栅。土工织物则包括聚丙烯或聚酯织物和聚乙烯、聚丙烯或聚酯无纺织物。

无纺织物的厚度约为0.4~4mm,临界应力为5~20MPa,临界应变为40%~140%,无纺织物夹层的主要作用与橡胶应力吸收夹层相似。运用BISAR分析时,考虑黏结层厚度、模量、泊松比,计算不同位置的剪应力大小。由于土工织物的应用程度更加广泛,主要分析土工布的效应。

根据铺设的土工布实际厚度,取1~7mm,但其回弹模量则难以确定。按照一般情况下的参考值,取值范围为10~300MPa,所以取150MPa为基准值,泊松比取0.35。

考虑黏结层厚度对层间剪应力的影响,计算结果如表5-16所示。

黏结层厚度对层间最大剪应力的效应 表5-16

黏结层厚(mm)	1	2	3	4	5	6	7
层顶剪应力(MPa)	-0.2202	-0.2004	-0.1851	-0.1728	-0.1628	-0.1543	-0.1469
层底剪应力(MPa)	-0.2228	-0.2052	-0.1923	-0.1822	-0.1740	-0.1671	-0.1613
位置(δ)	0.9	0.9	0.9	0.9	1	1	1

发现增设黏结层后层间剪应力降低。与其厚度的对应关系如图5-10所示。

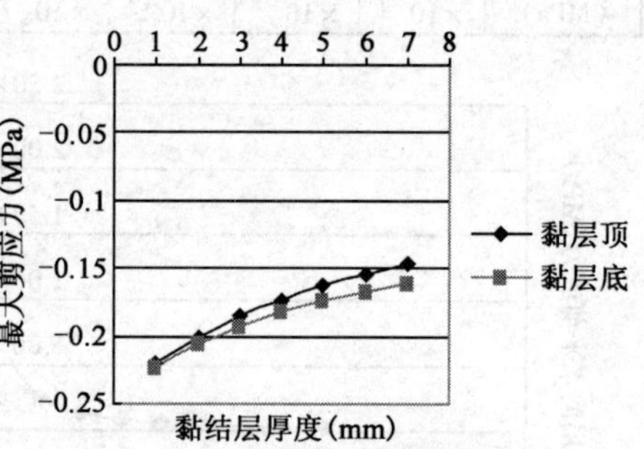

图5-10 不同黏结层厚度时黏层底和黏层顶的最大剪应力计算诺谟图

由计算结果可知,设置一定厚度的土工织物对降低层间剪应力有利,一般的观点是土工布作为应力吸收夹层能有效的削弱沥青层底部应力集中现象,使应力峰值减小并扩散,而不致传到相邻介质中,且随织物厚度增加而剪应力减少,黏结层顶的剪应力稍小于黏结层底的剪应力(绝对值)。

考虑土工布回弹模量对层间剪应力的影响,计算结果如表5-17所示。

将计算结果绘制成诺谟图5-11。由图可直观的看出土工布模量增大时会增加层间剪应力的绝对值。

土工布回弹模量对层间剪应力的影响 表5-17

回弹模量(MPa)	10	20	30	40	50	60	70	80	90
层顶剪应力(MPa)	-0.068	-0.094	-0.112	-0.125	-0.136	-0.144	-0.152	-0.158	-0.163
层底剪应力(MPa)	-0.072	-0.100	-0.118	-0.132	-0.142	-0.151	-0.159	-0.165	-0.170
位置(δ)	1.1	1	1	1	1	1	1	1	1

续上表

回弹模量(MPa)	100	120	140	160	180	200	220	260	300
层顶剪应力(MPa)	-0.168	-0.176	-0.182	-0.188	-0.192	-0.196	-0.200	-0.205	-0.209
层底剪应力(MPa)	-0.175	-0.183	-0.190	-0.195	-0.199	-0.203	-0.207	-0.212	-0.216
位置(δ)	1	1	0.9(1)	0.9(1)	0.9(1)	0.9(1)	0.9(1)	0.9(1)	0.9

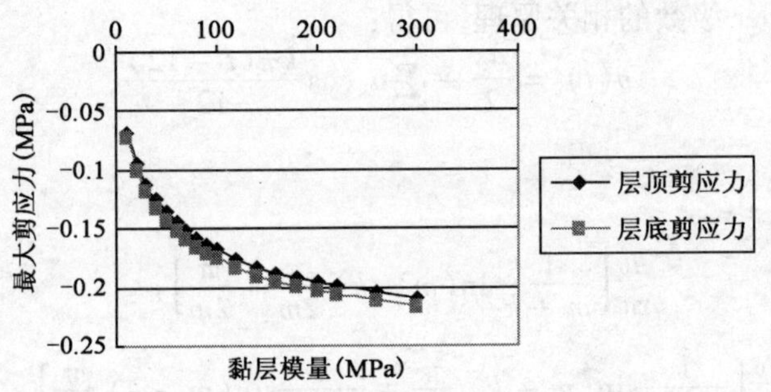

图 5-11　黏结层土工布模量变化对层间最大剪应力的效应

5.3　基于温度场的沥青面层厚度研究

5.3.1　相关理论

路面结构处于自然界中，路表与大气直接接触，通过太阳辐射、空气对流热交换、路面有效辐射等方式与大气进行热交换，并沿路面深度方向向下传递热量，形成了路面结构内部的温度场。

1）太阳辐射

影响路面温度场的主要环境因素有日最高气温 T_a^{max}、日最低气温 T_a^{min}、日太阳辐射总量 Q、有效日照时间 t_d 以及日平均风速 v_W。根据相关研究结果，太阳辐射 $q(t)$ 的日变化过程可采用以下函数近似表示：

$$q(t)=\begin{cases}0 & 0\leqslant t<12-\dfrac{t_d}{2}\\ q_0\cos m\omega(t-12) & 12-\dfrac{t_d}{12}\leqslant t\leqslant 12+\dfrac{t_d}{12}\\ 0 & 12+\dfrac{t_d}{12}<t\leqslant 24\end{cases}\tag{5-6}$$

式中：q_0——中午最大辐射，$q_0=0.131Qm$，其中 Q 为日太阳辐射总量（J/m^2），$m=12/t_d$；

t_d——实际有效日照时数（h）；

ω——角频率，$\omega=2\pi/24$（rad）。

根据 Fourier 级数的相关原理，可得：

$$q(t)=\frac{a_0}{2}+\sum_{k=1}^{\infty}a_k\cos\frac{k\pi(t-12)}{12}\tag{5-7}$$

式中：$a_0=\dfrac{2q_0}{m\pi}$；

$$a_k=\begin{cases}\dfrac{q_0}{\pi}\left[\dfrac{1}{m+k}\sin(m+k)\dfrac{\pi}{2m}+\dfrac{\pi}{2m}\right], & k=m;\\ \dfrac{q_0}{\pi}\left[\dfrac{1}{m+k}\sin(m+k)\dfrac{\pi}{2m}+\dfrac{1}{m-k}\sin(m-k)\dfrac{\pi}{2m}\right], & k\neq m。\end{cases}$$

2）对流热交换

采用双正弦函数的线性组合式来模拟气温的实际日变化过程：

$$T_a=\overline{T_a}+T_m[0.96\sin\omega(t-t_0)+0.146\sin2\omega(t-t_0)]\tag{5-8}$$

式中：$\overline{T_a}$——日平均气温（℃），$\overline{T_a}=\dfrac{1}{2}(T_a^{max}+T_a^{min})$；

T_m——日气温变化幅度（℃），$T_m=\dfrac{1}{2}(T_a^{max}-T_a^{min})$；

T_a^{max}、T_a^{min}——分别为日最高与最低气温（℃）；

t_0——初相位。

$$h_c=3.7v_W+9.4\tag{5-9}$$

式中：h_c——热交换系数[$W/(m^2\cdot℃)$]；

v_W——日平均风速（m/s）。

3）路面有效辐射

根据 Stefan-Boltzmann 定律采用式（5-10）实现地面有效辐射的边界条件：

$$q_F=\varepsilon\sigma[(T_1|_{z=0}-T_z)^4-(T_a-T_z)^4]\tag{5-10}$$

式中：q_F——地面有效辐射[W/(m^2 · ℃)]；

ε——路面发射率，沥青路面取 0.82；

σ——Stefan-Boltzmann 常数，$\sigma = 5.6697 \times 10^{-8}$[W/(m^2 · K^4)]；

$T_1|_{z=0}$——路表温度(℃)；

T_a——大气温度(℃)；

T_z——绝对零度值(℃)，$T_z = -273$℃。

5.3.2 计算值与观测值的比较分析

为了验证计算模型的可靠性，采用江苏沿江高速公路 CRC + AC 复合式路面试验路的热学参数，并对该 CRC + AC 复合式路面结构的温度场进行计算，计算结果与实测的温度资料进行比较，结果如图 5-12 所示。

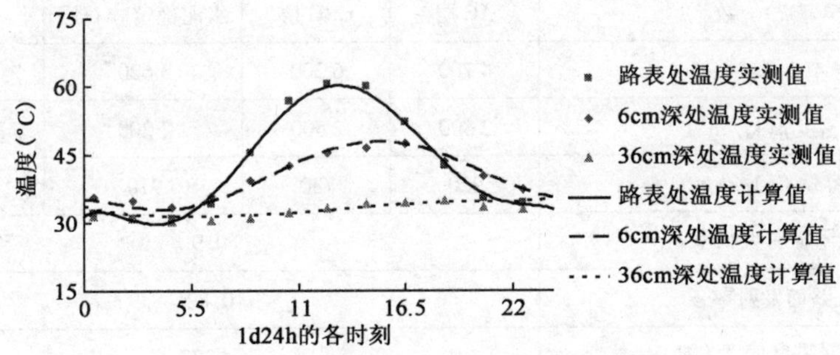

图 5-12 不同深度下温度的计算值与实测值比较

对上述计算结果进行比较分析可知，计算值与实测值的差别很小，最大误差为 3.7%，表明本项目所建的计算模型具有较高的精度，用该模型计算下文所涉及的温度梯度、一定温度场下的车辙深度、温度裂缝的扩展强度是可行的。

5.3.3 计算模型及参数

CRC + AC 复合式沥青路面结构是在弹性半空间地基上的连续配筋混凝土弹性薄板上加铺沥青层的复杂结构，计算中其模型示意及主要参数取值如图 5-13所示。

其他参数取值：CRC 层线膨胀系数取 1.0×10^{-5}/℃；采用 ϕ16mm 的螺纹钢作为纵筋，配筋率 $\rho_1 = 0.6\%$，采用 ϕ10mm 螺纹钢作为横向钢筋，配筋率 $\rho = 0.1\%$，钢筋设置在 CRC 层的 1/2 处，钢筋模量 $E_S = 2.0 \times 10^4$MPa，泊松比 $\mu_S = 0.28$，线膨胀系数 9.5×10^{-6}/℃；温度场参数如表 5-18 所示。

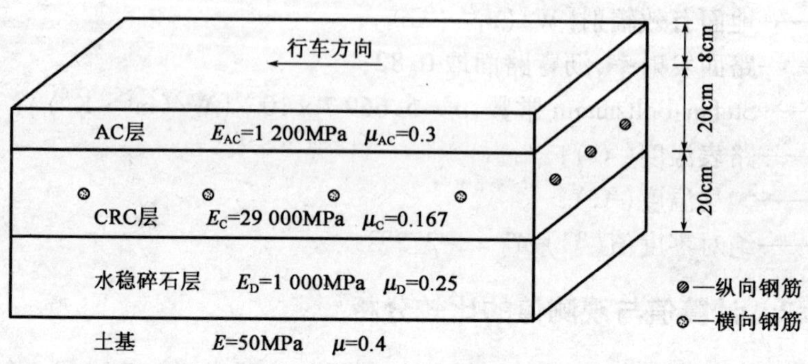

图 5-13　计算模型示意及参数取值

温度场计算参数　　表 5-18

参　　数	AC 层	CRC 层	水泥稳定碎石层	土基
热传导率 k(J/m^2·h·℃)	4 700	6 200	5 620	5 620
密度 ρ(kg/m^3)	2 300	2 500	2 200	1 800
热容量 C(J/kg·℃)	920	780	910	1 050
太阳辐射吸收率 a_s	0.9			
路面发射率 ε	0.82			
绝对零度值 T_z(℃)	−273			
Stefan-Boltzmann 常数 σ(J/h·m^2·K^4)	2.0×10^{-4}			

5.3.4　沥青面层的最小厚度分析

对于 CRC + AC 复合式路面,由于沥青混合料吸收太阳辐射的能力要高于水泥混凝土,所以当 AC 层厚度较小时,CRC 层顶面的温度有可能会高于无沥青面层时的温度,也就是说在 CRC + AC 复合式路面中,沥青层存在一个临界厚度。英国学者认为,当沥青层厚度小于 4cm 时,其隔热作用则可能完全没有。日本学者认为,当沥青加铺层厚度为 5cm 时,有无沥青层混凝土面层顶面的温度几乎相同。通过建立有限元模型,对沥青面层的临界厚度进行了计算和分析,结果如图 5-14 所示。

计算结果表明沥青面层的厚度一般在不小于 4cm 时才能起到降低 CRC 层顶面最大温度的作用。因此,下文对 CRC + AC 复合式路面温度梯度的研究,主要针对 AC 层厚度为 4cm(含 4cm)以上的情况。

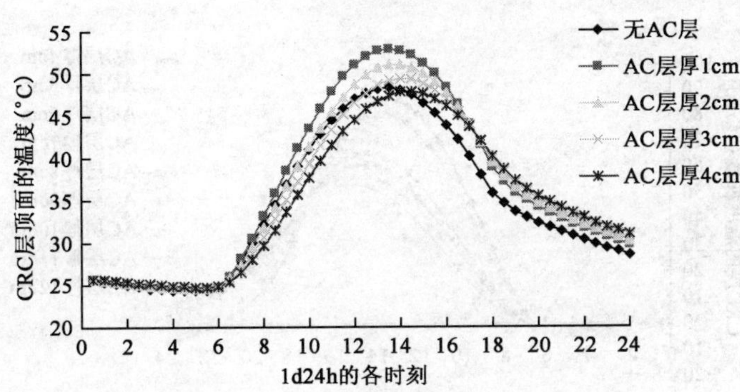

图 5-14　CRC 层顶面的温度与 AC 厚度的关系

5.3.5　不同结构层厚度时温度梯度分析

温度梯度(temperature gradient)是温度随深度变化而出现的阶梯式递增或递减的现象。由此可知,结构层厚度是 CRC + AC 复合式路面温度梯度的主要影响因素之一,为深入分析和研究这种影响规律,取某地区高温季节 1d 的实测代表性温度,对温度梯度进行计算。

1)垂直深度方向的温度梯度分析

分别取 AC 层厚度为 4cm、5cm、6cm、7cm、8cm、9cm、10cm、11cm、12cm,CRC 层厚度为 18cm、20cm、22cm、24cm、26cm,建立 45 个有限元模型,对 CRC + AC 复合式路面的温度场进行计算分析,通过计算不同深度和时间下结构层内的温度,来确定 CRC 层的最大温度梯度,建立 CRC 层的最大温度梯度与 AC 层和 CRC 层厚度的关系,并进行线性回归,如图 5-15 ~ 图 5-21 所示。

(1)计算与分析

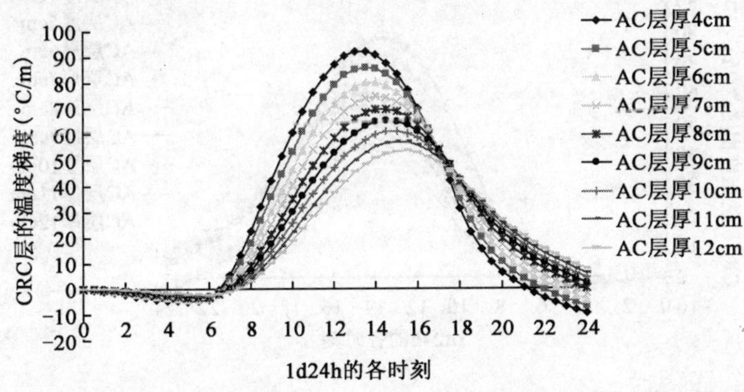

图 5-15　CRC 层温度梯度与 AC 和 CRC 层厚度(h_C = 18cm)的关系

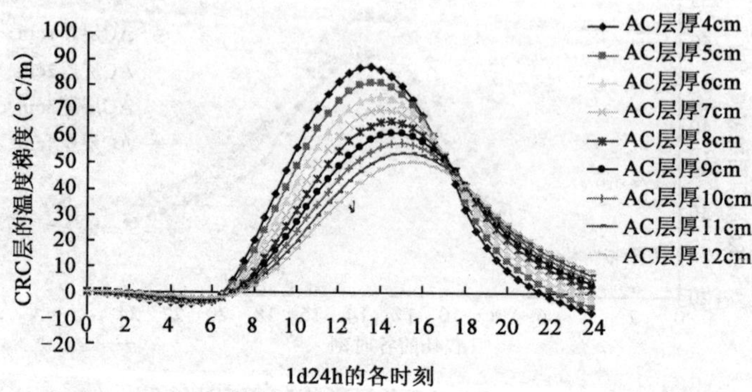

图 5-16　CRC 层温度梯度与 AC 和 CRC 层厚度(h_C =20cm)的关系

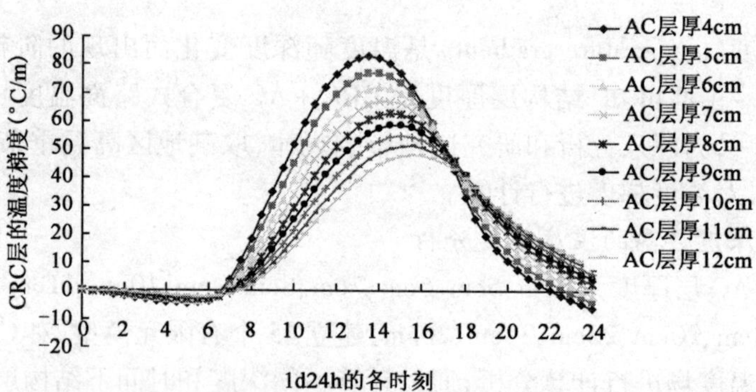

图 5-17　CRC 层温度梯度与 AC 和 CRC 层厚度(h_C =22cm)的关系

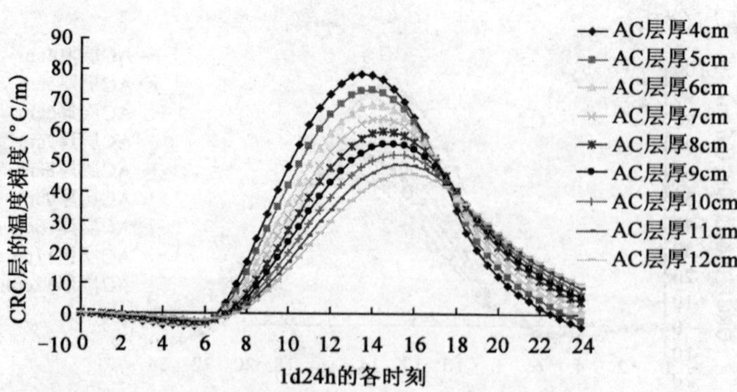

图 5-18　CRC 层温度梯度与 AC 和 CRC 层厚度(h_C =24cm)的关系

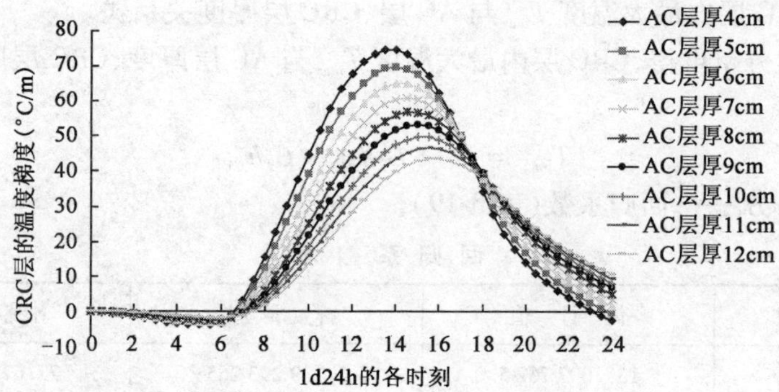

图 5-19　CRC 层温度梯度与 AC 和 CRC 层厚度(h_C = 26cm)的关系

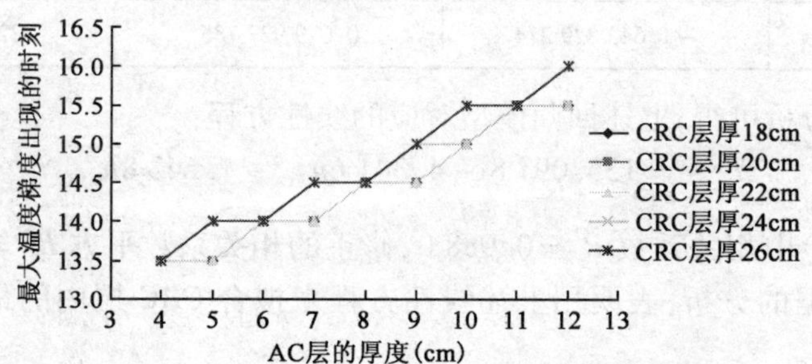

图 5-20　CRC 层最大温度梯度出现时刻与 AC 和 CRC 层厚度的关系

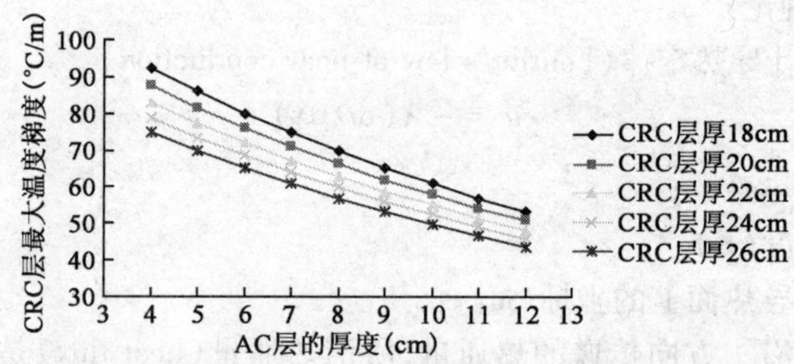

图 5-21　CRC 层最大温度梯度与 AC 和 CRC 层厚度的关系

上述计算结果显示,增加 AC 层厚度可以有效地降低 CRC 层的温度梯度,AC 层厚度每增加 1cm,CRC 层的最大温度梯度可降低 6.5% 左右,CRC 层厚度对层内温度梯度也有着直接影响,但影响程度较 AC 层的要小,CRC 层厚度每增加 1cm,CRC 层的最大温度梯度降低 2.5% 左右;随着 AC 层和 CRC 层厚度的增加,CRC 层的最大温度梯度出现时刻在 1d 中也从下午 13.5 时推后到 16 时,这一特征也体现出 AC 和 CRC 层厚度对 CRC 层温度梯度的延时影响。

(2)CRC层内最大温度 T_{max} 与AC层、CRC层厚度关系式

由上述分析可得,CRC层内最大温度 T_{max} 与AC层厚度、CRC层厚度存在如下关系式:

$$T_{max} = \beta_1 + \beta_2 h_{AC} + \beta_3 h_{CRC} \tag{5-11}$$

式中:β_1、β_2、β_3——回归系数(表5-19)。

回归系数表 表5-19

系数	估计值	标准差	t 统计量
β_1	135.097 752 5	1.739 293 265	77.673 935 27
β_2	-4.341 649 604	0.079 888 386	-54.346 443 18
β_3	-1.643 829 274	0.072 927 785	-22.540 507 43

由上述分析可得,上述回归模型对应的线性方程:

$$T_{max} = 135.0978 - 4.3416h_{AC} - 1.6438h_{CRC} \tag{5-12}$$

式(5-12)中相关系数 $R^2 = 0.9880$,修正的相关系数平方 $R^2 = 0.9874$。通过对计算数据的分析,表明用上述线性方程来拟合CRC层内的最大温度梯度 T_{max} 是恰当的。

2)基于热通量的温度梯度分析

(1)相关理论

根据傅立叶导热定律(Fourier's law of heat conduction):

$$q = -\lambda(\mathrm{d}t/\mathrm{d}x) \tag{5-13}$$

式中:λ——导热系数;

t——温度(K);

x——在导热面上的坐标(m);

q——是沿 x 方向传递的热通量,所谓热通量(heat flux)是指在单位时间内单位界面积上从一个区域通过一个界面传递到另外一个区域的热量,又称热流密度,单位:W/m^2,通常以 q 表示。热通量分感热通量和潜热通量,本项目计算的热通量属于感热通量。

$\mathrm{d}t/\mathrm{d}x$ 是物体沿 x 方向的温度变化率,一般形式的数学表达式为:

$$q = -\lambda \,\mathrm{grad}t = -\lambda(\mathrm{d}t/\mathrm{d}x)n \tag{5-14}$$

式中:grad$t$——空间某点的温度梯度(temperature gradient);

n——通过该点的等温线上的法向单位矢量。

(2)计算分析

取 AC 层厚度为 4cm、5cm、6cm、7cm、8cm、9cm、10cm、11cm、12cm，CRC 层厚度为 18cm、20cm、22cm、24cm、26cm，对 CRC + AC 复合式路面的温度场进行计算与分析，通过计算不同深度上各点在 24h 内各时刻的热通量来确定 AC 层厚度对 CRC 层表面各点热通量的影响规律，以及 AC 层和 CRC 层厚度对 CRC 层底面各点热通量的影响规律，进而确定 CRC 层表面的最大温度梯度与 AC 层和 CRC 层厚度的关系，并进行线性回归，如图 5-22 ~ 图 5-25 所示。

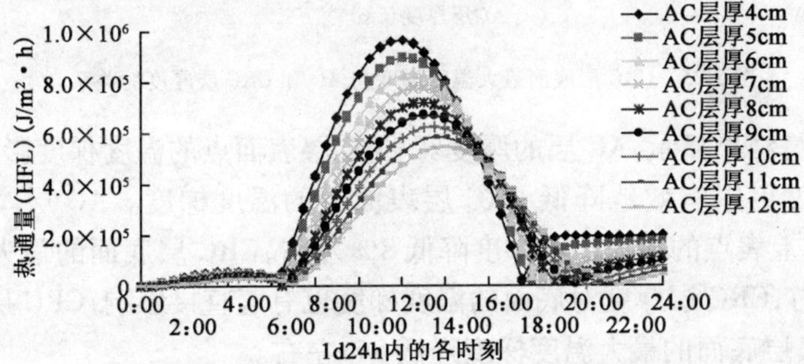

图 5-22 CRC 层表面热通量与 AC 层厚度的关系(h_C = 18cm)

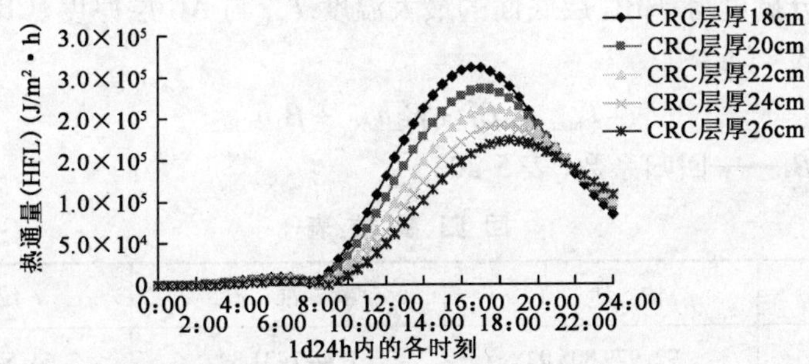

图 5-23 CRC 层底面热通量与 AC 和 CRC 层厚度的关系(h_{AC} = 8cm)

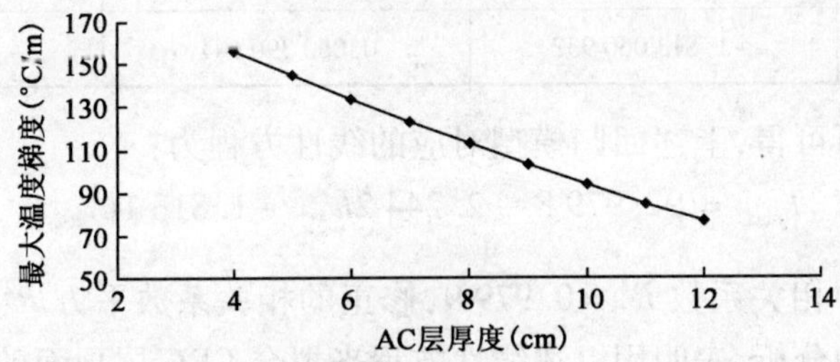

图 5-24 CRC 层表面最大温度梯度与 AC 层厚度的关系

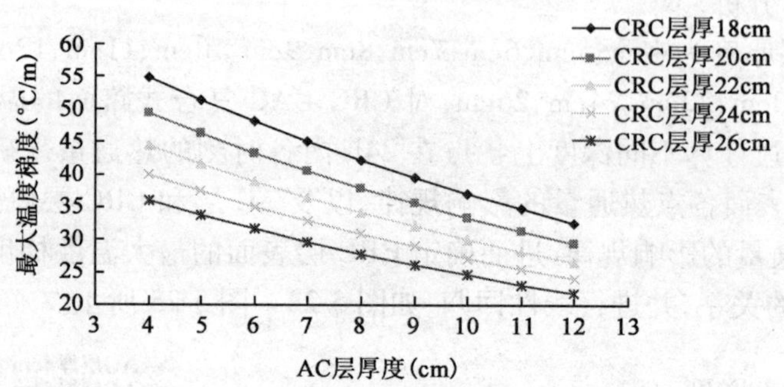

图 5-25　CRC 层底面最大温度梯度与 AC 和 CRC 层厚度的关系

上述计算结果显示,AC 层的厚度对 CRC 层表面点的温度梯度影响很大,增加 AC 层厚度可以有效地降低 CRC 层表面点的温度梯度。AC 层厚度每增加 1cm,CRC 层上表点的最大温度梯度降低 8% 左右,CRC 层底面的最大温度梯度降低 6% 左右,CRC 层厚度对底面的温度梯度也有着直接影响,CRC 层厚度每增加 1cm,CRC 层底面的最大温度梯度降低 5% 左右。

(3)CRC 层内最大温度 T_{max} 与 AC 层、CRC 层厚度关系式

由上述分析可得,CRC 层底面的最大温度 T_{max} 与 AC 层厚度、CRC 层厚度存在如下关系式:

$$T_{max} = \beta_1 + \beta_2 h_{AC} + \beta_3 h_{CRC} \tag{5-15}$$

式中:β_1、β_2、β_3——回归系数(表 5-20)。

回 归 系 数 表　　　表 5-20

系　数	估 计 值	标 准 差	t 统 计 量
β_1	92.979 805 02	1.440 431 39	64.549 971 38
β_2	-2.244 259 677	0.066 161 205	-33.921 082 28
β_3	-1.813 060 932	0.060 396 641	-30.019 2347 2

由上述分析可得,上述回归模型对应的线性方程为:

$$T_{max} = 92.979\,8 - 2.244\,2h_{AC} - 1.813\,1h_{CRC} \tag{5-16}$$

回归公式中相关系数 $R^2 = 0.979\,9$,修正的相关系数平方 $R^2 = 0.979\,0$。通过对计算数据的分析,表明用上述线性方程来拟合 CRC 层顶面的最大温度梯度 T_{max} 是恰当的。

5.4　AC 层厚度对车辙的影响分析

5.4.1　计算分析

AC 层厚度将是影响 CRC + AC 复合式路面车辙深度的决定因素，CRC 层的厚度可能也会对复合式路面的车辙深度产生一定的影响，为了分析这种影响程度和规律，取 AC 层厚度为 4cm、5cm、12cm、14cm，CRC 层厚度为 18cm、20cm、22cm、24cm、26c，对 CRC + AC 复合式路面的车辙深度（DS）进行计算，计算结果如图 5-26 和图 5-27 所示。

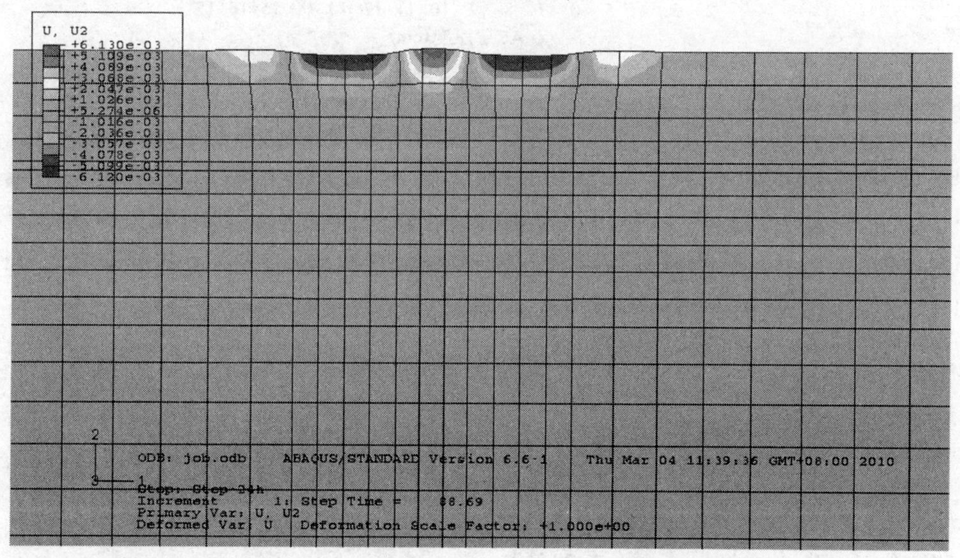

图 5-26　CRC（$h_C = 18$cm）+ AC（$h_{AC} = 12$cm）复合式路面的车辙计算云图

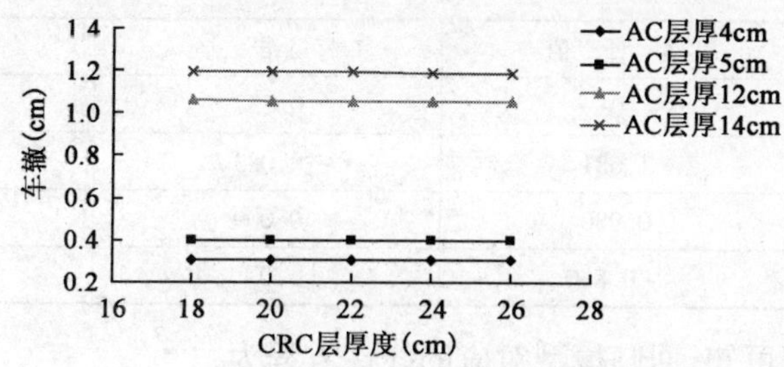

图 5-27　车辙深度与 AC 层与 CRC 层厚度的关系

上述计算结果表明：在 CRC + AC 复合式路面结构中，CRC 层厚度对复合式路面的车辙深度基本上没有影响，而 AC 层厚度对车辙深度的影响很大。

为了详细分析 AC 层厚度对车辙深度的影响规律，取 AC 层厚度为 4 ~ 16cm，计算 CRC + AC 复合式路面结构的车辙深度（DS），计算结果如图 5-28 所示。

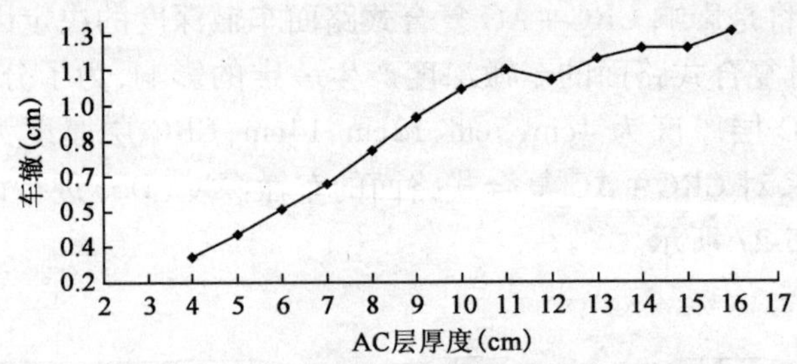

图 5-28　车辙深度 DS 和 AC 层厚度的关系

上述计算结果表明：沥青面层越厚产生的车辙变形越大，越容易出现车辙损坏，当 AC 层的厚度小于或等于 11cm 时，随着 AC 层厚度的增加，车辙变形呈线性增加，AC 层的厚度每增加 1cm，车辙深度增加 20% 左右；当 AC 层的厚度大于 11cm 时，AC 层厚度的增加对车辙深度的影响有所减小，AC 层的厚度每增加 1cm，车辙深度增加 3% 左右。

5.4.2　车辙深度与 AC 层厚度关系的回归公式

由分析得，车辙深度 DS 与 AC 层厚度存在如下关系式：

$$\mathrm{DS} = \beta_1 + \beta_2 h_{\mathrm{AC}} + \beta_3 h_{\mathrm{AC}}^2 + \beta_4 h_{\mathrm{AC}}^3 \tag{5-17}$$

式中：　h_{AC}——AC 层厚度；

β_1、β_2、β_3、β_4——回归系数（表 5-21）。

回 归 系 数 表　　　表 5-21

系　数	估 计 值	标 准 差	t 统 计 量
β_1	0	0.237	-1.188
β_2	1.681	0.083	-0.702
β_3	0.080	0.009	0.038
β_4	-0.830	0	1.710

由上述分析可知，回归模型对应的线性方程为：

$$\mathrm{DS} = 1.681 h_{\mathrm{AC}} + 0.080 h_{\mathrm{AC}}^2 - 0.830 h_{\mathrm{AC}}^3 \tag{5-18}$$

回归公式中相关系数 $R^2=0.988$，修正的相关系数平方 $R^2=0.984$。通过对计算数据的分析，表明用上述公式来拟合车辙深度 DS 与 AC 层厚度的关系是恰当的。

5.5　本 章 小 结

本章利用弹性层状体系理论所编制的 BISAR3.0 软件，可以方便的求出不同因素对层间剪应力的影响效应。通过计算，获得如下结论：

(1)层间最大剪应力随着 AC 层厚度增加而减小，且结合状态越好，层间最大剪应力越大。在完全连续时，AC 层厚度增加到 20cm 时缓解效应仍比较明显，若完全光滑或部分连续时(如 spring compliance 取 0.5)，AC 层超过一定厚度(在此为 6 ~ 8cm)缓解效用不再明显。路面结合状态实际上都处于部分结合状态，就抗剪而言，AC 层厚度为 6 ~ 12cm 比较经济合适。

(2)部分结合状态时，AC 为 1 ~ 20cm 时层间最大剪应力回归计算公式为：

$\tau_{max}=-0.0006h_a^2+0.0186h_a-0.1924$　($R^2=0.9167$，h_a 为面层厚度)；

完全结合时，则剪应力呈线性趋势下降的厚度更大，接近 20cm，AC 为 1 ~ 20cm 时层间最大剪应力回归计算公式为：

$\tau_{max}=-0.0001h_a^2+0.0166h_a-0.4055$　($R^2=0.9924$，h_a 为面层厚度)。

(3)分析表明：连续配筋混凝土层厚与基层厚度对层间剪应力影响甚小；沥青面层与基层材料回弹模量的变化对层间剪应力影响甚小；单轴轴重与层间最大剪应力趋于呈线性增加关系，为减少路面剪切破坏，要严格限制超重、超载现象。

(4)路面初始阶段层间的结合状态较好，在荷载、温度和其他因素综合作用下，层间结合状态会降低，反过来又会影响层间的剪应力变化，层间剪应力和层间结合状态是相互影响、相互作用的两个因素，它们之间的作用伴随着层间结合状态的整体下降的过程。层间结合状态降低时，层间水平剪应力有所减少，而竖向压应力反而增加(竖向压应力的梯度大于水平剪应力的变化梯度)。

(5)铺设土工布有利于降低层间剪应力，土工布作为应力吸收夹层能有效地削弱沥青层底部应力集中现象，使应力峰值减小并扩散，且土工布厚度应稍厚，其模量则不宜太大。

(6)通过对 CRC 层顶面温度与沥青面层厚度的研究，沥青面层的厚度 4cm 时 CRC 层顶面最大温度与无沥青面层基本相同，只是延迟一点，因此沥青面层厚度 4cm 才能有效降低 CRC 顶面的温度，起到温度效应作用。

(7)增加 AC 层厚度可以有效地降低 CRC 层的温度梯度,AC 层厚度每增加 1cm,CRC 层的最大温度梯度可降低 6.5% 左右,CRC 层厚度对层内温度梯度也有着直接影响,但影响程度较 AC 层的要小,CRC 层厚度每增加 1cm,CRC 层的最大温度梯度降低 2.5% 左右;随着 AC 层和 CRC 层厚度的增加,CRC 层的最大温度梯度出现时刻在 1d 中也从下午 13.5 时推后到 16 时,这一特征也体现出 AC 和 CRC 层厚度对 CRC 层温度梯度的影响。

(8)基于热通量研究表明,增加 AC 层厚度可以有效地降低 CRC 层表面点的温度。AC 层厚度每增加 1cm,CRC 层上表点的最大温度降低 8% 左右,CRC 层下表面点的最大温度降低 6% 左右,CRC 层厚度对下表面点的温度也有着直接影响,CRC 层厚度每增加 1cm,CRC 层下表面点的最大温度降低 5% 左右。

(9)CRC 层内的最大温度梯度与 AC 层和 CRC 层厚度的关系为:

$$T_{max} = 135.0978 - 4.3416h_{AC} - 1.6438h_{CRC}$$

CRC 层顶面的最大温度与 AC 层和 CRC 层厚度的关系为:

$$T_{max} = 92.9798 - 2.2442h_{AC} - 1.8131h_{CRC}$$

(10)沥青面层越厚产生的车辙变形越大,越容易出现车辙损坏,当 AC 层的厚度小于等于 11cm 时,随着 AC 层厚度的增加,车辙变形呈线性增加,AC 层的厚度每增加 1cm,车辙深度 DS 增加 20% 左右;当 AC 层的厚度大于 11cm 时,AC 层厚度的增加对车辙深度 DS 的影响有所减小,AC 层的厚度每增加 1cm,车辙深度增加 3% 左右。车辙深度 DS 与沥青面层厚度 h_{AC} 的关系为:

$$\mathrm{DS} = 1.681h_{AC} + 0.080h_{AC}^2 - 0.830h_{AC}^3$$

第6章 CRC+AC层间界面抗剪强度试验

连续配筋混凝土复合式沥青路面(CRC+AC)的一些早期病害,很多就是由沥青面层和CRC板层间的抗剪强度不足引起的。路面发生大面积层间剪切滑移破坏后,将严重影响路面行驶的舒适性和安全性,迫使车辆减慢行驶速度,降低了道路的使用效率,且容易诱发交通事故,并带来其他的道路病害。若进行修补,则需部分封闭施工或完全中断道路交通,给出行带来极大的不便,既花费了大量的人力物力资源、减少了公路管理部门的道路收入,并带来巨大的负面影响。所以CRC与AC的层间抗剪应力是连续配筋混凝土复合式路面一项重要的设计指标,提高层间抗剪强度是复合式路面需要重视和解决的问题。

本书在研究过程中重点针对层间黏结层的剪应力分布状况,对层间界面剪切问题进行了深入研究,研发层间界面抗剪强度的测试方法,测试不同层间黏结层材料的抗剪强度,分析如何提高黏结层抗剪强度,包括沥青的种类、结构形式等。针对CRC+AC复合式沥青路面,为验证沥青面层与水泥混凝土裸化层间的剪切性能,自行研制了3种剪切试验仪,并申请了国家专利。

6.1 层间界面抗剪强度测试设备

6.1.1 界面单支承剪切仪

试验时试件直径101.6mm,以5cm/min的速度施加荷载,施压断面正压力为0.7MPa。试验图示如图6-1所示。

具体试验过程如图6-2所示。

6.1.2 界面斜面剪切仪

界面斜剪试验仪是结合现有的沥青混合料马歇尔试验仪器设备,自行开发设计加工的一套适用于层间剪切试验的试验装置,竖向加载方向与界面呈45°角,可模拟沥青面层承受水平力和垂直压力时的受力状态,其结构示意图如图6-3所示。

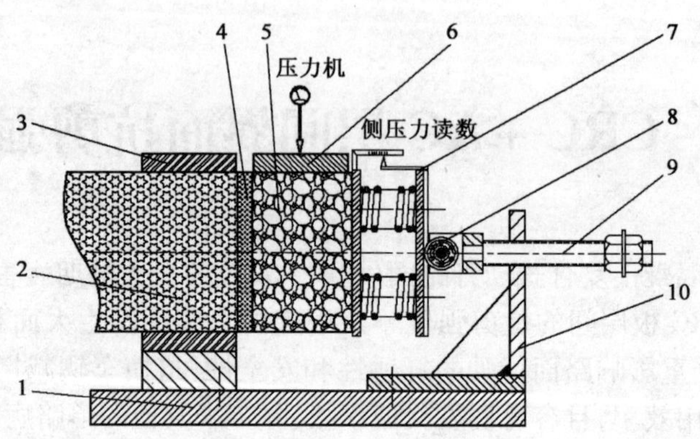

图6-1　界面单支承剪切试验仪

1-底座;2-混凝土试块;3-固定夹;4-层间界面材料;5-沥青混凝土试块;6-加载环;7-侧向加载装置;8-侧向加载轴承;9-顶杆;10-侧向加载支座

图6-2　室内剪切试验

经过试验与分析,界面斜剪试验仪现有的剪切仪器相比具有以下优点:

(1)采用45°剪切角度,较好地模拟了铺面的实际受力情况。

(2)加载速度可控制在5cm/min,解决了现有仪器加载速度难以控制的问题。

(3)实现了试验结果的准确性,可以进行不同温度试件的层间界面剪切试验。

(4)充分利用了现有沥青混合料马歇尔稳定度仪加载装置和控制箱等设备,可让试验试件的制作使用标准马歇尔试件试模进行,不需要另外加工试件制作模具。

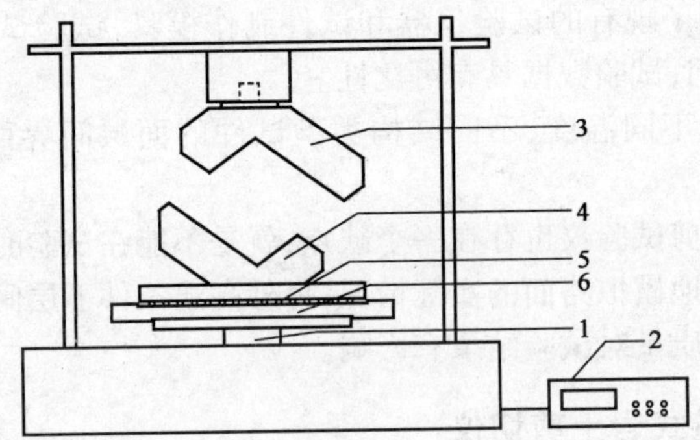

图6-3 层间斜剪试验仪

1-加载装置;2-控制箱;3-压头;4-下压头;5-滚珠;6-底座

(5)可以对不同类型的铺面层间材料,进行层间界面剪切试验,试件高度范围为6~12cm。

6.1.3 界面竖向直剪仪

界面竖向直剪试验仪是参照土工剪切试验的剪切盒自行设计并制作的直剪卡具(图6-4)。卡具刚性连接如图6-4所示的沥青混合料马歇尔试验仪的加载装置1上,然后通过控制箱2施加剪切时的压力并控制加载速度记录剪切试验试件破坏时的最大荷载值。

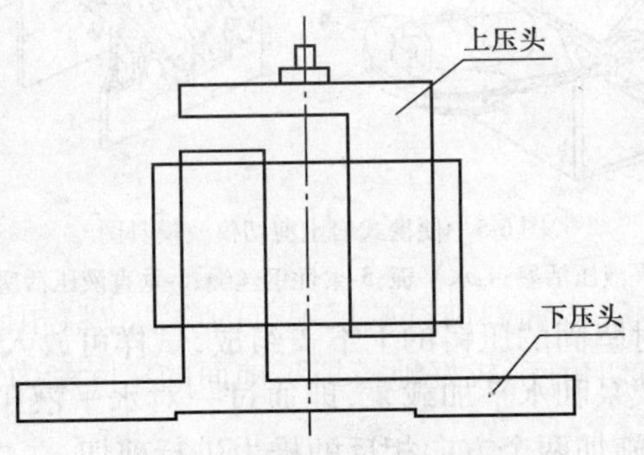

图6-4 层间竖向直剪试验仪

层间直剪试验仪技术特点是由刚性连接在加载装置上的上下压头和控制箱组成,上下压头上有直径10.2cm的圆孔,上、下压头之间有1.0cm间距,剪切试验时加载装置使下压头竖直向上运动,从而使试件发生剪切破坏。

层间直剪试验仪有以下优点:

(1)加载速度可控制在5mm/min,加载速度稳定。

(2)充分利用了现有的试验仪器和试件制作模具,试验试件制作方法与层间斜剪试验仪相同,试验数据具有可比性。

(3)可以进行不同温度、不同结构类型试件的面层间界面剪切试验,操作简单。

但是,层间直剪试验仪也存在一个缺点,就是不能在试验时在剪切面上施加正应力,不能很好地模拟路面的实际情况;另外高温条件下层间界面抗剪切强度较低时,加载头的质量对试验结果有影响。

6.1.4 便携式岩土剪切仪

便携式岩土剪切仪主要用于在现场或试验室测试岩石试样的剪切强度,本设备的型号为45-D0548。试样的尺寸一般较小,可以是含有裂缝或非连续界面的岩体芯样,也可以是自制的小尺寸圆柱体试件,如图6-5所示。它用来评估在正常压力下岩土材料的最大和残余剪切强度,用其结果来做稳定分析。在本项目中用来测试复合式混凝土试件的层间剪切最大应力。

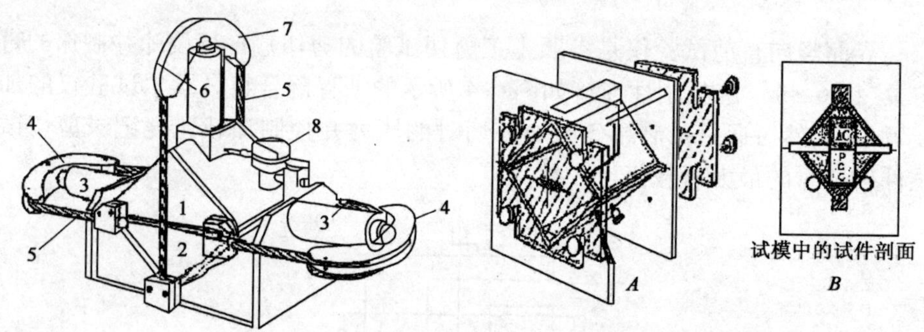

图6-5 便携式岩土剪切仪及模具图

1-上盖;2-下盖;3-水平液压活塞;4-水平轭;5-柔性钢丝绳;6-垂直液压活塞;7-垂直轭;8-百分表

仪器主要由一对坚固的压铸的上下盖组成,试样可放入其中进行剪切测试。加载部分为垂直加载泵和水平加载泵,即通过一对水平液压活塞对上盖施加水平力,从水平方向上施加两个方向相反的推力进行剪切。

施加的力通过连接在上盖上的一对轭和柔韧的钢丝绳从活塞传递到剪切盒上,仪器通过一个垂直液压活塞来施加垂直于试样剪切断面的竖向荷载。3个活塞(垂直1个,水平2个)由两个手动液压泵驱动,最大荷载可达50kN,其单位划分为1kN,读数由测力表读出。垂直加载系统还配备了压力补偿器,可补偿试样发生水平位移后剪切面膨胀产生的垂直荷载的变化,使其压强保持恒定。为了保证设备的正确使用,浮动活塞的下边缘应保持在刻槽的中间位置。另外还配备了百分表，水平最大可记录位移范围为 30mm，最小刻度为 0.01mm，垂直位移的百分表最大记录位移范围为 10mm，最小刻度为 0.01mm。模具部分则是为制作试件而准备的，它由上下两块弯折铝板和两块有机玻璃的边板组成，圬工试件在模具中成型再脱模、养生后进行测试。

6.2 层间界面抗剪强度测试

6.2.1 便携式剪切仪抗剪强度试件制备

1）水泥混凝土基础的制作

首先在沥青混合料马歇尔试验的试模中浇筑水泥混凝土圆柱体，模拟连续配筋混凝土面层，水泥混凝土试件高为 6cm 左右，直径约为 10.16cm。按照连续配筋混凝土路面的设计，此为 C35 水泥混凝土，采用普通 42.5 级硅酸盐水泥、中砂和 9.5 ~ 13.2mm 的碎石，质量配合比为：

水:水泥:砂:石子 = 0.38:1:0.948:2.013

需要仔细振捣密实，避免内部出现过多空隙产生蜂窝。

在浇筑试件一段时间后，脱模进行养生。一般在水泥混凝土浇筑 1 ~ 2d 后，用木锤轻敲可将复合试件从试模中脱出。将试件放在湿润恒温的室内养护，直到有足够强度，再取出制作剪切试件。将水泥混凝土试件从横向正中间锯开，此时水泥混凝土试件可能稍有膨胀，如不能再放进马歇尔试模，需用金刚轮磨掉一部分。在锯切和摩擦过程中要认真细致，保证锯切面与试件中轴垂直，试件上也不允许出现混凝土大块脱落而减少黏结面积。可以根据马歇尔试模的数量和所需马歇尔试件的数量，尽量一次多做一些，因为养护需要比较久的时间。

2）层间界面黏结层的制作

使用的沥青包括石油沥青 A—70、SBS 改性沥青、石油沥青 A—70 添加 120 目的橡胶粉进行长时间的机械搅拌（性能参数见表 6-1 和表 6-2）等。

加德士重交（AH-70）沥青性能参数　　表 6-1

试验项目	技术要求	试验结果
针入度（25℃，100g，5s）（0.1mm）	60 ~ 80	65.4
延度（5cm/min15℃）（cm）	>100	>150
软化点（℃）	44 ~ 54	49.5
闪点（℃）	>230	>230

续上表

试验项目		技术要求	试验结果
含蜡量(蒸馏法) (%)		<3%	2.6
密度(15℃)		实测记录	1.021
溶解度(三氯乙烯) (%)		99.0	99.8
旋转薄膜加热试验163℃,5h	质量损失(%)	<1.0	0.04
	针入度比(%)	50	64
	延度(25℃)	>50	>150
	延度(15℃)	实测记录	>100

SBS改性沥青性能参数表 表6-2

试验项目		技术要求	试验结果
针入度(25℃,100g,5s)(0.1mm)最小		40	54
针入度指数PI最小		+0.2	1.51
延度(5cm/min,5℃)(cm)最小		25	42
软化点 $T_{R\&B}$(℃)最小		70	82
运动粘度135℃(Pa·s) 最大		3	2.4
闪点(℃)最小		>230	>230
弹性恢复25℃ (%)最小		85	94
离析,软化点差(℃)最大		2.5	1.2
溶解度(三氯乙烯)(%)最小		99.0	99.6
旋转薄膜加热试验163℃,5h	质量损失(%)最大	<1.0	0.4
	针入度比(%)最小	65	84
	延度(25℃)最小	15	18
	延度(15℃)	实测记录	11

浸渍沥青的土工布,法国推荐根据织物受荷后的厚度、单位面积质量和聚合物质量,沥青配量可按下式计算:

$$V = (b - m/\gamma) - \gamma \tag{6-1}$$

式中:V——沥青配量(L/m^2);

b——织物厚度(mm);

m——织物单位质量(g/m^2);

γ——聚合物质量(kg/m^3);

γ——承重层所需沥青(L/m^2)。

织物厚度b按量测压力而定,应该选择一个P值符合工地施工和压实条件。没有经验时,定P值为200kPa;γ随基层表面而定,可以确定为0.3~0.6L/m^2。

奥地利POLYFELT有限公司推荐浸透POLYFELT PGM14无纺织物的沥青有效用量可以按下列公式计算:

$$Q = Q_0 + Q_S + Q_C \tag{6-2}$$

式中:Q_0——常规修筑路面时的沥青黏层用量(L/m^2);

Q_S——一般沥青饱和量(L/m^2);

Q_C——路面条件修正因素(0.1L/m^2)。

Q_0一般取值为0.2~0.3L/m^2;Q_S应由织物制造商提供,若无该资料时,可借助简单试验确定,取值为0.9L/m^2;Q_C则随旧路面的状况而不同,一般取值为0.1L/m^2。

采用核工业湖南无纺布厂生产的银山牌聚酯长丝胎基布,厚度为3mm,施工温度为185℃;断裂伸长率为纵缝向52%;纵向撕裂强度为0.35kN,横向撕裂强度为0.33kN,25℃时与基面黏附力为1.4MPa,25℃组合剪切试验时剪切强度为0.52MPa。

本次试验试件均按1.4kg/m^2的用量均匀的涂在水泥混凝土表面,然后按不加土工布与加土工布两种形式分别制作,不设土工布的试件在涂上沥青后,按表面积洒布40%的4.75~9.5mm碎石;加设土工布的,在沥青较热时贴上,用木锤挤密,使沥青浸润土工布,不再铺设碎石层。沥青按铺设的表面积计算质量后需先称量再铺洒在水泥混凝土表面,注意摊铺涂匀,碎石用手工一粒粒均匀铺开,需与黏结沥青结合紧密,冷却过快时可将试件一起加热。

3)复合水泥混合料与沥青混合料试件成型

沥青级配按调整后的AC-20混凝土,级配范围如表6-3所示。

AC-20级配范围　　表6-3

方筛孔尺寸(mm)	26.5	19	16	13.2	9.5	4.75
质量通过百分率(%)	100	95~100	80~92	68~81	51~66	36~49
方筛孔尺寸(mm)	2.36	1.18	0.6	0.3	0.15	0.075
质量通过百分率(%)	23~35	14~22	9~17	6~14	5~11	4~8

实际配合比都取中值。根据沥青混合料试件制作方法(击实法),实际集料质量按马歇尔标准试件成型试件确定。通过试验调整得混合料满足试件高度要

求时集料质量可取 1 213g，油石比则预先设定先取 3.5%、4%、4.5% 和 5% 四种，首先需求沥青混合料理论最大相对密度，采用的是真空法。集料质量固定，采用不同沥青胶结料含量，使用规范中的 B 类容器，计算公式为：

$$\gamma_t = \frac{m_a}{m_a + m_b - m_c} \tag{6-3}$$

式中：m_a——干燥沥青混合料试样的空气中质量(g)；

m_b——装满 25℃水的负压容器质量(g)；

m_c——25℃时试样、水与负压容器的总质量(g)。

测试的理论最大相对密度测得的结果见表 6-4。

不同油石比对应的理论最大相对密度　　表 6-4

序　号	油石比(%)	理论最大相对密度
1	3.5	2.529
2	4.0	2.524
3	4.5	2.521
4	5.0	2.522

然后采用沥青混合料试验规程中的表干法测试压实沥青混合料密度，测得的试件密度结果如表 6-5 所示。

马歇尔试件毛体积密度试验结果　　表 6-5

油石比(%)	试件编号	干质量(g)	表干质量(g)	水中质量(g)	毛体积密度(g/cm^3)	均值(g/cm^3)
3.5	1	1 199.8	1 213.3	710.2	2.385	2.392
	2	1 195.7	1 208.2	707.1	2.386	
	3	1 200.6	1 210.6	711.5	2.406	
4	1	1 195.8	1 200.3	711.9	2.448	2.435
	2	1 203.4	1 213.2	715.7	2.419	
	3	1 205.2	1 211.8	717.2	2.437	
4.5	1	1 200.1	1 205.5	712.6	2.435	2.440
	2	1 207.5	1 212.4	717.3	2.439	
	3	1 217.9	1 221.3	723.5	2.447	

求得不同油石比下的空隙率见表 6-6。

不同油石比对应的空隙率　表6-6

序　号	油石比(%)	空隙率(%)
1	3.5	5.4
2	4.0	3.5
3	4.5	3.2

通过计算不同油石比时的空隙率,利用内插法取空隙率为4%时的油石比,得所需油石比为3.9%(注:由于前3项油石比已取得所需值,未进行油石比为5%的试验)。将水泥混凝土试件重新装入马歇尔试模中,再按设计的配合比将热拌沥青倒入试模,在沥青混合料一面单面标准击实75次,制得圆柱形试件。待试件冷却后按制作马歇尔的方法脱模,脱模时注意不要扰动黏结层的结合效果,试件搬运时要轻拿轻放,避免扰动层间结合状态。

4)在直剪试模中浇筑最终试件

先将试模螺丝固定一侧的铝模和两端挡板,涂上柴油作为脱模剂,接着制作水泥砂浆,M5水泥砂浆已能满足剪切时的稳定试件需要。根据实际用量制取,一般为3L左右。倒入内为三角形柱体的试模中,砂浆的用量以比模具水平面低1~2cm为宜。将需剪切的圆柱形试件埋入砂浆中适当深度,使剪切面略高出模具的水平面,注意将剪切试件周围的砂浆捣实,以免在剪切过程中出现松动和位移,可用试件夹固定,砂浆顶面略为抹平即可。至此,便完成了一半剪切试件的制作。剪切仪配置的设备一次可以制作两个这样的试件。

将半成品试件连试模放置在潮湿恒温的室内养护1~2d,待有足够强度后用木锤轻敲脱模取出,即可进行另外一半试件的制作。

另一半试件的制作和前面过程类似,也是先固定铝模,安好边板,刷上润滑油,加入少量M5砂浆,将砂浆基本捣实整平后,将带砂浆头的"凸"形半成品头向下放入铝模中。由于增加了硬化砂浆的质量,试件在砂浆中的埋置深度不易控制,且容易出现倾斜。为保证试验结果的可靠性,一定要将试件垂直放置,剪切面处于水平位置。这次除了要两层的界面对准水平剪切面外,还要将另一半试模套在上面,包含剪切面的试件外露部分以2~3cm为宜,以防止成型后的试件不能放入剪切仪的压力盒中。固定好试件后,往下面的试模中适当添加砂浆,小心捣实并刮平。最后,将试件连同试模放置在恒温潮湿的室内养生,到具备一定强度后脱模。为加快设备周转,加之试验时间温度较高,养生24h便脱模,再接着将剪切试件养护足够的时间,在试件准备完成后统一依次试验,见图6-6。

由于剪切试模仅有两套,一次只能做两个试件,而且要分上下两半先后制作，又要养护到具备一定强度后才能拆模，所以剪切试件的制作过程比较缓慢。该步骤在试验中占据主要的时间。

切削一半的马歇尔试件

复合试件

半成品

剪切试件

图6-6　剪切试件制作示意图

6.2.2　斜(直)剪仪抗剪强度试件制作

层间斜剪试验仪与层间直剪试验仪所使用的试验试件相同。试件的制作过程和方法分为以下几个步骤：

首先在沥青混合料马歇尔试验的试模中浇筑水泥混凝土圆柱体，模拟连续配筋混凝土面层，C35 水泥混凝土试件高为 4cm 左右，直径约为 101.6mm。水泥混凝土试件表面条件分为裸化和拉毛两种情况，在浇筑试件一段时间后，脱模进行养生。一般在水泥混凝土浇筑 24h 后，用木锤轻敲可将试件从试模中脱出。将试件养护直至有足够强度，再制作黏层，黏层采用多种不同用量的重交沥青 A—70、SBS 改性沥青、SBS + CRM 复合改性沥青，然后撒上单粒径碎石，再将水泥混凝土试件重新装入马歇尔试模中，再按常吉高速公路连续配筋混凝土复合式路面 AC 结构层沥青混凝土配合比设计，采用标准马歇尔试件制作方法制作总高度为 90mm 的复合试件。

1）水泥混凝土基础制作

首先在沥青混合料马歇尔试验试模中浇筑水泥混凝土圆柱体试件，模拟连续配筋混凝土面层，在马歇尔试验试模中垫一个高 4.0cm 的直径为 10.0cm 木质垫块，然后在垫块上浇筑水泥混凝土试件。按照常吉高速公路试验路连续配筋混凝土路面的设计，此为 C35 水泥混凝土，采用 42.5 级普通硅酸盐水泥、中砂和 9.5 ~ 19mm 的碎石，质量配合比为：

$$水:水泥:砂:石子 = 0.38:1.0:0.948:2.013$$

水泥混凝土浇筑时需要振捣密实，避免内部出现过多空隙而产生蜂窝。

水泥混凝土基底试件的表面处理分为裸化、拉毛两种情况。

（1）裸化：裸化是指将水泥混凝土表面的浮浆清除，从而露出混凝土中的颗粒大的碎石的一种表面处理形式。裸化试验基底试件的制作是在浇筑成型200℃·h后用钢刷将试件表面浮浆刷掉,构造深度达到3～5mm即可,然后将试件在标准养护室养护24h后用木锤轻敲将试件从试模中脱模,再放入标准养护室养护至强度达到设计要求。裸化试件见图6-7。

图6-7　水泥混凝土基础表面裸化后的试件

(2)拉毛:拉毛是指将水泥混凝土表面的处理得比较粗糙的一种表面处理形式。拉毛试件的制作是在浇筑完成以后,立即用毛刷将试件表面刷出一定深度的凹槽,使表面比较粗糙,然后步骤同裸化试件的制作。拉毛后试件见图6-8。

图6-8　水泥混凝土基础表面拉毛后的试件

2)界面黏结层的制作

将抗压强度达到设计要求的干燥的裸化和拉毛水泥混凝土基底试件表面清理干净,按照试验要求分别将不同用量不同类型的沥青加热,均匀涂在水泥混凝土表面,然后在沥青温度降低之前将16~19mm单一粒径碎石撒布在沥青表面,洒布量为表面面积的40%~50%,并迅速用力压紧碎石,使尽量多的沥青裹附碎石表面,让试件冷却至室温再进行下一步试验。黏结层制作完成后的试件见图6-9。

图6-9 层间黏结层制作后的试件

水泥混凝土基底试件黏结层使用的沥青类型以及用量如表6-7所示。

界面黏结用材料类型及用量 表6-7

沥青类型	沥青用量(kg/m^2)		
A—70	1.0	1.5	2.0
SBS	1.5	2.0	2.5
SBS+CRM(废胎胶粉)	1.5	2.0	2.5

3)沥青混凝土面层的制作

黏结层冷却至室温以后,开始制作沥青混凝土面层。沥青混凝土采用的集料是江苏产玄武岩,集料性能见表6-8、表6-9,级配采用的是SMA-13,见表6-10、图6-10,采用的沥青是SBS改性沥青,其性能见表6-11,沥青混合料标准马歇尔性能见表6-12。

玄武岩集料密度 表6-8

玄武岩集料毛体积相对密度			玄武岩集料表观相对密度		
9.5~13.2mm	4.75~9.5mm	机制砂	9.5~13.2mm	4.75~9.5mm	机制砂
2.818	2.808	2.718	2.872	2.864	2.718

粗集料玄武岩的主要技术性质 表6-9

技术指标	单位	试验值	技术要求
压碎值	%	14.6	≤26
洛杉矶磨耗损失	%	14.5	≤28

续上表

技术指标	单位	试验值	技术要求
坚固性	%	1.5	≤12
软石含量	%	2.5	≤3
针片状颗粒含量	%	5.2	≤12
与改性沥青的黏附性	级	5	≥5

SMA-13 矿料级配 表 6-10

材料名称	筛孔尺寸(mm)										比例(%)
	16	13.2	9.5	4.75	2.36	1.18	0.6	0.3	0.15	0.075	
9.5~13.2(mm)	100	80.36	10.0	0.78	0.60	0.60	0.60	0.60	0.60	0.60	32
4.75~9.5(mm)	100	100	93.2	5.27	0.74	0.74	0.74	0.74	0.74	0.74	40
机制砂	100	100	100	100	67.26	40.98	21.82	12.06	8.52	6.7	18
矿粉	100	100	100	100	100	100	100	99.9	99.6	96	10
级配上限	100	100	75	34	26	24	20	16	15	12	
级配下限	100	90	50	20	15	14	12	10	9	8	100
级配中值	100	95	62.5	27	20.5	19	16	13	12	10	
合成级配	100	93.72	68.5	30.4	22.6	17.9	14.4	12.6	12.0	11.3	

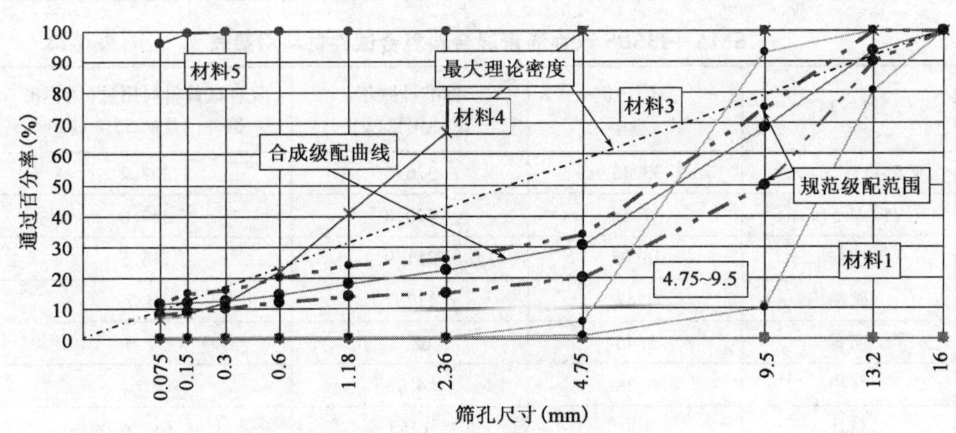

图 6-10 SMA-13 矿料级配曲线图

考虑层间斜剪试验仪上下压头内腔高度,整个复合试件的高度控制在 9.0cm 左右,所以沥青混凝土面层高度定为 4.5cm,考虑黏结层撒布了一定量的 16~19mm 单一粒径石灰岩碎石,复合试件沥青混凝土用量为标准马歇尔试件用量的55%，具体用量见表6-13。

SBS 改性沥青试验结果 表6-11

试验项目		试验结果	技术指标
针入度(25℃,100g,5s)(0.1mm)		56	30~60
延度(5cm/min,5℃)(cm)		35.0	>20
软化点(环球法)(℃)		82.0	>60
弹性恢复25℃(%)		95	>75
离析(℃)		1.6	<2.5
溶解度(%)		99.4	≥99.0
密度25℃(g/cm^3)		1.033	—
RTFOT后	质量变化(%)	−0.25	−1.0~+1.0
	针入度比(%)	74	>65
	延度(5℃)(cm)	20.4	≥15

SMA—13SBS 改性沥青混合料马歇尔试验结果(表干法) 表6-12

油石比(%)	毛体积密度(g/cm^3)	空隙率V_a(%)	矿料间隙率VMA(%)	沥青饱和度VFA(%)	稳定度(kN)	流值(0.1mm)	理论密度(g/cm^3)
5.8	2.463	3.60	17.40	79.15	9.404	33.20	2.556

SMA—13SBS 改性沥青混合料复合试件材料用量表 表6-13

材料	参配比例(%)	标准马歇尔试件用量(g)	复合试件材料用量(为标准试件用量的55%)(g)
9.5~13.2(mm)	33.13	376.6	207.2
4.75~9.5(mm)	37.66	470.8	259.0
机制砂	16.95	211.9	116.5
矿粉	9.42	117.7	64.7
沥青	5.46	68.3	37.6
纤维	0.38	4.7	2.6
总计	100	1250	687.6

沥青混凝土面层制作按照标准马歇尔成型方法(击实法)，先将已经制作好黏结层的水泥混凝土基底重新装入直径为101.6mm标准马歇尔试模中，有个别因体积膨胀无法装入的可以采用木锤轻轻敲打的方式将水泥基底试件装入，然后将拌和好的沥青混合料装入试模中击实成型，成型温度为170℃，击实次数为

50 次(规范规定标准马歇尔试验次数为双面击实各 50 次,考虑复合试件沥青混凝土用量约为标准马歇尔一半,因此击实次数取 50 次)。将试模横向放置冷却至室温(不少于 12h),置脱模机上脱出复合试件,将试件置于干燥洁净的平面上,供试验使用。完成好的试件见图 6-11。

图 6-11　CRC + AC 复合式层间抗剪试件

6.2.3　层间界面抗剪强度测试过程

6.2.3.1　便携式剪切仪测试过程

首先将试件放置在剪切室内,上下两部分的砂浆起固定作用,以便在试验装置中能固定试件并使剪切按预定的方向进行,浇筑模具的内部形状与剪切室(由上盖和下盖两部分组成)的形状一致,浇筑后的试件能恰好放置在剪切室中。

根据试验所需竖向压强,选择合适的压力表安装到两个手泵上。先将压力泵的阀门螺丝拧紧,方可施加荷载。首先施加竖向荷载,将手泵与压力维持器连接好,垂直轭和竖向钢绳调直,按所需压强乘以剪切面积得到所需的竖向压力。开动手泵,使轭与钢绳对准,以便所施加的荷载与轴向一致。确定剪切的方向,将另一手泵与水平活塞连好,调整轭的位置。确定试验时剪切位移的方向,再安装百分表。百分表应有较大的活动范围,因为剪切时试件的平面会发生较大位移。

施加竖向压力后,再启动手泵,以 0.1mm/min 的速度施加水平力,记录不同水平剪切力及其对应的水平位移大小。继续剪切,直到获得最大剪切力,试件产生剪切破坏(图 6-12)。

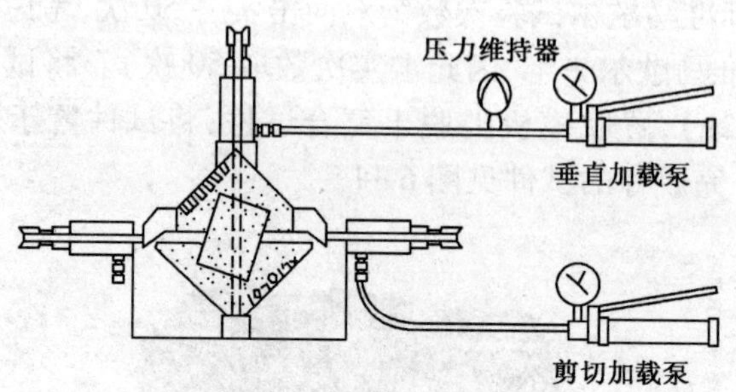

图 6-12　剪切试验示意图

制作完成的抗剪试件放在预定剪切温度的烘箱中加热 4h 以上，将加热后的试件放在剪切试验仪中以 50mm/min 的速率剪切，记录其抗剪最大荷载值，并计算其抗剪强度。试验温度考虑 20℃、40℃、60℃三个温度。根据试验结果得出最佳条件，改变 SBS + CRM 复合改性沥青配比在最佳条件下做剪切试验，然后对在不同界面条件、不同温度、不同沥青用量、不同剪切仪器等条件下的试验结果进行处理和分析得出相关规律。

6.2.3.2　层间斜剪试验仪试验过程

先将上下压头之间的间距调整到试件恰好可以放进上下压头中间，然后迅速将试件从恒温干燥箱中取出，置于剪切仪下压头之上，马上通过控制箱启动加载装置使下压头开始以 50mm/min 速度向上运动。当试件接触到上压头时，在竖直方向压力作用下，试件沿着黏结层也就是与水平面成 45°角产生位移，同时会使下压头沿竖直和水平两个方向运动，当位移达到一定的值时，此时的竖直方向压力达到最大，控制箱将自动记录下这个最大值，也就是试件破坏时的最大压力。水平方向的位移因为下压头下的滚珠的存在，不会产生水平方向的摩擦力，从而使控制箱记录的最大值更加接近真实值。整个试验过程在 65s 内完成，保证试验不会因为试件在实验过程中的温度丧失而影响到试验的准确性。试验过程见图 6-13。

6.2.3.3　层间直剪试验仪剪切试验过程

首先将剪切仪上下压头圆孔调整到同一水平面上，然后迅速将试件从恒温干燥箱取出并置于上下压头圆孔中，放置时应注意使试件的黏结层置于两个压头中间，使黏结层不与压头相接触。由控制箱启动加载装置，下压头开始以 50mm/min 速度向上运动，试件将沿着黏结层面破坏，控制箱将破坏时的最大压力记录，试验完成。试验过程见图 6-14。

图 6-13　斜剪仪试验过程

图 6-14　直剪仪试验过程

6.3　层间界面抗剪强度测试结果

6.3.1　便携式剪切仪试件测试结果

黏结层是用沥青铺设而成，沥青是一种黏弹性材料，劲度模量与荷载作用的时间、温度有关系。剪切面的强度由黏结层的内摩擦力和黏聚力构成，温度对黏聚力的影响较大，因此在试验中要严格控制温度，此外还需控制加载速度。试件放在 25℃的恒温箱中 4h，且用空调将室温调整至相等温度，取出后立即进行试验，将试件放入便携式剪切仪的剪切室中，竖向压强按 0.4MPa、0.7MPa、1.0MPa 设置，同时安放百分表测量水平位移，同种条件下每组试件做 3 个取平均值，当一组测定值中某个测定值与平均值之差大于标准差 1.15 倍时则舍弃该测定值。水平荷载按 0.25kN/s 的速度施加，水平力通过压力泵连接钢缆绳推动上剪室对试件进行剪切,每增加1kN后记录水平位移,试件破坏后记录最大水平荷载,再除以表面积可得最大剪切强度。试验的结果如表6-14(未列出剪切时水平位移)所示。

便携式剪切仪试件抗剪强度的测试值　　表6-14

黏结层类型	竖向压力(MPa)	试件序号	抗剪力(MPa)	平均值(MPa)
重交沥青（未加土工布）	0.4	1	0.410	0.419
		2	0.417	
		3	0.430	
	0.7	1	0.567	0.572
		2	0.543	
		3	0.604	
	1.0	1	0.826	0.814
		2	0.800	
		3	0.816	
SBS改性沥青（未加土工布）	0.4	1	0.506	0.555
		2	0.592	
		3	0.567	
	0.7	1	0.765	0.769
		2	0.789	
		3	0.752	
	1.0	1	0.851	0.863
		2	0.870	
		3	0.857	
重交沥青掺加橡胶粉（未加土工布）	0.4	1	0.419	0.426
		2	0.432	
		3	0.426	
	0.7	1	0.481	0.547
		2	0.604	
		3	0.555	
	1.0	1	0.760	0.814
		2	0.863	
		3	0.819	

续上表

黏结层类型	竖向压力(MPa)	试件序号	抗剪力(MPa)	平均值(MPa)
重交沥青（加土工布）	0.4	1	0.493	0.543
		2	0.543	
		3	0.592	
	0.7	1	0.567	0.596
		2	0.617	
		3	0.604	
	1.0	1	0.710	0.715
		2	0.710	
		3	0.725	
SBS改性沥青（加土工布）	0.4	1	0.549	0.584
		2	0.598	
		3	0.604	
	0.7	1	0.863	0.835
		2	0.851	
		3	0.789	
	1.0	1	0.925	0.933
		2	0.925	
		3	0.950	
重交沥青掺加橡胶粉(加土工布)	0.4	1	0.432	0.440
		2	0.432	
		3	0.456	
	0.7	1	0.678	0.646
		2	0.678	
		3	0.580	
	1.0	1	0.853	0.845
		2	0.826	
		3	0.855	

根据实测结果,按照库仑公式,可算得黏聚力和内摩擦角,如表6-15所示。

黏结层结构形式与抗剪强度参数关系　　表6-15

黏结层类型	重交沥青(未加土工布)		
竖向压力(MPa)	0.4	0.7	1.0
平均最大抗剪力(MPa)	0.419	0.572	0.814
求得的参数	黏聚力 $c=0.1408$ MPa	内摩擦角 $\psi=33.3569°$	
黏结层类型	SBS改性沥青(未加土工布)		
竖向压力(MPa)	0.4	0.7	1.0
平均最大抗剪力(MPa)	0.555	0.769	0.863
求得的参数	黏聚力 $c=0.3697$ MPa	内摩擦角 $\psi=27.1714°$	
黏结层类型	重交沥青掺加橡胶粉(未加土工布)		
竖向压力(MPa)	0.4	0.7	1.0
平均最大抗剪力(MPa)	0.426	0.547	0.814
求得的参数	黏聚力 $c=0.1415$ MPa	内摩擦角 $\psi=32.9553°$	
黏结层类型	重交沥青(加土工布)		
竖向压力(MPa)	0.4	0.7	1.0
平均最大抗剪力(MPa)	0.543	0.596	0.715
求得的参数	黏聚力 $c=0.4173$ MPa	内摩擦角 $\psi=15.9976°$	
黏结层类型	SBS改性沥青(加土工布)		
竖向压力(MPa)	0.4	0.7	1.0
平均最大抗剪力(MPa)	0.584	0.835	0.933
求得的参数	黏聚力 $c=0.3766$ MPa	内摩擦角 $\psi=30.2079°$	
黏结层类型	重交沥青掺加橡胶粉(加土工布)		
竖向压力(MPa)	0.4	0.7	1.0
平均最大抗剪力(MPa)	0.440	0.646	0.845
求得的参数	黏聚力 $c=0.1742$ MPa	内摩擦角 $\psi=33.8893°$	

由试验结果可知,抗剪强度随着竖向压力的增大而增大。SBS改性沥青相比重交沥青抗剪强度有明显提高;橡胶沥青虽然对缓解反射裂缝有一定作用,但用于抗剪时可能是由于本身的弹性而没有发挥效果,平均最大抗剪强度与重交沥青相当。层间加设土工布后,黏聚力都有所提高;重交沥青加设土工布时的抗

剪强度还略有下降，主要是沥青被土工布吸附后，内摩擦角减小；改性沥青由于本身较好的力学性质而使抗剪强度性能较好，铺设土工布后抗剪强度更强，减少了高温对沥青黏结力的影响，另外铺设土工布有利于缓解 AC 层的反射裂缝，因此黏结层采用 SBS 改性沥青加土工布的结构形式最好；加设土工布后，橡胶沥青相对重交沥青的抗剪强度略有提高。

沥青作为一种黏弹性材料，在外力作用下的变形不仅与荷载的大小、荷载的作用时间有关，更多地受温度的影响。卸载后弹性变形和迟后弹性变形能够恢复，塑性变形和黏性流动变形为永久残留变形。高温时弹性效应降低，黏性性质增强；低温时沥青混合料刚度增加，弹性增强，黏性减弱，因此必须考虑温度的影响。

鉴于沥青混合料的模量随温度升高而降低，抗剪强度会因温度升高出现下降。在炎热气候下黏结层的温度接近或到达一般沥青的软化点，这些温度条件将会使层间结合面上依靠一般沥青材料建立起来的黏结力遭到破坏，作用于路面的行车荷载对路面的作用力十分复杂，主要有垂直压力、振动力、冲击力、制动及起动时的纵向水平力以及车轮后缘与路面间产生的真空吸力等。在车轮的重力作用下，路面与车轮接触处承受压应力作用，黏结层处产生较大剪应力。如果沥青路面层间结合未作处治或处治后的黏结效果不明显时，则层间结合处容易形成滑动面。此外一般沥青材料在低温条件下还容易脆断，沥青路面应变量超过其允许范围时，层间结合面也容易被破坏。所以用作层间黏结处理的材料本身必须具有良好的温度稳定性。

故取轮压为通常 0.7MPa，温度分别为 5℃、15℃、25℃时对设置土工布的改性沥青黏结层抗剪强度进行试验，发现温度对抗剪强度的影响效应比较明显（图 6-4），接近于线性变化，回归公式如下式。

$$\tau_f = -0.0227T + 1.4931 \tag{6-4}$$

式中：τ_f——抗剪强度；

T——温度。

层间破坏主要发生在高温季节，就与抗剪强度降低很有关系。但是当温度降低时，抗剪能力又有回弹，黏结性能是一个疲劳衰变的过程，伴随沥青结合料的老化衰变。SBS 改性沥青的温度敏感性相对较好，高温下仍能保持较大的黏度，且有较强的抗老化性能，因此选用 SBS 改性沥青是明智之举。对于层间抗剪，寻求性能良好的黏结材料仍是需要努力的方向。

当然，黏结层材料的选取需要全面的考虑，不仅要沥青的黏结力强，沥青材料的水稳定性，耐老化性能都不可忽略。比如在南方湿热地区的大空隙沥青混凝土，黏结层的水稳定性和高温稳定性就需摆到比较突出的位置。图 6-15 所示为不同温度下试件抗剪强度试验值。

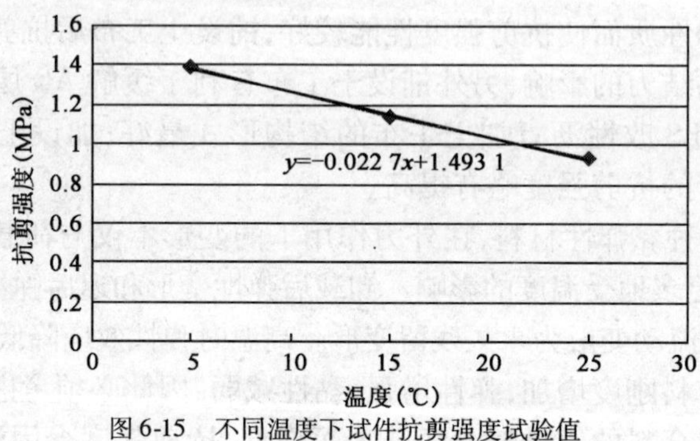

图 6-15 不同温度下试件抗剪强度试验值

6.3.2 剪切强度(斜剪、直剪)试验结果

连续配筋混凝土复合式路面结构黏结层是用复合改性沥青撒布而成,沥青是一种黏弹性材料,劲度模量与荷载作用的时间、温度有关系。剪切面的强度由黏结层的黏聚力和内摩擦力构成,温度对黏聚力的影响很大,因此在试验中要严格控制温度,此外还需控制加载速度,保证剪切速率稳定,所有试件剪切速率相同。试件放在设定温度的恒温箱中保温 4h,取出后立即进行试验,将试件放入剪切仪的剪切腔中,同种条件下每组试件做 4 个平行试验,当一组测定值中某个测定值与平均值之差大于标准差 1.15 倍时则舍弃该测定值,试件破坏后控制箱记录最大荷载,从而计算出试件破坏时的最大剪切应力。

6.3.2.1 黏结层沥青用量及基底试件表面情况的确定

根据表 6-7 制定的黏结层 A—70 沥青使用量分别为:1.0kg/m^2、1.5kg/m^2、2.0kg/m^2,试验温度为 20℃,使用直接剪切仪,试验结果如表 6-16 所示。

A—70 沥青直剪试验结果(20℃) 表 6-16

沥青用量(kg/m^2)	1.0	1.5	2.0
拉毛试件剪切应力(MPa)	0.550	0.680	0.567
	0.567	0.691	0.578
	0.562	0.673	0.565
	0.567	0.649	0.572
平均(MPa)	0.561	0.673	0.571
裸化试件剪切应力(MPa)	0.553	0.731	0.643
	0.567	0.723	0.660
	0.584	0.723	0.618
	0.595	0.700	0.640
平均(MPa)	0.575	0.719	0.640

从表 6-16、图 6-16 可以看出，在使用层间直剪试验仪在 20℃ 采用 A—70 沥青进行剪切试验，在水泥混凝土基底试件分别为拉毛和裸化的情况下，剪切应力随着沥青使用量增加，在使用量为 1.5kg/m² 时达到最大后，随之开始减小，且基底试件表面为裸化时的剪切应力明显大于表面为拉毛时的剪切应力。

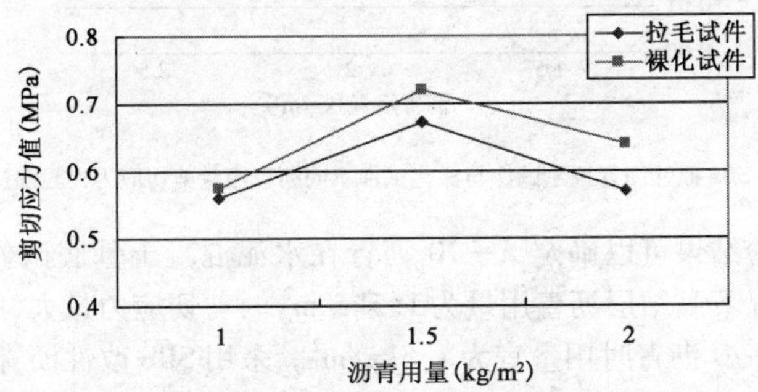

图 6-16　A—70 沥青拉毛试件与裸化试件不同沥青用量剪切应力对比(20℃)

SBS 改性沥青使用量分别为：1.5kg/m²、2.0kg/m²、2.05kg/m²，在温度为 60℃，使用直接剪切仪，试验结果如表 6-17 所示。

SBS 改性沥青直剪试验结果(60℃)　　表 6-17

沥青用量(kg/m²)	1.5	2.0	2.5
拉毛试件剪切应力(MPa)	0.022	0.035	0.025
	0.021	0.031	0.027
	0.025	0.031	0.024
	0.022	0.032	0.025
平均(MPa)	0.023	0.032	0.025
裸化试件剪切应力(MPa)	0.027	0.048	0.036
	0.025	0.051	0.040
	0.025	0.048	0.037
	0.026	0.051	0.035
平均(MPa)	0.026	0.049	0.037

从表 6-17、图 6-17 可以看出在使用层间直剪试验仪在 60℃ 采用 SBS 改性沥青进行剪切试验，试件剪切应力在沥青使用量为 2.0kg/m² 时，剪切应力最大，与 20℃ 时 A—70 沥青试件有同一的趋势是：基底试件表面为裸化时的剪切应力明显大于表面为拉毛时的剪切应力。

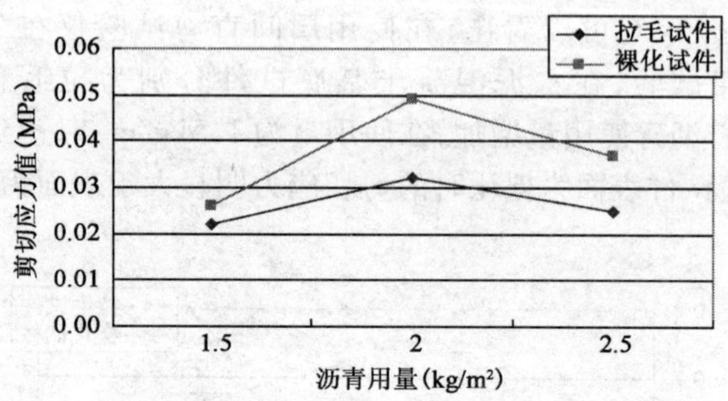

图 6-17　SBS 改性沥青拉毛试件与裸化试件不同沥青用量剪切应力比较图(60℃)

从以上试验结果可以确定 A—70 沥青在水泥混凝土基底试件分别为拉毛和裸化两种情况下黏结层沥青用量为 1.5kg/m^2 时剪切应力最大,所以黏结层使用的材料为 A—70 沥青时用量宜为 1.5kg/m^2。采用 SBS 改性沥青时,在沥青用量为 2.0kg/m^2 时剪切应力最大,因此黏结层使用 SBS 改性沥青时用量宜为 2.0kg/m^2。并且由于水泥混凝土基底试件在表面为裸化时的剪切应力明显大于拉毛时的剪切应力。因此,确定下一步的试验采用的基底试件的表面形式为裸化。

6.3.2.2　层间斜剪试验仪与直接剪切仪试验结果对比分析

通过使用直接剪切仪,采用 A—70 沥青和 SBS 改性沥青以及水泥混凝土基底试件表面拉毛和裸化两种不同的表面形式,在不同温度的试验对比,分别得出 A—70 沥青和 SBS 改性沥青的黏结层最佳沥青用量。在最佳沥青用量条件下,采用同样的制作方法成型试件,使用层间斜剪试验仪进行试验,A—70 沥青试验温度为 20℃如表 6-18 所示,SBS 改性沥青试验温度为 60℃试验结果如表6-19 所示。

层间斜剪试验仪试验结果/A—70(20℃)　　表 6-18

表面形式	试件序号	沥青类型(试验温度)
		A—70(20℃)
拉毛	1	1.347
	2	1.508
	3	1.472
	4	1.479
	平均	1.451

续上表

表面形式	试件序号	沥青类型(试验温度)
		A—70(20℃)
裸化	1	1.560
	2	1.538
	3	1.731
	4	1.628
	平均	1.614

层间斜剪试验仪试验结果/SBS(60℃)　　　表 6-19

表面形式	试件序号	沥青类型(试验温度)
		SBS(60℃)
拉毛	1	0.172
	2	0.178
	3	0.179
	4	0.173
	平均	0.176
裸化	1	0.233
	2	0.231
	3	0.238
	4	0.217
	平均	0.230

将层间斜剪试验仪试验结果表 6-18 与直接剪切仪试验结果表 6-16 比较,可以发现黏结层采用 A—70 沥青在试验温度为 20℃时,层间斜剪试验仪试验结果是直接剪切仪试验结果的 2.2 倍;而表 6-17 与表 6-19 比较,采用 SBS 改性沥青在试验温度为 60℃时层间斜剪试验仪试验结果是直接剪切仪试验结果的 6 ~ 7 倍。而产生这种差异的原因是因为采用直接剪切仪进行试验时是没有施加正应力,而采用层间斜剪试验仪进行试验时,由于黏结层剪切面与水平面成 45°角,相当于在剪切的时候同时施加了一个与剪切应力大小相等的正应力。而这个正应力正好模拟了实际路面施加的荷载。

6.3.2.3　复合改性沥青黏结层试验结果对比分析

黏结层采用 SBS 改性沥青最佳用量已经确定为 2.0kg/m^2,下一步进行的连续配筋混凝土复合式路面(CRC + AC)黏结层复合式沥青材料的研究与开发,黏结层采用的复合式沥青用量参照 SBS 改性沥青最佳用量 $2.0kg/m^2$(表6-20),水泥混凝土基底试件表面形式采用裸化,采用层间斜剪试验仪进行相关试验,试验温度为60℃。

改性剂的掺量(%) 表6-20

SBS 掺量(%) / CRM 掺量(%)		SBS 掺量(%)				
		4	6	8	10	12
CRM 掺量(%)	4	4+4	6+4	8+4	10+4	12+4
	6	4+6	6+6	8+6	10+6	12+6
	8	4+8	6+8	8+8	10+8	12+8
	10	4+10	6+10	8+10	10+10	12+10
	12	4+12	6+12	8+12	10+12	12+12

不同掺量 SBS + CRM(废旧轮胎橡胶粉)复合改性沥青黏结层在最佳沥青用量、基底试件表面裸化、温度为60℃,采用层间斜剪试验仪试验结果如表6-21所示。

剪切试验结果(60℃) 表6-21

掺量(SBS + CRM)		4% +4%	6% +4%	8% +4%	10% +4%	12% +4%
剪切强度(MPa)	1	0.238	0.235	0.354	0.402	0.283
	2	0.258	0.247	0.284	0.383	0.305
	3	0.219	0.268	0.324	0.395	0.362
	4	0.310	0.245	0.266	0.377	0.362
	平均	0.256	0.249	0.307	0.389	0.328
掺量(SBS + CRM)		4% +6%	6% +6%	8% +6%	10% +6%	12% +6%
剪切强度(MPa)	1	0.317	0.305	0.279	0.437	0.366
	2	0.285	0.246	0.311	0.402	0.368
	3	0.324	0.282	0.290	0.412	0.354
	4	0.219	0.243	0.297	0.417	0.323
	平均	0.286	0.269	0.294	0.417	0.353

续上表

掺量(SBS + CRM)		4% +8%	6% +8%	8% +8%	10% +8%	12% +8%
剪切强度(MPa)	1	0.289	0.279	0.319	0.438	0.298
	2	0.218	0.244	0.307	0.389	0.357
	3	0.284	0.204	0.245	0.367	0.301
	4	0.354	0.304	0.281	0.402	0.303
	平均	0.286	0.258	0.288	0.399	0.315
掺量(SBS + CRM)		4% +10%	6% +10%	8% +10%	10% +10%	12% +10%
剪切强度(MPa)	1	0.184	0.268	0.313	0.377	0.236
	2	0.203	0.201	0.287	0.318	0.272
	3	0.259	0.277	0.314	0.333	0.306
	4	0.209	0.205	0.304	0.361	0.273
	平均	0.214	0.238	0.305	0.347	0.272
掺量(SBS + CRM)		4% +12%	6% +12%	8% +12%	10% +12%	12% +12%
剪切强度(MPa)	1	0.249	0.255	0.298	0.324	0.226
	2	0.337	0.322	0.278	0.327	0.284
	3	0.324	0.281	0.290	0.350	0.307
	4	0.277	0.248	0.297	0.313	0.299
	平均	0.297	0.277	0.291	0.329	0.279

剪切试验结果按照 CRM 掺量与剪切强度关系图如图 6-18 所示。

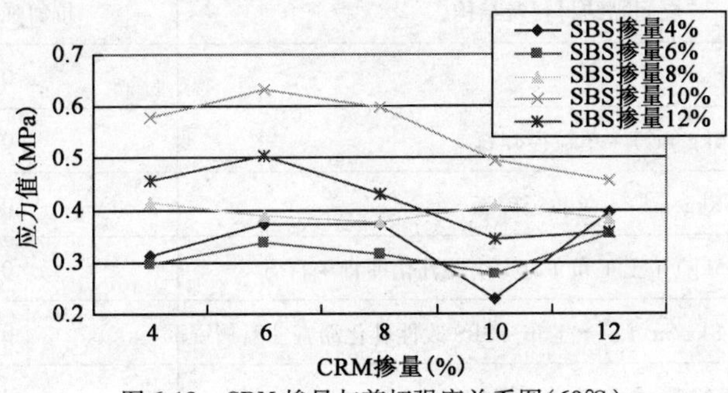

图 6-18　CRM 掺量与剪切强度关系图(60℃)

剪切试验结果按照 SBS 掺量与剪切应力关系图如图 6-19 所示。

夏季高温时段,湖南以及全国大部分南方省市沥青路表温度都在 50℃以上,而沥青混凝土内部温度会高于路表温度 10℃以上,所以黏结层最高温度在南方地区有时会达到甚至超过 60℃,试验采用的 60℃温度来测试层间抗剪强度

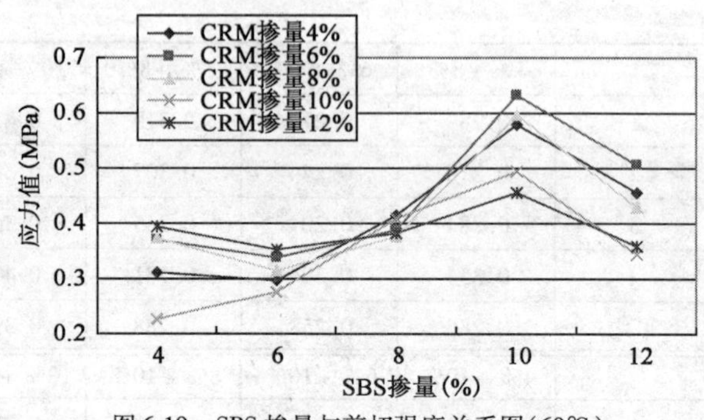

图6-19　SBS 掺量与剪切强度关系图(60℃)

有其合理性,考虑了黏结层在夏季最不利气温状况下的抗剪切强度。

从不同掺量的复合改性沥青黏结层剪切强度可以得出:黏结层抗剪切强度跟 CRM 使用量没有很好的相关性,甚至由于 CRM 用量的增加,抗剪切强度有减少的趋势。而随着 SBS 用量的增加,在 SBS 用量有由 4% 增加到 10% 时,不同 CRM 用量的复合改性沥青黏结层抗剪切强度逐渐增大,在 10% 处出现拐点,随着 SBS 掺量的增加其强度反而下降。抗剪切强度最大值出现在 SBS 掺量为 10%,CRM 掺量为 6% 时。

6.3.3　单支承剪切试验结果

对不同层间黏结材料进行剪切试验,结果如表 6-22 所示。

剪切试验结果　　表 6-22

层间黏结材料及结构	抗剪强度(MPa)
SBS 改性乳化沥青	0.24
SBS 改性沥青(1.5kg/m^2)+单粒径碎石	0.15
胶粉改性沥青(1.8kg/m^2)+单粒径碎石	0.18
SBS 改性沥青(1.5kg)+土工布+SBS 改性乳化沥青+石屑	0.29
胶粉改性沥青(1.8kg/m^2)+土工布+SBS 改性乳化沥青+石屑	0.31
胶粉(15%)+SBS(3%)复合改性沥青(2kg/m^2)+单粒径碎石	0.23
胶粉(20%)+SBS(3%)复合改性沥青 2(kg/m^2)+单粒径碎石	0.26
2kg 高黏度胶粉复合改性沥青(15% 胶粉+8% SBS)+土工布+1kg 胶粉改性沥青(15%)+单粒径碎石(16~19mm8kg/m^2)(软化点 110℃)	0.36

分别对室内成型试件及现场钻芯试件进行剪切试验,结果如表 6-23、表 6-24 所示。

界面剪切试验结果(常吉高速公路试验段)(正应力 0.70MPa)　　表 6-23

试　件	编　号	界面垂直压力(kN)	试验温度(℃)	界面剪应力(MPa)
室内成型	1	2.77	53	0.171
	2	2.76	53	0.170
	3	2.79	53	0.172
	4	2.77	53	0.171
	5	2.77	53	0.171
	6	2.77	53	0.171
	7	5.61	53	0.346
	8	5.73	53	0.353
现场钻芯	9	2.89	53	0.356
	10	2.84	53	0.350

界面剪切试验结果(长益高速公路试验段)　　表 6-24

试　件	编　号	界面垂直压力(kN)	试验温度(℃)	界面剪应力(MPa)
现场钻芯	1	2.72	53	0.335
	2	2.87	53	0.354
	3	2.86	53	0.353
	4	2.82	53	0.348
	5	2.84	53	0.350
	6	3.16	53	0.390

6.4　层间界面抗剪强度的稳定性分析

CRC + AC 层间界面剪切破坏是一个疲劳过程,可以通过小型加速加载试验,如 ALF(Accelerated Loading Facility)来模拟现场的剪切作用,确定不同层间结合材料及其与疲劳有关的容许剪应力和剪切破坏寿命,由于没有进行层间疲劳剪切作用的试验研究,参照胡长顺教授提出的安全系数法来对层间剪应力进行验算。

层间剪应力的计算和室内试验是分析 CRC + AC 层间界面抗剪强度稳定性

必不可少的工具,利用本书的分析结果和层间剪切强度试验的结果,可以比较不同层间黏结材料的抗剪强度。

计算时取轮压为0.7MPa,利用BISAR软件计算出黏结层不同位置竖向压应力和层间剪切应力。在黏结层的某微观处抗剪强度为$\tau = c + \sigma\tan\varphi$,$c$和$\varphi$为试验所求得,$\sigma$利用软件计算,产生的剪应力也用软件计算,可比较其抗剪强度系数。

抗剪强度取的温度为25℃,表面摩擦系数取0.5。通过试算发现抗剪安全系数在$-\delta$处附近出现一个最小值,故计算位置取在其附近。计算结果见表6-25。

不同黏结层结构形式层间抗剪安全系数　　表6-25

黏结层类型	重交沥青(未加土工布)									
位置(δ)	-0.6	-0.7	-0.8	-0.9	-1.0	-1.1	-1.2	-1.3	-1.4	-1.5
剪应力(MPa)	0.2170	0.2315	0.2424	0.2481	0.2413	0.2291	0.2077	0.1652	0.1293	0.1003
压应力(MPa)	0.5468	0.5122	0.4691	0.4196	0.3099	0.2568	0.2125	0.1933	0.1729	0.1528
内摩擦角(°)	33.3569									
黏结力(MPa)	0.1408									
抗剪强度(MPa)	0.5008	0.4780	0.4496	0.4170	0.3448	0.3099	0.2807	0.2680	0.2546	0.2414
抗剪安全系数	2.31	2.06	1.85	1.68	1.43	1.35	1.35	1.62	1.97	2.41
黏结层类型	SBS改性沥青(未加土工布)									
位置(δ)	-0.6	-0.7	-0.8	-0.9	-1.0	-1.1	-1.2	-1.3	-1.4	-1.5
剪应力(MPa)	0.217	0.2315	0.2424	0.2481	0.2413	0.2291	0.2077	0.1652	0.1293	0.1003
压应力(MPa)	0.5468	0.5122	0.4691	0.4196	0.3099	0.2568	0.2125	0.1933	0.1729	0.1528
内摩擦角(°)	27.1714									
黏结力(MPa)	0.3697									
抗剪强度(MPa)	0.6504	0.6326	0.6105	0.5851	0.5288	0.5015	0.4788	0.4689	0.4584	0.4481
抗剪安全系数	3.00	2.73	2.52	2.36	2.19	2.19	2.31	2.84	3.55	4.47

续上表

黏结层类型	重交沥青掺加橡胶粉(未加土工布)									
位置(δ)	−0.6	−0.7	−0.8	−0.9	−1.0	−1.1	−1.2	−1.3	−1.4	−1.5
剪应力(MPa)	0.217	0.231 5	0.242 4	0.248 1	0.241 3	0.229 1	0.207 7	0.165 2	0.129 3	0.100 3
压应力(MPa)	0.546 8	0.512 2	0.469 1	0.419 6	0.309 9	0.256 8	0.212 5	0.193 3	0.172 9	0.152 8
内摩擦角(°)	32.955 3									
黏结力(MPa)	0.141 5									
抗剪强度(MPa)	0.496 0	0.473 6	0.445 6	0.413 5	0.342 4	0.308 0	0.279 3	0.266 8	0.253 6	0.240 6
抗剪安全系数	2.29	2.05	1.84	1.67	1.42	1.34	1.34	1.62	1.96	2.40
黏结层类型	重交沥青(加土工布)									
位置(δ)	−0.6	−0.7	−0.8	−0.9	−1.0	−1.1	−1.2	−1.3	−1.4	−1.5
剪应力(MPa)	0.217	0.231 5	0.242 4	0.248 1	0.241 3	0.229 1	0.207 7	0.165 2	0.129 3	0.100 3
压应力(MPa)	0.546 8	0.512 2	0.469 1	0.419 6	0.309 9	0.256 8	0.212 5	0.193 3	0.172 9	0.152 8
内摩擦角(°)	15.977 6									
黏结力(MPa)	0.417 3									
抗剪强度(MPa)	0.573 9	0.564 0	0.551 6	0.537 4	0.506 0	0.490 8	0.478 1	0.472 6	0.466 8	0.461 1
抗剪安全系数	2.64	2.44	2.28	2.17	2.10	2.14	2.30	2.86	3.61	4.60
黏结层类型	SBS 改性沥青(加土工布)									
位置(δ)	−0.6	−0.7	−0.8	−0.9	−1.0	−1.1	−1.2	−1.3	−1.4	−1.5
剪应力(MPa)	0.217	0.231 5	0.242 4	0.248 1	0.241 3	0.229 1	0.207 7	0.165 2	0.129 3	0.100 3
压应力(MPa)	0.546 8	0.512 2	0.469 1	0.419 6	0.309 9	0.256 8	0.212 5	0.193 3	0.172 9	0.152 8

续上表

内摩擦角(°)	30.2079									
黏结力(MPa)	0.3766									
抗剪强度(MPa)	0.6949	0.6748	0.6497	0.6209	0.5570	0.5261	0.5003	0.4891	0.4773	0.4656
抗剪安全系数	3.20	2.91	2.68	2.50	2.31	2.30	2.41	2.96	3.69	4.64
黏结层类型	重交沥青掺加橡胶粉(加土工布)									
位置(δ)	-0.6	-0.7	-0.8	-0.9	-1.0	-1.1	-1.2	-1.3	-1.4	-1.5
剪应力(MPa)	0.217	0.2315	0.2424	0.2481	0.2413	0.2291	0.2077	0.1652	0.1293	0.1003
压应力(MPa)	0.5468	0.5122	0.4691	0.4196	0.3099	0.2568	0.2125	0.1933	0.1729	0.1528
内摩擦角(°)	33.8893									
黏结力(MPa)	0.1742									
抗剪强度(MPa)	0.5415	0.5182	0.4893	0.4560	0.3824	0.3467	0.3169	0.3040	0.2903	0.2768
抗剪安全系数	2.50	2.24	2.02	1.84	1.58	1.51	1.53	1.84	2.25	2.76

将以上计算结果进行分析，分别得出不同层间方式抗剪安全系数的最大值(K_{max})、最小值(K_{min})和平均值，见表6-26。

不同黏结层结构形式层间抗剪安全系数对比表 表6-26

层间结合形式	抗剪安全系数		
	最大值 K_{max}	最小值 K_{min}	平均值
重交沥青(未加土工布)	2.41	1.35	1.803
SBS 改性沥青(未加土工布)	4.47	2.19	2.816
重交沥青掺加橡胶粉(未加土工布)	2.40	1.34	1.793
重交沥青(加土工布)	4.60	2.10	2.720
SBS 改性沥青(加土工布)	4.64	2.30	2.960
重交沥青掺加橡胶粉(加土工布)	2.76	1.51	2.007

对比表明，SBS 改性沥青加土工布的结构形式最好，抗剪安全系数最大；其次是单一 SBS 改性沥青，与加土工布形式相当，差别不大，单从抗剪情况来看，

直接采用单一 SBS 改性沥青即可，既方便施工、减少工序，又节约投资。单一采用重交沥青效果最差，添加橡胶粉效果不明显，原计划希望通过添加橡胶粉提高重交沥青的黏结力，增强层间的抗剪强度，没有达到预期的目标；加铺土工布后抗剪安全系数略有提高，可能是土工布吸附了多余的自由沥青，增强了层间的抗剪强度。

6.5 本章小结

利用自行研制的层间界面斜剪试验仪、层间直剪试验仪、单支承剪切仪和便携式岩土剪切仪，对不同类型、不同配合比黏结层材料进行抗剪强度测试，并考虑试件基底表面状况、沥青用量和温度对抗剪强度的影响。通过试验获得如下结论：

(1)通过试验，发现了不同类型试件基底表面状况为裸化时抗剪强度较高，认为裸化连续配筋混凝土表面是一种很好的增加黏结层抗剪强度的方法。

(2)通过对比两种不同的剪切仪器试验结果，层间斜剪试验仪和层间直剪试验仪试验结果都比较理想，而层间斜剪试验仪在高温试验时数据更加稳定，且更加符合现场实际受力状态。

(3)试验表明，SBS 改性沥青 + 土工布的黏结层形式抗剪强度较高，如果既需要考虑防水、保持黏结层温度稳定性，又要考虑减少反射裂缝等因素，则铺设 SBS 改性沥青 + 土工布是较好的黏结层结构形式；如果单一只需考虑层间的抗剪强度和防水，则直接采用单一 SBS 改性沥青即可，既方便施工、减少工序，又节约投资。

对于连续配筋混凝土，表面没有接缝，只有裂缝，并在纵向钢筋的控制下，细微裂缝难以形成反射裂缝，可不必考虑反射裂缝的延缓问题，而重点是层间的黏结与防水效果。单一采用重交沥青效果最差，添加橡胶粉效果不明显，没有达到预期的通过添加橡胶粉提高重交沥青的黏结力，增强层间抗剪强度的目标；加铺土工布后抗剪安全系数略有提高，可能是土工布吸附了多余的自由沥青，增强了层间的抗剪强度。

(4)温度对黏结层抗剪强度的影响非常明显，温度对黏结层抗剪强度的影响非常明显，A—70 沥青、SBS 改性沥青以及 SBS + CRM 复合改性沥青黏结层抗剪切强度都随温度升高急剧下降。

SBS 改性沥青 + 土工布黏结层形式在温度为 5 ~ 25℃范围内抗剪强度随温度增加几乎成线性下降关系：

$\tau = -0.0227T + 1.4931$（τ 为抗剪强度，T 为温度）。

(5)不同类型的沥青对比可以发现 SBS 改性沥青在相同试验条件下，其黏结层抗剪切强度明显高于 A—70 沥青。

(6)利用测试的黏结层抗剪强度和 BISAR 软件计算的层间剪应力结果，可求得黏结层的抗剪稳定系数。测试的几种层间黏结材料的抗剪安全系数平均都超过了 1.5 以上，在正常条件下这几种层间黏结方式是安全的、可行的。

(7)由于便携式岩土剪切仪本身的局限性（如人工加载、缺乏恒温箱、制作试件的人为因素等），测试的结果不可能很精确，因此只能是整体上的比较。另外缺乏确定黏结层在一定重复荷载下水平抗剪疲劳寿命的方法，且试验测试抗剪的效果与道路的实际受力情况还是存在一定的差异，实测抗剪强度对实际剪切应力应满足的最小安全系数仍待进一步的研究。

层间直剪试验仪也存在一个缺点，就是不能在试验时在剪切面上施加正应力，不能很好地模拟路面的实际情况；另外高温条件下层间界面抗剪切强度较低时，加载头的质量对试验结果有影响。

通过不同剪切测试仪器的比较，层间斜剪试验仪在高温试验时数据更加稳定，且更加符合现场实际受力状态，建议采用层间斜剪试验仪进行层间抗剪强度测试和进行层间剪切疲劳试验。

第7章　CRC+AC复合式沥青路面结构设计

连续配筋混凝土复合式沥青路面 CRC+AC 结构设计的重点是:结构组合设计、沥青面层厚度设计、CRC 板的厚度与配筋设计、端部设计等。

连续配筋混凝土复合式路面结构方案,应根据公路的使用任务、性质和要求,结合当地的气候、水文、土质、材料、施工技术、实践经验以及环境保护要求等,通过技术经济分析比较确定。路面结构应按规定的安全等级和目标可靠度,承受预期的交通荷载作用,并同所处的自然环境相适应,满足预定的使用性能要求。连续配筋混凝土复合式沥青路面适用于特重交通的主干线高速公路。

连续配筋混凝土复合式沥青路面结构设计,以《公路水泥混凝土路面设计规范》(JTG D40—2011)设计指标与标准为基础,并满足其相关要求;理论模型为弹性半空间地基上的连续配筋混凝土弹性薄板上覆沥青混合料弹性层结构体系,它既不同于弹性地基上的弹性薄板,也不同于弹性层状体系,而是两者的结合,结构比较复杂。可近似依据 JTG D40—2011 规范,采用普通混凝土结构分析方法计算 CRC 板的综合疲劳应力,以有沥青面层的混凝土板应力分析进行结构计算,考虑沥青面层对 CRC 板结构应力的影响,并确定 CRC+AC 结构层的厚度。

本书采用空间等参元 8 节点 6 面体有限元方法,根据理论模型,建立有限元计算模型,分析 CRC 板实际尺寸时的临界荷位与荷载组合模式,计算 CRC+AC 结构的荷载应力与温度应力以及层间剪应力,采用层间剪切指标进行沥青面层的厚度设计;采用 CRC 板实际结构尺寸分析荷载应力与温度应力,以板底综合疲劳应力为设计指标,以不产生疲劳断裂为设计标准,并控制 CRC 板边冲断极限破坏。

7.1　设计基础

(1)结构可靠度设计标准。相应的连续配筋混凝土复合式沥青路面结构的设计安全等级及相应的设计基准期、目标可靠指标和目标可靠度,应满足 JTG

D40—2011 中表 3.0.1 的要求。

(2)路面材料性能和结构尺寸的变异水平分为低、中、高三级，各变异水平等级主要设计参数的变异系数变化范围应符合 JTG D40—2011 中表 3.0.2 的要求。

(3)连续配筋混凝土复合式沥青路面结构设计，以 CRC 板在设计基准期内，在行车荷载和温度梯度综合作用产生的疲劳断裂作为设计的极限状态，CRC 板的综合疲劳应力满足 JTG D40—2011 中式(3.0.4-1)的要求，即：$\gamma_r(\sigma_{pra}+\sigma_{tra})\leqslant f_r$。对裂缝间距 L_d 较小(20～50cm)时的 CRC 板进行板边冲断极限破坏板厚验算。

(4)交通量计算与交通分级。以 100kN 的单轴—双轮组荷载为标准轴载，不同轴—轮型和轴载的作用次数，按 JTG D40—2011 中式(3.0.6)换算为标准轴载的作用次数。设计基准期内设计车道临界荷位处所承受的标准轴载累计作用次数按 JTG D40—2011 中表 3.0.7 的要求划分交通荷载等级。

(5)水泥混凝土弯拉强度标准。水泥混凝土的弯拉强度以 28d 的弯拉强度控制。各交通等级要求的混凝土弯拉强度标准值不得低于 JTG D40—2011 中表 3.0.8 的要求。

(6)在季节性冰冻地区，路面结构的总厚度不应小于 JTG D40—2011 中表 3.0.9规定的最小防冻厚度要求。

(7)水泥混凝土面层的最大温度梯度标准。温度梯度按照公路所在地区的公路自然区划按 JTG D40—2011 中表 3.0.10 选用。

(8)设计内容。CRC + AC 结构设计内容主要包括结构组合设计、沥青面层厚度设计、CRC 板厚度设计、CRC 板配筋设计、CRC + AC 的接缝与端部设计、路肩设计、路面排水设计等。需要确定的主要参数有：CRC 板厚、AC 层厚、配筋率、裂缝间距、裂缝宽度、纵向钢筋的直径与间距、横向配筋率及横向钢筋的直径与间距。

(9)设计步骤。选择和确定 CRC + AC 结构方案→进行交通量与轴载分析→确定安全与交通等级→结构组合设计→确定材料、结构及自然环境参数→沥青面层厚度设计→CRC 板厚度设计→CRC 板配筋设计→CRC 板平面尺寸设计→CRC + AC 结构端部设计与接缝设计。

7.2 CRC + AC 复合式沥青路面结构组合设计

7.2.1 CRC + AC 复合式沥青路面结构组成

CRC + AC 复合式路面结构由沥青面层、层间界面黏结防水层、CRC 板(隔离层)、基层、底基层或垫层和路基组成,并包括路肩、路面排水、CRC + AC 的端部与接缝、CRC 配筋等。

新建 CRC + AC 复合式路面,由于 CRC 板的刚度与整体强度相对较大,在 CRC 板与路基(路床)之间应设置基层,路基和基层的强度仍然很重要,良好的地基支承状况可以明显地改善纵向钢筋的受力及横向裂缝的传荷性能。可采用规范 JTG D40—2011 中表 4.4.2 中推荐的基层与底基层类型与厚度;由于 CRC + AC 的防水效果较好,一般不需设置排水性基层,CRC 板下宜采用沥青混合料隔离层;基层宜采用水泥稳定碎石基层,并适当提高强度,也可采用贫混凝土或碾压混凝土基层。基层下不设垫层时,上路床为细粒土、黏土质砂或级配不良砂,基层下应设置底基层,底基层可采用级配粒料、水泥或二灰稳定粒料,厚度一般不小于 15cm。水温状况不良的路段,还需设置垫层,以排水、隔水、防冻等,厚度一般不小于 15cm。

旧路改建加铺 CRC + AC 复合式路面,一般不需要再设置基层与垫层。旧水泥混凝土路面加铺时,应先对旧混凝土路面板进行处理,如破碎板更换、脱空板灌浆或破碎稳固处理等。为消除旧板对加铺层的影响,应设置隔离层,如 2 ~ 3cm 的细粒式沥青混合料,再加铺 CRC 与 AC 结构层。旧沥青路面加铺时,在对旧路面进行处治与平整后,不需设置隔离层,可直接加铺 CRC 层与 AC 层。

CRC + AC 复合式沥青路面典型结构见表 7-1。

CRC + AC 复合式沥青路面典型结构形式　　表 7-1

结构层次	新建工程	旧水泥路面加铺工程	旧沥青路面加铺工程
沥青面层	AC 层/6 ~ 12cm	AC 层/6 ~ 12cm	AC 层/6 ~ 12cm
层间黏结层	层间结合材料	层间结合材料	层间结合材料
CRC 板	混凝土板/配筋	混凝土板/配筋	混凝土板/配筋
基层/隔离层	水泥粒料或沥青混合料	隔离层/细粒式沥青混合料	旧沥青路面处治与平整
底基层/垫层	水泥粒料或级配粒料	旧混凝土板/换板压浆处理 旧混凝土板破碎稳固处理	

7.2.2　CRC 板的平面尺寸与接缝要求

连续配筋混凝土 CRC 板一般采用矩形板。纵向接缝包括纵向收缩假缝和纵向施工缝。纵向接缝的间距按路面宽度在 3.0 ~ 4.5m 范围内确定,一般不宜超过 4.5m。纵缝间距通常按车道宽度确定,带有左右侧路缘带的高速公路和一级公路,板宽可按车道和路缘带的宽度确定,一般四车道高速公路,其左侧路缘带一般为0.75m,右侧路缘带一般为0.5m,则板块划分时,左侧板宽为4.5m,右侧板宽4.25m。

CRC板没有横向接缝,只有横向收缩的随机裂缝,但与其他类型路面或构造物相接时,应设端部处理机构。横向设施工缝时应设置剪力钢筋。

7.2.3 连续配筋混凝土 CRC 板的厚度要求

根据国外的研究成果,CRC 的极限应力和挠度与普通混凝土路面大致相同,在重交通道路上不减薄板厚,采用与普通混凝土路面相同的厚度。现行设计规范 JTG D40—2011 中对于 CRC + AC 结构没有具体设计方法,可参考普通混凝土路面进行板厚设计,以板底弯拉应力为控制指标,应考虑沥青面层对荷载应力与温度应力的影响,再确定 CRC 板的厚度。

CRC 板的裂缝间距(一般为1.0 ~ 2.5m)明显小于普通混凝土板的设计板长(一般为5m),此时按普通混凝土板长计算的纵缝边缘中部板底的弯拉应力偏大,实际 CRC 板底的应力比计算的应力小。同时由于纵向与横向钢筋的约束,连续的纵向钢筋加强了 CRC 板的传荷能力,接缝传荷能力的应力折减系数变小,CRC 板底的应力也进一步减小。

国内长安大学王虎等人研究认为,CRC 板的配筋强化了板的承载能力,提高了板的整体工作性能,有益于限制路面的裂缝,配筋混凝土路面板荷载应力比无筋混凝土有限路面板荷载应力下降约 12%,仅考虑荷载应力作用时,同样条件下,CRC 板的厚度较无筋普通混凝土板厚度可减薄 10%。

目前,由于我国货运车辆的超载严重,实际荷载(轴重)明显超过标准轴载,有时达到 200kN 甚至 300kN,因此,应考虑重荷载对板的极限状态和疲劳寿命的影响,板厚一般不宜降低太多。连续配筋混凝土板厚度参考范围见 JTG D40—2011 条文说明中表 4-3 的要求。连续配筋混凝土面板的厚度不宜小于 180mm。

7.2.4 沥青面层的厚度要求

复合式路面沥青面层的厚度,根据 JTG D40—2011 的有关要求,复合式路面的沥青混凝土上面层的厚度不宜小于 4cm;《公路沥青路面设计规范》(JTG D50—2006)中的条文说明指出,刚性基层沥青路面,高速公路的沥青面层最小厚度不宜小于 10cm。JTG D40—2011 中旧水泥混凝土路面上沥青加铺层厚度应兼顾混合料的公称最大粒径相匹配和减缓反射裂缝的要求,高速公路和一级公路沥青面层的最小厚度宜为 10cm,其他公路等级的最小厚度宜为 8cm。

根据国外的经验,40mm 厚的沥青混凝土面层约可减少 10mm 厚的水泥混凝土结构层。根据 CRC + AC 复合式路面结构层间剪应力的分析结果,沥青面层厚度在 0 ~ 5cm 时,剪应力很大,6 ~ 12cm 时剪应力下降较快,12cm 以上时剪应力降幅减小,建议沥青层厚度为 8 ~ 10cm,应不小于 6cm,也不宜超过 12cm。

7.2.5　路基、垫层和基层

连续配筋混凝土复合式沥青路面的路基、垫层和基层应分别满足 JTG D40—2011 中 4.2、4.3、4.4 条的要求。

路基应稳定、密实、均匀,为 CRC + AC 路面结构提供均质的支承。在季节性冰冻地区、水文地质不良地段、可能出现不均匀沉降的路段应设置垫层,基层应具有一定的刚度和足够的抗冲刷能力。

7.2.6　路肩和路面排水

连续配筋混凝土复合式路面的路肩、路面排水应分别满足 JTG D40—2011 中 4.6、4.7 条的要求。

硬路肩水泥混凝土面层的厚度通常采用与行车道面层等厚的结构,其基层也宜与行车道基层相同,以提高承载能力和方便施工。

硬路肩水泥混凝土路面可不配置纵向钢筋,只需采用纵缝拉筋与行车道 CRC 板相连,纵缝拉筋一般为行车道 CRC 板的横向钢筋外延。滑模施工时,边板纵向拉杆需另外安装。

7.3　沥青面层(AC)结构厚度设计

沥青面层的功能主要是提高路面表面的平整度、耐磨性能和抗滑性能,防止雨水进入路面结构,从而保护和维持 CRC 板的结构使用性能,降低 CRC 板的温度梯度从而降低 CRC 板的温度翘曲应力,降低 CRC 板的一些施工技术指标要求,如平整度、表面构造与纹理、表面磨光性能等。同时 AC 层能减小车轮对 CRC 板的冲击振动,利于扩散荷载以及便于维修等。

7.3.1　一般要求

(1)沥青面层的最小厚度要求。研究表明,AC 层厚度较薄时(小于 4cm),复合式路面的结构应力与普通 CRCP 的应力接近或稍大,由于 AC 层厚度较薄时隔热效果不明显,同时对荷载的扩散能力有限,再由于 AC 面层有较大的太阳辐射吸收能力，可使 CRC 板的温度梯度更大。因此，较薄的 AC 层（小于 4cm）主要用于改善路面的服务水平与舒适性能，对路面的受力影响不大。AC 层大于 4cm 时，由于沥青混合料的传热能力低，尽管沥青面层表面一定范围内吸收了大量的太阳辐射热，往往内部一定范围内（2～4cm）温度比表面温度高，但传给 CRC 板的热量少，导致温度场在 CRC 板内的变化较为缓和，温度梯度降低。

日本岩间滋的温度场测定结果表明：当沥青面层厚 5cm 时，有或无沥青加铺层时混凝土层顶面的温度几乎相同，温度变化的相位滞后 1～2h。

沥青混合料对辐射热的吸收率高于混凝土，而热传导性低于混凝土，因此 4～5cm 相当于一个平衡点，沥青面层厚度小于平衡点时，混凝土层顶面的温度将高于无铺层时的温度，而当沥青面层厚度大于平衡点时，混凝土顶面的温度低于无加铺层时的温度。故从扩散荷载与降低温度梯度（温度翘曲应力）考虑，沥青面层的最小厚度不宜小于 4～5cm。

根据 CRC + AC 复合式路面结构层间剪应力的分析结果，沥青面层厚度小于 6cm 时，层间剪应力较大，同时衰减较快，6～8cm 后，衰减平缓，因此，AC 层厚度不宜小于 6cm。

（2）沥青面层的经济厚度。AC 层对 CRC 板具有隔温作用，一定厚度的 AC 层可明显改善 CRC 板的温度场，降低温度梯度。研究表明，AC 层为 4cm、8cm、12cm 时，CRC 板的最大温度梯度降低约 10%、30%、50%，不同自然区划、不同 AC 层厚度，CRC 板厚度为 22cm 时的温度梯度降低情况见表 7-2。不同 CRC 板厚度的修正系数见表 7-3。

不同自然区划、不同 h_a 时 CRC 板的最大温度梯度 T_g 情况（℃/cm） 表 7-2

h_a(cm)	公路自然区划					
	Ⅱ	Ⅲ	Ⅳ	Ⅴ	Ⅵ	Ⅶ
0	0.88～0.94	0.95～1.00	0.93～0.98	0.90～0.96	0.92～0.97	0.98～1.04
4	0.62～0.66	0.65～0.71	0.64～0.70	0.63～0.68	0.64～0.69	0.69～0.74
8	0.43～0.46	0.48～0.51	0.46～0.50	0.44～0.47	0.45～0.49	0.50～0.53
12	0.30～0.32	0.32～0.34	0.31～0.33	0.30～0.32	0.30～0.33	0.33～0.35
16	0.30～0.31	0.30～0.31	0.30～0.31	0.30～0.31	0.30～0.31	0.30～0.33
20	0.30	0.30	0.30	0.30	0.30	0.30

不同 h_c 时 CRC 板的最大温度梯度修正系数 表 7-3

h_c(cm)	16	18	20	22	24	26	28
修正系数	1.19	1.13	1.08	1.00	0.93	0.87	0.81

根据表7-2和表7-3得出各自然区划当CRC板厚度与AC层厚度变化时的CRC板温度梯度如图7-1和图7-2所示。

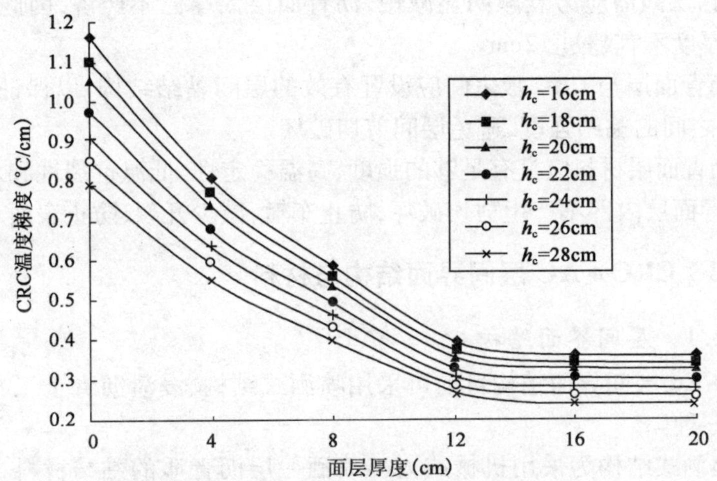

图7-1　不同 h_a 时CRC板的最大温度梯度变化

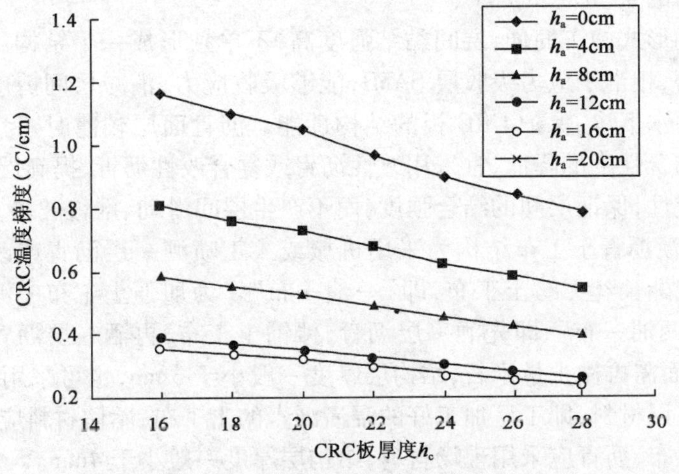

图7-2　不同 h_c 时CRC板的最大温度梯度变化

由图7-1可以看出，随着沥青面层厚度的增加，CRC板的温度梯度减小，尤其是当沥青面层厚度 h_a 介于0~12cm之间时，温度梯度几乎呈线性迅速减小；当沥青面层厚度大于12cm时，CRC板温度梯度减小的趋势变缓，已不明显，继续增加沥青面层的厚度对于改善CRC板的温度场意义已不大。此外CRC板的厚度越大，温度梯度越小。同时沥青面层越厚产生的车辙变形越大，容易出现车辙损坏。

根据 CRC + AC 复合式路面结构层间剪应力的分析结果，沥青面层厚度超过 12cm 时，层间剪应力衰减明显减慢，沥青面层太厚已不经济，因此建议沥青面层经济厚度不宜超过 12cm。

(3)沥青面层与 CRC 板之间应设置有效的层间黏结结构，以保证沥青面层与 CRC 板之间的黏结强度，避免层间剪切破坏。

(4)沥青面层材料应具有足够的强度、高温稳定性、低温抗裂性和水稳定性，以保证沥青面层内部不产生剪切破坏，防止车辙，减少开裂，防止表面水损害。

7.3.2 CRC + AC 层间界面结构与材料

7.3.2.1 *层间界面结构*

CRC + AC 层间界面结构目前可采用喷洒式结构、浸渍沥青土工布结构、铺装式结构三种。

(1)喷洒式结构为采用机械或人工喷洒一层沥青质的黏结材料，厚度一般小于 2.5mm，为保证施工机械的工作方便，再撒一定数量的单一粒径碎石，一般为满铺碎石的 45% ~55%。

该结构形式施工简便，层间黏结强度高，不单独形成一个结构层，上下层结合更为紧密，相当于应力吸收层 SAMI，能够吸收应力，消减层间剪应力，同时能有效防止雨水下渗，保护 CRC 板的结构性能。沥青面层较薄时，为防止高温条件下层间结合强度的降低，宜采用改性沥青或复合改性沥青，提高层间黏结材料的高温稳定性，保证层间的结合强度，而不产生层间滑动、推移破坏。

(2)浸渍沥青土工布结构为采用机械或人工喷洒一层沥青或改性沥青，再摊铺一层聚酯长丝无纺土工布，即“一油一布”。为加强土工布中沥青的浸透，也可采用“两油一布”，即先洒一层沥青，摊铺土工布，再洒一层沥青，此时为方便施工，表面需再撒少量米石，结构层厚度一般小于 3mm，也可采用类似防水卷材的防水夹层材料，即工厂加工好的浸渍沥青的土工布，胎体材料应采用聚酯长丝无纺土工布，沥青应采用现场材料，结构层厚度一般小于 4mm。

该结构为层间夹层结构，能有效消减层间剪应力和延缓 CRC 板裂缝的反射，且防水效果较好，但施工较繁杂，工序多，造价贵。

(3)铺装式结构为机械摊铺一层类似于应力吸收层的薄层结构，如旧水泥混凝土路面上应用的 STRATA 应力吸收层或高黏度高沥青用量的细粒式沥青混凝土，或浇注式沥青混凝土，一般厚度 2 ~3cm。目前工程中应用较少，造价较高。

7.3.2.2　层间界面材料

1)喷洒式结构

喷洒式黏层结构,一般采用沥青质的液体涂料,如橡胶改性沥青、SBS改性沥青、SBR改性沥青、热石油沥青(A—70)、SBR改性乳化沥青、普通乳化沥青等,应根据当地的气候条件、交通荷载条件、沥青面层厚度选用不同的黏结层材料及用量,黏结层材料抗剪强度与材料用量参考表见表7-4。

喷洒式黏结层抗剪性能与材料用量参考表　　表7-4

黏结材料	竖向压力(MPa)	材料用量(kg/m²)	试验温度(℃)	剪切强度(MPa)
橡胶沥青	0.7	1.4~1.8	25	0.547
SBS改性沥青	0.7	1.4~1.8	25	0.769
石油沥青(A—70)	0.7	1.4~1.8	25	0.572

注:加载速度:0.1mm/min,加载速度相当于水平荷载0.25kN/s。

2)浸渍沥青土工布结构

一般采用沥青与聚酯长丝无纺土工布结合,也可为类似防水卷材的防水夹层材料,现场摊铺而成。应根据当地的气候条件、交通荷载条件、沥青面层厚度选用不同的浸渍沥青与土工布,黏结层材料抗剪强度与材料用量参考表见表7-5。

浸渍沥青土工布黏结层抗剪性能与材料用量参考表　　表7-5

黏结材料	竖向压力(MPa)	材料用量(kg/m²)	试验温度(℃)	剪切强度(MPa)
橡胶沥青	0.7	1.4~1.8	25	0.646
SBS改性沥青	0.7	1.4~1.8	25	0.835
石油沥青(A—70)	0.7	1.4~1.8	25	0.596

注:加载速度相当于水平荷载0.25kN/s。

7.3.3　基于层间剪应力指标的沥青面层厚度设计模式

CRC+AC复合式沥青路面结构,AC层主要起功能性作用,以提高路面的平整度、抗滑与舒适性能,同时兼有扩散应力、降低温度梯度、防水和缓和荷载的冲击作用,因此,AC层的厚度不宜太厚,如前所述,AC层厚度8~10cm。

CRC+AC结构中薄沥青面层容易引起层间滑移破坏,并导致路面出现开裂、形成壅包,尤其是在长大纵坡路段、弯道半径小的路段,汽车的制动、加速、转弯等造成纵向和横向水平力较大,特别是在夏季高温、汽车超载严重的条件下,将会产生严重的纵向推移和横向滑移现象。CRC+AC层间界面剪应力分析表明,沥青面层厚度和荷载对层间剪应力影响较大,因此,合理设计沥青面层厚度,既要保证层间黏结结构的稳定与安全,防止层间剪切破坏,又要满足路面结构经济合理的需要。

7.3.3.1 *层间界面抗剪设计状态*

CRC + AC 结构在垂直荷载与水平荷载的综合作用下产生剪切疲劳失稳作为设计极限状态,即:

$$\tau_{\alpha} \leqslant \tau_{R} \tag{7-1}$$

式中:τ_{α}——层间界面的剪应力(MPa);

τ_{R}——层间界面粘结材料的容许剪应力(MPa)。

7.3.3.2 *层间界面剪应力*

CRC + AC 层间界面水平剪应力可根据弹性层状体系理论,采用以弹性层状体系理论为基础的计算程序或有限元程序进行计算得到。采用弹性层状体系理论的 BISAR3.0 程序进行计算,经计算得最大层间剪应力约在轮中心正前 0.9δ 处,与路面表面最大剪应力计算点的位置不同,其为轮后 0.9δ 处。

作用于路面表面的水平荷载有:①车轮滚动产生的滚动摩阻力;②车辆加减速而产生的加减速阻力;③制动过程中可能产生的滑动阻力;④车辆上下坡时的坡度阻力;⑤弯道行驶时的离心力。

分析表明,以制动时的水平力最大,其作用于路面表面的水平荷载,以车轮垂直荷载乘以车轮与路面之间的摩擦系数表示,即:

$$p = f \cdot q \tag{7-2}$$

式中:p——汽车制动时的水平荷载(MPa);

f——车轮与路面之间的摩擦系数,也称水平力系数;

q——车轮垂直荷载(MPa)。

摩擦系数f(水平力系数)值与车辆行驶状态有关,一般车辆行驶状态可分为正常行驶、缓慢制动、紧急制动三种状态,车辆大部分为正常行驶状态,遇停车站、交叉路口时在交通标志的指引下缓慢制动停车,正常行驶下遇紧急状况采取紧急制动。各种状态的水平力系数f值如表 7-6 所示。

车辆不同行驶状态时的水平力系数f 表 7-6

行驶状态	正常行驶	缓慢制动	紧急制动
水平力系数f	0.1	0.2	0.5

通过计算,f=0.5、h_a = 10cm 时,完全结合状态下层间水平最大剪应力约为 0.248MPa,此处的竖向压力约为 0.419MPa,层间结合状态降低时剪应力随之减

小。考虑到汽车在沥青路面上的实际摩擦系数通常为0.01~0.02,即使在爬坡时坡度一般小于0.08,因此正常行驶下道路阻力系数小于0.1,且层间不可能为完全结合状态,因此,按紧急制动时计算的剪应力为较保守的值。

根据第5章的分析结果,沥青面层的厚度 h_a 对层间剪应力的影响较大,若只考虑沥青面层厚度对剪应力的影响时,可得到层间完全连续状态时,汽车紧急制动时水平力系数 $f=0.5$,沥青面层厚度 h_a(cm)与层间最大剪应力 τ_α 的回归公式:

$$\tau_\alpha = 0.0001h_a^2 - 0.0166h_a + 0.4055 \quad (\mathrm{MPa}) \tag{7-3}$$

7.3.3.3　*层间界面抗剪强度与容许剪应力*

层间界面容许剪应力 τ_R 由层间抗剪强度 τ_f 与层间抗剪结构强度系数 K_T 确定:

$$\tau_R = \frac{\tau_f}{K_T} \tag{7-4}$$

式中:τ_f——一次荷载作用下层间黏结材料抗剪强度,由剪切试验确定(MPa);

K_T——层间界面抗剪结构强度系数,表征层间黏结材料的抗剪强度因疲劳而降低的系数,可由室内试验根据荷载剪切应力与达到疲劳剪切破坏的临界状态的荷载作用次数之间的疲劳方程表示,也可由现场调查出现疲劳剪切破坏的路段与交通量之间的关系表示。

层间抗剪结构强度系数同行车荷载作用状态有关,如公路等级、交通量的大小、荷载大小与水平力的大小、行车速度等。

正常行驶状态时($f=0.1$):

$$K_T = \frac{0.35}{A_c}N_e^{0.20} \tag{7-5}$$

缓慢制动时($f=0.2$):

$$K_T = \frac{0.35}{A_c}N_e^{0.15} \tag{7-6}$$

紧急制动时($f=0.5$):

$$K_T = \frac{1.2}{A_c} \tag{7-7}$$

式中:N_e——设计年限内设计车道上累计当量轴次,由于目前还没有不同轴承载剪应力等效换算公式,可近似采用弯沉等效轴载换算公式进行换算;

A_c——道路等级系数,高速公路和一级公路 $A_c=1.0$,二级公路 $A_c=1.1$,三级和四级公路 $A_c=1.2$。

层间黏结层材料抗剪强度 τ_f 不仅与黏层材料种类、用量有关，而且还受试验温度、剪切速率与竖向压力的影响。试验表明温度对层间抗剪强度影响明显，接近于线性变化，取轮压为通常 0.7MPa，水平荷载按 0.25kN/s 的速度施加，在不同温度时对 SBS 改性沥青黏结层抗剪强度进行试验，回归公式如下式。

$$\tau_f = -0.0227T + 1.4931 \tag{7-8}$$

式中：τ_f——抗剪强度（MPa）；

T——温度（℃）。

对于通常使用SBS 改性沥青层间黏结材料，可根据夏季最高气温时 CRC + AC 结构，在不同沥青面层厚度时层间界面的最高温度，由上式计算层间抗剪强度。

夏季最高气温时，不同沥青面层厚度时层间界面最高温度，可根据 SHRP 的沥青面层温度确定方法和沥青面层的温度折减确定 CRC 板顶面的温度。

根据 SHRP 计算一年中最热的 7d 最高路表温度平均值的方法，以路表下深度为 20mm 处的温度为路表温度，路表温度 T_{20mm} 为：

$$T_{20mm} = (T_{air} - 0.00618\text{Lat}^2 + 0.2289\text{Lat} + 42.2) \times 0.9545 - 17.78 \tag{7-9}$$

式中：T_{air}——空气温度（气温），如长沙地区最高气温为 40℃；

Lat——纬度，如长沙地区的纬度为 28.2°。

由 CRC + AC 温度场模型，经 ANSYS 计算分析，有沥青面层的 CRC 板顶的温度主要是路表温度经沥青面层的衰减，沥青面层越厚温度衰减越多。通过大量的计算，在层间完全连续状态下，在不同路表温度，不同沥青层厚度 h_a（cm）下，回归得到 CRC 板顶的夏季最高温度 T。

$$T = 0.8049T_{20mm} - 0.8886h_a + 6.1419 \tag{7-10}$$

7.3.4 沥青面层厚度的确定

CRC + AC 复合式沥青路面结构中，主要以 CRC 板的结构强度满足汽车荷载的作用，沥青面层主要起功能性作用。从结构上分析，沥青面层具有扩散应力、降低层间界面剪应力、降低 CRC 板的温度梯度、缓和车辆荷载的冲击振动作用。沥青面层的厚度影响到荷载应力的扩散、CRC 板温度应力和层间剪应力，也影响到路面结构的整体造价。厚沥青面层对降低结构荷载应力与温度应力是有利的，也可降低层间剪应力，h_a 超过 12cm 后，各种作用减弱，但经济上是不利的，因此需要确定合理的沥青面层厚度。

7.3.4.1 层间界面剪应力的要求

沥青面层的厚度对层间剪应力的影响较大，通过增加 AC 层的厚度可降低层间剪应力，层间完全连续状态，h_a < 8cm 时，层间剪应力随 AC 层厚度的增加

降幅较大；而当 $h_a > 10\text{cm}$ 时，影响幅度减小，$h_a > 12\text{cm}$ 后，影响减弱。

从层间剪应力的要求来看，可根据层间黏结层材料的抗剪强度、剪应力的大小，在满足层间疲劳剪切失稳状态下[式(7-1)]，通过计算确定一个沥青面层的厚度 h_a，其范围一般在8~10cm，不小于6cm、不宜超过12cm。

7.3.4.2 沥青面层车辙变形的要求

CRC+AC复合式路面结构中沥青面层的车辙由压密车辙、磨耗车辙和失稳车辙组成，路面结构性车辙基本没有，主要是失稳车辙，仅与沥青面层厚度与材料特性有关。根据已有研究成果和规范要求，容许车辙深度建议值见表7-7。

容许车辙深度RD建议值 表7-7

公路等级	高速公路	一、二级公路	
		非交叉路口路段	交叉路口路段
[RD](mm)	10~15	15~20	25~30

根据沥青路面车辙研究成果，车辙深度(RD)的计算公式如下：

$$RD = W_p(1 + K_L)C_d \tag{7-11}$$

式中：RD——车辙深度(mm)；

K_L——侧向隆起系数，$K_L = 0.5$(考虑路面的侧向隆起高度影响)；

C_d——动态修正系数(考虑车辆荷载动态特性对沥青混合料变形的影响)；

W_p——沥青层的竖向永久变形(即厚度减薄量)，可由计算得到。

依照容许车辙深度反求出 W_p，再依照 W_p 与沥青层厚度的关系，求出沥青层满足车辙指标的厚度范围的思路来进行计算。式(7-11)中参数的选定：当沥青混合料种类为密级配中粒式混凝土时，$C_d = 1.3$，$K_L = 0.5$；高速公路时的容许车辙深度值RD为15mm或20mm(其他高等级公路非叉口路段取高值)。

式(7-11)可变化为：

$$W_p = \frac{RD}{(1 + K_L)C_d} \tag{7-12}$$

将以上参数值代入式(7-12)中，得出满足车辙深度值的沥青层竖向永久变形量 W_p 的范围为7.692~10.2564mm。

取参数沥青混合料的劲度 $S_{mix.v} = 410\text{MPa}$，土基 $E_0 = 30\text{MPa}$，基层 $E_b = 800\text{MPa}$，基层厚 $h_b = 35\text{cm}$，回归得沥青层厚度 h_a 与 W_p 的关系方程为(回归系数为0.9909)：

$$h_a = \frac{W_p - 3.9619}{0.5428} \tag{7-13}$$

式中：h_a——沥青面层厚度(cm)。

由式(7-13)可确定满足车辙指标要求的沥青面层厚度范围为7～12cm。

7.3.4.3 *沥青面层厚度的确定*

综合前面论述，并考虑我国目前的实际情况，推荐CRC+AC复合式沥青路面沥青面层厚度范围为8～10cm，宜大于6cm，小于12cm。结构设计中宜分两层，表面层为4cm，下面层为4～6cm。

7.4 CRC板结构厚度设计

连续配筋混凝土复合式沥青路面中CRC板是主要承重层。CRC板由于纵向钢筋的约束，在环境变化时会随机产生较多的横向裂缝而带缝工作，因此横向裂缝控制不宜作为设计指标；纵向钢筋一般布置在板的中部，承受混凝土体积变化时的收缩应力；CRC板在荷载作用下板底产生较大的弯拉应力，在重复荷载作用下也可能产生疲劳断裂。在裂缝间距较小时，最不利荷位在横向裂缝边缘中部，且应力较大，在重轴载作用下容易产生板边冲断破坏。CRC板的厚度对板底应力有较大的影响，因此需要合理确定CRC板的厚度，防止板边冲断破坏的产生。

7.4.1 一般要求

(1)CRC+AC复合式沥青路面为弹性半空间地基上弹性薄板上覆沥青混合料弹性层结构，现行规范没有具体明确的设计方法，可参考JTG D40—2011附录B，先按弹性地基上的单层板(粒料基层或旧沥青路面加铺)或分离式双层板(半刚性、贫混凝土、碾压混凝土基层或旧混凝土板加铺)进行纵缝边缘中部的综合疲劳应力计算，再考虑沥青面层的应力折减效应，按JTG D40—2011附录C，计算纵缝边缘中部临界荷位处的荷载疲劳应力和温度疲劳应力。计算时，可近似地按普通水泥混凝土面板的尺寸、各项设计参数和规定进行，先求出无沥青面层时混凝土板的应力，然后再考虑沥青面层的影响和应力折减，从而得到有沥青面层的混凝土的荷载应力和温度应力，进而确定CRC板的厚度。

(2)分析表明，CRC板的应力、临界荷位与裂缝间距L_d有很大的关系，CRC板的纵向尺寸明显小于普通混凝土板，且板的横向开裂不影响其使用性能，因此,参考规范JTG D40—2011进行CRC+AC结构设计存在明显不足。

在计算CRC板的综合疲劳应力时,应先根据地理位置和气候条件确定配筋率ρ、计算裂缝间距L_d、确定板块的尺寸和临界荷位,再根据不同裂缝间距L_d计算板底临界荷位的荷载应力与温度应力,确定CRC板的基本厚度h_c。由于横向裂缝间距的随机性,有可能出现裂缝间距较小的情况,如小于1m,从而造成CRC板底横向荷载应力与温度应力过大,容易产生板边冲断破坏,因此,应进行CRC板边冲断极限破坏的验算。

(3)连续配筋混凝土板的计算厚度,应控制CRC板底的综合疲劳应力不超过水泥混凝土的弯拉强度标准值(JTG D40—2011中表3.0.8),即应满足JTG D40—2011式3.0.4-1的要求[$\gamma_r(\sigma_{pra}+\sigma_{tra})\leqslant f_r$]。

7.4.2 荷载应力计算

7.4.2.1 临界荷位与荷载组合

1)临界荷位

根据表2-11、图2-13的分析结果,不同裂缝间距L_d下,CRC板在车辆荷载作用下的临界荷位有两种情况,见图7-3。

一是横向裂缝间距$L_d<2.0$m时,为板的横缝边缘中部(横向裂缝边缘靠中部)。

二是横向裂缝间距$L_d\geqslant2.0$m时,为板的纵缝边缘中部(荷位为横向裂缝板中靠纵向接缝边缘)。

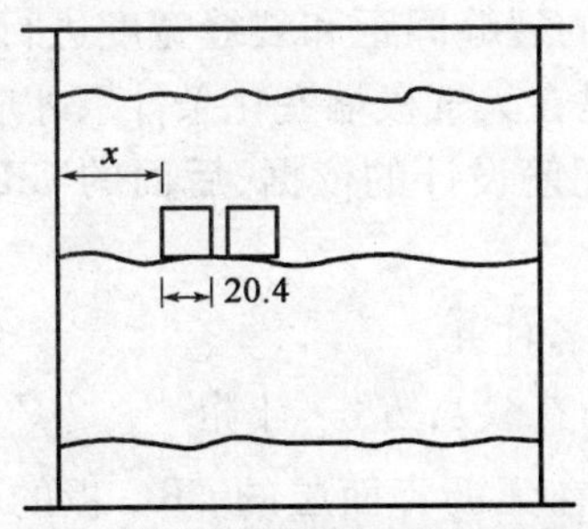

荷位1)横缝边缘中部(x=1/4B~1/2B)

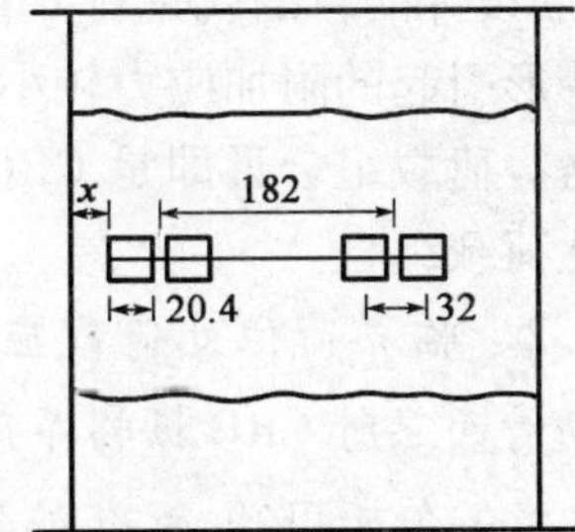

荷位2)纵缝边缘中部(x=0)

图7-3 临界荷位示意图(尺寸单位:cm)

2)荷载组合

CRC板承受车辆荷载和环境因素的综合作用,其中车辆荷载的最不利荷位见上述分析,裂缝间距L_d对最不利荷位有较大的影响。CRC板的收缩应力包括温缩应力、干缩应力、翘曲应力以及翘曲变形引起的钢筋与混凝土附加应力，其中温缩应力、干缩应力、翘曲变形引起的附加应力均在板中位置最大，由钢筋及混凝土承担。参考最不利荷位，温度翘曲应力计算位置为：一是板的纵缝边缘中点；二是板的横缝边缘中点（最大温度应力均在板中）。由此，CRC 板的荷载组合模式为：

(1) CRC 板底弯拉应力荷载组合

荷载组合Ⅰ：板横缝边缘中部荷载应力 + 相应位置的翘曲应力/x 方向；

荷载组合Ⅱ：板纵缝边缘中部荷载应力 + 相应位置的翘曲应力/y 方向。

CRC 板翘曲应力会增大板顶或板底的弯拉应力，一般正温差时，板向下弯曲，板底弯拉应力较大，但在裂缝间距较小时，翘曲应力会显著减小，传统普通混凝土板的最不利荷载组合Ⅱ，由于纵向翘曲应力较小而不能控制混凝土的板厚，即便 CRC 板裂缝间距较大（大于 3m），在荷载组合Ⅱ的作用下产生横向疲劳开裂，也不是 CRC 板的主要控制破坏模式。因此，对于横向随机开裂、裂缝间距控制在较小范围内(1.0 ~ 2.0m)的 CRC 板，组合Ⅰ可能是最不利的荷载组合，当荷载组合Ⅰ造成 CRC 板底弯拉应力过大时，将产生纵向开裂而发生板边冲断破坏，这是需要控制的 CRC 板破坏模式。

(2) CRC 板钢筋纵向拉应力荷载组合

荷载组合Ⅲ：板中位置温缩应力 + 干缩应力；

荷载组合Ⅳ：板中位置温缩应力 + 干缩应力 + 翘曲变形附加应力。

CRC 板的横向裂缝主要是由温降和混凝土材料干缩变形引起，且主要产生于早期，配筋设计的目的就是对 CRC 板的裂缝间距和裂缝宽度进行控制。CRC 板中翘曲变形引起的附加应力较小，只是在天气极端变化条件下才应考虑，在计算中可忽略。荷载组合Ⅲ即是 CRC 板配筋设计的依据，后面的 CRC 板配筋设计中考虑此荷载组合。

7.4.2.2 临界荷位处荷载应力 σ_{pra} 计算

1) 无沥青面层时 CRC 板临界荷位的荷载应力 σ_{ps} 计算

由第 2 章的分析可知，标准轴载 P_s 在无沥青面层的 CRC 板的临界荷位处的荷载应力 σ_{ps}，可根据地基模量为 100MPa 时不同裂缝间距 L_d 时的诺谟图和回归公式，先计算 σ_{ps0}，再考虑实际地基模量 E_t 的修正系数 K_d，即：

$$\sigma_{ps} = K_d \cdot \sigma_{ps0} \tag{7-14}$$

式中：σ_{ps0} 查诺谟图 7-4 或按表 7-8 的回归公式计算；地基模量修正系数 K_d 根据计算的地基当量回弹模量 E_t 查表 7-9 或内插确定。

不同裂缝间距 L_d 时板底应力 σ_{ps0} 与 CRC 板厚度 h_c(m)的回归关系　表 7-8

序号	裂缝间距 L_d(m)	临界荷位	CRC 板底应力 σ_{ps0} 与 CRC 板厚度 h_c 的回归关系
1	1.0	荷位 1	$\sigma_{ps0}=30.0600h_c^2-21.5180h_c+4.7648$，$R^2=0.9997$
2	1.5	荷位 1	$\sigma_{ps0}=30.8730h_c^2-21.7270h_c+4.6147$，$R^2=0.9995$
3	2.0	荷位 2	$\sigma_{ps0}=43.1500h_c^2-28.7890h_c+5.4535$，$R^2=0.9992$
4	2.5	荷位 2	$\sigma_{ps0}=40.0450h_c^2-26.8710h_c+5.1521$，$R^2=0.9993$

不同地基当量回弹模量 E_t 时板底应力的修正系数(K_d)　表 7-9

地基模量 E_t(MPa)		100	150	200	250	300
修正系数 K_d	荷位 1	1.0000	0.9052	0.8376	0.7855	0.7435
	荷位 2	1.0000	0.9299	0.8769	0.8345	0.7992

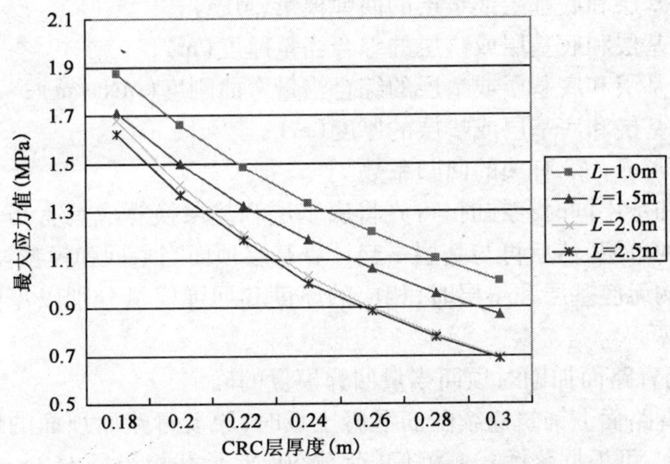

图 7-4　不同裂缝间距 L_d 时板底应力 σ_{ps0} 与 CRC 板厚 h_c 的诺谟图

2)地基当量回弹模量 E_t 的计算

地基当量回弹模量 E_t 分别按新建公路基层顶面当量回弹模量和旧沥青路面顶面当量回弹模量进行计算确定。

(1)新建公路基层顶面当量回弹模量的确定

新建公路基层顶面当量回弹模量 E_t 按以下各式计算确定。

$$E_t=ah_x^bE_0\left(\frac{E_x}{E_0}\right)^{1/3} \tag{7-15a}$$

$$E_x=\frac{h_1^2E_1+h_2^2E_2}{h_1^2+h_2^2} \tag{7-15b}$$

$$h_x = \left(\frac{12D_x}{E_x}\right)^{1/3} \tag{7-15c}$$

$$D_x = \frac{E_1 h_1^3 + E_2 h_2^3}{12} + \frac{(h_1 + h_2)^2}{4}\left(\frac{1}{E_1 h_1} + \frac{1}{E_2 h_2}\right)^{-1} \tag{7-15d}$$

$$a = 6.22\left[1 - 1.51\left(\frac{E_x}{E_0}\right)^{-0.45}\right] \tag{7-15e}$$

$$b = 1 - 1.44\left(\frac{E_x}{E_0}\right)^{-0.55} \tag{7-15f}$$

式中：E_t——基层顶面的综合当量回弹模量（MPa）；

E_0——路床顶面的综合回弹模量（MPa）；

E_x——基层和底基层或垫层的综合当量回弹模量（MPa）；

E_1、E_2——基层和底基层或垫层的回弹模量（MPa）；

h_x——基层和底基层或垫层的综合当量厚度（m）；

D_x——基层和底基层或垫层的综合当量弯曲刚度（MN·m）；

h_1、h_2——基层和底基层或垫层的厚度（m）；

a、b——与 E_x/E_0 有关的回归系数。

底基层和垫层同时存在时，可先将底基层和垫层换算成具有当量回弹模量和当量厚度的单层，然后再与基层一起计算基层顶面当量回弹模量。

路面结构无底基层和垫层时，相应的厚度和回弹模量分别以零值代入上述各式进行计算。

（2）旧沥青路面加铺时顶面当量回弹模量的确定

在旧沥青路面上铺筑连续配筋混凝土板时，原沥青路面顶面的地基综合当量回弹模量 E_t 可根据落锤式弯沉仪（荷载 50kN、承载板半径 150mm）的中心点弯沉的测定结果或根据贝克曼梁（后轴重 100kN 的车辆）的弯沉测定结果，按 JTG D40—2011 中附录 B.2.5 条计算，见下列各式。

$$E_t = 18\,621/\omega_0 \text{（FWD 测试结果）} \tag{7-16a}$$

$$E_t = 13\,739/\omega_0^{-1.04} \text{（克曼梁测试结果）} \tag{7-16b}$$

$$\omega_0 = \overline{\omega} + 1.04 s_\omega \tag{7-16c}$$

式中：w_0——标准车弯沉值经统计整理后的原沥青路面路段代表弯沉值（0.01mm）；

$\overline{\omega}$——路段弯沉平均值（0.01mm）；

s_ω——路段弯沉的标准差（0.01mm）。

3）有沥青面层时复合式路面临界荷位的荷载应力 σ_{psa} 计算

标准轴载 P_s 在复合式路面的临界荷位处产生的荷载应力计算，按 JTG

D40—2011附录式C.1.2-1计算，见式(7-17)。

$$\sigma_{psa} = (1 - \zeta_a h_a)\sigma_{ps} \tag{7-17}$$

式中：σ_{psa}——标准轴载P_s在有沥青面层的连续配筋混凝土板临界荷位处产生的荷载应力(MPa)；

ζ_a——系数，可由JTG D40—2011附录图C.1.2查取，见图7-5；

h_a——沥青面层厚度(m)；

σ_{ps}——标准轴载P_s在无沥青面层的CRC板临界荷位处产生的荷载应力(MPa)，按式(7-14)进行计算。

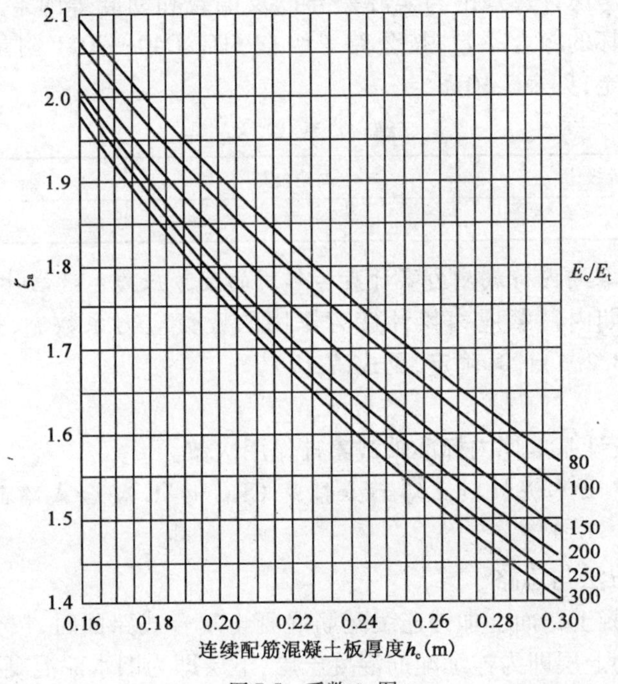

图7-5　系数ζ_a图

4)标准轴载P_s在复合式路面临界荷位处产生的荷载疲劳应力σ_{pra}计算

标准轴载P_s在临界荷位处产生的荷载疲劳应力σ_{pra}按JTG D40—2011附录式(B.2.1)计算确定，见式(7-18)。其中，应力折减系数k_r、荷载疲劳应力系数k_f和综合系数k_c的确定方法，与普通混凝土单层板基本相同。

$$\sigma_{pra} = k_r k_f k_c \sigma_{psa} \tag{7-18}$$

式中：σ_{psa}——标准轴载P_s在复合式路面的临界荷位处产生的荷载应力(MPa)，按JTG D40—2011附录式(C.1.2-1)计算，见式(7-17)；

k_r——考虑接缝传荷能力的应力折减系数，$k_r = 0.87 \sim 0.92$，对横向裂缝边缘中部临界荷位，由于 CRC 板纵向配置钢筋，横向裂缝传荷能力较强，应力折减系数可取低值；对纵向边缘中部临界荷位，采用混凝土路肩时，纵向缩缝和纵向施工缝为设拉杆的假缝和平缝，路肩混凝土与路面等厚时取低值，减薄时取高值；采用柔性路肩或土路肩时 $k_r = 1$；

k_f——考虑设计期准内荷载应力累计疲劳作用的疲劳应力系数，按 JTG D40—2011 附录式(B.2.3)计算确定，见式(7-19)；

k_c——考虑计算理论与实际差异以及偏载和动载等因素对路面疲劳损坏的综合系数，按公路等级查 JTG D40—2011 附录表 B.2.1 确定，见表 7-10。

综 合 系 数 k_c 表 7-10

公路等级	高速公路	一级公路
k_c	1.15	1.10

5)设计基准期内荷载应力累计疲劳作用的疲劳应力系数的计算确定

设计基准期内荷载应力累计疲劳作用的疲劳应力系数 k_f，按 JTG D40—2011 附录式(B.2.3)计算确定，见式(7-19)。

$$k_f = N_e^{0.057} \tag{7-19}$$

式中：N_e——设计基准期内标准轴载累计作用次数。

7.4.2.3 旧水泥混凝土路面上铺筑 CRC + AC 复合式路面时的荷载应力计算

(1)计算方法与思路

旧水泥混凝土路面上加铺连续配筋混凝土复合式路面时，按分离式双层板结构，双层板的上层即为连续配筋混凝土层，下层即为旧水泥混凝土路面层。以弹性地基上的双层板进行应力计算，计算方法见 JTG D40—2011 附录 B.4 和B.5。

(2)临界荷位

分离式双层混凝土板的临界荷位按 JTG D40—2011 规范要求，为 CRC 板的纵向边缘中部。

(3)旧混凝土路面结构参数调查

旧水泥混凝土板的厚度标准值 h_e、混凝土的弯拉强度标准值 f_r 和弹性模量标准值 E_b 以及基层顶面当量回弹模量标准值 E_t，采用旧水泥混凝土路面的实测值,按 JTG D40—2011 中 8.4 节规定的方法确定。其中旧混凝土面层厚度标准值可根据钻孔芯样量测高度确定,弯拉强度标准值可根据钻孔芯样的劈裂试验测定结果确定,旧混凝土路面基层顶面的当量回弹模量标准值,宜采用落锤式弯沉仪量测板中荷载作用下的弯沉曲线计算确定,分别见下式:

$$h_e = \bar{h}_e - 1.04 s_h \tag{7-20}$$

$$f_r = 1.87 f_{sp} \qquad f_{sp} = \bar{f}_{sp} - 1.04 s_{sp} \tag{7-21}$$

$$E_b = \frac{10^4}{0.09 + \dfrac{0.96}{f_r}} \tag{7-22}$$

$$E_t = 100 e^{(3.60 + 24.03 w_0^{-0.057} - 15.63 SI^{0.222})} \qquad SI = \frac{w_0 + w_{300} + w_{600} + w_{900}}{w_0} \tag{7-23}$$

式中: h_e——旧混凝土面层量测厚度的标准值(mm),由平均值和标准差计算而得;

s_h——标准差;

f_r——旧混凝土面层的弯拉强度标准值(MPa);

f_{sp}——旧混凝土面层的劈裂强度标准值(MPa),由平均值和标准差计算而得,s_{sp}为标准差;

E_b——旧混凝土面层的弹性模量标准值(MPa);

SI——路面结构的荷载扩散系数;

w_0、w_{300}、w_{600}、w_{900}——FWD 测试时荷载中心及距中心 300mm、600mm 和 900mm 处的弯沉值(μm)。

(4)分离式双层板上层和下层的荷载应力计算

标准轴载 P_s 在临界荷位处产生的分离式双层板上层荷载应力和下层板的荷载疲劳应力分别按 JTG D40—2011 附录式(B.4.1)和式(B.4.2)确定,见下列各式:

$$\sigma_{ps1} = \frac{1.45 \times 10^{-3}}{1 + D_b/D_c} \gamma_g^{0.65} h_o^{-2} P_s^{0.94} \tag{7-24a}$$

$$D_c = \frac{E_c h_c^3}{12(1 - \nu_c^2)} \qquad D_b = \frac{E_b h_e^3}{12(1 - \nu_b^2)} \tag{7-24b}$$

$$\gamma_g = 1.21\left[(D_c + D_b)/E_t\right]^{1/3} \tag{7-24c}$$

$$\sigma_{pr2} = k_f k_c \sigma_{ps2} \tag{7-25a}$$

$$\sigma_{ps2} = \frac{1.41 \times 10^{-3}}{1 + D_c/D_b} \gamma_g^{0.68} h_e^{-2} P_s^{0.94} \tag{7-25b}$$

式中：σ_{ps1}、σ_{ps2}——分离式双层板 CRC 上层和旧混凝土下层的荷载应力（MPa）；

σ_{pr2}——分离式双层板旧混凝土下层的荷载疲劳应力（MPa）；

E_c、E_b——分离式双层板上层和下层的弯拉弹性模量（MPa）；

h_c、h_e——分离式双层板上层和下层的厚度（m）；

D_c、D_b——分离式双层板上层和下层的截面弯曲刚度（MN·m）；

γ_g——分离式双层板的总相对刚度半径（m）；

P_s——设计标准轴重，100kN；

E_t——旧混凝土路面基层顶面的当量回弹模量标准值（MPa）；

ν_c、ν_b——分离式双层板上层和下层的泊松比。

分离式双层板上层的荷载应力即为无沥青面层时连续配筋混凝土层的荷载应力，代入式（7-17）中即可计算有沥青面层时临界荷位处的荷载应力，代入式（7-18）中即可计算有沥青面层时临界荷位处的荷载疲劳应力 σ_{pr1}。

分析表明，沥青面层对分离式双层板的下层板荷载应力影响较小，即旧水泥路面板的荷载应力可不考虑沥青面层的应力折减系数。直接将双层板的下层旧混凝土板的荷载应力 σ_{ps2} 代入式（7-25）计算标准轴载 P_s 在下层板临界荷位处产生的荷载疲劳应力 σ_{pr2}，不考虑旧混凝土板的应力折减系数和沥青面层的应力折减。

7.4.3 温度应力计算

7.4.3.1 无沥青面层时混凝土板的温度疲劳应力 σ_{tr} 计算

分析表明，影响 CRC 板温度翘曲应力的因素包括沥青层厚度 h_a、CRC 板的厚度 h_c 与模量 E_c、地基模量 E_t、裂缝间距（板长）L_d、板宽、温度梯度 T_g、材料的热膨胀系数等。裂缝间距 L_d 在 3m 范围内，CRC 板的横向温度翘曲应力大于纵向，纵向应力随裂缝间距 L_d 的增大而增大，裂缝间距 $L_d > 2$m 时，纵向应力与横向应力接近，并趋于稳定。

因此，当裂缝间距 $L_d < 2.0$m 时，按临界荷位 1 和荷载组合 I 计算横缝边缘中部的横向温度翘曲应力；裂缝间距 $L_d \geqslant 2.0$m 时，按临界荷位 2 和荷载组合 II 计算荷载应力和纵向温度翘曲应力。由于裂缝间距 $L_d \geqslant 2.0$m 时，横向温度翘曲应力大于纵向且接近，并趋于稳定，故以横向温度翘曲应力替代纵向，结构偏于安全。

无沥青面层时 CRC 板在临界荷位处的温度疲劳应力 σ_{tr}，按 JTG D40—2011 附录 B.3.1 条计算确定，见式（7-26）；其中，计算 CRC 板最大温度翘曲应力 σ_{tm} 时，其最大温度梯度 T_g 值须考虑沥青面层厚度的影响，按 JTG D40—2011 附录表C.2.1取值,见表7-11。

有沥青面层的混凝土板的最大温度梯度修正系数ξ_t 表7-11

h_a(m)	0.02	0.04	0.06	0.08	0.10	0.12	0.14	0.16	0.18	0.20
温度梯度修正系数ξ_t	1.13	0.96	0.82	0.70	0.59	0.51	0.43	0.37	0.31	0.27

$$\sigma_{tr} = k_t \sigma_{tm} \tag{7-26}$$

式中:σ_{tm}——最大温度梯度时CRC板的温度翘曲应力(MPa),按JTG D40—2011附录B.3.2条和附录B3.3条计算,见式(7-27)和式(7-28);

k_t——考虑温度应力累计疲劳作用的疲劳应力系数,按JTG D40—2011附录B.3.4条计算,见式(7-29)。

(1)最大温度梯度时CRC板的温度翘曲应力σ_{tm}计算

最大温度梯度时CRC板的温度翘曲应力σ_{tm},按JTG D40—2011附录B.3.2条计算,见式(7-27)。

$$\sigma_{tm} = \frac{\alpha_c E_c h_c T_g}{2} B_L \tag{7-27}$$

式中:α_c——混凝土的线膨胀系数(1/℃),根据粗集料的岩性按JTG D40—2011附录E表E.0.3-2取用;

T_g——公路所在地50年一遇的最大温度梯度,有沥青面层时,最大温度梯度按表7-11温度梯度修正系数对JTG D40—2011表3.0.10进行修正得到;

B_L——综合温度翘曲应力和内应力作用的温度应力系数,按JTG D40—2011附录B.3.3条确定,见式(7-28)。

$$B_L = 1.77 e^{-4.48 h_c} C_L - 0.131(1 - C_L) \tag{7-28a}$$

$$C_L = 1 - \frac{\sinh t \cos t + \cosh t \sin t}{\cos t \sin t + \sinh t \cosh t} \tag{7-28b}$$

$$t = \frac{L}{3r} \tag{7-28c}$$

$$r = 1.21(D_c/E_t)^{1/3} \tag{7-28d}$$

$$D_c = \frac{E_c h_c^3}{12(1 - \nu_c^2)} \tag{7-28e}$$

式中:C_L——混凝土面板的温度翘曲应力系数;

L——CRC板应力方向长度(m),即CRC板宽(即行车道板的宽度);

r——面层板的相对刚度半径(m);

D_c——面层板的截面弯曲刚度（MN·m）；

E_t——板底基层顶面的综合当量回弹模量（MPa），按式（7-15）计算。

（2）温度疲劳应力系数 k_t 计算

考虑温度应力累计疲劳作用的疲劳应力系数 k_t，按 JTG D40—2011 附录 B.3.4条计算，见式（7-29）。

$$k_t = \frac{f_r}{\sigma_{tm}}\left[a\left(\frac{\sigma_{tm}}{f_r}\right)^b - c\right] \tag{7-29}$$

式中：a、b、c——回归系数，按 JTG D40—2011 附录表 B.3.4 确定，见表 7-12。

回归系数 a、b、c 表 7-12

系数	公路自然区划					
	Ⅱ	Ⅲ	Ⅳ	Ⅴ	Ⅵ	Ⅶ
a	0.828	0.855	0.841	0.871	0.837	0.834
b	1.323	1.355	1.323	1.287	1.382	1.270
c	0.041	0.041	0.058	0.071	0.038	0.052

7.4.3.2 有沥青面层时 CRC 板温度疲劳应力计算

有沥青面层 h_a 时的 CRC 板临界荷位处温度疲劳应力 σ_{tra} 按 JTG D40—2011 附录式 C.2.1-1 计算确定，见式（7-30）。

$$\sigma_{tra} = (1 + \zeta'_a h_a)\sigma_{tr} \tag{7-30}$$

式中：σ_{tra}——有沥青面层的 CRC 板临界荷位处温度疲劳应力（MPa）；

ζ'_a——系数，可由 JTG D40—2011 图 C.2.1 查取，见图 7-6；

σ_{tr}——无沥青面层时 CRC 板在临界荷位处的温度疲劳应力（MPa），按式（7-26）进行计算。

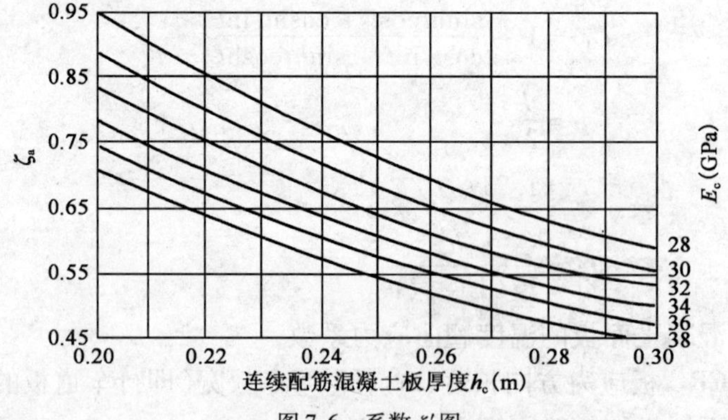

图 7-6 系数 ζ'_a 图

7.4.3.3 旧混凝土路面上铺筑CRC+AC复合式路面时的温度疲劳应力计算

旧水泥混凝土路面上加铺连续配筋混凝土复合式路面时，按分离式双层板结构，双层板的上层即为连续配筋混凝土层，下层即为旧水泥混凝土路面层。以弹性地基上的双层板进行温度应力计算，计算方法见JTG D40—2011附录B.5。

(1)分离式双层板温度应力特点

据分析，在分离式双层板的上层厚度和隔离层厚度之和大于14cm时，传到下层板内的温度梯度较小，相应的温度翘曲应力也就很小。因此，分离式双层板的下层最大温度翘曲应力可以忽略不计，也可不必考虑下层的温度疲劳应力，只需计算上层板的最大温度翘曲应力和温度疲劳应力。

(2)分离式双层混凝土板上层的最大温度翘曲应力σ_{tm}计算

分离式双层混凝土板上层的最大温度翘曲应力按JTG D40—2011附录B.5.1条计算，最大温度翘曲应力σ_{tm}按式(7-27)计算，综合温度翘曲应力和内应力作用的温度应力系数B_L按式(7-28)计算，其中温度翘曲应力系数C_L按JTG D40—2011附录B.5.2条计算，见下列各式：

$$C_L = 1 - \left(\frac{1}{1+\xi}\right)\frac{\sinh t\cos t + \cosh t\sin t}{\cos t\sin t + \sinh t\cosh t} \tag{7-31a}$$

$$t = \frac{L}{3r_g} \tag{7-31b}$$

$$\xi = -\frac{(k_n r_g^4 - D_c)r_\beta^3}{(k_n r_\beta^4 - D_c)r_g^3} \tag{7-31c}$$

$$r_\beta = \left(\frac{D_c D_b}{(D_c + D_b)k_n}\right)^{1/4} \tag{7-31d}$$

$$k_n = \frac{1}{2}\left(\frac{h_c}{E_c} + \frac{h_e}{E_b}\right)^{-1} \tag{7-31e}$$

式中：ξ——与双层板结构有关的参数；

r_β——层间接触状况参数(m)；

k_n——面层上层板与下层板之间竖向接触刚度，上下层之间不设沥青混凝土夹层或隔离层时按式(7-31e)计算，设沥青混凝土夹层或隔离层时，k_n取3 000MPa/m；

其余符号含义同前。

(3)分离式双层混凝土板上层的温度疲劳应力σ_{tr}计算

分离式双层混凝土板上层和下层的温度疲劳应力σ_{tr}分别按JTG D40—

2011 附录 B.3.1 条计算确定，见式(7-32)，但分离式双层板仅需计算上层板的温度疲劳应力，下层板不需计算。温度疲劳应力系数的确定方法与单层混凝土板完全相同。

$$\sigma_{tr1} = k_t \sigma_{tm1} \tag{7-32}$$

式中：k_t——考虑温度应力累计疲劳作用的疲劳应力系数，按 JTG D40—2011 附录式 B.3.4 计算，见式(7-29)。

(4)有沥青面层时分离式双层混凝土板上层板的温度疲劳应力，按 JTG D40—2011 附录式 C.2.1 计算确定，见式(7-30)。

7.4.4 连续配筋混凝土复合式路面 CRC 板厚度确定

CRC + AC 复合式路面 CRC 板厚度确定时，其应力在考虑沥青面层的影响后，荷载疲劳应力和温度疲劳应力之和应满足 JTG D40—2011 附录式(3.0.4-1)的要求，即 $\gamma_r(\sigma_{pra}+\sigma_{tra}) \leqslant f_r$。

旧水泥混凝土路面上铺筑连续配筋混凝土复合式路面时，一般采用分离式加铺层结构，即双层板结构，连续配筋混凝土板为上层，旧混凝土板为下层，分别计算荷载应力，考虑沥青面层对荷载应力的影响，计算上层荷载应力和荷载疲劳应力，下层可不考虑沥青面层的影响，按双层板确定荷载疲劳应力；双层板的温度疲劳应力计算只考虑上层板的温度应力，而下层板的温度翘曲应力较小可不计算；双层板的上层在考虑沥青面层的影响后，综合荷载疲劳应力和温度疲劳应力之和应满足 $\gamma_r(\sigma_{pra}+\sigma_{tra}) \leqslant f_r$ 的要求；双层板的下层只需考虑荷载疲劳应力应满足 $\gamma_r \cdot \sigma_{pr2} \leqslant f_r$ 的要求。若下层板应力不满足要求时，应增加上层板即连续配筋混凝土板的厚度，以降低下层板的荷载应力。

满足以上应力要求的连续配筋混凝土板厚即可确定为连续配筋混凝土复合式路面中混凝土板的厚度。

7.4.5 连续配筋混凝土复合式路面 CRC 板厚度验算

由于 CRC 板横向裂缝间距 L_d 的随机性，现场 CRC 板有可能出现裂缝间距 L_d 较小的情况，分析表明，裂缝间距 L_d 较小(20～50cm)时 CRC 板底横向荷载应力较大，再叠加横向温度翘曲应力，CRC 板容易产生板边冲断极限破坏，因此，应进行 CRC 板边冲断极限破坏的验算。

由第 2 章的分析可知，裂缝间距 L_d 对 CRC 板底荷载应力和临界荷位影响较大，应分别考虑不同裂缝间距 L_d 时的应力计算。由前面分析可知，裂缝间距 L_d 小于 1.0m 时，为临界荷位 1，即横缝边缘中部，计算时采用荷载组合 I。

先计算无沥青面层 h_a 时 CRC 板底的荷载横向应力 σ_{ps}，再考虑沥青面层影响时的板底横向应力 σ_{psa}，不考虑疲劳荷载应力；计算无沥青面层时 CRC 板荷位 1 的最大横向温度翘曲应力 σ_{tm}，再考虑沥青面层影响时的板底温度应力 σ_{tma}，不考虑温度疲劳应力，再综合荷载应力与温度应力是否超过混凝土的允许弯拉强度，即 $\gamma_r(\sigma_{psa}+\sigma_{tma})\leqslant f_r$。

7.4.5.1　CRC + AC 复合式路面极限荷载应力计算

(1)无沥青面层时荷载应力 σ_{ps} 计算

标准轴载 P_s 在无沥青面层的 CRC 板的临界荷位 1 处的荷载应力 σ_{ps}，可根据不同裂缝间距 L_d 时的诺谟图和回归公式，先计算 σ_{ps0}，再考虑地基模量 E_t 的修正系数 K_d，即：

$$\sigma_{ps} = K_d \cdot \sigma_{ps0} \tag{7-33}$$

式中：σ_{ps0} 查诺谟图 7-7 或按表 7-13 的回归公式计算；地基模量修正系数 K_d 根据计算的地基当量回弹模量 E_t 查表 7-9 或内插确定。

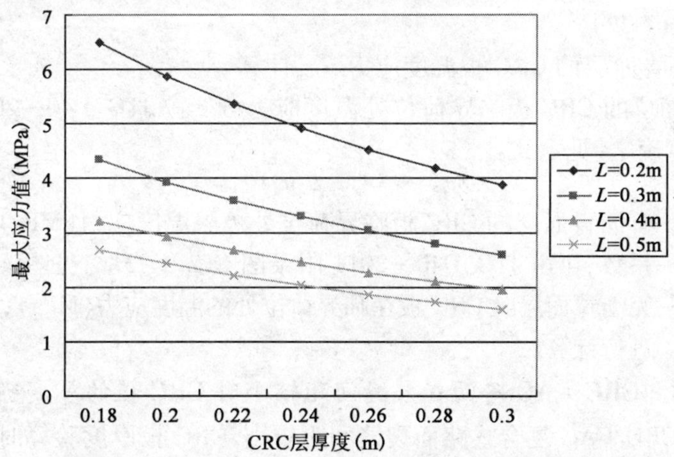

图 7-7　不同裂缝间距 L_d 时板底应力 σ_{ps0} 与 CRC 板厚 h_c 的诺谟图

不同裂缝间距 L_d 时板底应力与 CRC 板厚度 h_c(m)的回归关系　表 7-13

序号	裂缝间距 L_d(m)	临界荷位	CRC 板底应力 σ_{ps0} 与 CRC 板厚度 h_c 的回归关系
1	0.2	荷位 1	$\sigma_{ps0}=75.0000h_c^2-57.4640h_c+14.380$，　$R^2=0.9998$
2	0.3	荷位 1	$\sigma_{ps0}=50.8930h_c^2-38.7680h_c+9.6586$，　$R^2=0.9997$
3	0.4	荷位 1	$\sigma_{ps0}=36.3100h_c^2-27.9290h_c+7.0662$，　$R^2=0.9998$
4	0.5	荷位 1	$\sigma_{ps0}=31.8450h_c^2-24.2320h_c+6.0062$，　$R^2=0.9999$

(2)有沥青面层时临界荷位的极限荷载应力σ_{psa}计算

标准轴载P_s在复合式路面的临界荷位处产生的极限荷载应力计算,按JTG D40—2011附录式(C.1.2-1)计算,见下式:

$$\sigma_{psa} = (1 - \zeta_a h_a)\sigma_{ps} \tag{7-34}$$

式中:σ_{psa}——标准轴载P_s在有沥青面层的连续配筋混凝土板临界荷位处产生的极限荷载应力(MPa);

ζ_a——系数,可由JTG D40—2011附录图C.1.2查取,见图7-5;

h_a——沥青面层厚度(m);

σ_{ps}——标准轴载P_s在无沥青面层的CRC板临界荷位处产生的极限荷载应力(MPa),按式(7-33)进行计算。

7.4.5.2 CRC + AC复合式路面温度应力计算

(1)最大温度梯度时CRC板的温度翘曲应力σ_{tm}计算

最大温度梯度时CRC板的温度翘曲应力σ_{tm},按JTG D40—2011附录B.3.2条计算,见式(7-27)。

(2)有沥青面层的CRC板温度应力σ_{tma}计算

有沥青面层的CRC板临界荷位处温度应力σ_{tma}按JTG D40—2011附录式(C.2.1)计算确定,见下式:

$$\sigma_{tma} = (1 + \zeta'_a h_a)\sigma_{tm} \tag{7-35}$$

式中:σ_{tma}——有沥青面层的CRC板临界荷位处极限温度应力(MPa);

ζ'_a——系数,可由JTG D40—2011附录图C.2.1查取,见图7-6;

σ_{tm}——无沥青面层时CRC板在临界荷位处的温度应力(MPa),按式(7-27)进行计算。

7.4.5.3 CRC + AC路面在裂缝间距较小时CRC板的厚度确定

在进行CRC + AC复合式路面裂缝间距较小,CRC板厚度验算时,其应力在考虑沥青面层的影响后,不同裂缝间距条件下(L_d = 0.2m、0.3m、0.4m、0.5m),荷载极限应力和温度应力之和应满足$\gamma_r(\sigma_{psa} + \sigma_{tma}) \leqslant f_r$,不满足时应调整CRC板的厚度$h_c$或提出CRC板的极限裂缝间距加以控制。满足以上应力要求的CRC板厚即可确定为CRC + AC复合式路面CRC板的厚度h_c。

7.5 CRC板结构配筋设计

连续配筋混凝土路面在路面纵向配有足够数量的钢筋,以抵制混凝土路面板纵向收缩产生的断裂。但连续配筋混凝土路面并非真正没有裂缝,只是由于混凝土的收缩变形为钢筋所约束,收缩应力为钢筋所承担,因此裂缝分散在更多的部位,通常1.5~4.0m即有一微小裂缝,但是由于钢筋的作用,使之仍然保持紧密接触,裂缝宽度极微小,通常肉眼无法看清,只是在雨后开始干燥的时候,才能勉强地看出来。这种微小的裂缝不至于破坏路面的整体连续性和行车的平稳性,如同无缝的路面一样,路面表面雨水也不易渗入,使用效果比较理想。

因此,连续配筋混凝土路面需配置纵向受力钢筋和横向构造钢筋。纵向钢筋需根据温度应力的大小进行设计,以控制裂缝间距、裂缝宽度,并保证钢筋不会屈服拉断。

7.5.1 设计指标

连续配筋混凝土的纵向配筋设计,采用以下3项设计指标:

(1)纵向钢筋埋置深度处的裂缝缝隙平均宽度不大于0.5mm。

(2)横向裂缝的平均间距不大于1.8m。

(3)钢筋所承受的拉应力不超过其屈服强度。

关于裂缝间距的合理长度,Mc Cullough将CRC比作弹性地基上的连续梁,连续梁被横向裂缝分隔成许多短板。如果这些裂缝的间距太小及裂缝处传荷条件恶化,将使CRC由纵向梁变成横向梁,这时,纵向应力σ_y小于横向应力σ_x。当σ_x超过混凝土抗弯拉强度时,将产生纵向裂缝,造成冲断(折断)破坏。因此可以认为,最佳裂缝间距的下限是$\sigma_x=\sigma_y$时的裂缝间距。

有限元计算表明,当裂缝间距较小时($L_d<150$cm),荷载作用在横向裂缝边缘中部时,横向应力σ_x是控制应力,最大主应力$\sigma_1\approx\sigma_x$;当裂缝间距较大($L_d>150$cm),荷载作用在纵向边缘中部时,纵向应力σ_y是控制应力,最大主应力$\sigma_1\approx\sigma_y$。因此,裂缝间距在150cm左右$\sigma_x\approx\sigma_y$,故最佳裂缝间距的下限值应在150~200cm(地基强度较小时取低值)。同时,裂缝间距$L_d=150\sim200$cm也是最大主应力最小时的间距。

国外对已有CRCP的调查表明,横向裂缝间距L_d在1~2ft(30~60cm)的路段破坏最多;横向裂缝间距L_d在4~5ft(120~150cm)的路段钢筋锈蚀最小;横向裂缝间距L_d在5~8ft(150~250cm)的路段传荷能力最佳,弯沉及荷载应力最小;横向裂缝间距L_d大于8ft(250cm)的路段裂缝宽度较大,裂缝边缘集料的传荷能力减小并发生剥落。由此可见,最佳裂缝间距L_d宜为150~200cm。

AASHTO 2002中裂缝间距L_d也主要是限制最大值和最小值。由于施工气候和裂缝间距的其他因素的影响,会有较大的差异。限制平均裂缝宽度为0.02in(0.508mm),控制裂缝间距在一个合理的水平,一般要求裂缝宽度与CRC

板的厚度比小于 0.003 7（CRC 板 $h_c = 18 \sim 30$cm 时，裂缝宽度 $b_j = 0.7 \sim 1.0$mm）。推荐的裂缝间距为 6ft（183cm）。通过配筋率、PCC 材料参数和基层类型的适当选择可以得到合理的平均裂缝宽度和平均裂缝间距。

裂缝宽度是 CRC 的基础指标，是控制横向裂缝传荷能力的一个主导因素。纵向配筋的主要目标就是约束限制裂缝宽度，由配筋率的大小进行控制。裂缝宽度大降低裂缝的传荷能力，雨水下渗，同时会增加横向疲劳破坏，从而造成纵向裂缝和冲断破坏。

在设计中直接考虑的是平均季节温差所引起的裂缝宽度并对其进行预测。裂缝宽度是随项目专区、气候变化的，裂缝宽度在除冰盐的使用地是很重要的，在这些地区，裂缝宽度要进行防锈处理以减小预应力筋的锈蚀。现场经验表明裂缝间距的增大会加大裂缝的张开。

纵向钢筋的应力主要由降温和干缩时，混凝土材料的收缩产生的拉应力，必须控制混凝土材料的体积变形，并保证钢筋应力不超过其屈服强度，防止钢筋拉断破坏。同时在横向裂缝边缘处，还必须承受车辆荷载作用下产生剪力和拉力，但一般拉力较小。

7.5.2 纵向配筋设计

（1）纵向配筋率通常为 0.6% ~0.9%；中等交通荷载等级宜为 0.6% ~0.7%，重交通荷载等级宜为 0.7% ~0.8%，特重交通荷载等级宜为 0.8% ~0.9%，极重交通荷载等级宜为 0.9% ~1.0%；冰冻地区路面的配筋率宜高于一般地区 0.1%；最小纵向配筋率，冰冻地区为 0.7%，一般地区 0.6%。具体计算方法参见 JTG D40—2011 附录 D。

（2）横向裂缝平均间距（L_d）的计算

$$L_d = \frac{f_t - C\sigma_0\left(1 - \frac{2\zeta}{h_c}\right)}{\frac{\mu\gamma_c}{2} + \frac{\sigma_{cg}\rho}{c_1 d_s}} \tag{7-36}$$

$$\sigma_0 = \frac{E_c\varepsilon_{td}}{2(1-\nu_c)} \tag{7-37}$$

$$\varepsilon_{td} = \alpha_c h_c \beta_h T_g + \varepsilon_\infty (0.245e^{-5.3k_1h_c}) \tag{7-38}$$

$$\beta_h = 4.81h_c^2 - 5.42h_c + 1.96 \tag{7-39}$$

$$\varepsilon_\infty = a_1(1.51 \times 10^{-4}\omega_0^{2.1}f_c^{-0.28} + 270) \times 10^{-6} \tag{7-40}$$

$$\sigma_{cg} = 0.234f_c \tag{7-41}$$

$$c_1=0.577-9.50\times10^{-9}\frac{\ln\varepsilon_{t\zeta}}{\varepsilon_{t\zeta}^2}+0.198L_d\times(\ln L_d+3.67) \tag{7-42}$$

$$\varepsilon_{t\zeta}=\alpha_c\Delta T_\zeta+\varepsilon_{sh} \tag{7-43}$$

$$\varepsilon_{sh}=\varepsilon_\infty(1-\varphi_a^3) \tag{7-44}$$

上述式中：L_d——横向裂缝平均间距(m)；

f_t——混凝土抗拉强度(MPa)，可参考JTG D40—2011附录E.0.3-1取用；

f_c——混凝土抗压强度(MPa)，可参考JTG D40—2011附录E.0.3-1取用；

ζ——钢筋埋置深度(m)；

h_c——混凝土面层厚度(m)；

γ_c——混凝土重度(kN/m^3)，一般可取24kN/m^3；

μ——混凝土与基层的摩阻系数，可按JTG D40—2011附录E.0.3-3取用；

d_s——纵向钢筋直径(m)；

ρ——纵向配筋率，为钢筋横断面面积A_s与混凝土横断面面积A_c的比值(%)；

σ_0——温度和湿度变形完全受约束时的翘曲应力(MPa)；

E_c——混凝土弹性模量(MPa)，可按JTG D40—2011附录E.0.3-1取用；

ν_c——混凝土泊松比，一般可取为0.15~0.18；

ε_{td}——无约束时混凝土面层顶面与底面间的最大当量应变差；

α_c——混凝土的线膨胀系数(1/℃)，可按JTG D40—2011附录E.0.3-2取用；

T_g——混凝土面层顶面与底面间的最大负温度梯度(℃/m)，可参照该地区最大正温度梯度(JTG D40—2011附表3.0.10)的1/4~1/3取用，CRC+AC复合式路面时应考虑沥青面层对温度梯度的影响(温度梯度修正系数ξ_t)；

β_h——混凝土面层厚度不等于0.22m时的温度梯度厚度修正系数；

ε_∞——无约束条件下混凝土的最大干缩应变；

a_1——养生条件系数，水中或盖麻布养生时，$a_1=1.0$；采用养生剂养生时，$a_1=1.2$；

ω_0——混凝土单位用水量(N/m^3)；

k_1——与气候区和最小空气湿度有关的系数。道路位于公路自然区划Ⅱ、Ⅳ和Ⅴ区，$k_1=0.4$；位于Ⅲ、Ⅵ和Ⅶ区，$k_1=0.68$；

C——翘曲应力系数，按 JTG D40—2011 附录 B 式（B.3.3-2）计算，采用 $t=1.29/r$ 计算确定；

r——面层板的相对刚度半径（m），按 JTG D40—2011 附录 B 式（B.2.2-2）计算；

σ_{cg}——混凝土与钢筋间的最大黏结力；

c_1——混凝土和钢筋之间的黏结—滑移系数。由于式中含有未知量 L_d，计算需采用迭代方式进行，先假定 $L_d=L_{ds}$（设计要求的裂缝间距），计算出 c_1 和相应的 L_d，如果 $|L_d-L_{ds}|<0.005$，计算结束；否则令 $L_{ds}=L_d$，调整配筋率，重复计算，直到满足要求为止；

$\varepsilon_{t\zeta}$——钢筋埋置深度处的混凝土最大总应变；

ΔT_ζ——钢筋埋置深度处混凝土温度与硬化时温度的最大温差（℃），可近似取为路面施工月份日最高气温的月平均值与一年中最冷月份日最低气温的月平均值之差；CRC + AC 复合式路面时应考虑沥青面层对温度的影响；

ε_{sh}——无约束条件下钢筋埋置深度处混凝土干缩应变；

φ_a——年平均空气相对湿度（%）。

（3）纵向钢筋埋置深度处的横向裂缝缝隙平均宽度（b_j）的计算

$$b_j=1\,000L_d\left(\varepsilon_{sh}+\alpha_c\Delta T_\zeta-\frac{c_2 f_t}{E_c}\right)\tag{7-45}$$

$$c_2=a+\frac{b}{17\,000f_c}+6.45\times10^{-4}\frac{c}{L_d^2}\tag{7-46}$$

$$a=0.761+1\,770\varepsilon_{t\zeta}-2\times10^6\varepsilon_{t\zeta}^2\tag{7-47}$$

$$b=9\times10^8\varepsilon_{t\zeta}+149\,000\tag{7-48}$$

$$c=3\times10^9\varepsilon_{t\zeta}^2-5\times10^6\varepsilon_{t\zeta}+2\,020\tag{7-49}$$

式中：b_j——钢筋埋置深度处的横向裂缝缝隙平均宽度（mm）；

c_2——与混凝土和钢筋之间的黏结—滑移特性有关的系数。

其他参数的含义与计算裂缝间距时相同。

（4）纵向钢筋应力 σ_s 的计算

$$\sigma_s=2f_t\frac{E_s}{E_c}-E_s[\Delta T_\zeta(\alpha_c-\alpha_s)+\varepsilon_{sh}]+\frac{0.234f_c L_d}{d_s c_1}\tag{7-50}$$

式中：σ_s——裂缝处纵向钢筋应力（MPa）；

E_s——钢筋弹性模量(MPa),可参考JTG D40—2011附录表E.0.4取用;

α_s——钢筋线膨胀系数(1/℃),通常α_s取为9×10^{-6}/℃。

其他参数的含义与计算裂缝间距时相同。

(5)纵向配筋率的计算

①初拟配筋ρ,按式(7-36)计算横向裂缝平均间距L_d。当$L_d>1.8$m时,应增大配筋率ρ,当$L_d<1.0$m时,应减小配筋率ρ,重复上述计算至符合要求。

②按式(7-45)计算纵向钢筋埋置深度处的横向裂缝缝隙平均宽度b_j。当$b_j\leqslant0.5$mm时,满足要求;否则应增大配筋率ρ,重复上述计算至符合要求。

③按式(7-50)计算纵向钢筋应力σ_s。当纵向钢筋应力$\sigma_s\leqslant$钢筋屈服强度f_{sy}时,满足要求;否则应增大配筋率ρ,重复上述计算至符合要求。

④综合上述3项计算结果,最终确定配筋率ρ,并进一步确定钢筋直径与根数,并按纵向钢筋间距的要求进行钢筋布置。在满足纵向钢筋间距要求的条件下,宜选用直径较小的钢筋。JTG D40—2011中6.3.1条:CRC+AC复合式沥青路面结构中,CRC板的纵向配筋率可降低0.1%。

7.5.3　横向配筋设计

(1)连续配筋混凝土板的横向配筋原则和要求与钢筋混凝土面板的配筋相同,可采用相同的配筋率计算方法计算确定,见式(7-51),并应满足施工时固定和保持纵向钢筋位置的要求。

(2)横向配筋率的大小与面层平面尺寸和气候因素有关,一般为0.1%~0.2%,最低为0.05%,最高可达0.25%。一般横向配筋率为纵向钢筋用量的1/8~1/5。

(3)横向配筋量的计算

横向配筋的数量是为了平衡混凝土板横向收缩受限制时产生的拉力,当CRC板收缩时,其中央两侧向内的摩阻力为一半混凝土板的质量乘以其与基层的摩阻系数,这一摩擦阻力即为作用于混凝土板中央的拉力,并假定沿CRC板断面平均作用而由钢筋承受。可按JTG D40—2011式(6.2.1)进行计算,即:

$$A_s=\frac{16L_sh_c\mu}{f_{sy}} \tag{7-51}$$

式中:A_s——每延米CRC板面层宽或长所需的钢筋面积(mm^2);

L_s——为无拉杆的纵缝或自由边之间的距离(m),一般即板宽;

h_c——CRC板厚度(mm);

μ——CRC板与基础之间的摩阻系数,按JTG D40—2011附录表E.0.3-3

选用；

f_{sy}——钢筋屈服强度(MPa)，可参考 JTG D40—2011 附录表 E.0.4 取用。

7.5.4 钢筋的选择原则与布置要求

在设计的配筋率，同时满足纵向钢筋间距布置要求的条件下，宜采用“小间距，小直径”的配筋方式，即选用直径较小的钢筋和较小的钢筋间距。“小间距，小直径”比“大直径，大间距”配筋方式更能有效地减小裂缝宽度、钢筋应力和黏结力，因为钢筋具有更大的握裹面积，可以较好地控制 CRC 板的开裂均匀性。

从纵向钢筋受力沿裂缝横截面分布的特点来看，边缘钢筋的受力较中部钢筋更为不利。因此，纵向钢筋按边缘密、中间疏布置比等间距布置合理。

AASHTO 2002 研究表明：CRC 的温度与干缩应力要求将纵向钢筋布置在板厚的中部。同时纵向钢筋布置的越靠近板顶越改善裂缝间距的均匀性和控制裂缝间距，从而减少冲断破坏。然而钢筋布置的位置越高会产生施工振捣密实问题，因此最小的钢筋深度为 3.5in(9cm)，最大的深度为中部。不推荐两层配筋结构。

(1)连续配筋混凝土面层的纵向和横向钢筋均应采用螺纹钢筋，其直径为 12～20mm。当钢筋可能受到较严重腐蚀时，宜在钢筋外涂环氧树脂等防腐材料。

(2)纵向钢筋距面层顶面不应小于 90mm，最大深度不应大于 1/2 面层厚度，宜设在面层表面以下 1/3～1/2 厚度范围内，在不影响施工的情况下宜接近 90mm。

(3)纵向钢筋的间距不应大于 250mm，不小于 100mm 或集料最大粒径的2.5 倍。

(4)横向钢筋位于纵向钢筋之下；横向钢筋的间距不大于 800mm，宜为 300～600mm，直径大时取大值；横向钢筋宜斜向设置，其与纵向钢筋的夹角可取 60°。

(5)纵向钢筋的焊接长度一般不小于 10 倍(单面焊)或 5 倍(双面焊)钢筋直径，焊接位置应错开，各焊接端连线与纵向钢筋的夹角应小于 60°。

(6)边缘钢筋至纵缝或自由边的距离一般为 100～150mm。

7.6 CRC + AC 复合式沥青路面接缝与端部设计

连续配筋混凝土路面是在路面纵向配有足够数量的钢筋，以抵制混凝土路面板纵向收缩产生的断裂，因此，连续配筋混凝土路面除施工缝及构造需要的胀缝以外，完全不需设置胀缝及缩缝，形成一完整而平坦的行车表面，从而改善了车辆行驶的平稳性，避免了普通混凝土路面的接缝破坏，同时也增加了路面板的整体刚度，提高承载能力、抗雨水作用。

7.6.1　CRC板接缝设计

7.6.1.1　CRC板的接缝设计

(1)纵向接缝的布设应视路面宽度和施工铺筑宽度而定。一次铺筑宽度少于路面宽度时，应设置纵向施工缝，采用平缝形式。一次铺筑宽度大于4.5m时，应设置纵向缩缝，并采用假缝形式。

(2)纵向接缝应与路线中线平行。在路面等宽的路段内或路面变宽部分的等宽部分，纵缝的间距和形式应保持一致。路面变宽段的加宽部分与等宽部分之间，经纵向施工缝隔开。加宽板在变宽段起终点处的宽度不应小于1m。

(3)纵向接缝应设置拉杆，拉杆应采用螺纹钢筋，设在CRC板厚中央，并应在拉杆中部100mm范围内进行防锈处理。施工布设时，拉杆间距应按CRC板端部的实际位置予以调整，最外侧的拉杆距横向接缝的距离不得小于100mm。

连续配筋混凝土板纵向钢筋布设在中部时，纵向拉杆可由板内横向钢筋延伸穿过接缝代替。CRC板纵向钢筋布设在板厚上1/3处时，纵向缩缝仍采用横向钢筋替代，纵向施工缝除滑模施工外也可采用横向钢筋替代；滑模施工时，纵向施工缝拉杆需另外单独安放。

(4)连续配筋混凝土板只需设置纵向接缝，不需设置横向接缝。

7.6.1.2　CRC板与路肩板的接缝设计

CRC+AC复合式路面路肩板可不配置钢筋，经过前面的分析设置好纵向接缝拉杆，将不会产生破坏。CRC板与路肩板的接缝为纵向施工缝(平缝的形式)，除滑模施工外可采用横向钢筋替代；滑模施工时，纵向施工缝拉杆需另外单独安放。

纵向接缝拉杆的设计需综合考虑，拉杆的长度、间距和直径与基层的类型(摩阻系数)、素混凝土路肩板的宽度和厚度、当地的气候条件(温差)等因素都有很大的关系。所以对连续配筋混凝土板和素混凝土路肩板之间拉杆的间距、长度和直径的取值可以参考普通混凝土路面拉杆的设计进行，然后再对拉杆受到的剪应力和混凝土板的拉力进行检算，以确定合理的拉杆直径和间距。

一般应根据路肩板基础类型、边板宽度、边板厚度，参考规范的基础上适当增加拉杆的直径、缩小拉杆间距，以确保边板与CRC板的紧密接触、不产生分离，拉杆不产生接缝处的剪断破坏，边板混凝土拉杆周围的混凝土不产生滑移和局部混凝土拉裂。

根据计算与分析，CRC板与路肩板纵向施工缝拉杆的设计参见表7-14。

CRC 板与不配筋路肩板纵向施工缝拉杆的设计建议 表 7-14

面层厚度（mm）	到自由边或未设拉杆纵缝的距离/路肩板宽度(m)					
	3.00	3.50	3.75	4.50	6.00	7.50
200～250	14×700×700	14×700×600	14×700×600	14×700×500	14×700×400	14×700×300
≥260	16×800×700	16×800×600	16×800×600	16×800×500	16×800×400	16×800×300

注:拉杆直径、长度和间距的数字为:直径×长度×间距,尺寸单位:mm。

7.6.2 CRC + AC 复合式路面端部处理

7.6.2.1 CRC 板端部处理的方式

连续配筋混凝土板存在热胀冷缩变形,当连续配筋混凝土板与其他类型路面或构造物相连接时,应设置端部处理结构,以约束、消除或调节纵向位移,以免对其他结构产生破坏。一般有以下两种方式:一是设置端部锚固结构,约束连续配筋混凝土路面端部的膨胀位移。二是设置端部滑动结构,预留足够的空间满足端部膨胀时的位移量。

7.6.2.2 CRC 板端部处理形式

CRC 板端部处理方法很多,在我国《公路水泥混凝土路面设计规范》(JTG D40—2011)中列出了 CRC 板端部锚固结构可采用钢筋混凝土地梁或宽翼缘工字钢梁接缝等形式,国外也有采用混凝土灌注桩锚固和连续设置胀缝等形式。端部处理形式目前使用较多的是钢筋混凝土地梁锚固结构和宽翼缘工字钢梁、桥梁伸缩缝等端部滑动结构三种。

7.6.2.3 CRC + AC 复合式路面端部处理形式

CRC + AC 复合式路面与普通 CRCP 路面结构又存在差异,普通 CRCP 端部接缝处没有上履沥青面层,不需考虑 CRCP 端部变形对沥青面层的影响,因此,对 CRC + AC 的端部处理需特殊考虑。

根据 CRC 板端部位移分析结果,一般变形量在 2～4cm,选用桥梁伸缩缝中的毛勒缝端部滑动形式,其适用性较强,可根据变形量选用不同的型号,施工技术也相当成熟,使用质量好,使用寿命较长。

CRC + AC 复合式路面需进行端部处理的主要是桥梁结构与明涵(一般是盖板涵,少数是箱涵),可取消桥头搭板,将 CRC 板直接延伸至桥台,与桥梁伸缩缝合并,统一采用桥梁伸缩缝相接,不单独设置 CRC + AC 的端部处理,根据梁跨结构的变形量与 CRC 的变形量,选用毛勒缝的型号(变形范围)。

根据 CRC 板的厚度、AC 层的厚度以及桥面铺装、桥面高程进行综合桥台设计,见图 3-18。桥头部位往往不均匀沉降较大,取消搭板后,为减少桥头的变形,一方面加强桥头路基的密实,选择良好的填料、加强压实;另一方面,将路面结构中的基层改为贫混凝土材料,提高地基的强度。使用过程中如发现板下脱空现象,可进行注浆处理。

CRC + AC 与桥梁、明涵相接时,采用取消搭板的方式,将 CRC 板直接与桥台对接,将 CRC + AC 的端部与桥梁伸缩缝合并处理,即减少了搭板的工程量,又减少端部处理的工程量,且路表面接缝减少,使用性能提高。为减少桥台不均匀沉降,可将路面基层结构改为贫混凝土,对路面结构进行加强。

CRC + AC 复合式路面与其他路面结构相接时,端部毛勒缝结构见图 3-19,为减少端部两边的变形差异,可参照宽翼缘工字钢梁接缝的做法,在接缝处下设 3m 长的混凝土枕梁,见图 3-16。CRC + AC 端部毛勒缝施工情况见图 3-20。

CRC + AC 与其他路面结构相接,只是在结构两端,也就两个接缝,同样采用桥梁毛勒缝的形式,既保证了端部接缝的质量,又保证接缝的平顺,提高路面的使用性能。

7.7　CRC + AC 复合式沥青路面结构设计步骤与设计流程图

7.7.1　CRC + AC 复合式路面结构设计步骤

(1)选择和确定 CRC + AC 复合式沥青路面结构方案

根据公路等级、公路性质与重要性、交通量情况、气候情况、当地材料与施工技术情况等,综合选择 CRC + AC 结构方案,一般宜为国家主干线高速公路、重载交通、大交通量条件下选用。

(2)交通量、自然环境参数确定及材料选择

根据相关的设计依据和设计资料,进行交通量、轴载分析和轴载换算,计算设计车道标准轴载日作用次数,由此确定设计年限和轮迹荷载分布系数,并计算设计基准期内标准轴载的累计作用次数,确定安全与交通等级。

根据公路所处的自然区划,调查当地的气候与温度状况,确定路面结构内的温度梯度;调查当地降雨情况、路基潮湿状况,为路面结构防排水设计提供依据。

调查当地材料情况,了解当地筑路材料供应与分布,主要了解水泥、钢材、沥青等材料的质量与供应情况。

(3)进行 CRC + AC 复合式沥青路面结构组合设计,初拟路面结构各层次的类型和厚度,确定路面材料设计参数。

(4)进行沥青面层的厚度设计。

(5)进行 CRC 板的厚度设计、CRC 板的配筋设计。

(6)进行 CRC 板的平面尺寸设计、CRC + AC 结构端部设计与接缝设计。

(7)最终确定 CRC + AC 复合式沥青路面结构。

7.7.2 CRC + AC 复合式路面结构设计流程图

CRC + AC 复合式沥青路面结构设计流程见图 7-8。

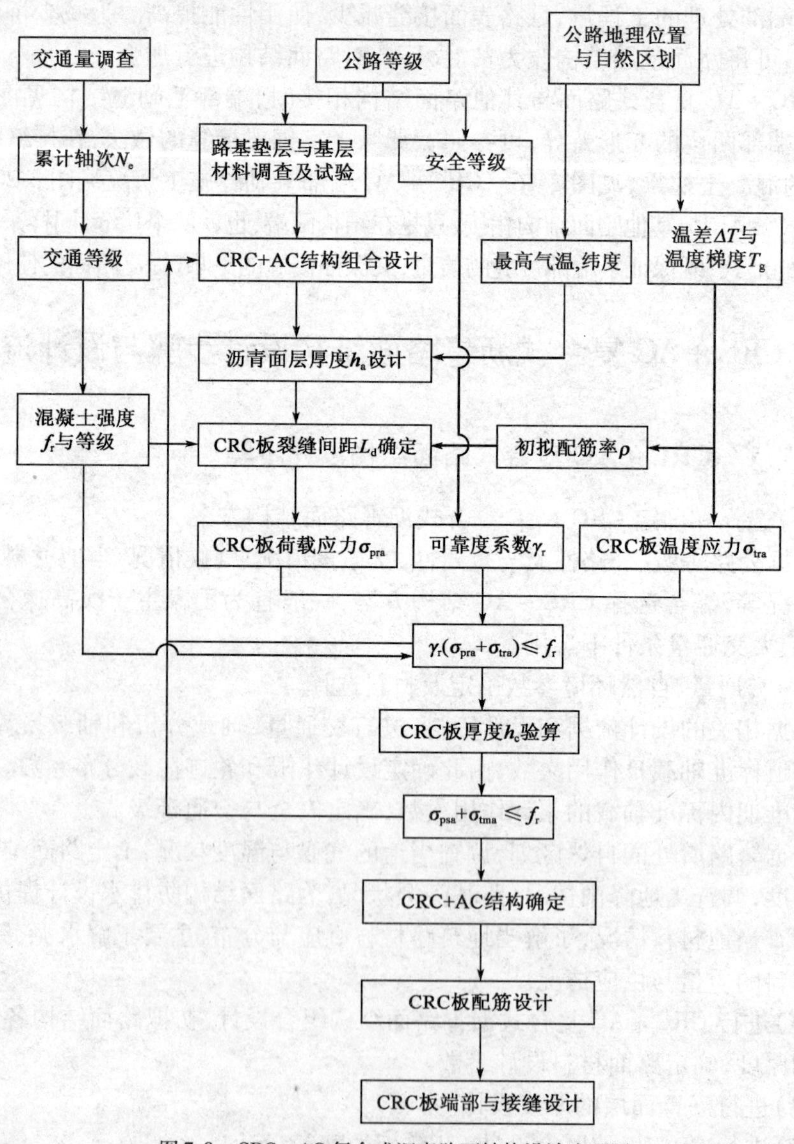

图 7-8 CRC + AC 复合式沥青路面结构设计流程图

7.8 本章小结

(1)根据现行设计规范 JTG D40—2011,提出 CRC + AC 结构设计的基础参数,包括结构可靠度设计标准及设计安全等级、材料性能与结构尺寸的变异水平、结构的设计状态与疲劳控制方法、交通量分析与交通等级的确定、混凝土材料参数、温度梯度以及设计内容与设计步骤。

(2)根据目前国内外 CRC + AC 复合式沥青路面实体工程与试验路工程的修筑经验,总结提出 CRC + AC 的结构组成与功能划分及结构组成原则、新建与改建工程的典型结构形式、CRC 板的平面尺寸、接缝与厚度要求、沥青面层的厚度要求、基层与底基层或垫层的设置要求、路基及路肩以及路面排水要求等,以指导 CRC + AC 的结构组合设计。

(3)以 CRC + AC 结构层间界面剪应力分析、层间黏结层材料抗剪强度试验为基础,提出考虑层间剪切疲劳的沥青面层厚度设计模式,并综合考虑层间界面剪应力、黏结层材料抗剪强度、沥青面层车辙容许深度的沥青面层厚度确定方式,并提出层间界面结构与材料要求。

(4)根据 CRC + AC 结构有限元分析结果,分析了 CRC 板的临界荷位与荷载组合,提出以横向裂缝边缘中部的荷载应力加相应位置温度翘曲应力的荷载组合 I 为控制 CRC 板边冲断破坏的最不利荷载模式,以现行规范 JTG D40—2011 为基础,提出控制板边冲断极限破坏的 CRC 板厚验算方法,并对极限裂缝间距条件下 CRC 板的冲断破坏进行验算。

(5)以现行规范 JTG D40—2011 附录 D 中 CRC 板的配筋设计为基础,分析了裂缝的最佳间距(1.5 ~ 2.0m)和裂缝的合适宽度(0.7 ~ 1.0 mm),提出了纵向钢筋直径与间距的选择原则、布置方式与要求,分析了纵向钢筋在竖向的布置位置,一般以中部或稍偏上为主,一般不布置双层钢筋。

(6)在 CRC 板端部位移分析与路肩板不配筋时纵缝拉杆受力的有限元分析基础上,提出 CRC 板的接缝设置以及路肩板不配筋时纵缝拉杆的设计。根据 CRC + AC 结构的端部位移与工程实际,提出 CRC + AC 结构的端部滑动处理方式,采用桥梁结构的伸缩方式(毛勒缝)并与桥梁结构伸缩装置合并的处理模式。

第8章　CRC + AC 复合式沥青路面施工技术与工程案例

结合湖南长潭高速公路 CRC + AC 实体工程、长永高速公路黄花至永安段改造工程、常吉高速公路 CRC + AC 试验路、广东 325 国道恩平段 CRCP 试验路和湖南耒宜高速公路 CRCP 实体工程的经验，总结 CRC + AC 的施工技术、材料性能与工程应用情况，对本书的理论分析进行验证。

8.1　CRC + AC 复合式沥青路面施工技术

8.1.1　连续配筋混凝土 CRC 施工技术

连续配筋混凝土 CRC 板的施工可采用滑模机械、轨道摊铺机、三辊轴机组和小型机具等四种方式进行铺筑，对于高速公路宜采用滑模机械进行铺筑，有条件时也可采用轨道摊铺机进行铺筑，特殊工程中（如旧路改造、加宽工程等）也可选用三辊轴机组进行铺筑，小型试验路工程中也可采用小型机具配三辊轴进行铺筑。

8.1.1.1　连续配筋混凝土（CRC）施工工艺流程

在完成并经监理工程师验收合格的基础上，铺筑连续配筋混凝土板的工作。连续配筋混凝土 CRC 的施工工序可按图 8-1 实施。

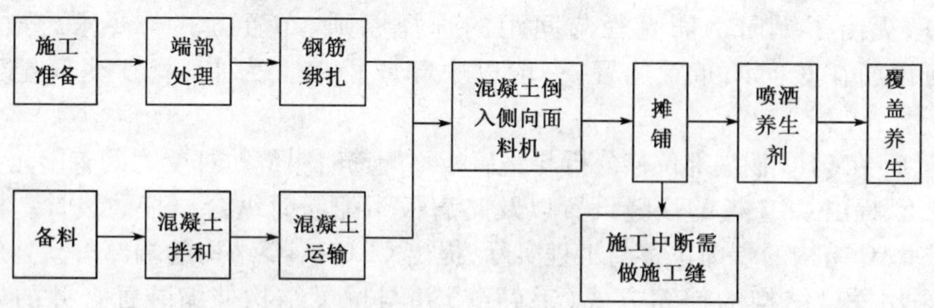

图 8-1　连续配筋混凝土 CRC 板施工工序简图

8.1.1.2　CRC材料技术要求

1)连续配筋混凝土(CRC)的原材料技术要求

CRC板的原材料包括水泥、粉煤灰及其他掺和料、粗集料、细集料、水、外加剂、钢筋、钢纤维、接缝材料及其他材料,其规格及技术要求按《公路水泥混凝土路面施工技术规范》(JTG F30—2003)的有关规定执行。

在端部处理桥梁伸缩缝(毛勒缝)两端混凝土中需掺入钢纤维或聚丙烯纤维网。聚丙烯纤维网用量0.9kg/m^3,聚丙烯纤维网的物化性能指标为:长度12~19mm,直径100μm,熔点160~170℃,抗拉强度560~770MPa,弹性模量3 500MPa,泊桑比0.29~0.46。

2)连续配筋混凝土CRC的配合比设计要求

(1)应将计划用于铺筑水泥混凝土面层的各种材料,提前通过试验进行混合料组成配合比设计,这些设计应包括材料标准试验、混凝土抗折和抗压强度、集料级配、水灰比、坍落度、水泥用量、质量控制等。混凝土的单位水泥用量,应根据摊铺选用的水灰比和单位用水量进行计算。

(2)为了确定在整个施工过程中,混凝土混合料配合比是否需要调整,承包人可按规定作7d的抗折强度试验。

(3)混凝土配合比除应保证设计强度、耐磨、耐久性外,还必须满足摊铺对CRC拌和物工作性能的要求。一般CRC的坍落度宜比一般铺筑方式的普通混凝土大10~20mm。

(4)试验室理论配合比,必须经过试验路段的试拌、试铺检验,检验满足要求后,确定的配合比才能用于施工配合比。

(5)已批准的混凝土施工配合比,施工方法和材料,除由于原材料天然含水率变化引起的用水量变化需适量调整外,不宜改变;如需改变时,承包人应重新报送资料,试拌试铺后才能使用。

混凝土配合比设计的其他要求按《公路水泥混凝土路面施工技术规范》(JTG F30—2003)的规定。

8.1.1.3　连续配筋混凝土CRC的施工技术

1)设备要求

(1)施工前,必须对混凝土拌和设备、运输车辆、布料设备、摊铺设备、拉毛养生设备等施工机械,经纬仪、水准仪或全站仪等测量基准线仪器和人工辅助施工的振捣棒、整平梁、模板等机具、工具及试验仪器进行全面的检查、调试、校核、标定、维修和保养,并试运行正常。同时,对主要设备易损零部件应有适量储备。

(2)混凝土的搅拌、运输、摊铺、表面整修与纹理制作等设备必须与其相配套,搅拌机的生产率、混凝土运输生产能力必须与摊铺速度合理匹配。

(3)混凝土拌和设备。混凝土拌和机必须采用计算机自动控制强制式搅拌机,设有集料配料系统、供水系统、外加剂加入装置和水泥及粉煤灰供应系统。搅拌站的生产能力应保证摊铺均衡地、不停顿地作业,按现有路面宽度的1/3宽摊铺所需要的水泥混凝土量来决定,其生产能力不宜小于200m³/h。采用多台搅拌机组合时,必须保证新拌混凝土的质量均衡性。搅拌站应有备用搅拌机和发电机组,应保证搅拌、清洗、养生用水的供应,并保证水质。应配备足够的试验设备和人员,以对混凝土的质量进行检验与控制。

(4)新拌混凝土的运输应采用10~20t的大吨位自卸汽车为主,辅以汽车式混凝土搅拌运输车,自卸车的车斗要平整、光滑,不渗漏,后挡板应关闭严密,不漏浆、不变形。运料时应加盖,以防水分蒸发,每天应检查清洗运输车辆。

2)模板安装与钢筋架设

滑模机械铺筑时需配备辅助模板用于纵缝拉杆安放时进行稳固边缘,采用其他铺筑方式时需安放固定模板。

(1)模板安装

连续配筋混凝土路面的施工模板必须采用刚度足够的钢模板。模板的(加工矫正)精确度及尺寸要求应符合《公路水泥混凝土路面施工技术规范》(JTG F30—2003)(以下简称JTG F30—2003)第7.2.1小节的规定。模板应根据测量的高程进行准确安装,应安装稳固、牢靠,见图8-2。模板安装完毕后,应检查其安装准确与否。模板安装完毕后,禁止扰动,特别是正在摊铺时,严禁碰撞和振动。

a)

b)

图8-2 混凝土模板安装与固定

纵向施工缝的拉杆一般由横向钢筋外延替代,因此模板中部的穿孔间距应根据横向钢筋的直径与间距确定;横向施工缝端模板应按图纸规定的纵向钢筋直径和间距开槽,以利于纵向剪力钢筋穿过。模板的数量应根据施工进度和施工气温确定,并应满足拆模周期内周转需要。模板架设和安装及拆除的技术要求及允许偏差应符合 JTG F30—2003 第 7.2 节的规定。

(2)钢筋架设

纵向钢筋必须紧密绑扎、安装好且稳固可靠(所有接点必须稳固),搭接点可采用细铁丝绑扎或者点焊,一般采用绑扎方式(图 8-3)。纵向钢筋最小搭接绑扎长度为 35d(d 为钢筋的直径);当采用搭接焊或绑条焊时,钢筋的焊缝长度应符合下列要求:双面焊不应小于 5d,单面焊不应小于 10d。钢筋搭接位置应错开布置,同一垂直断面上不得有 2 个以上的焊接或绑扎接头,相邻钢筋的焊接或绑扎接头应分别错开 500mm 和 900mm 以上。横向钢筋布置于纵向钢筋之下,一般不应搭接,若有搭接也应错开布置,搭接长度不小于钢筋直径的 35 倍。纵横向钢筋绑扎的钢筋网必须平直,呈带片状,至板边的侧距应保持相等。除了临时中断的施工缝以外,钢筋网应保持连续。

a)

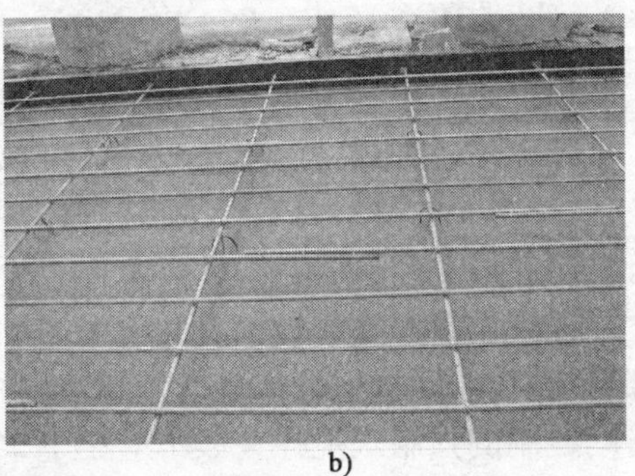
b)

图 8-3　钢筋架设

支架应按照设计图纸设置,也可以采用其他可靠的方法。一般应采用活(滑)动支架,支架不得锚入下层中,见图 8-4。支架每平方米应配置 4 ~ 6 个,以确保钢筋网在混凝土堆压与路面施工机械的作用下,不下陷、不移位,并能承受施工人员的踩踏。

混凝土摊铺和振捣期间,钢筋的排列和间距应保持和控制在正确的位置,且在规定的允许误差范围内。混凝土摊铺前,对安设好的钢筋网要进行仔细检查。钢筋网应平直,至板边的侧距应保持相等,并符合图纸要求;钢筋不得有贴地、变形、移位、松脱和开焊等现象。

钢筋网的安设精度应符合下列要求:纵向钢筋间距允许误差为 ±5mm,横向钢筋间距绑扎施工允许误差为 ±20mm,横向钢筋间距点焊施工允许误差为 ±10mm,纵向钢筋中心线竖向位置允许误差为 ±5mm,外侧钢筋至板边距离允许误差为

±10mm。钢筋网的安放位置与精度应满足设计及 JTG F30—2003 的要求。

a)

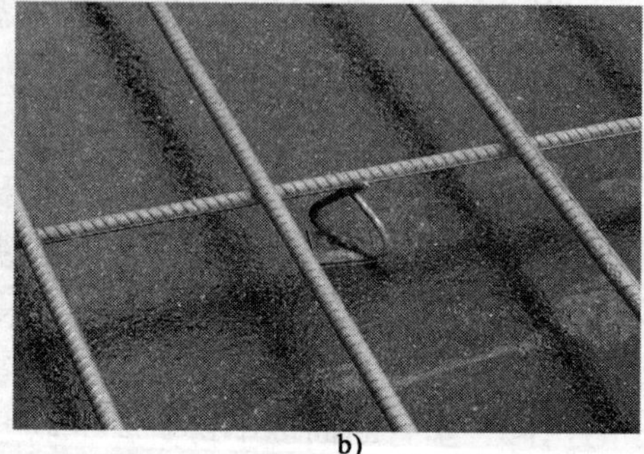
b)

图 8-4 钢筋网支架

施工缝和纵缝处外露的普通钢筋和补强钢筋宜进行防锈处理。一般情况下,要保证在摊铺机前预留 1km 长的钢筋施工范围,以确保有足够的时间在摊铺混凝土前对钢筋进行检查和调整。

3)混凝土的搅拌与运输

(1)混凝土的搅拌

拌和站各种规格的集料应分开堆放和供料,取自不同料源的集料应分开堆放,每个料源的材料要进行抽样试验。搅拌站的计量系统在工地安装之后,应进行检定、校正,经检验合格后方可正式投入生产。

混凝土拌和物的拌和时间应根据搅拌机的性能和拌和物的和易性确定。净拌最短时间,即材料全部进入拌和楼起,至拌和物开始出料的连续搅拌时间,对自动控制的强制式搅拌一般不应小于 35 ~ 40s。

对搅拌站的大型搅拌机的生产性验证,应根据试验室提供的配合比试拌,进行混凝土和易性、含气量、弯拉强度等三项检验,并从每台搅拌机试拌时的初期、中期和后期分别取样制作试件,以检验各台搅拌机拌制混凝土的均匀性。

每天应对混凝土的生产进行全面的监督,并要求将多台搅拌机的实际配料记录和材料使用统计、机械操作参数以及搅拌混凝土生产时间、数量等记录进行统计,并作定期分析,以提高混凝土生产质量的均匀性。

(2)混凝土的运输

混凝土拌和物从搅拌机出料后,运至铺筑地点进行摊铺完毕的最长允许时间,由试验室根据水泥初凝时间、施工气温以及坍落度试验结果确定,一般不应大于 1.5h,在气温不同的条件下,可以采用外掺剂来调节初凝时间。

自卸汽车装运混凝土拌和物时,不得漏浆,并应防止离析。在夏季或冬季施工时,车厢上应加遮盖。混凝土出料时应注意移动自卸汽车,避免离析。出料时的卸料高度不得超过 1.5m。

4) 混凝土的摊铺与振捣

(1) 混凝土的摊铺

连续配筋混凝土的摊铺可根据实际情况，分别选择滑模机械、轨道摊铺机、三辊轴机组和小型机具配三辊轴等摊铺方式。摊铺宽度应根据 CRC 的板块划分来确定，一般超车道与行车道宜一次摊铺，硬路肩板单独摊铺，也可分为三块板进行摊铺。混凝土的摊铺应满足 JTG F30—2003 的要求。

由于钢筋网的影响，CRC 摊铺时采取切实可行的横向布料方式，常用的布料机械有：侧向上料的布料机、侧向上料的供料机、带侧向上料机构的滑模摊铺机、挖掘机加料斗侧向供料、吊车加短便桥钢凳车辆直接卸料等方式。宜采用侧向进料方式，在没有侧向布料机的情况下，可采取挖掘机加料和混凝土搅拌运输车配人工布料。在人工辅助摊铺时，不应对混合料进行抛掷和耧耙，以防离析，如图 8-5 所示。

图 8-5　混凝土的摊铺

a) 侧向布料机；b) 挖掘机加料斗侧向供料；c) 吊车加短便桥钢凳车辆直接卸料；d) 混凝土搅拌运输车配人工布料

摊铺应保持均匀摊铺速度，应随时观察新拌混凝土的级配和稠度情况，并根据其稠度调整摊铺的速度和振捣频率。摊铺后的混凝土表面应无麻面、漏浆现象。如有少量麻面、气泡、边角塌陷等，应及时用人工修整，如缺陷严重，应立即对摊铺工序加以调整。

在摊铺施工过程中，要求供料与摊铺速度密切协调，尽可能减少停机次数，尽量保证连续施工，以减少横向缝的数量。当遇实际情况不得不中断施工时，其间距不宜小于200m。在施工缝处增加纵向抗剪钢筋，钢筋的数量与纵向钢筋数量相同，其布置位置保证距两根纵向钢筋的间距相等，钢筋的直径与纵向钢筋相同，且应具有足够的长度，抗剪钢筋应伸入先施工的面板一端至少95cm，后摊铺的面板一端245cm。

施工缝端部应平整、光洁、无麻面，先浇筑混凝土的一端应凿毛，后摊铺的一端应在稳定的气候条件下摊铺（即日温差较小，在0～10℃范围内），摊铺时应非常仔细，以避免蜂窝麻面，通过振捣保证混凝土紧密地裹覆钢筋。如果预测日温差超过10℃，养生方法必须改进，以保证养生温度均匀稳定，可在两侧面板表面（包括自由边）喷洒隔热材料，喷洒长度最小为60m。隔热材料应至少保留72h，且保持湿润。施工应采用湿治养生，直到新浇混凝土强度达到3.9MPa，在混凝土养生期间，隔热材料也应保留在两侧板上。

(2)混凝土的振捣

对混合料进行振捣，应及时检查排振的设置位置、振幅与频率、行走速度。人工振捣时，每一位置的持续时间应以混凝土停止下沉，不再冒气泡并泛出砂浆为准，振捣时间不宜太长。振捣时应辅以人工找平（图8-6），并随时检查模板有无下沉、变形和松动。混凝土的振捣应满足JTG F30—2003的要求。

a)

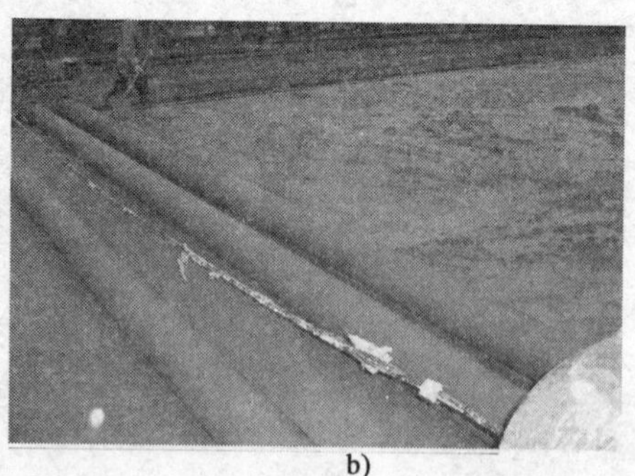
b)

图8-6　混凝土振捣

(3)滑模施工时纵向施工缝拉杆的布设

滑模施工时纵向施工缝边缘，由于滑模板阻隔，不能将横向钢筋外延作为拉杆,纵向施工缝边缘需单独另外布设纵缝拉杆。可在 CRC 板中间厚度的位置,在混凝土滑模摊铺时,模板滑过后采用人工植入方式,放置拉杆并固定,见图 8-7。

a)

b)

图 8-7 滑模施工时纵向施工缝拉杆的布设

5)混凝土表面修整

(1)混凝土摊铺、捣实、刮平作业完成后,应用饰面设备进一步整平,使混凝土表面达到要求的坡度和平整度。混凝土表面修整应满足 JTG F30—2003 的要求。

(2)饰面作业时,不得在混凝土表面洒水或洒水泥粉,当烈日暴晒或干旱风吹时,宜在遮荫棚下进行。

(3)修整作业应在混凝土仍保持塑性和具有和易性的时候进行,以确保从路表面上清除水分和浮浆。表面低洼处不得填以表面的浮浆,而必须用新制混凝土填补与修整,见图 8-8a)。

6)混凝土养生

(1)混凝土浇筑完成后,应开始养生并进行防护。混凝土的养生应满足 JTG F30—2003 的要求。养生方式宜采用喷洒养护剂同时保湿覆盖[图8-8b)],也可采用覆盖保湿膜、土工毡、土工布、麻袋、草袋、草帘等洒水养生方式,不宜使用围水方式。混凝土的摊铺应满足 JTG F30—2003 的要求。

(2)采用喷洒养护剂的方式进行养护时,应采用专用的养生机喷洒,养护剂的品种和数量应满足规范的要求,并应均匀喷洒两遍,面板两侧也应喷洒。养生剂的喷洒量必须以在混凝土表面形成完全封闭的薄膜为度,然后再用塑料薄膜覆盖进行湿治养生。在养护膜未形成前,如遇雨水侵袭,应重新喷洒。

(3)应控制养生初期的养生温度。养生时间应随混凝土强度的增长情况而定。

a)

b)

图 8-8　混凝土的修整与养生(喷洒养护剂)

8.1.1.4　CRC + AC 端部处理施工

CRC + AC 复合式路面与普通 CRCP 路面存在差异,普通 CRCP 和端部接缝处没有上履的沥青面层,不需考虑 CRCP 端部变形对上部沥青面层的影响,因此,CRC + AC 复合式沥青路面端部处理采用桥梁伸缩缝的方式。施工按桥梁伸缩缝中毛勒缝的施工工艺进行施工,其施工要求按桥梁工程中有关规定进行,见图 8-9。

a)

b)

图 8-9　连续配筋混凝土复合式路面端部毛勒缝处理

8.1.1.5　CRC 施工质量控制要点

1)用水量的控制

根据国外资料,连续配筋混凝土在施工过程中,对施工温度、用水量比普通混凝土路面有更严格的要求。国内某条 CRC 在夏天施工,施工温度较高,且拌和场离施工现场较远,运输到施工现场后由于水分挥发很快,混凝土从车上倒不出来,现场工人临时往车里加水才得以倒出,这样混凝土的含水率不能得到控制,结果 7 ~ 8d 后,该结构层出现了许多长度不一的纵向裂缝和许多间距很小的横向裂缝。应每天准确测定砂石的含水率，对于拌和场的进水管流速和时间也应控制好，才不会出现表面网裂现象。因此，在连续配筋结构层施工时一定要控制好用水量和水灰比，尤其在高温季节施工的时候。

2）混凝土的坍落度控制

在施工过程中，要求混凝土的坍落度为 1～4cm，实际施工过程中，坍落度大部分为 1～2cm 左右，混凝土的流动性较差，在进行混凝土摊铺时很费力，因此，要求加强振捣。从拆模后混凝土板的侧面看，混凝土还是比较密实的，很少有蜂窝状孔洞。由于用水量必须控制，可通过掺用高效减水剂来增加混凝土的坍落度，改善混凝土的流动性，增加工作性。

3）混凝土的振捣控制

由于混凝土的坍落度较小，且连续配筋混凝土加铺层中间有钢筋，如果混凝土不加强振捣，钢筋下的混凝土的空隙将会很大，在抹面之后，混凝土会在重力的作用下流动以填充空隙，这样容易形成塑性沉降裂缝，导致混凝土表面出现短的纵向裂缝。本次施工过程中，要求施工方加强振捣。在混凝土被侧向布料后，混凝土经过振捣棒、振捣扳、振捣梁三次振捣，基本上能将混凝土振捣密实，混凝土表面没有出现短的纵向裂缝；从拆模之后的侧面来看，也没有较明显的蜂窝状溶洞。

4）纵向钢筋的支撑支架

纵向钢筋应位于板中面，需要一定的支撑架将其固定在板中面位置。根据国内施工经验和依照施工规范，本次施工中，以每 0.7m 布置一根 $\phi16$ 螺纹钢筋作为支撑纵筋的胎架，见图 8-10；以 $\phi8$ 光面钢筋制作成"$\underline{\times}$"焊接 100mm × 50mm × 3mm 的钢板上作为胎架的支撑点（图 8-11），两者共同支撑纵筋，两两之间相互绑扎，形成稳固的钢筋网。施工过程中，纵筋和横筋没有出现明显的翘曲。该制作方式工序简单，安装方便，牢固可靠，在以后的连续配筋施工中值得推广。

图 8-10 常规简易支架

图 8-11 专门设计的滑动支架

5)纵向钢筋的绑扎

在国内其他的连续配筋路面铺筑过程中,纵向钢筋采用焊接方式进行连接,当温度变化时,钢筋便会收缩或膨胀。计算表明,当钢筋长度为500m,温差为10℃时,钢筋伸缩量为4.5cm,这么大的伸缩量会带动与之连接的钢筋支座移动,刺破沥青混合料隔离层。本次施工中,纵向钢筋采用绑扎方式连接,搭接长度为35倍钢筋直径;纵向钢筋和横向钢筋之间及横向钢筋和钢筋支座也是采用绑扎方式进行连接。由于绑扎方式允许钢筋之间有一定的错动,钢筋之间及钢筋与支座之间有一定的伸缩空间,施工过程中没有出现沥青混合料隔离层被刺穿或钢筋网严重变形的情况。

6)端部毛勒缝处理

在进行毛勒缝安装时,应注意两个问题:第一,毛勒缝的工作面应比路面低0~2mm,这是为了防止毛勒缝高出路面后直接受到水平冲击而破坏。第二,在浇筑混凝土之前,一定要给毛勒缝中间插入泡沫板,否则,连续配筋层会因为膨胀而挤压和破坏邻近结构物;另外往泡沫板两边加入混凝土时要对称加入,振捣时也要离泡沫板有一定的距离,以免挤破泡沫板。

8.1.2 CRC+AC复合式沥青路面层间黏结层施工技术

8.1.2.1 基本要求

(1)必须保证混凝土补强调平层与沥青混凝土面层之间的黏结,界面抗剪强度应满足剪应力的要求。

(2)应采取必要的措施解决连续配筋混凝土补强调平层接缝处的防水与防裂问题,防止雨水渗入到旧混凝土路面内,延缓接缝处的反射裂缝。宜采用应力吸收夹层,如黏结沥青(SBS改性沥青、橡胶沥青等)、浸渍沥青的土工布夹层、道路专用SBS防水防裂夹层等。

8.1.2.2 层间界面黏结材料要求

(1)喷洒式黏层结构,一般采用沥青质的液体涂料,如橡胶改性沥青、SBS改性沥青、SBR改性沥青、热石油沥青(A—70)、SBR改性乳化沥青、普通乳化沥青等;应根据当地的气候条件、交通荷载条件、沥青面层厚度选用不同的黏结层材料及用量。沥青材料应满足《公路沥青路面施工技术规范》(JTG F40—2004)的要求规定;采用SBS改性沥青,应满足规范I-D的要求。

(2)浸渍沥青土工布结构,一般采用沥青质液体与聚酯长丝无纺土工布结合,也可为类似防水卷材的防水夹层材料,现场摊铺而成。应根据当地的气候条件、交通荷载条件、沥青面层厚度选用不同的浸渍沥青与土工布。

8.1.2.3　CRC 表面的裸化处理技术

为加强沥青面层与 CRC 混凝土板的黏结,除优选层间界面黏结强度高的黏结层材料外,还需对 CRC 混凝土板表面进行清理与处理,CRC 混凝土板表面的碎石最好能外露出来。可采用混凝土浇筑时表面洒缓凝剂,待混凝土强度达到一定强度时用高压水冲刷表面,除去表面砂浆,露出碎石;也可采用机械方法,刷去表面浮浆。

表面露骨技术,即在新浇混凝土的表面喷洒缓凝剂,再用高压水冲掉混凝土表面的砂浆,集料外露后,在新的表面上喷洒养生薄膜。

表面刷浆技术,即在新浇混凝土的表面喷洒缓凝剂,然后用塑料薄膜覆盖。第二天刷掉混凝土表面的砂浆,集料外露后,在新的表面上喷洒养生薄膜。图 8-12 所示为专门设计的 CRC 表面刷毛设备。

a)　b)　c)　d)

图 8-12　专门设计的 CRC 表面刷毛裸化设备

8.1.2.4　施工要求

(1)清理路面,应平整、干燥、整洁,不得有尘土、杂物或油污。

(2)采用进口沥青洒布车均匀喷洒热沥青封层。见图8-13。

(3)撒铺单一粒径规格的碎石,覆盖率50% ~60%左右。见图8-14。

图8-13　沥青喷洒设备喷洒沥青封层

图8-14　采用两台石料撒布车全宽进行碎石撒布

(4)用轮胎压路机碾压成型,见图8-15和图8-16。

图8-15　轮胎压路机碾压成型

图8-16　表面碎石分布图

热沥青尤其是SBS改性沥青封层由于洒布温度较高,同时要求必须洒布均匀,一般要求采用进口的洒布设备(如法国、美国设备),本身具有加热系统,能保证洒布温度尤其是高温洒布,各个喷嘴能够单独自动控制,喷油管具有回路,能严格控制洒布量。目前国内已有多家改性沥青封层专业施工公司。而国产沥青洒布车各个喷嘴不能自动控制,没有回路,洒布量主要由洒布车速度控制,没有加热系统,对于改性沥青需高温洒布时施工困难。同时需要配套的碎石撒布设备。

也可采用同步碎石封层机进行热沥青封层的施工,见图8-17和图8-18。

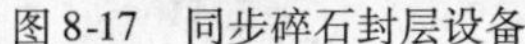

图 8-17　同步碎石封层设备

图 8-18　同步碎石封层的沥青与碎石同时喷洒

8.1.3　沥青面层施工技术

沥青面层各层的施工，按《公路沥青路面施工技术规范》(JTG F40—2004)的有关要求执行，包括材料技术要求、沥青混合料组成设计、施工要求、质量检验等。

8.2　CRC 材料性能试验与裂缝控制

8.2.1　CRC 的结构特点与材料要求

普通混凝土路面的伸缩缝常常成为水泥混凝土路面的薄弱位置。连续配筋混凝土(CRC)是在水泥混凝土面层纵向配置一定数量的连续钢筋，施工时不设置横向接缝，仅在与其他路面交接处或临近结构物处设置胀缝以及视施工需要设置施工缝，从而克服了普通混凝土路面横向接缝所造成的缺陷。CRC 具有整体刚度大、抵抗边角碎裂能力强等特点。

CRC 之所以具有较高的整体刚度，主要是因为路面的配筋率较高，且无横向接缝的缘故。施工完成后，一般而言，连续配筋混凝土路面还是会不可避免地出现横向收缩裂缝，这在设计上是允许的，只是有必要控制裂缝间距和裂缝宽度这两个关键的指标。

目前，裂缝间距和裂缝宽度的控制，在连续配筋混凝土路面的设计和具体施工实践中，一般通过选择较高的配筋率或将钢筋网布置在板厚的上 1/3 处来实现。从材料设计的角度出发，对混凝土的组成材料进行合理选择和优化设计，是实现对连续配筋混凝土路面裂缝间距和裂缝宽度控制的另一技术途径。而且，因为可以采用相对较低的配筋率，节约了工程造价，有利于 CRC 的进一步推广应用。

研究表明，水泥水化后的绝对体积会减小，每100g水泥净浆的化学缩减值为7～9mL，例如混凝土水泥用量 $C=300\text{kg/m}^3$，其化学缩减值达21～27L/m^3，但外观体积收缩并不多，主要在其内部形成很多毛细孔缝；另外每100g的水泥浆体可蒸发水分约6mL，例如混凝土水泥用量 $C=300\text{kg/m}^3$，则蒸发水量达18L/m^3；由此可知，当混凝土受干缩作用时，毛细孔中的水逸出而产生毛细压力，使混凝土发生"毛细收缩"，由此引起混凝土的干缩值达0.04%～0.06%。由于混凝土抗拉强度低，极限拉应变值只有0.015%～0.03%，故易于产生干缩开裂。

连续配筋混凝土施工时连续作业，不设横向缩缝。其横向裂缝主要是由于混凝土在凝结硬化过程中产生的体积收缩和温度收缩两个原因造成的，而完工后初期产生的裂缝主要是由于混凝土干缩造成的。CRC的开裂可用图8-19表示。由此可见，CRC的初期开裂主要是受混凝土材料的物理、化学性质影响。因此，如果在配合比设计时考虑掺入外加剂如膨胀剂，以减小混凝土的干缩特性，就可以在不提高配筋率的前提下起到减少和控制开裂的作用。

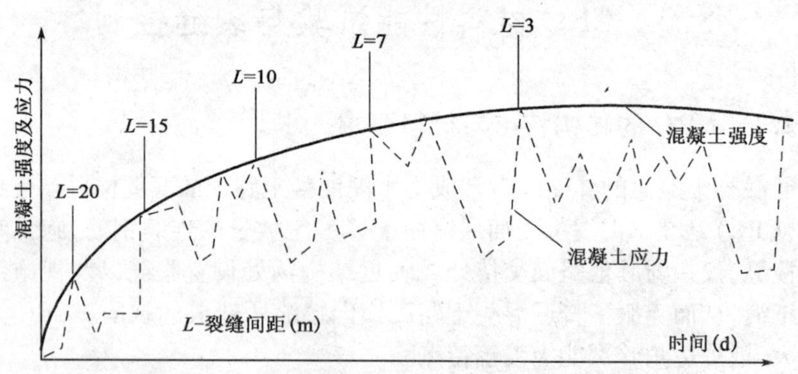

图8-19　CRC的开裂模式

8.2.2　连续配筋混凝土的原材料选择与技术要求

8.2.2.1　水泥

可以采用道路硅酸盐水泥、硅酸盐水泥或普通硅酸盐水泥。水泥强度等级的选择按照交通量等级确定。水泥的化学成分和物理指标要求可以参照《公路水泥混凝土路面施工技术规范》(JTG F30—2003)中水泥技术要求的规定实施。如掺用粉煤灰等混合材料，SO_3 含量可以放宽到5%～6%。

8.2.2.2　粗集料(碎石)

参照JTG F30—2003中粗集料技术要求的规定实施。用于连续配筋混凝土路面结构的碎石必须采用质地坚硬、耐久、洁净的Ⅲ级以上石料。碎石应符合设计文件及表 8-1 的技术要求，其最大粒径不应超过 30mm。

连续配筋混凝土面层用粗集料质量技术要求　　表 8-1

技术指标		要求
石料压碎值	不大于(%)	16
石料强度	不小于(级)	3
细长扁平颗粒含量	不大于(%)	15
泥土杂质含量(冲洗法)	不大于(%)	1
硫化物及硫酸根含量	不大于(%)	1
有机物含量(比色法)		不深于标准溶液的颜色

8.2.2.3　细集料(砂)

应采用洁净、坚硬、符合规定级配，细度模数在 2.5 以上的粗、中砂，含泥量不超过 3%，硫化物及硫酸含量(折算为 SO_3)不超过 1%，云母含量不超过 2%，有机物含量不深于标准溶液的颜色。

8.2.2.4　粉煤灰

连续配筋混凝土中掺入粉煤灰，可以降低混凝土的弹性模量，改善其脆性。改变其掺量，可以获得不同裂缝间距和裂缝宽度的 CRC。应该使用Ⅰ、Ⅱ级干排灰或磨细粉煤灰。粉煤灰的技术要求如表 8-2 所示。具体掺量根据试验确定。

粉煤灰的技术要求　　表 8-2

粉煤灰等级	细度(45μm 气流筛筛余量)(%)	烧失量(%)	需水量(%)	SO_3 含量(%)
Ⅰ	≤12	≤5	≤95	≤3
Ⅱ	≤20	≤8	≤105	≤3

8.2.2.5　水

混凝土搅拌和养护用水应清洁，宜采用饮用水。使用非饮用水时，应经过化验，其硫酸盐含量(按 SO_4 计)不得超过 2 700mg/L，含盐量不得超过 500mg/L，pH 值不得小于 4，不得含有油污。

8.2.2.6　外加剂

(1)外加剂的掺入，应根据配合比试验，符合《水泥混凝土路面施工及验收规范》(GBJ 97—1987)要求。

(2)为满足摊铺机对混凝土工作性能的特殊要求,掺用外加剂时,根据目的不同,可按以下规定选用:

①为减少混凝土拌和物的用水量,改善和易性,节约水泥用量,提高混凝土早期强度,可掺入减水剂。应尽可能选择使混凝土收缩率比较低的高效减水剂。减水剂掺量经试验后确定。

②为改善混凝土的触变性,保证滑模过后混凝土不塌边和麻面,提高混凝土抗折强度,可掺入引气剂。

③夏季施工或由于混凝土运输时间过长,可掺入缓凝剂。

④根据本项目的研究目的,可以掺入一定数量的微膨胀剂。

膨胀剂的掺入,在 CRC 中,主要达到在一定范围内补偿收缩从而控制裂缝间距和裂缝宽度的目的。膨胀剂的选择必须坚持膨胀性能第一、进行综合评定的原则。其掺量按推荐掺量进行试验后确定。

8.2.2.7　钢筋

钢筋网、拉杆均应符合《钢筋混凝土用热轧带肋钢筋》(GB 1499.2—2007)和《钢筋混凝土用热轧光圆钢筋》(GB 1499.2—2008)的技术要求。

纵向钢筋、补强钢筋和拉杆应采用 II 级螺纹钢筋,横向钢筋应采用 II 级螺纹钢筋。纵向钢筋一般不必进行防锈处理,但为防止纵向钢筋锈蚀,不得采用含氯离子的外加剂,必要时,可掺加阻锈剂。

钢筋应顺直,不得有裂纹、断伤、刻痕、表面油污和锈蚀。钢筋断口应垂直光圆,不得有毛刺。

8.2.2.8　养生剂

用于水泥混凝土路面施工养护的养生剂,喷洒后薄膜应密封性好,保水率高,强度和耐磨性损失小,干燥快、储存时间长而稳定、耐雨水冲刷。不得使用易被水冲刷掉的和对混凝土强度有影响的养生剂。

8.2.3　微膨胀混凝土的配合比设计

在连续配筋混凝土中使用膨胀剂进行配合比设计是一种新的尝试,连续配筋混凝土中的钢筋为微膨胀混凝土提供了必要的约束限制条件,而微膨胀混凝土又为连续配筋混凝土减少或补偿了收缩,密实了混凝土的内部结构,对连续配筋混凝土的裂缝间距、裂缝宽度进行必要的控制和改善。

8.2.3.1　试验用原材料

(1)水泥:韶峰 42.5 级普通硅酸盐水泥。物理、力学性能见表 8-3。

水泥的物理、力学性能　　表8-3

凝结时间(min)		抗折强度(MPa)		抗压强度(MPa)	
初凝	终凝	3d	28d	3d	28
120	240	5.7	8.10	27.4	50.1

(2)粉煤灰:株洲电厂II级干排灰。

(3)粗集料:花岗岩碎石,压碎值12%,逐级进行筛分备用。

(4)砂:中砂,细度模数 $M_{\mu}=2.50$。

(5)减水剂:FDN高效减水剂。

(6)膨胀剂:UEA膨胀剂。

8.2.3.2　试验方法

采用4.75~31.5mm连续级配制作混凝土试件,普通混凝土 $W/C=0.42$,掺入0.8%的FDN高效减水剂,不掺粉煤灰和膨胀剂。粉煤灰、膨胀剂双掺方案中粉煤灰按超量取代法计算用量。膨胀剂用量按等量取代水泥计算。

7d、28d测试150mm×150mm×150mm试件抗压强度和450mm×150mm×150mm试件抗折(弯拉)强度。

抗弯弹性模量28d测定,干缩应变 ε_{sh} 为90d时测定。膨胀量、干缩应变测试装置如图8-20、图8-21所示,测试结果见表8-4。

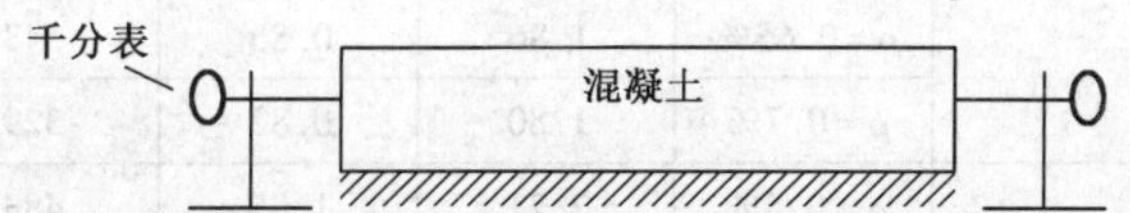

图8-20　膨胀量和干缩应变测试装置图

图8-21　膨胀量和干缩应变测试

干缩应变测试结果　　表 8-4

材料类型	干缩应变 ε_{sh}
普通混凝土	0.000 20
10% 粉煤灰 + 10% 膨胀剂	0.000 15
20% 粉煤灰 + 10% 膨胀剂	0.000 14

8.2.3.3　结果与讨论

(1)对裂缝间距和裂缝宽度的影响

取温差 $\Delta T = 35℃$,混凝土设计强度等级为 C40,混凝土抗拉强度标准值 $f_t = 3.5\text{MPa}$,黏结刚度系数 $k_s = 34\text{MPa/mm}$,选用 HRB400 螺纹钢筋,钢筋直径 $d_s = 16\text{mm}$,钢筋弹性模量 $E_s = 200\text{GPa}$,屈服强度 $f_{sy} = 400\text{MPa}$ 进行裂缝间距、裂缝宽度和钢筋应力计算。计算结果见表 8-5、图 8-22、图 8-23,其中 ρ 为配筋率。

粉煤灰、膨胀剂双掺对裂缝间距、裂缝宽度、干缩应变的影响　　表 8-5

技术方案		裂缝间距 L_d(m)	裂缝宽度 b_j(mm)	钢筋应力 σ_s(MPa)	干缩应变 ε_{sh}
普通混凝土	$\rho = 0.5\%$	2.41	1.09	448	0.000 20
	$\rho = 0.6\%$	1.96	0.89	367	
	$\rho = 0.65\%$	1.86	0.86	343	
	$\rho = 0.7\%$	1.80	0.82	329	
10% 粉煤灰 + 10% 膨胀剂	$\rho = 0.5\%$	2.71	1.05	483	0.000 15
	$\rho = 0.6\%$	2.25	0.88	399	
	$\rho = 0.65\%$	2.10	0.82	371	
	$\rho = 0.7\%$	1.94	0.76	336	
20% 粉煤灰 + 10% 膨胀剂	$\rho = 0.5\%$	3.01	1.08	497	0.000 14
	$\rho = 0.6\%$	2.40	0.88	420	
	$\rho = 0.65\%$	2.39	0.86	406	
	$\rho = 0.7\%$	2.24	0.80	378	

由表 8-5 可见,如果采用粉煤灰、膨胀剂双掺技术,和普通混凝土比较,在配筋率相同时,可以增大裂缝间距、减小裂缝宽度,减小干缩应变。

双掺技术对裂缝间距和宽度的影响如图 8-22、图 8-23 所示。在配筋率为 0.7% 时,10% 粉煤灰、10% 膨胀剂双掺,裂缝宽度由普通混凝土的 0.82mm 减小至 0.76mm;20% 粉煤灰、10% 膨胀剂双掺,裂缝宽度也减小至 0.80mm。

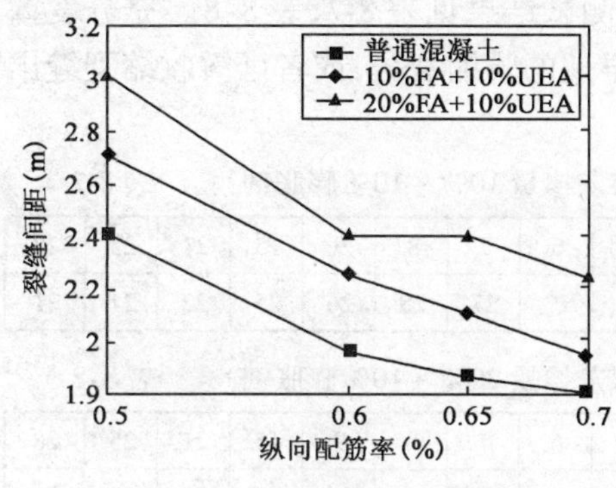

图 8-22　配筋率与裂缝间距关系图

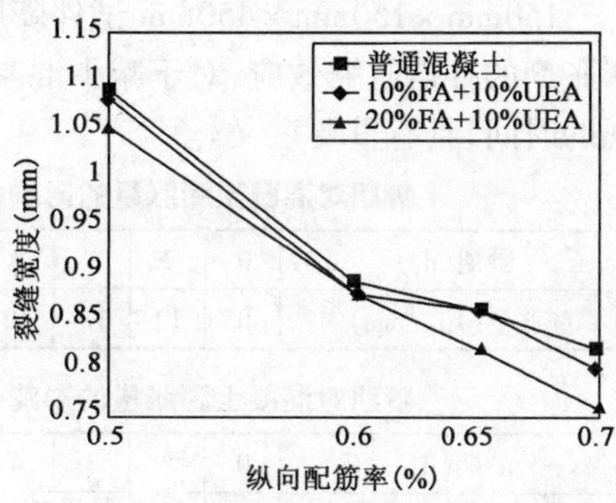

图 8-23　配筋率与裂缝宽度关系图

如果裂缝宽度变化不大,则利用双掺技术可以减小配筋量,如 10% 粉煤灰和 10% 膨胀剂双掺,配筋率为 0.65% 时,裂缝宽度与普通混凝土配筋率为 0.70% 时相同。“10% 粉煤灰 + 10% 膨胀剂方案”中,可以选择 0.6% ~ 0.7% 的纵向配筋率,计算钢筋应力都满足 $\sigma_s < f_{sy} = 400\text{MPa}$ 的要求。而“20% 粉煤灰 + 10% 膨胀剂方案”中必须选用较大的纵向配筋率 $\rho = 0.7\%$。为节约工程造价,选用“10% 粉煤灰 + 10% 膨胀剂方案”更为合理。

(2) 对强度和刚度的影响

从表 8-6 可以看出,掺入适量的粉煤灰和膨胀剂,抗折强度可以满足重交通道路高等级公路路面的要求。随着粉煤灰掺量的增大,混凝土的抗弯弹性模量减小,脆性下降,柔韧性改善,有利于提高道路的行车舒适感和减小噪声。混凝土获得一定的变形能力,有利于增强混凝土板对边角断裂、碎裂的抵抗能力,有助于发挥连续配筋混凝土路面的这一技术优势。

粉煤灰掺量对强度和刚度的影响　　表 8-6

技术方案	抗压强度(MPa)		抗折强度(MPa)		28d 抗弯弹性模量(GPa)
	7d	28d	7d	28d	
0% F + 0% UEA	32.5	47.4	4.45	5.54	30
10% F + 10% UEA	31.5	46.0	4.74	5.92	26
20% F + 10% UEA	31.9	45.4	4.94	6.16	25
30% F + 10% UEA	28.2	42.7	4.34	5.66	24
40% F + 10% UEA	23.6	36.8	3.32	4.56	21

(3)对混凝土早期性能的影响

150mm×150mm×450mm 试件膨胀量测试结果见表 8-7、表 8-8。充分发挥膨胀剂的补偿收缩效应,对于减少混凝土早期的收缩裂缝,或者延缓收缩裂缝出现的时间,具有重要意义。

龄期对混凝土膨胀量的影响(粉煤灰掺量 10% +10% 膨胀剂)　　表 8-7

龄期(d)	0	2	3	4	5	6	7	8	9	15	21	25	28
膨胀量(10^{-3}mm)	0	12	18	19	22	27	27	28	26	25	22	21	21

龄期对混凝土膨胀量的影响(粉煤灰掺量 20% +10% 膨胀剂)　　表 8-8

龄期(d)	0	2	3	4	5	6	7	8	9	15	21	25	28
膨胀量(10^{-3}mm)	0	8	22	28	30	32	32	33	34	34	31	30	29

如图 8-24、图 8-25 所示,在 28d 内,混凝土强度得到快速发展,在此期间,混凝土具有轻微的膨胀量。掺 10% 粉煤灰和 10% 膨胀剂,28d 膨胀可达 0.047mm/m;掺 20% 粉煤灰和 10% 膨胀剂,28d 膨胀量可达 0.064mm/m。

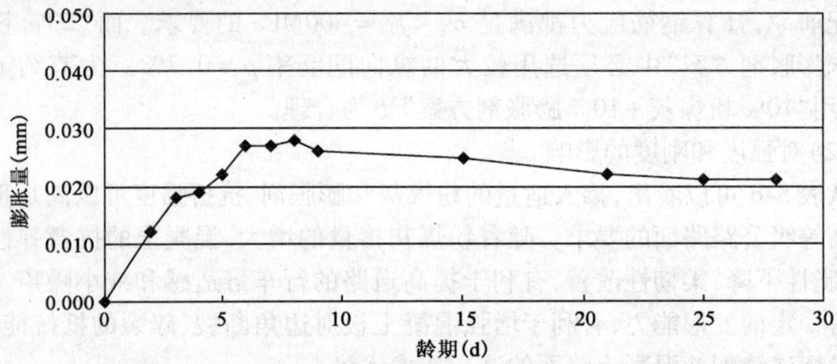

图 8-24　龄期对混凝土膨胀量的影响(粉煤灰掺量 10%)

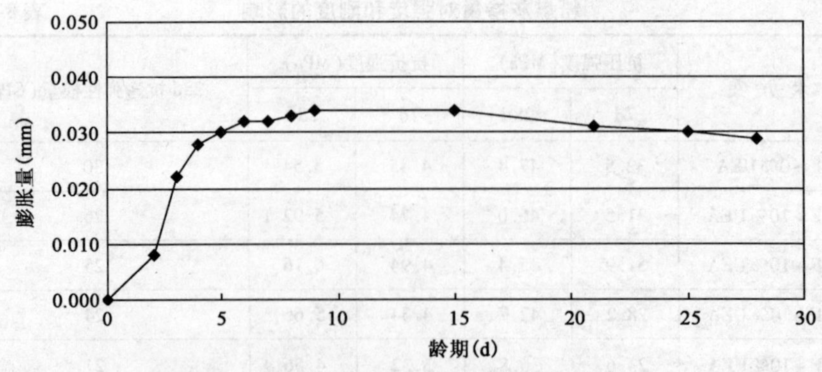

图 8-25　龄期对混凝土膨胀量的影响(粉煤灰掺量 20%)

经过大量室内试验，综合考虑材料性能对 CRCP 裂缝间距和裂缝宽度、混凝土力学性能以及早期补偿收缩的影响，采用“10% 粉煤灰 + 10% 膨胀剂方案”，最终确定的连续配筋混凝土配合比为：水泥∶水∶砂∶碎石∶粉煤灰∶UEA 膨胀剂∶FDN 减水剂 = 318kg∶132kg∶613kg∶1 332kg∶34kg∶34kg∶3kg。

8.3　CRC + AC 复合式沥青路面工程应用案例

由于连续配筋混凝土用钢量较大，造价较高，一般公路建设中受投资的影响极少采用，目前 CRC + AC 复合式路面在国内的应用较少。现行规范 JTG D40—2011 也只建议在高速公路建设中使用。

2003 年长沙理工大学与现代投资股份有限公司长潭分公司、湖南省高速公路管理局在湖南省长潭高速公路旧水泥混凝土路面改造工程中采用 CRC + AC 复合式沥青路面修筑了 44.76km 的实体工程；2006 年长沙理工大学与现代投资股份有限公司长永分公司在长永高速公路黄花至永安段旧水泥混凝土路面改造工程中修筑了 8km 的实体工程。2008 年长沙理工大学、湖南省公路学会、湖南省常吉高速公路建设开发有限公司在湖南省常吉高速公路修筑了 1kmCRC + AC 试验路，目前各高速公路使用状况均良好。

8.3.1　湖南省长潭高速公路 CRC + AC 复合式沥青路面

湖南省长潭高速公路为京珠主干线的一段，全长 44.76km，4 车道，路基宽 27.5m，原路面结构为水泥混凝土路面。1997 年建成通车，经过 6 年多的运营，累计标准轴次已接近设计轴次，由于原结构设计较薄（25cm 混凝土板 + 20cm 水泥砂砾基层），重轴载较多，调查资料表明，轴重大于 10t 的有 37.6%，而轴重大于 13t 的超重车也有 22.98%，到路面改造时，损坏严重。为适应重载交通的要求，弥补原结构上的不足，在对原旧水泥混凝土路面进行换板、压浆、清缝、灌缝等处理后，采用连续配筋混凝土补强调平层后再加铺 10cm 沥青面层的改造方案。

长潭高速公路是湖南省第一条高速公路，从 1997 年通车以来，到 2003 年时经历了 6 年多的运营，为湖南省经济的发展起到了不可磨灭的作用。作为京珠国道主干线的重要组成部分，长潭高速公路通车以来担负了繁重的交通运输任务，为经济发展作出了巨大贡献。随着该地区经济的快速发展，社会经济活动的进一步活跃，各城市之间交通日益繁忙，交通量迅速增长，大吨位车辆不断增加，超载车辆过多、过大，导致道路病害日趋严重，路面平整度差，损坏严重，导致行车速度降低、通行能力下降、交通事故发生率增加,严重影响服务水平,制约了该地区乃至全省社会经济的发展。

长潭高速公路路面改造工程起点为长潭高速公路牛角冲互通,经过黎托、张公岭、李家塘、殷家坳,终点为马家河互通,包含全线4个互通主线及匝道。技术标准为四车道高速公路,路基宽度为27.5m,设计荷载标准为汽车—超20级,挂车—120。

1)项目基础资料

(1)原有路面损坏状况

长潭高速公路原有水泥路面损坏严重,在总调查的51 612块水泥混凝土板中,断板类损坏的板数为10 183块,破损率为19.74%,接缝类破损的板数为596块,破损率为1.2%,面板大面积错台、脱空,见表8-9和表8-10。每年需投入大量的养护修理费用,且费用逐年增加。据长潭高速公路管理处的统计资料显示,养护费用从1999年的352万元增至2001年的1 963万元,2001年路面维修数量为21 400m²。

长潭高速公路混凝土板破损调查表 表8-9

项目名称	总板数	破损率	断板类破损	接缝类破损	表面类破损
主线	57 048块	26.6%	10 988块	3 879块	292块
			19.3%	6.8%	0.5%
互通	3 529块	11.8%	258块	143块	14块
			7.3%	4.1%	0.4%

长潭高速公路混凝土板脱空率调查表 表8-10

项目名称	湘潭至长沙方向			长沙至湘潭方向		
	超车道	行车道	硬路肩	超车道	行车道	硬路肩
脱空率	65%	61%	52%	58%	71%	49%

根据本次调查结果,依据《公路水泥混凝土路面设计规范》(JTG D40—2002)、《公路养护技术规范》(JTG H10—2009)和《公路水泥混凝土路面养护技术规范》(JTJ 073.1—2002)的评定规定,已经达到需要进行大修或翻新的标准。

(2)病害原因分析

通过实地调查与分析,造成路面大面积损坏的主要原因有以下几点:

①原有设计标准偏低,横向缩缝未设传力杆。现有公路设计于1993年,由于历史原因,当时尚未出版高速公路有关的设计规范,资金又较缺乏,对超载车的荷载和数量估计不足,因此路面结构厚度较薄,路面厚度为25cm,路面基层采

用 20cm 水泥稳定砂砾，且未设置底基层和垫层，路面总厚度仅为 45cm。

②交通量大大增加，而且重车、超载情况特别严重，加速了长潭高速公路的路面破坏。长潭高速公路 2001 年的年交通量为 7 240 900 辆（绝对数），日平均交通量为 19 838 辆/日（绝对数）。根据《公路水泥混凝土路面设计规范》（JTG D40—2002）进行轴载换算，通车 6 年来标准轴载累计作用次数为 10 746 920 次，相当于原设计使用年限内标准轴载累计作用次数 11 217 638 次的 95.8%，已接近使用寿命。

③排水设施不完善，中央分隔带没有排水设施，超高路段采用漫流方式，同时由于路面接缝填缝料的剥落，致使雨水从中央分隔带和接缝处下渗到路基无法排出，导致水损害，其中最为严重的即唧泥。唧泥是造成脱空、错台、断板等破坏是主要原因。

④部分路段由于地质、土质不良，加之长期排水不畅，致使路基局部出现饱和，造成不均匀支承和沉降，加速了路面板的破坏。

(3)交通量情况与轴载换算

长潭高速公路路面改造工程交通量增长预测，由工程可行性研究报告可见表 8-11。现有交通量调查结果见表 8-12。通过轴重调查，得到现有交通量的轴载谱见表8-13，从调查的数据中看长潭高速公路的重车较多，其中轴重大于 10t 的有37.6%，而轴重大于 13t 的超重车也有 22.98%。

长沙至湘潭高速公路诱增型交通量（折算数）　　表 8-11

年　份	2004	2009	2010	2015	2019
诱增交通量	34 825	40 406	30 743	38 283	45 232
年平均增长率		3%	-23.8%	4.5%	4.3%

现有交通量调查分析　　表 8-12

小型客车	大型客车	小型货车	中型货车	大型货车	大型双后轴货车	中型货车加挂车	大型货车加挂车	合计
7 748	631	501	641	4 067	1 526	1 461	2	16 577
46.74%	3.81%	3.02%	3.87%	24.53%	9.21%	8.81%	0.01%	100%

现有交通量轴载分析　　表 8-13

轴载分级(t)	0 ~ 5	5 ~ 8	8 ~ 9	9 ~ 10	10 ~ 11	11 ~ 12	12 ~ 13	13 ~ 14
轴数(次)	8 693	1 401	576	632	759	830	1 059	1 092
轴次比重(%)	48.00	7.73	3.18	3.49	4.19	4.58	5.85	6.03

续上表

轴载分级(t)	14~15	15~16	16~17	17~18	18~19	19~20	20~21	>21
轴数(次)	1 273	1 055	474	189	53	18	4	4
轴次比重(%)	7.03	5.82	2.62	1.04	0.30	0.10	0.02	0.02%

设计基准期内水泥混凝土面层临界荷位处所承受的标准轴载累计作用次数 $Ne = 8 \times 10^8$。

2)CRC+AC 复合式加铺层结构设计

(1)设计方案制定的主要目标

①防止雨水渗入原水泥混凝土路面与基层结构层中。

②提高路面结构承载能力,以适应高速公路国道主干线的交通需要。

③尽可能减弱原路基与路面结构的先天不足,消除质量隐患。

④恢复路面平整度与抗滑能力,改善路面使用性能,提高通行能力与服务水平。

(2)设计方案制定的原则

根据长潭高速公路的实际情况与重要性,以及沿线的气候、交通、材料、地质等情况,水泥混凝土加铺层复合式路面结构方案设计的原则有如下几点:

①路面结构内部应按照防排结合的原则进行防排水设计,将路面结构与防排水进行综合设计,尽量防止雨水渗入路面结构与路基内部,排除可能渗入路面结构内部的雨水。

②提高路面的结构承载能力,进行补强层设计,弥补原路基及路面结构薄弱的先天不足,以适应京珠高速公路国道主干线大交通量的需要,以及超载、重载车辆的影响;综合考虑南行(长沙至湘潭)与北行(湘潭至长沙)交通量的大小与轴重的差别。

③在满足技术要求(交通量和使用性能)的条件下,因地制宜、合理先材、节约投资的原则进行路面结构方案的技术经济比较,选择技术先进、安全可靠、经济合理、方便施工与施工组织的结构方案。

④按照科学、可靠、可行、经济的指导思想,尽可能应用成熟技术,确保改造工程的成功。对新技术、新材料、新工艺应慎重采用,先修筑试验路,取得经验后再推广应用。

⑤路面结构方案应注重环境保护的有关规定,合理安排沥青混合料的拌和站位置,妥善处理好旧水泥混凝土破碎块废料及废弃沥青混合料,保护环境,减少对环境的影响。

⑥旧路加铺改造设计,应尽可能采用较薄的路面结构,减少对沿线交通设施的影响、减少桥梁恒载的增加、减少对天桥净空的影响,减少对软弱地基及高填方不均匀沉降的影响、减少路线纵坡的频繁变化可能造成的路面纵向不平整和行车舒适性降低。

⑦尽可能不增加桥梁恒载,在桥梁检测与桥梁结构验算的基础上慎重考虑桥面加铺层结构与材料,以及选择合适的桥梁加固方案。长潭高速公路桥梁伸缩缝更换不久,应尽可能不动桥梁伸缩缝,减少工程损失。

⑧路面结构方案应方便施工与施工组织,确保交通畅通与交通安全,尽可能采用机械化作业,提高劳动效率与施工速度,减少人工作业环节,保障施工质量、施工进度与人员安全。

(3)设计思路

CRC + AC 复合式加铺层路面结构可分为以下四个层次:沥青混凝土面层、黏结防水防裂层、混凝土补强及调平层、隔离层。通过隔离层分离上下两水泥混凝土板,采用分离式加铺结构;混凝土补强调平层对原水泥混凝土路面结构强度的不足进行补强,同时对桥头路基、高填方路基及软土路基等路段高程进行调整,适量提高路面平整度,改善路表面排水功能。通过黏结防水防裂层保证沥青混凝土面层与混凝土补强调平层结合紧密,防止雨水下渗,延缓混凝土接(裂)缝的反射裂缝,通过沥青混凝土面层及表面抗滑层提供一个安全、舒适、耐久的行驶平面。

(4)CRC + AC 复合式加铺层路面结构与材料的性能要求

①沥青混凝土面层的技术要求

a. 表面抗滑性。特征指标:构造深度。从集料选择和级配组成设计入手,提高面层抗滑性,达到高速公路的要求。

b. 沥青混凝土高温稳定性,即具有高的抗车辙能力和抗挤压破坏的能力。考虑到长潭高速公路处于我国南方湿热地区,对高温稳定性提出了较高要求。要求采用优质改性沥青、优质矿料的高性能沥青混凝土。特征指标:动稳定度和永久变形。

c. 抗水损害能力。长潭高速公路所处地区潮湿多雨和现有路面的水损坏特点,设计中对水的影响要格外引起重视。评价罩面层混合料水稳定性的特征指标有:黏附性、浸水马歇尔强度比(残留稳定度)、试件冻融前后的间接抗拉强度比(TSR)。要求黏附性达到 5 级。

应采取多项措施解决水损坏问题:一是针对面层沥青混凝土的空隙率设计,一般设计空隙率应控制在 3% ~5%,马歇尔试验应采用双面击实 75 次,不能采用Ⅱ型级配与空隙率的要求，施工中还要控制面层的空隙率（现场空隙率不超过6%），提高结构的密水性，减少渗水量；二是采用抗水损害能力强的材料或采取抗剥离措施，添加3% ~5%的水泥取代矿粉或1% ~1.5%的消石灰粉或性能良好的抗剥落剂；三是通过设置良好的防水层，如目前已成功使用的改性沥青防水层，防止水分下渗；四是加强表面排水，不积水，减少雨水下渗的时间与数量；五是适当减薄面层的厚度，使渗入罩面层结构中的雨水尽快蒸发出来，同时降低工程造价以及相关的设施费用。

d. 防止沥青面层泛油。沥青路面的泛油，将影响路面的使用性能，降低抗滑能力，并引起其他路面病害的产生。从设计和施工上应严格控制用油量。

②混凝土补强调平层的技术要求

a. 水泥混凝土28d的弯拉强度应达到5.0MPa。

b. 混凝土施工模板应按要求的高程进行安装，以达到调平的目的。

c. 混凝土补强调平层应与旧混凝土板错缝，新接缝落在旧板中，提高新板接缝的传荷能力，对旧板接缝处应设置剪力钢筋，防止新板断裂。

③黏结防水防裂层的技术要求

a. 必须保证混凝土补强调平层与沥青混凝土面层之间的黏结，界面抗剪强度应满足剪应力的要求。

b. 应采取必要的措施解决混凝土补强调平层接缝处的防水与防裂问题，防止雨水渗入到旧混凝土路面内，延缓接缝处的反射裂缝。采取错缝、设置传力杆等措施可大大减少竖向荷载型剪切变形，可不必设置刚度较大、强度较高、对荷载应力与应变作用明显的玻璃纤维格栅；宜采用应力吸收夹层，如黏胶沥青（SBS改性沥青、橡胶沥青等）、浸渍沥青的土工布夹层、道路专用SBS防水防裂夹层等。

④隔离层的技术要求

a. 应能将旧水泥混凝土板与混凝土补强调平层完全分离，以达到分离式加铺的目的。

b. 隔离层厚度应尽可能薄，以减少路面结构层的总厚度。

c. 隔离层应尽可能兼顾防水的作用，防止雨水渗入到旧混凝土路面结构内部。

3）CRC + AC复合式沥青加铺层结构方案

（1）原水泥混凝土路面结构方案（表8-14）

原水泥混凝土路面结构　　表 8-14

结构层	路面结构材料与厚度
面板	25cm 水泥混凝土板
基层	20cm 水泥稳定砂砾
路基	

(2)CRC + AC 复合式加铺层沥青路面结构方案

根据设计目标、设计原则，结合长潭高速公路目前的实际状况、投资控制、施工进度要求、交通组织与交通安全等各方面的要求，提出如表 8-15 所示的结构方案。通过分析与计算，长潭高速公路路面改造工程采用混凝土补强调平层再加铺沥青混凝土表面层，在结构上是可行的，通过计算，混凝土加铺层厚度采用规范的最小值 18cm 即可满足结构受力的要求。

旧水泥路面加铺层 CRC + AC 复合式路面结构方案　　表 8-15

结构层	混凝土加铺层复合式路面结构材料与厚度
表面层	4cmSBS 改性沥青 SMA-13
黏层	0.3 ~ 0.6L/m^2 改性乳化沥青
下面层	6cmSBS 改性沥青 AC-20J
黏结防水防裂层	SBS 改性沥青(1.80kg/m^2) + 45%(16 ~ 19mm)单一粒径碎石或浸渍沥青土工布
补强、调平层	18cm 连续配筋混凝土或水泥混凝土(错缝并设剪力钢筋/ϕ16)
隔离层	2.5cm 沥青混合料 AC-10 或沥青砂局部整平、油毡满铺
旧混凝土板	换板压浆处治旧混凝土板

①沥青混凝土面层

沥青混凝土面层主要起表面功能作用，提供平整、抗滑的表面使用性能，舒适、安全的行车性能，密水、抗变形的结构性能，且维修方便。根据《公路水泥混凝土路面设计规范》(JTG D40—2002)的有关要求，复合式路面沥青面层的厚度不宜小于 4cm；水泥混凝土路面上沥青加铺层按减缓反射裂缝的要求，高速公路沥青面层的厚度宜为 10cm；根据长潭高速公路的实际情况，沥青面层厚度采用 10cm，以保证其使用性能与使用寿命。

南方炎热潮湿地区，表面层应具有密水、抗车辙、抗滑、耐久、抗裂性能，建议采用表面功能较好的 SMA 结构，采用 4cm 厚的 SBS 改性沥青 SMA-13 材料。下面层主要考虑高温抗车辙与密水要求，采用 6cm 厚的 SBS 改性沥青 AC-20J，AC-20J 为规范 AC-20I 的改进型级配，主要改善其高温抗车辙能力。上下面层之间设改性乳化沥青黏层，加强层间结合。

②黏结防水防裂层

该层的目的一是保证混凝土补强调平层与沥青面层之间的黏结强度，防止界面剪切、推移；二是防止雨水渗入混凝土补强调平层的接缝内；三是延缓水泥混凝土补强调平层的接缝或连续配筋混凝土的开裂所产生的反射裂缝。从黏结强度来看，SBS 改性沥青最好，防水、防裂与浸渍沥青土工布相近，设计图为土工布，作者建议采用 SBS 改性沥青层。

③混凝土补强调平层

该层的目的是补强与调平，其材料可选用水泥稳定类半刚性基层、素水泥混凝土、钢纤维混凝土、钢筋混凝土、连续配筋混凝土等材料。半刚性材料强度相对较低，结构层较厚，不利于加铺工程；钢纤维混凝土可减薄结构层厚度，但国内没有大面积使用过，有一定的风险，且造价较高；钢筋混凝土路面仍需设置接缝，由于接缝间距较大，接缝处收缩变形较大，沥青面层的反射裂缝较明显且造价也较高；素混凝土路面与钢筋混凝土、连续配筋混凝土的厚度一致，只在局部配置钢筋，结构的整体强度不如钢筋混凝土与连续配筋混凝土，但其接缝间距短，反射裂缝不易控制，没有布钢筋，施工进度快、施工方便、技术成熟、可采用小型机具人工施工，造价低，通过设置接缝传力杆与错缝，可提高接缝传荷能力、减少荷载型竖向剪切变形，延缓反射裂缝，在旧混凝土接缝处设置剪力钢筋，提高其适应旧板接缝的变形能力，但施工较复杂，见图 8-26。连续配筋混凝土路面克服了钢筋混凝土路面的缺点，没有接缝，结构整体性好，承载能力强，虽然微裂缝仍然存在，但不会造成反射裂缝，不过造价较高，施工技术要求高，要有经验的专业队伍施工，施工进度慢。

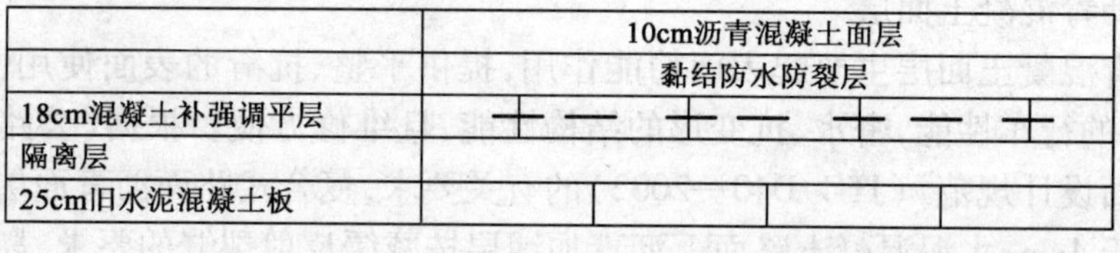

10cm沥青混凝土面层
黏结防水防裂层
18cm混凝土补强调平层
隔离层
25cm旧水泥混凝土板

图 8-26　水泥混凝土补强调平层结构示意图

综合考虑长潭高速公路的特点、工程规模、工程投资、工程进度、交通组织与管理等方面的因素，采用连续配筋混凝土与普通混凝土均能满足要求，设计采用连续配筋混凝土。

④隔离层

隔离层的主要目的是将水泥混凝土补强调平层与旧水泥混凝土隔离，形成分离式加铺层结构，一般采用细粒式沥青混合料，最小厚度为 2.5cm。综合考虑长潭高速公路改造工程的特点，宜选用结构层厚度较薄的结构与材料，作者建议采用沥青砂对旧混凝土板的错台、沉陷等进行局部整平，再满铺道路专用隔离防水层材料、油毛毡或短纤维无纺土工布，考虑到道路专用隔离防水层材料、油毛毡还能起到防水的作用，而油毛毡强度较低，建议采用道路专用隔离防水层材料。对错台、沉陷处采用沥青砂填补整平之前，应洒一层热沥青或乳化沥青，热沥青用量为0.4kg/m^2，乳化沥青用量为0.6L/m^2；在整平后的水泥混凝土表面满铺道路专用隔离防水层材料或油毛毡，纵横向搭接宽度10cm，搭接部分涂刷热沥青(表8-16)。

采用沥青砂局部整平后满铺油毡的隔离层，人工配小型机具即可施工，不需大型沥青混合料拌和机与摊铺机，施工简单、进度快、造价低。

长潭高速公路连续配筋混凝土加铺层复合式路面结构　　表8-16

结构层	混凝土加铺层复合式路面结构材料与厚度
表面层	4cmSBS改性沥青SMA-13(木质素纤维)
黏层	0.3~0.6L/m^2 改性乳化沥青
下面层	6cmSBS改性沥青AC-20J
黏结防水防裂层	浸渍1.40kg/m^2 重交通沥青(AH-70)聚酯长丝烧毛土工布
补强、调平层	18cm连续配筋混凝土
隔离层	2.5cm沥青混合料AC-10I
黏层	0.3~0.5L/m^2 乳化沥青或0.3~0.6kg/m^2 重交通沥青AH-70
旧混凝土板	换板压浆处治旧混凝土板

连续配筋混凝土板纵向采用ϕ18mm的II型钢筋，间距24cm，配筋率0.600 8%。计算可得：裂缝间距1.632m，在1m和2.5m之间；裂缝宽度0.93mm，小于1mm；钢筋应力168MPa，小于钢筋屈服强度335MPa。横筋采用ϕ14mm的II型钢筋，间距80cm，配筋率0.106 9%，纵向配筋率为横向配筋率的5.62倍，符合规范。改造工程于2003年实施并完工，目前使用效果良好。该项目2007年分别获湖南省科技进步三等奖和中国公路学会科学技术三等奖。

8.3.2　湖南省长永高速公路CRC+AC复合式路面

2006年长沙理工大学与现代投资股份有限公司长永分公司在长永高速公路黄花至永安段旧水泥混凝土路面改造工程中修筑了8km的CRC+AC实体工程。本实体工程根据作者的一些研究成果，在长潭高速公路CRC+AC实体工程的基础上进行改进，沥青面层厚度降为9cm，层间界面采用SBS改性沥青黏结防水层，边缘路肩板采用素混凝土，没有配筋，只设纵向施工缝拉杆。

1）工程概况

湖南省长沙至永安高速公路全长25.96km，原设计公路等级为四车道汽车专用一级公路，计算行车速度100km/h，路基宽24.5m，中间以支线连接黄花机场，设计荷载标准为汽车—超20级，挂车—120，路面类型为水泥混凝土结构。该项目于1993年5月28日开工，长沙至黄花段于1994年12月26日建成通车，黄花至永安段于1995年底建成通车。长永高速公路作为目前省会城市长沙通往黄花机场和连接319国道的重要通道，是通往长沙市的重要卫星城市浏阳市的高速公路，是湖南省"五纵七横"第二横"浏阳（赣湘界）—花垣（湘渝界）"的一段，是湖南省湘东北地区公路主骨架的重要组成部分，也是长株潭地区东面出省的主要出口之一。

长永高速公路由于建设时间早，设计、施工受当时条件的局限，建设标准不高。随着交通量的不断增加，大吨位车辆增加迅速，道路病害日趋严重，路面平整度较差，损坏严重，设施陈旧破损，路面维修费用逐年上升，行车状况和景观形象不理想，难以保证正常通车，导致交通事故发生率增加、行车速度降低、通行能力及服务水平下降，严重影响湖南高速公路形象。

2001年12月，现代投资有限公司对长永公路长沙至黄花段（含黄花机场支线）进行了水泥混凝土路面上加铺沥青混凝土路面的改造。长沙至黄花段改造工程在设计速度、路基宽度、设计荷载等都与原标准一致，在加铺沥青混凝土后，对交通设施和路基路面排水以及防护工程均进行了相关完善。本次进行的黄花至永安段改造工程为2001年第一期改造工程的延续。

2005年12月，湖南省长永高速公路黄花至永安段改造工程项目经理部委托湖南省交通规划勘察设计研究院进行本项目一阶段施工图勘察设计工作。2006年初完成了长沙（永安）至浏阳（洪口界）公路工程可行性研究报告，并通过了省内专家的评审。根据工程可行性研究报告及评审意见，本项目起点与长浏高速公路终点相接，因此本改造工程项目应充分考虑与长浏高速公路的协调统一。

本项目起讫桩号为K1163+528～K1171+600，路线里程长8 072m。本次改造工程的主要内容为：旧路面处治、路面加铺、桥梁加固，天桥通道的路面与接线处治，现代休闲园匝道的新建和改造，边坡、绿化的完善，水利灌溉和交通安全设施的完善等。

长永高速公路通车以来担负了繁重的交通运输任务，为经济发展作出了巨大贡献。随着该地区经济的快速发展，社会经济活动的进一步活跃，各城市之间交通日益繁忙，交通量迅速增长，大吨位车辆不断增加，超载车辆过多、过大，导致道路病害日趋严重，路面平整度差，损坏严重，导致行车速度降低、通行能力下降、交通事故发生率增加，严重影响服务水平，制约了该地区乃至全省社会经济的发展。此次路面改造工程将在对原旧水泥混凝土路面进行换板、压浆、清缝、灌缝等处理后，采用连续配筋混凝土补强调平层和沥青混凝土面层的改造方式。

2）基础资料

长永高速公路原路面结构形式为 24cm 水泥混凝土面层 + 20cm 水泥稳定砂砾基层。根据检测报告，全线共有水泥混凝土板块 9 618 块，应进行处治的病害板块共 2 396 块，占总数的 24.9%，其中建议换板的有 116 块，占总数的 1.2%，建议压浆的有 2 280 块，占总数的 23.7%，建议灌缝所涉及的板块有 1 773 块，占总数的 18.4%，总灌缝长度 9 278.9m。根据调查结果，依据《公路水泥混凝土路面设计规范》（JTG D40—2002）、《公路养护技术规范》（JTG H10—2009）和《公路水泥混凝土路面养护技术规范》（JTJ 073.1—2002）的评定规定，已经达到需要进行大修或翻新的标准。

长永高速公路路面改造工程实际调查的交通量为：N = 2 669 383 辆/年，交通组成为小于 2t 的车占 69.5%，大于 2t 的占 30.5%，其中大于 13t 的占 10.2%。

3）结构方案

（1）原水泥混凝土路面结构

原水泥混凝土路面结构设计见表 8-17。

原水泥混凝土路面结构　　表 8-17

结构层	路面结构材料与厚度
面板	24cm 水泥混凝土板
基层	20cm 水泥稳定砂砾
路基	

（2）连续配筋混凝土复合式加铺层路面结构

连续配筋混凝土复合式加铺层路面结构方案如表 8-18 所示。

连续配筋混凝土复合式加铺层路面结构方案　　表 8-18

结构层	连续配筋混凝土复合式加铺层路面结构材料与厚度
表面层	4cmSBS 改性沥青 SMA-13（木质素纤维）
黏层	0.3～0.6L/m^2 改性乳化沥青
下面层	5cmSBS 改性沥青 AC-20
黏结防水层	1.6～1.8kg/m^2SBS 改性沥青黏结防水层

续上表

补强调平层	18cm 连续配筋混凝土
隔离层	2.5cm 沥青混合料 AC-10
黏层	0.3～0.5L/m^2 乳化沥青
旧混凝土板	换板压浆处治旧混凝土板

(3)桥面沥青混凝土铺装层结构

桥面沥青混凝土铺装层结构方案,见表 8-19。

长永高速公路桥面加铺层路面结构方案 表 8-19

结构层	桥面加铺层路面结构材料与厚度
表面层	3cmSBS 改性沥青 SMA-13(木质素纤维)
黏层	0.3～0.6L/m^2 改性乳化沥青
下面层	3cmSBS 改性沥青 AC-10
防水放裂层	2.0～2.2kg/m^2SBS 改性沥青黏结防水层
	旧混凝土桥面

8.3.3 湖南省常吉高速公路 CRC + AC 试验路

由湖南省公路学会主持,长沙理工大学、湖南省高速公路管理局、湖南省常吉高速公路建设开发有限公司、湖南省交通规划勘察设计院等几家单位参加的湖南省交通厅科技计划项目“湖南公路路面典型结构及修建技术研究”课题组决定 2008 年在湖南省常吉高速公路再修筑 1kmCRC + AC 试验路,沥青面层厚 6cm,并采用复合改性沥青。

1)工程概况

长沙至重庆公路通道常德至吉首高速公路,路线起于常德市斗姆湖(连接常德至张家界高速公路),在吉首城区乾州镇以北约两公里处跨 G209 及枝柳铁路到达本项目的终点林木冲,全线里程 223.4km。全线经过的县市有常德市鼎城区、桃源县、怀化市沅陵县、湘西自治州泸溪县、吉首市。

常德至吉首高速公路按高速公路四车道标准设计,平原微丘地区路基宽 26m,山岭重丘地区路基宽 24.5m,设计行车速度分别为 120km/h 和 100km/h。

工程项目投资来源于国家投资和银行贷款,为湖南省重点工程建设项目,2007 年上半年完成路基精加工层施工,2007 年底完成基层、底基层的施工,2008 年完成路面工程施工,2008 年底建成通车。

2)原路面结构设计方案

施工图设计文件中的路面结构如表8-20、表8-21所示。

施工图中整体式路基的路面结构　　表8-20

结构层次	整体式路基(路基宽度26m)		整体式路基(路基宽度24.5m)	
	土质路基	岩石路基	土质路基	岩石路基
上面层	4cm改性沥青 SMA-13	4cm改性沥青 SMA-13	4cm改性沥青 SMA-13	4cm改性沥青 SMA-13
中面层	6cm改性沥青 AC-20(Ⅰ)	6cm改性沥青 AC-20(Ⅰ)	6cm改性沥青 AC-20(Ⅰ)	6cm改性沥青 AC-20(Ⅰ)
下面层	8cm石油沥青 AC-25(Ⅰ)	8cm石油沥青 AC-25(Ⅰ)	7cm石油沥青 AC-25(Ⅰ)	7cm石油沥青 AC-25(Ⅰ)
封层、透层	0.6cm乳化沥青稀浆 封层＋透层	0.6cm乳化沥青稀浆 封层＋透层	0.6cm乳化沥青稀浆 封层＋透层	0.6cm乳化沥青稀浆 封层＋透层
上基层	17cm5% 水泥稳定碎石	20cm5% 水泥稳定碎石	17cm5% 水泥稳定碎石	20cm5% 水泥稳定碎石
下基层	17cm5% 水泥稳定碎石	15cm 级配碎石调平层	17cm5% 水泥稳定碎石	15cm 级配碎石调平层
底基层	18cm4% 水泥稳定碎石	—	18cm4% 水泥稳定碎石	—
总厚度	70.6cm	53.6cm	69.6cm	52.6cm

施工图中分离式路基的路面结构　　表8-21

结构层次	分离式路基(路基宽度12.25m)		分离式路基(路基宽度13.00m)	
	土质路基	岩石路基	土质路基	岩石路基
上面层	4cm改性沥青 SMA-13	4cm改性沥青 SMA-13	4cm改性沥青 SMA-13	4cm改性沥青 SMA-13
中面层	6cm改性沥青 AC-20(Ⅰ)	6cm改性沥青 AC-20(Ⅰ)	6cm改性沥青 AC-20(Ⅰ)	6cm改性沥青 AC-20(Ⅰ)
下面层	7cm石油沥青 AC-25(Ⅰ)	7cm石油沥青 AC-25(Ⅰ)	8cm石油沥青 AC-25(Ⅰ)	8cm石油沥青 AC-25(Ⅰ)
封层、透层	0.6cm乳化沥青稀浆 封层＋透层	0.6cm乳化沥青稀浆 封层＋透层	0.6cm乳化沥青稀浆 封层＋透层	0.6cm乳化沥青稀浆 封层＋透层

续上表

结构层次	分离式路基(路基宽度12.25m)		分离式路基(路基宽度13.00m)	
	土质路基	岩石路基	土质路基	岩石路基
上基层	17cm5% 水泥稳定碎石	20cm5% 水泥稳定碎石	17cm5% 水泥稳定碎石	20cm5% 水泥稳定碎石
下基层	17cm5% 水泥稳定碎石	15cm 级配碎石调平层	17cm5% 水泥稳定碎石	15cm 级配碎石调平层
底基层	18cm4% 水泥稳定碎石	—	18cm4% 水泥稳定碎石	—
总厚度	69.6cm	52.6cm	70.6cm	53.6cm

3)复合式沥青路面试验路结构方案(表8-22)

方案1:CRC+AC复合式沥青路面结构方案。

复合式沥青路面结构试验路方案 表8-22

结 构 层 次	整体式路基(24.5m)	
	方案1:连续配筋混凝土复合式沥青路面结构(CRC+AC)	方案2:横向设传力杆的普通混凝土复合式沥青路面结构(PCC+AC)
沥青面层(h_a)	6cmRMB+Domix复合改性沥青SMA-16	6cmRMB复合改性或SBS改性沥青SMA-16
黏结防水防裂层	SBS+RMB复合改性沥青+单粒径碎石	SBS/RMB复合改性沥青+单粒径碎石切缝、灌缝、贴缝
承重层(h_c)	26cm连续配筋混凝土板CRC	24cm横缝设传力杆水泥混凝土板PCC
基层	19cm6%水泥稳定碎石(5MPa)	一布一模土工布隔离层
底基层	18cm水泥碎石(3MPa)	20cm水泥碎石(4MPa)
结构层总厚度(cm)	69	50
试验路位置	K68+800~K70+000(1.2km)	桃源连接线/1km

复合式沥青路面一般选用连续配筋混凝土CRC或横缝设传力杆的普通混凝土PCC。由于CRC没有设置接缝(但存在微裂缝),横缝设传力杆的普通混凝土PCC接缝处传力杆大大减弱了荷载型垂直方向的剪切变形,降低了反射裂缝出现的可能性,可采用较薄的沥青面层,因沥青面层减薄而减少的费用,足以与因配筋而增加的费用相抵。

复合式沥青路面在湖南的旧路改造工程中,如长潭高速公路、长永高速公路中,均有应用,且目前使用效果良好,但在湖南的新建工程中尚未采用,对于新建工程中CRC+AC的基层结构、结构应力分析、沥青面层的合理厚度、层间界面材料等需要进一步进行研究。

(1)沥青面层

本项目试验路沥青面层采用6cm橡胶沥青RMB或SBS改性沥青SMA-16结构,一层施工,减少了工序。由于材料型号与生产路段的SMA-13不同,集料需单独准备。

由于层间剪应力较大,CRC表面设RMB/SBS复合改性沥青或SBS改性沥青黏结防水层,通过试验确定沥青单位用量,以加强层间结合强度。

(2)CRC结构层

从设计交通量来看,为特重交通路面结构,CRC板的最小厚度为26cm,因此,连续配筋混凝土板的厚度取26cm,按0.6%~0.7%左右配置纵向钢筋。通过结构计算,并考虑重载交通的影响,混凝土板底的应力满足规范要求。

CRC的配筋率按JTG D40—2002进行设计,钢筋位置设置在距混凝土板表面1/3处,即距表面9cm,为控制CRC的冲断破坏模式,横向钢筋与纵向钢筋的夹角呈60°,拉杆布置于每条纵向施工缝中,见图8-27。在CRC板中间厚度的位置,在混凝土浇筑时采用人工植入方式,放置拉杆,为了避免与横向钢筋发生冲突,间距可以在0.60~0.8m之间调整。

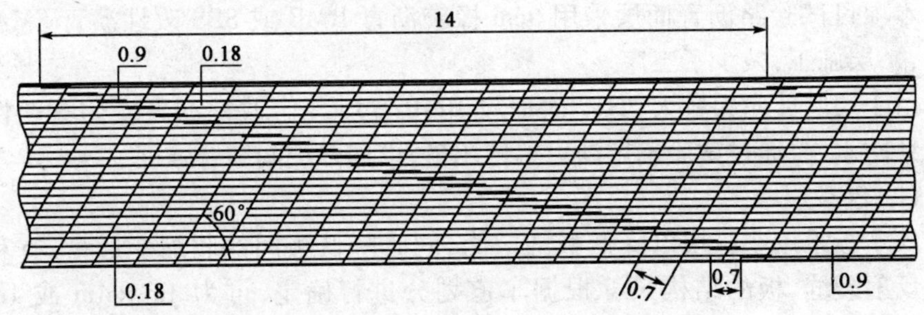

图8-27　横向钢筋布置示意图(尺寸单位:m)

(3)基层

板下设水泥稳定碎石基层(5MPa)和水泥稳定碎石底基层(3MPa),基层要求采用骨架结构的级配。

(4)连续配筋混凝土CRC配筋设计(表8-23)

方案2:横缝设传力杆的普通混凝土复合式沥青路面结构(PCC+AC)

横缝设传力杆的普通混凝土复合式路面(PCC+AC)结构与连续配筋混凝土的厚度一致,只在局部配置钢筋(接缝传力杆和板角钢筋),结构的整体强度不如连续配筋混凝土,但其接缝间距短,传力杆施工复杂、反射裂缝仍然存在,由于没有布设钢筋,施工进度快、施工方便、技术成熟、可采用小型机具人工施工,造价低。由于设置了横向接缝传力杆,减弱了荷载作用下接缝处的竖向剪切应力与剪切破坏,但荷载作用下承重板的疲劳破坏造成板中开裂将难以控制,同时造成的板角开裂也不能控制。温度变化下板的水平变形所造成的板接缝处的水平位移所产生的反射裂缝,仍然存在,温差和沥青面层的厚度将影响到反射裂缝出现的时间。

连续配筋混凝土 CRC 配筋设计 表 8-23

方案	纵向钢筋					横向钢筋			
	直径(mm)	间距(cm)	配筋率(%)	裂缝间距(cm)	裂缝宽度(mm)	直径(mm)	间距(cm)	配筋率(%)	$\rho_{纵}/\rho_{横}$
方案一	18	14	0.693	190.5	0.800	16	12	0.103	6.7
方案二	18	15	0.644	197.4	0.818	16	12	0.103	6.3
方案三	16	12.8	0.600	201.7	0.847	16	12	0.103	5.8

因此,此结构仍需考虑接缝处反射裂缝的延缓问题,本项目主要针对接缝处的水平变形问题,对水泥混凝土板进行切缝、灌缝、贴缝。

(1)沥青面层

本项目试验路沥青面层采用6cm 橡胶沥青 RMB 或 SBS 改性沥青 SMA-16结构,一层施工,减少了工序。

由于层间剪应力较大,CRC 表面设 RMB/SBS 复合改性沥青或 SBS 改性沥青黏结防水层,通过试验确定沥青单位用量,以加强层间结合强度。

(2)PCC 层

PCC 板采用小板块以降低板的应力,同时降低板间的收缩变形量,有利于防止反射裂缝,板的结构尺寸根据车道划分进行确定,可为 3m×4m 或 4m×4.5m。PCC 混凝土板的厚度取 26cm;通过结构计算,并考虑重载交通的影响及刚性路面对重载的敏感性,混凝土板底的应力满足规范要求。

PCC 板除结构物、竖曲线顶部等位置外,一般不设置胀缝。PCC 板需进行切缝(分两次切,一次切深,一次加宽为 8～10mm)、SBS 改性沥青(或其他性能优良沥青基灌缝材料)灌缝、聚酯长丝土工布(或玻璃纤维防裂布、防水卷材)贴缝。

(3)基层

板下设水泥稳定碎石基层(5MPa)和水泥稳定碎石底基层(3MPa),基层要求采用骨架结构的级配。

为加强沥青面层与混凝土板的黏结,除优选黏结强度高的黏结层材料外,还需对混凝土板表面进行清理与处理,混凝土板表面的碎石最好能外露出来。可采用混凝土浇筑时表面洒缓凝剂,待混凝土强度达到一定强度时用高压水冲刷表面,除去表面砂浆,露出碎石;也可采用机械方法,刷去表面浮浆。

表面露骨技术,即在新浇混凝土的表面喷洒缓凝剂,再用高压水冲掉混凝土表面的砂浆,集料外露后,在新的表面上喷洒养生薄膜。

表面刷浆技术,即在新浇混凝土的表面喷洒缓凝剂,然后用塑料薄膜覆盖。第二天刷掉混凝土表面的砂浆,集料外露后,在新的表面上喷洒养生薄膜。

8.4　本 章 小 结

CRC + AC 复合式沥青路面是将刚性基础的高承载能力与柔性沥青面层的良好行车舒适性能结合起来的路面结构,刚柔相济、取长补短,能充分发挥不同材料的作用,在我国是一种新兴的路面结构形式。根据国内外的研究与应用情况,CRC + AC 具有较好的承载能力和较长的使用寿命,能满足重载交通长寿命路面的要求,是我国干线高速公路路面结构的发展方向之一。

(1) CRC 在施工过程中水的控制是关键因素之一,施工时一定要控制好用水量,尤其在高温季节施工的时候。施工过程中,当混凝土流动性不大、坍落度较小时,应当加入高效减水剂和引气剂来提高坍落度以减小施工难度。一般 CRC 的坍落度宜比一般铺筑方式的普通混凝土大 10 ~ 20mm。

(2) CRC 混凝土摊铺过程中,必须加强振捣。如果混凝土不加强振捣,钢筋和其下的混凝土将产生一定的空隙,在抹面之后,终凝之前的混凝土会在重力的作用下流动以填充空隙,这样容易形成塑性沉降裂缝,导致混凝土表面出现短的纵向裂缝。

(3) 膨胀剂、粉煤灰双掺技术的运用使混凝土模量下降,干缩应变减小。与普通混凝土配制的 CRC 比较,当配筋率相同时,可以减小计算裂缝宽度,适当增大裂缝间距;裂缝宽度大致接近时,双掺技术可以降低配筋量。这为 CRC 裂缝间距和宽度的控制提供了新的技术途径,配筋量的降低对于连续配筋混凝土路面的推广具有积极意义。

(4) 只要粉煤灰、膨胀剂的掺量合适,不会降低 CRC 的力学性能。其抗折强度完全能满足路用技术要求。同时,CRC 刚度的下降(抗弯拉弹性模量)、脆性的降低和材料柔韧性的改善,使 CRC 混凝土具有较好的变形能力,有助于进一步发挥 CRC 抵抗边角断裂和碎裂的技术优势。

(5)膨胀剂使 CRC 获得一定的膨胀性能,能够补偿混凝土的早期收缩,对延缓或避免混凝土早期收缩裂缝的出现有利。

(6)CRC + AC 复合式沥青路面结构通过近几年的研究、试验与应用,尤其是 2003 年在交通量大、重车多、轴重大的京珠高速公路湖南长潭段 44.76km 改造工程中应用,目前应用效果良好,为其推广应用打下了基础,也开创了我国重载交通高速公路长寿命路面结构的新形式。

附录

连续配筋混凝土复合式沥青路面设计与施工技术指南

目　　录

连续配筋混凝土复合式沥青路面设计与施工技术指南

连续配筋混凝土复合式沥青路面(CRC + AC)的结构设计,主要包括路面结构组合设计、沥青面层结构厚度设计、连续配筋混凝土 CRC 板的厚度设计、CRC 板配筋设计、CRC + AC 的接缝与端部设计等。

连续配筋混凝土复合式沥青路面结构设计,以《公路水泥混凝土路面设计规范》(JTG D40—2011)设计指标与标准为基础,并满足其他相关要求;理论模型为弹性半空间地基上的连续配筋混凝土弹性薄板上覆沥青混合料弹性层结构体系。

1　设计基础

1.1　结构可靠度设计标准。相应的连续配筋混凝土复合式沥青路面结构的设计安全等级及相应的设计基准期、目标可靠指标和目标可靠度,应满足 JTG D40—2011 表 3.0.1 的要求。

1.2　路面材料性能和结构尺寸的变异水平分为低、中、高三级,各变异水平等级主要设计参数的变异系数变化范围应符合 JTG D40—2011 表 3.0.2 的要求。

1.3　连续配筋混凝土复合式沥青路面结构设计,以 CRC 板在设计基准期内,在行车荷载和温度梯度综合作用产生的疲劳断裂作为设计的极限状态,CRC 板的综合疲劳应力满足 JTG D40—2011 式(3.0.4-1)的要求,即:$\gamma_r(\sigma_{pra}+\sigma_{tra})\leqslant f_r$。对裂缝间距 L_d 较小(20 ~ 50cm)时的 CRC 板进行板边冲断极限破坏板厚验算。

1.4　交通量计算与交通分级。以 100kN 的单轴—双轮组荷载为标准轴载,不同轴—轮型和轴载的作用次数,按 JTG D40—2011 式(3.0.6)换算为标准轴载的作用次数。设计基准期内设计车道临界荷位处所承受的标准轴载累计作用次数按 JTG D40—2011 表 3.0.7 的要求划分交通荷载等级。

1.5　水泥混凝土弯拉强度标准。以 28d 的弯拉强度控制。各交通等级要求的混凝土弯拉强度标准值不得低于 JTG D40—2011 表 3.0.8 的要求。

1.6 在季节性冰冻地区，路面结构的总厚度不应小于 JTG D40—2011 表 3.0.9 规定的最小防冻厚度要求。

1.7 水泥混凝土面层的最大温度梯度标准。按照公路所在地区的公路自然区划按 JTG D40—2011 表 3.0.10 选用。

1.8 设计内容。CRC + AC 结构设计内容主要包括结构组合设计、沥青面层厚度设计、CRC 板厚度设计、CRC 板配筋设计、CRC + AC 的接缝与端部设计、路肩设计、路面排水设计等。需要确定的主要参数有：CRC 板厚、AC 厚、配筋率、裂缝间距、裂缝宽度、纵向钢筋的直径与间距、横向配筋率及横向钢筋的直径与间距。

1.9 设计步骤。选择和确定 CRC + AC 结构方案→进行交通量与轴载分析→确定安全与交通等级→结构组合设计→确定材料、结构及自然环境参数→沥青面层的厚度设计→CRC 板的厚度设计→CRC 板的配筋设计→CRC 板的平面尺寸设计→CRC + AC 结构端部设计与接缝设计。

2　CRC + AC 复合式沥青路面结构组合设计

2.1　CRC + AC 复合式沥青路面结构组成

CRC + AC 复合式路面结构一般由沥青面层、层间界面黏结防水层、CRC 板、基层、底基层或垫层和路基组成，并包括路肩、路面排水、CRC + AC 的端部与接缝、CRC 配筋等。

新建 CRC + AC 复合式路面，在 CRC 板与路基（路床）之间应设置基层。可采用规范 JTG D40—2011 中表 4.4.2 中推荐的基层与底基层类型与厚度。由于 CRC + AC 的防水效果较好，一般不需设置排水性基层，CRC 板下宜采用沥青混合料隔离层。基层宜采用水泥稳定碎石基层，并适当提高强度，也可采用贫混凝土或碾压混凝土基层。基层下未设垫层时，上路床为细粒土、黏土质砂或级配不良砂，应在基层下设置底基层，可采用级配粒料、水泥或二灰稳定粒料，厚度一般不小于 15cm。水温状况不良的路基段，还需设置垫层，以排水、隔水、防冻等，厚度一般不小于 15cm。

旧路改建加铺 CRC + AC 复合式路面，一般不需要再设置基层与垫层。旧水泥混凝土路面加铺时，先应对旧混凝土路面板进行处理，如破碎板更换、脱空板灌浆或破碎稳固处理等。为消除旧板对加铺层的影响，应设置隔离层，如 2 ~ 3cm 的细料式沥青混合料，再加铺 CRC 与 AC 结构层。旧沥青路面加铺时，在对旧路面进行处治与平整后，不需设置隔离层，可直接加铺 CRC 与 AC 层。

CRC + AC 复合式沥青路面典型结构见表 2.1。

CRC + AC 复合式沥青路面典型结构形式　　表 2.1

结构层次	新建工程	旧水泥路面加铺工程	旧沥青路面加铺工程
沥青面层	AC 层/6 ~ 12cm	AC 层/6 ~ 12cm	AC 层/6 ~ 12cm
层间黏结层	层间结合材料	层间结合材料	层间结合材料
CRC 板	混凝土板/配筋	混凝土板/配筋	混凝土板/配筋
基层/隔离层	水泥粒料或沥青混合料	隔离层/细粒式沥青混合料	旧沥青路面处治与平整
底基层/垫层	水泥粒料或级配粒料	旧混凝土板/换板压浆处理 旧混凝土板破碎稳固处理	

2.2 CRC 板的平面尺寸与接缝要求

连续配筋混凝土 CRC 板一般采用矩形板。纵向接缝包括纵向收缩假缝和纵向施工缝。纵向接缝的间距按路面宽度在 3.0 ~ 4.5m 范围内确定,一般不宜超过 4.5m。

CRC 板没有横向接缝,只有横向收缩的随机裂缝,但与其他类型路面或构造物相接时,应设端部处理机构。横向设施工缝时应设置剪力钢筋。

2.3 连续配筋混凝土 CRC 板的厚度要求

连续配筋混凝土 CRC 以板底弯拉应力为控制指标,并考虑沥青面层对荷载应力与温度应力的影响,再确定 CRC 板的厚度。连续配筋混凝土板厚度参考范围见 JTG D40—2011 条文说明中表 4-3 的要求。CRC 面板的厚度不宜少于 180mm。

2.4 沥青面层的厚度要求

根据 CRC + AC 复合式沥青路面结构层间剪应力的分析结果,沥青面层厚度在 0 ~ 5cm 时,剪应力很大,6 ~ 12cm 剪应力下降较快,12cm 以上剪应力降幅减小,建议沥青层厚度为 8 ~ 10cm,应不小于 6cm,不宜超过 12cm。

2.5 路基、垫层和基层

连续配筋混凝土复合式沥青路面的路基、垫层和基层应分别满足 JTG D40—2011 中 4.2、4.3、4.4 条款的要求。

路基应稳定、密实、均质,为 CRC + AC 路面结构提供均匀的支承。在季节性冰冻地区、水文地质不良地段、可能出现不均匀沉降路段应设置垫层。基层应具有一定的刚度和足够的抗冲刷能力。

2.6 路肩和路面排水

连续配筋混凝土复合式路面的路肩、路面排水应分别满足 JTG D40—2011 中 4.6、4.7 条款的要求。

硬路肩水泥混凝土面层的厚度通常采用与行车道面层等厚的结构,其基层也宜与行车道基层相同,以提高承载能力和方便施工。

硬路肩水泥混凝土路面可不配置纵向钢筋,只需采用纵缝拉筋与行车道 CRC 板相连,纵缝拉筋一般为行车道 CRC 板的横向钢筋外延。滑模施工时,边板纵向拉杆需另外安装。

3　沥青面层(AC)结构厚度设计

3.1　一般要求

(1)沥青面层的最小厚度要求

较薄的AC层(小于4cm)主要用于改善路面的服务水平与舒适性能,对路面的受力影响不大;AC层大于4cm时,温度场在CRC板内的变化较为缓和,温度梯度降低。从扩散荷载与降低温度梯度(温度翘曲应力)考虑,沥青面层的最小厚度不宜小于4~5cm。

根据CRC+AC复合式沥青路面结构层间剪应力的分析结果,沥青面层厚度小于6cm时,层间剪应力较大,同时剪应力衰减较快,6~8cm后,剪应力衰减平缓,因此,AC层厚度不宜小于6cm。

(2)沥青面层的经济厚度

随着沥青面层厚度的增加,CRC板的温度梯度减小,当沥青面层厚度大于12cm时,CRC板温度梯度减小的趋势变缓,同时沥青面层越厚产生的车辙变形越大,容易出现车辙损坏。

根据CRC+AC复合式路面结构层间剪应力的分析结果,沥青面层厚度超过12cm时,层间剪应力衰减明显减慢,沥青面层太厚已不经济,因此建议沥青面层经济厚度不宜超过12cm。

(3)沥青面层与CRC板之间应设置有效的层间黏结结构,以保证沥青面层与CRC板之间的黏结强度,避免层间剪切破坏。

(4)沥青面层材料应具有足够的强度、高温稳定性、低温抗裂性和水稳定性,以保证沥青面层内部不产生剪切破坏,防止车辙,减少开裂,防止表面水损害。

3.2　CRC+AC层间界面结构与材料

3.2.1　层间界面结构

CRC+AC层间界面结构目前可采用喷洒式结构、浸渍沥青土工布结构、铺装式结构三种。

(1)喷洒式结构为采用机械或人工喷洒一层沥青质的黏结材料,厚度一般小于2.5mm,为保证施工机械的工作方便,再撒一定数量的单一粒径碎石,一般为满铺碎石的45% ~55%。

(2)浸渍沥青土工布结构为采用机械或人工喷洒一层沥青或改性沥青,再摊铺一层聚酯长丝无纺土工布,即“一油一布”;为加强土工布中沥青的浸透,也可采用“两油一布”,即先洒一层沥青,摊铺土工布,再洒一层沥青,此时为方便施工,表面需再撒少量米石,结构层厚度一般小于3mm。

(3)铺装式结构为机械摊铺一层类似于应力吸收层的薄层结构,如旧水泥混凝土路面上应用的STRATA应力吸收层,或高黏度高沥青用量的细粒式沥青混凝土,或浇筑式沥青混凝土,一般厚度2~3cm;目前工程中应用较少,造价较高。

3.2.2 层间界面材料

1)喷洒式结构

喷洒式黏层结构,一般采用沥青质的液体涂料,如橡胶改性沥青、SBS改性沥青、SBR改性沥青、热石油沥青(A-70)、SBR改性乳化沥青、普通乳化沥青等,应根据当地的气候条件、交通荷载条件、沥青面层厚度选用不同的黏结层材料及用量。

2)浸渍沥青土工布结构

一般采用沥青与聚酯长丝无纺土工布结合,也可为类似防水卷材的防水夹层材料,现场摊铺而成。应根据当地的气候条件、交通荷载条件、沥青面层厚度选用不同的浸渍沥青与土工布,黏结层材料抗剪强度与材料用量。

3.3 基于层间剪应力指标的沥青面层厚度设计

3.3.1 层间界面抗剪设计状态

CRC + AC结构在垂直荷载与水平荷载的综合作用下产生剪切疲劳失稳作为设计极限状态,即:

$$\tau_{\alpha} \leqslant \tau_{R} \tag{3.3.1}$$

式中:τ_{α}——层间界面的剪应力(MPa);

τ_{R}——层间界面黏结材料的容许剪应力(MPa)。

3.3.2 层间界面剪应力

制动时的水平力最大,其作用于路面表面的水平荷载,以车轮垂直荷载乘以车轮与路面之间的摩擦系数表示,即:

$$p = f \cdot q \tag{3.3.2-1}$$

式中：p——汽车制动时的水平荷载（MPa）；

f——车轮与路面之间的摩擦系数，也称水平力系数；

q——车轮垂直荷载（MPa）。

摩擦系数 f（水平力系数）值与车辆行驶状态有关，一般车辆行驶状态可分为正常行驶、缓慢制动、紧急制动三种状态，车辆大部分为正常行驶状态，遇停车站、交叉路口时在交通标志的指引下缓慢制动停车，正常行驶下遇紧急状况采取紧急制动。各种状态的水平力系数 f 值如表 3.3.2 所示。

车辆不同行驶状态时的水平力系数 f　　表 3.3.2

行驶状态	正常行驶	缓慢制动	紧急制动
水平力系数 f	0.1	0.2	0.5

沥青面层的厚度 h_a 对层间剪应力的影响较大，若只考虑沥青面层厚度对剪应力的影响时，可得到层间完全连续状态时，汽车紧急制动时水平力系数 f = 0.5，沥青面层厚度 h_a(cm) 与层间最大剪应力 τ_α 的回归公式：

$$\tau_\alpha = 0.0001h_a^2 - 0.0166h_a + 0.4055 \quad (\text{MPa}) \tag{3.3.2-2}$$

3.3.3　层间界面抗剪强度与容许剪应力

层间界面容许剪应力 τ_R 由层间抗剪强度 τ_f 与层间抗剪结构强度系数 K_T 确定：

$$\tau_R = \frac{\tau_f}{K_T} \tag{3.3.3-1}$$

式中：τ_f——一次荷载作用下层间黏结材料抗剪强度，由剪切试验确定（MPa）；

K_T——层间界面抗剪结构强度系数，表征层间黏结材料的抗剪强度因疲劳而降低的系数，可由室内试验根据荷载剪切应力与达到疲劳剪切破坏的临界状态的荷载作用次数之间的疲劳方程表示，也可由现场调查出现疲劳剪切破坏的路段与交通量之间的关系表示。

层间抗剪结构强度系数同行车荷载作用状态有关，如公路等级、交通量的大小、荷载大小与水平力的大小、行车速度等。

正常行驶状态时（f=0.1）：

$$K_T = \frac{0.35}{A_c}N_e^{0.20} \tag{3.3.3-2}$$

缓慢制动时（f=0.2）：

$$K_T = \frac{0.35}{A_c}N_e^{0.15} \tag{3.3.3-3}$$

紧急制动时($f=0.5$)：

$$K_T = \frac{1.2}{A_c} \tag{3.3.3-4}$$

式中：N_e——设计年限内设计车道上累计当量轴次，由于目前还没有不同轴承载剪应力等效换算公式，可近似采用弯沉等效轴载换算公式进行换算；

A_c——道路等级系数，高速公路和一级公路 $A_c=1.0$，二级公路 $A_c=1.1$，三级和四级公路 $A_c=1.2$。

层间黏结层材料抗剪强度τ_f 不仅与黏层材料种类、用量有关，而且还受试验温度、剪切速率与竖向压力的影响。试验表明温度对层间抗剪强度影响明显，接近于线性变化，取轮压为通常 0.7MPa，水平荷载按 0.25kN/s 的速度施加，在不同温度时对 SBS 改性沥青黏结层抗剪强度进行试验，回归公式如下式。

$$\tau_f = -0.0227T + 1.4931 \tag{3.3.3-5}$$

式中：τ_f——抗剪强度(MPa)；

T——温度(°)

对于通常使用 SBS 改性沥青层间黏结材料，可根据夏季最高气温时 CRC + AC 结构，在不同沥青面层厚度时层间界面的最高温度，由上式计算层间抗剪强度。

夏季最高气温时，不同沥青面层厚度时层间界面最高温度，可根据 SHRP 的沥青面层温度确定方法和沥青面层的温度折减确定 CRC 板顶面的温度。

根据 SHRP 计算一年中最热的 7d 最高路表温度平均值的方法，以路表下深度为 20mm 处的温度为路表温度，路表温度 T_{20mm} 为：

$$T_{20mm} = (T_{air} - 0.00618Lat^2 + 0.2289Lat + 42.2) \times 0.9545 - 17.78 \tag{3.3.3-6}$$

式中：T_{air}——空气温度(气温)，如长沙地区最高气温为40℃；

Lat——纬度，如长沙地区的纬度为28.2°。

通过大量的计算，在层间完全连续状态下，在不同路表温度，不同沥青层厚度 h_a(cm)下，回归得到 CRC 板顶的夏季最高温度 T。

$$T = 0.8049T_{20mm} - 0.8886h_a + 6.1419 \tag{3.3.3-7}$$

3.4 沥青面层厚度的确定

3.4.1 层间界面剪应力的要求

可根据层间黏结层材料的抗剪强度、剪应力的大小，在满足层间疲劳剪切失稳状态下[式(3.3-1)],通过计算确定一个沥青面层的厚度 h_a,其范围一般在8～10cm,不小于6cm、不宜超过12cm。

3.4.2　沥青面层车辙变形的要求

根据已有研究成果和规范要求,容许车辙深度建议值见表3.4.2。

容许车辙深度 *RD* 建议值　　表3.4.2

公路等级	高速公路	一、二级公路	
		非交叉路口路段	交叉路口路段
[*RD*]/mm	10～15	15～20	25～30

根据沥青路面车辙研究成果,车辙深度(*RD*)的计算公式如下:

$$RD = W_p(1 + K_L)C_d \tag{3.4.2-1}$$

式中:*RD*——车辙深度(mm);

K_L——侧向隆起系数,$K_L = 0.5$(考虑路面的侧向隆起高度影响);

C_d——动态修正系数(考虑车辆荷载动态特性对沥青混合料变形的影响);

W_p——沥青层的竖向永久变形(即厚度减薄量),可由计算得到。

依照容许车辙深度反求出 W_p,再依照 W_p 与沥青层厚度的关系,求出沥青层满足车辙指标的厚度范围的思路来进行计算。式(3.4.2-1)中参数的选定:对于沥青混合料的动态修正系数,当沥青混合料种类为密级配中粒式混凝土时,$C_d = 1.3$,$K_L = 0.5$;高速公路时的容许车辙深度值 *RD* 为15mm或20mm(其他高等级公路非叉口路段取高值)。

式(3.4.2-1)可变化为:

$$W_p = \frac{RD}{(1 + K_L)C_d} \tag{3.4.2-2}$$

将以上参数值代入式(3.4.2-2)中,得出满足车辙深度值的沥青层竖向永久变形量 W_p 的范围为7.692～10.256 4mm。

取参数沥青混合料的劲度 $S_{mix.v} = 410$MPa,土基 $E_0 = 30$MPa,基层 $E_b = 800$MPa,基层厚 $h_b = 35$cm,回归得沥青层厚度 h_a 与 W_p 的关系方程为(回归系数为0.990 9):

$$h_a = \frac{W_p - 3.961\,9}{0.542\,8} \tag{3.4.2-3}$$

式中:h_a——沥青面层厚度(cm)。

由式(3.4.2-3)可确定满足车辙指标要求的沥青面层厚度范围为7～12cm。

3.4.3 沥青面层厚度的确定

综合前面论述,并考虑中国目前的实际情况,推荐 CRC + AC 复合式沥青路面沥青面层厚度范围为 8～10cm,宜大于 6cm,小于 12cm。结构设计中宜分两层,表面层为 4cm,下面层为 4～6cm。

4　CRC 板结构厚度设计

4.1　一般要求

(1)CRC + AC 复合式沥青路面为弹性半空间地基上弹性薄板上覆沥青混合料弹性层结构，现行规范没有具体明确的设计方法，可参考 JTG D40—2011 附录 B，先按弹性地基上的单层板（粒料基层或旧沥青路面加铺）或分离式双层板（半刚性、贫混凝土、碾压混凝土基层或旧混凝土板加铺）进行纵缝边缘中部的综合疲劳应力计算；再考虑沥青面层的应力折减效应，按 JTG D40—2011 附录 C，计算纵缝边缘中部临界荷位处的荷载疲劳应力和温度疲劳应力。计算时，可近似地按普通水泥混凝土面板的尺寸、各项设计参数和规定进行，先求出无沥青面层时混凝土板的应力，然后再考虑沥青面层的影响和应力折减，从而得到有沥青面层的混凝土的荷载应力和温度应力，进而确定 CRC 板的厚度。

(2)分析表明，CRC 板的应力、临界荷位与裂缝间距 L_d 有很大的关系，CRC 板的纵向尺寸明显小于普通混凝土板，且板的横向开裂不影响其使用性能，因此，参考规范 JTG D40—2011 进行 CRC + AC 结构设计存在明显不足。

在计算 CRC 板的综合疲劳应力时，应先根据地理位置和气候条件确定配筋率 ρ、计算裂缝间距 L_d，确定板块的尺寸和临界荷位，再根据不同裂缝间距 L_d 计算板底临界荷位的荷载应力与温度应力，确定 CRC 板的基本厚度 h_c。由于横向裂缝间距的随机性，有可能出现裂缝间距较小的情况，如小于 1m，从而造成 CRC 板底横向荷载应力与温度应力过大，容易产生板边冲断破坏，因此，应进行 CRC 板边冲断极限破坏的验算。

(3)连续配筋混凝土板的计算厚度，应控制 CRC 板底的综合疲劳应力不超过水泥混凝土的弯拉强度标准值（JTG D40—2011 表 3.0.8），即应满足 JTC D40—2011 式(3.0.4-1)的要求[$\gamma_r(\sigma_{pra}+\sigma_{tra})\leqslant f_r$]。

4.2　荷载应力计算

4.2.1　临界荷位与荷载组合

1)临界荷位

不同裂缝间距 L_d 下，CRC 板在车辆荷载作用下的临界荷位有两种情况，见图 4.2.1。

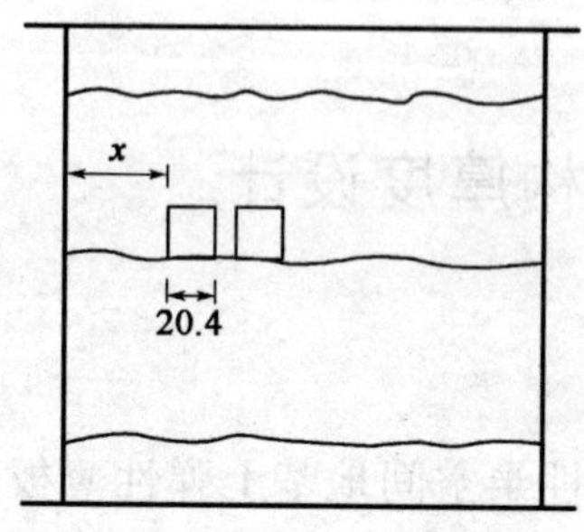

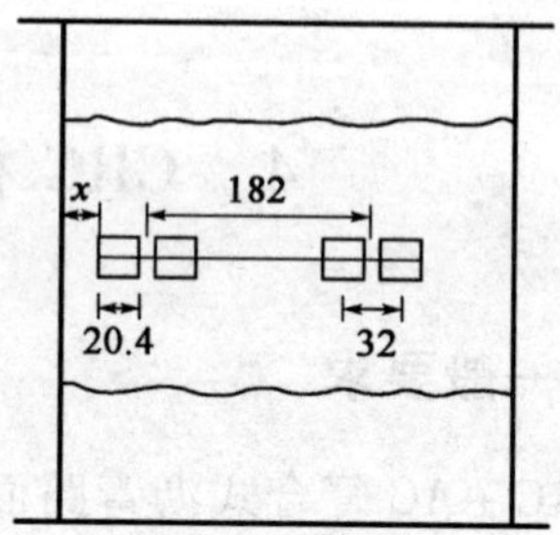

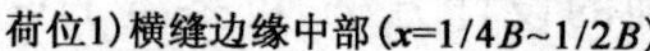

荷位1)横缝边缘中部(x=1/4B~1/2B)　　荷位2)纵缝边缘中部(x=0)

图4.2.1　临界荷位示意图(尺寸单位:cm)

一是横向裂缝间距 L_d <2.0m 时,为板的横缝边缘中部(横向裂缝边缘靠中部);

二是横向裂缝间距 L_d ≥2.0m 时,为板的纵缝边缘中部(荷位为横向裂缝板中靠纵向接缝边缘)。

2)荷载组合

CRC 板承受车辆荷载和环境因素的综合作用,其中车辆荷载的最不利荷位见上述分析,裂缝间距 L_d 对最不利荷位有较大的影响。参考最不利荷位,温度翘曲应力计算位置为:一是板的纵缝边缘中点;二是板的横缝边缘中点(最大温度应力均在板中)。由此,CRC 板的荷载组合模式为:

(1)CRC 板底弯拉应力荷载组合

荷载组合 I:板横缝边缘中部荷载应力 + 相应位置的翘曲应力/x 方向;

荷载组合 II:板纵缝边缘中部荷载应力 + 相应位置的翘曲应力/y 方向。

对于横向随机开裂、裂缝间距控制在较小范围内(1.0~2.0m)的 CRC 板组合 I 可能是最不利的荷载组合,当荷载组合 I 造成 CRC 板底弯拉应力过大时,将产生纵向开裂而发生板边冲断破坏,这是需要控制的 CRC 板破坏模式。

(2)CRC 板钢筋纵向拉应力荷载组合

荷载组合 III:板中位置温缩应力 + 干缩应力;

荷载组合 IV:板中位置温缩应力 + 干缩应力 + 翘曲变形附加应力。

4.2.2　临界荷位处荷载应力 σ_{pra} 计算

(1)无沥青面层时 CRC 板临界荷位的荷载应力 σ_{ps} 计算

标准轴载 P_s 在无沥青面层的 CRC 板的临界荷位处的荷载应力 σ_{ps},可根据地基模量为 100MPa 时不同裂缝间距 L_d 时的诺谟图和回归公式,先计算 σ_{ps0},再考虑地基模量 E_t 的修正系数 K_d,即:

$$\sigma_{ps} = K_d \cdot \sigma_{ps0} \tag{4.2.2-1}$$

式中：σ_{ps0}查诺谟图 4.2.2-1 或按表 4.2.2-1 的回归公式计算；地基模量修正系数 K_d 根据计算的地基当量回弹模量 E_t 查表 4.2.2-2 或内插确定。

不同裂缝间距 L_d 时板底应力 σ_{ps0}与 CRC 板厚度 h_c(m)的回归关系

表 4.2.2-1

序号	裂缝间距 L_d(m)	临界荷位	CRC 板底应力 σ_{ps0}与 CRC 板厚度 h_c 的回归关系
1	1.0	荷位 1	$\sigma_{ps0} = 30.0600h_c^2 - 21.5180h_c + 4.7648, R^2 = 0.9997$
2	1.5	荷位 1	$\sigma_{ps0} = 30.8730h_c^2 - 21.7270h_c + 4.6147, R^2 = 0.9995$
3	2.0	荷位 2	$\sigma_{ps0} = 43.1500h_c^2 - 28.7890h_c + 5.4535, R^2 = 0.9992$
4	2.5	荷位 2	$\sigma_{ps0} = 40.0450h_c^2 - 26.8710h_c + 5.1521, R^2 = 0.9993$

不同地基当量回弹模量 E_t 时板底应力的修正系数(K_d)　　表 4.2.2-2

地基模量 E_t(MPa)		100	150	200	250	300
修正系数 K_d	荷位 1	1.0000	0.9052	0.8376	0.7855	0.7435
	荷位 2	1.0000	0.9299	0.8769	0.8345	0.7992

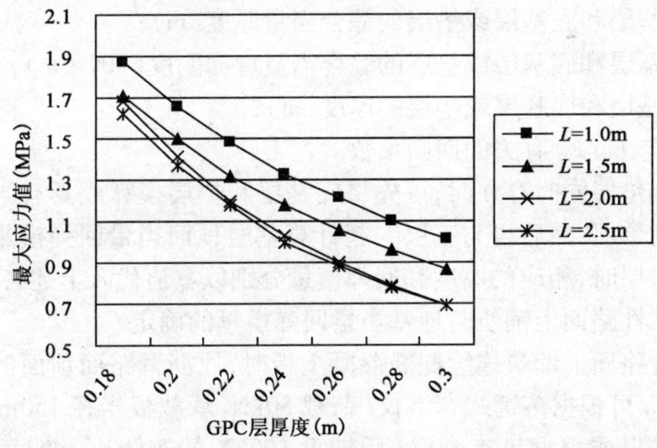

图 4.2.2-1　不同裂缝间距 L_d 时板底应力 σ_{ps0}与 CRC 板厚 h_c 的诺谟图

(2)地基当量回弹模量 E_t 的计算

地基当量回弹模量 E_t 分别按新建公路基层顶面当量回弹模量和旧沥青路面顶面当量回弹模量进行计算确定。

①新建公路基层顶面当量回弹模量的确定

新建公路基层顶面当量回弹模量 E_t 按下列各式计算确定。

$$E_t = a h_x^b E_0 \left(\frac{E_x}{E_0}\right)^{1/3} \tag{4.2.2-2a}$$

$$E_x = \frac{h_1^2 E_1 + h_2^2 E_2}{h_1^2 + h_2^2} \tag{4.2.2-2b}$$

$$h_x = \left(\frac{12 D_x}{E_x}\right)^{1/3} \tag{4.2.2-2c}$$

$$D_x = \frac{E_1 h_1^3 + E_2 h_2^3}{12} + \frac{(h_1 + h_2)^2}{4}\left(\frac{1}{E_1 h_1} + \frac{1}{E_2 h_2}\right)^{-1} \tag{4.2.2-2d}$$

$$a = 6.22\left[1 - 1.51\left(\frac{E_x}{E_0}\right)^{-0.45}\right] \tag{4.2.2-2e}$$

$$b = 1 - 1.44\left(\frac{E_x}{E_0}\right)^{-0.55} \tag{4.2.2-2f}$$

式中：E_t——基层顶面的综合当量回弹模量（MPa）；

E_0——路床顶面的综合回弹模量（MPa）；

E_x——基层和底基层或垫层的综合当量回弹模量（MPa）；

E_1、E_2——基层和底基层或垫层的回弹模量（MPa）；

h_x——基层和底基层或垫层的综合当量厚度（m）；

D_x——基层和底基层或垫层的综合当量弯曲刚度（MN·m）；

h_1、h_2——基层和底基层或垫层的厚度（m）；

a、b——与 E_x/E_0 有关的回归系数。

底基层和垫层同时存在时，可先将底基层和垫层换算成具有当量回弹模量和当量厚度的单层，然后再与基层一起计算基层顶面当量回弹模量。路面结构无底基层和垫层时，相应的厚度和回弹模量分别以零值代入上述各式进行计算。

②在旧柔性路面上铺筑时地基当量回弹模量的确定

在旧沥青路面上铺筑连续配筋混凝土板时，原沥青路面顶面的地基综合当量回弹模量 E_t 可根据落锤式弯沉仪（荷载 50kN、承载板半径 150mm）的中心点弯沉的测定结果或根据贝克曼梁（后轴重 100kN 的车辆）的弯沉测定结果，按 JTG D40—2011 中附录 B.2.5 条计算，见下列各式：

$$E_t = 18\,621/\omega_0 \text{（FWD 测试结果）} \tag{4.2.2-3a}$$

$$E_t = 13\,739\omega_0^{-1.04} \text{（贝克曼梁测试结果）} \tag{4.2.2-3b}$$

$$\omega_0 = \overline{\omega} + 1.04 s_\omega \tag{4.2.2-3c}$$

式中：ω_0——标准车弯沉值经统计整理后的原沥青路面路段代表弯沉值（0.01mm）；

$\bar{\omega}$——路段弯沉平均值(0.01mm)；

s_{ω}——路段弯沉的标准差(0.01mm)。

(3)有沥青面层时复合式路面临界荷位的荷载应力 σ_{psa} 计算

标准轴载 P_s 在复合式路面的临界荷位处产生的荷载应力计算，按 JTG D40—2011 附录式(C.1.2-1)计算，见下式：

$$\sigma_{psa} = (1 - \zeta_a h_a)\sigma_{ps} \tag{4.2.2-4}$$

式中：σ_{psa}——标准轴载 P_s 在有沥青面层的连续配筋混凝土板临界荷位处产生的荷载应力(MPa)；

ζ_a——系数，可由 JTG D40—2011 图 C.1.2 查取，见图 4.2.2-2；

h_a——沥青面层厚度(m)；

σ_{ps}——标准轴载 P_s 在无沥青面层的 CRC 板临界荷位处产生的荷载应力(MPa)，按式(4.2.2-1)进行计算。

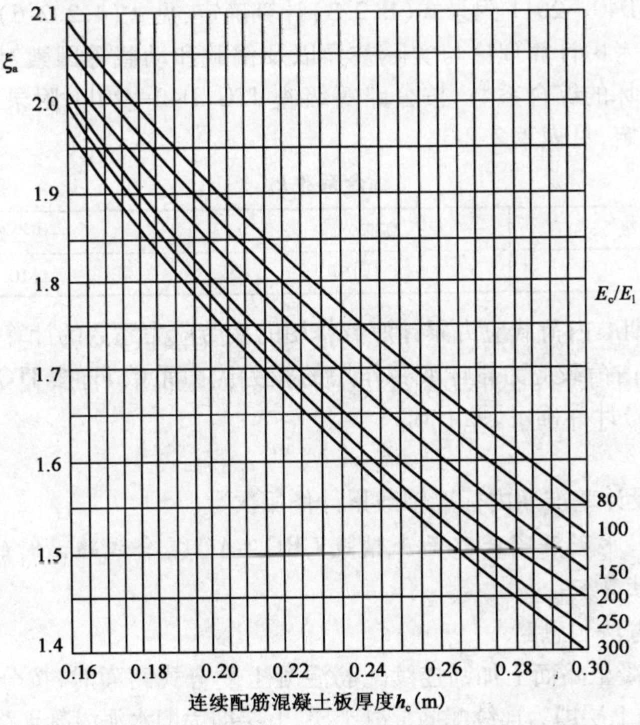

图 4.2.2-2　系数 ζ_a 图

(4)标准轴载 P_s 在复合式路面临界荷位处产生的荷载疲劳应力 σ_{pra} 计算

标准轴载 P_s 在临界荷位处产生的荷载疲劳应力 σ_{pra} 按 JTG D40—2011 附

录式(B.2.1)计算确定,见下式。其中,应力折减系数 k_r、荷载疲劳应力系数 k_f 和综合系数 k_c 的确定方法,与普通混凝土单层板基本相同。

$$\sigma_{pra} = k_r k_f k_c \sigma_{psa} \quad (4.2.2\text{-}5)$$

式中:σ_{psa}——标准轴载 P_s 在复合式路面的临界荷位处产生的荷载应力(MPa),按 JTG D40—2011 附录式(C.1.2-1)计算,见式(4.2.2-4);

k_r——考虑接缝传荷能力的应力折减系数,k_r =0.87 ~0.92,对横向裂缝边缘中部临界荷位,由于 CRC 板纵向配置钢筋,横向裂缝传荷能力较强,应力折减系数可取低值;对纵向边缘中部临界荷位,采用混凝土路肩时,纵向缩缝和纵向施工缝为设拉杆的假缝和平缝,路肩混凝土与路面等厚时取低值,减薄时取高值;采用柔性路肩或土路肩时 k_r =1;

k_f——考虑设计期准内荷载应力累计疲劳作用的疲劳应力系数,按 JTG D40—2011 附录式(B.2.3)计算确定,见式(4.2.2-6);

k_c——考虑计算理论与实际差异以及偏载和动载等因素对路面疲劳损坏的综合系数,按公路等级查 JTG D40—2011 附录表 B.2.1 确定,见表 4.2.2-3。

综合系数 k_c　　表 4.2.2-3

公路等级	高速公路	一级公路
k_c	1.15	1.10

(5)设计期准内荷载应力累计疲劳作用的疲劳应力系数的计算确定

设计期准内荷载应力累计疲劳作用的疲劳应力系数 k_f,按 JTG D40—2011 附录式(B.2.3)计算确定,见下式:

$$k_f = N_e^{0.057} \quad (4.2.2\text{-}6)$$

式中:N_e——设计基准期内标准轴载累计作用次数。

4.2.3　旧水泥混凝土路面上铺筑 CRC + AC 复合式路面时的荷载应力计算

(1)计算方法与思路

旧水泥混凝土路面上加铺连续配筋混凝土复合式路面时,按分离式双层板结构,双层板的上层即为连续配筋混凝土层,下层即为旧水泥混凝土路面层。以弹性地基上的双层板进行应力计算,计算方法见 JTG D40—2011 附录 B.4 和 B.5。

(2)临界荷位

分离式双层混凝土板的临界荷位按 JTG D40—2011 规范要求,为 CRC 板的纵向边缘中部。

(3)旧混凝土路面结构参数调查

旧水泥混凝土板的厚度标准值 h_e、混凝土的弯拉强度标准值 f_r 和弹性模量标准值 E_b 以及基层顶面当量回弹模量标准值 E_t,采用旧水泥混凝土路面的实测值,按 JTG D40—2011 中 8.4 节规定的方法确定。其中旧混凝土面层厚度标准值可根据钻孔芯样量测高度确定,弯拉强度标准值可根据钻孔芯样的劈裂试验测定结果确定,旧混凝土路面基层顶面的当量回弹模量标准值,宜采用落锤式弯沉仪量测板中荷载作用下的弯沉曲线计算确定,分别见下列各式:

$$h_e = \bar{h}_e - 1.04 s_h (s_h \text{ 为标准差}) \tag{4.2.3-1}$$

$$f_r = 1.87 f_{sp} \qquad f_{sp} = \bar{f}_{sp} - 1.04 s_{sp} \tag{4.2.3-2}$$

$$E_b = \frac{10^4}{0.09 + \dfrac{0.96}{f_r}} \tag{4.2.3-3}$$

$$E_t = 100 e^{(3.60 + 24.03 w_0^{-0.057} - 15.63 SI^{0.222})} \qquad SI = \frac{w_0 + w_{300} + w_{600} + w_{900}}{w_0} \tag{4.2.3-4}$$

上述式中:　h_e——旧混凝土面层量测厚度的标准值(mm),由平均值和标准差计算而得;

f_r——旧混凝土面层的弯拉强度标准值(MPa);

f_{sp}——旧混凝土面层的劈裂强度标准值(MPa),由平均值和标准差计算而得,s_{sp} 为标准差;

E_b——旧混凝土面层的弹性模量标准值(MPa);

SI——路面结构的荷载扩散系数;

w_0、w_{300}、w_{600}、w_{900}——FWD 测试时荷载中心及距中心 300mm、600mm 和 900mm 处的弯沉值(μm)。

(4)分离式双层板上层和下层的荷载应力计算

标准轴载 P_s 在临界荷位处产生的分离式双层板上层荷载应力和下层板的荷载疲劳应力分别按 JTG D40—2011 附录式(B.4.1)和式(B.4.2)确定,见下列各式:

$$\sigma_{ps1} = \frac{1.45 \times 10^{-3}}{1 + D_b/D_c} \gamma_g^{0.65} h_c^{-2} P_s^{0.94} \tag{4.2.3-5a}$$

$$D_c = \frac{E_c h_c^3}{12(1 - \nu_c^2)} \qquad D_b = \frac{E_b h_e^3}{12(1 - \nu_b^2)} \tag{4.2.3-5b}$$

$$\gamma_g = 1.21[(D_c + D_b)/E_t]^{1/3} \tag{4.2.3-5c}$$

$$\sigma_{pr2} = k_f k_c \sigma_{ps2} \tag{4.2.3-5d}$$

$$\sigma_{ps2} = \frac{1.41 \times 10^{-3}}{1 + D_c/D_b} \gamma_g^{0.68} h_e^{-2} P_s^{0.94} \tag{4.2.3-6}$$

上述式中:σ_{ps1}、σ_{ps2}——分离式双层板 CRC 上层和旧混凝土下层的荷载应力(MPa);

σ_{pr2}——分离式双层板旧混凝土下层的荷载疲劳应力(MPa);

E_c、E_b——分离式双层板上层和下层的弯拉弹性模量(MPa);

h_c、h_e——分离式双层板上层和下层的厚度(m);

D_c、D_b——分离式双层板上层和下层的截面弯曲刚度(MN·m);

γ_g——分离式双层板的总相对刚度半径(m);

P_s——设计标准轴重,100kN;

E_t——旧混凝土路面基层顶面的当量回弹模量标准值(MPa);

ν_c、ν_b——分离式双层板上层和下层的泊松比。

分离式双层板上层的荷载应力即为无沥青面层时连续配筋混凝土层的荷载应力,代入式(4.2.2-4)中即可计算有沥青面层时临界荷位处的荷载应力,代入式(4.2.2-5)中即可计算有沥青面层时临界荷位处的荷载疲劳应力 σ_{pr1}。

分析表明,沥青面层对分离式双层板的下层板荷载应力影响较小,即旧水泥路面板的荷载应力可不考虑沥青面层的应力折减系数。直接将双层板的下层旧混凝土板的荷载应力 σ_{ps2} 代入式(4.2.3-6)计算标准轴载 P_s 在下层板临界荷位处产生的荷载疲劳应力 σ_{pr2},不考虑旧混凝土板的应力折减系数和沥青面层的应力折减。

4.3 温度应力计算

4.3.1 无沥青面层时混凝土板的温度疲劳应力 σ_{tr} 计算

当裂缝间距 L_d <2.0m 时,按临界荷位 1 和荷载组合 I 计算横缝边缘中部的横向温度翘曲应力;裂缝间距 L_d≥2.0m 时,按临界荷位 2 和荷载组合 II 计算荷载应力和纵向温度翘曲应力。由于裂缝间距 L_d≥2.0m 时,横向温度翘曲应力大于纵向且接近,并趋于稳定,故以横向温度翘曲应力替代纵向,结构偏于安全。

无沥青面层时 CRC 板在临界荷位处的温度疲劳应力 σ_{tr},按 JTG D40—2011 附录 B.3.1 条计算确定,见式(4.3.1-1)。其中,计算 CRC 板最大温度翘曲应力 σ_{tm}时,其最大温度梯度 T_g 值须考虑沥青面层厚度的影响,按 JTG D40—2011 附录表 C.2.1 取值,见表 4.3.1-1。

有沥青面层的混凝土板的最大温度梯度修正系数 ξ_t　　表 4.3.1-1

h_a(m)	0.02	0.04	0.06	0.08	0.10	0.12	0.14	0.16	0.18	0.20
温度梯度修正系数 ξ_t	1.13	0.96	0.82	0.70	0.59	0.51	0.43	0.37	0.31	0.27

$$\sigma_{tr} = k_t \sigma_{tm} \tag{4.3.1-1}$$

式中：σ_{tm}——最大温度梯度时 CRC 板的温度翘曲应力(MPa)，按 JTG D40—2011 附录 B.3.2 条和附录 B3.3 条计算，见式(4.3.1-2)、式(4.3.1-3)；

k_t——考虑温度应力累计疲劳作用的疲劳应力系数，按 JTG D40—2011 附录 B.3.4 条计算，见式(4.3.1-4)。

(1)最大温度梯度时 CRC 板的温度翘曲应力 σ_{tm} 计算

最大温度梯度时 CRC 板的温度翘曲应力 σ_{tm}，按 JTG D40—2011 附录 B.3.2 条计算，见下式：

$$\sigma_{tm} = \frac{\alpha_c E_c h_c T_g}{2} B_L \tag{4.3.1-2}$$

式中：α_c——混凝土的线膨胀系数(1/℃)，根据粗集料的岩性按 JTG D40—2011 附录 E 表 E.0.3-2 取用；

T_g——公路所在地 50 年一遇的最大温度梯度，有沥青面层时，最大温度梯度按表 4.3.1-1 温度梯度修正系数对 JTG D40—2011 表 3.0.10 进行修正得到；

B_L——综合温度翘曲应力和内应力作用的温度应力系数，按 JTG D40—2011 附录 B.3.3 条确定，见下列各式：

$$B_L = 1.77 e^{-4.48 h_c} C_L - 0.131(1 - C_L) \tag{4.3.1-3a}$$

$$C_L = 1 - \frac{\sinh t \cos t + \cosh t \sin t}{\cos t \sin t + \sinh t \cosh t} \tag{4.3.1-3b}$$

$$t = \frac{L}{3r} \tag{4.3.1-3c}$$

$$r = 1.21 (D_c / E_t)^{1/3} \tag{4.3.1-3d}$$

$$D_c = \frac{E_c h_c^3}{12(1 - \nu_c^2)} \tag{4.3.1-3e}$$

式中：C_L——混凝土面板的温度翘曲应力系数；

L——CRC 板应力方向长度(m)，即 CRC 板宽(即行车道板的宽度)；

r——面层板的相对刚度半径(m)；

D_c——面层板的截面弯曲刚度(MN·m)；

E_t——板底基层顶面的综合当量回弹模量(MPa)，按式(4.2.2-2)计算。

(2)温度疲劳应力系数 k_t 计算

考虑温度应力累计疲劳作用的疲劳应力系数 k_t,按 JTG D40—2011 附录 B.3.4 条计算,见下式:

$$k_t = \frac{f_r}{\sigma_{tm}}\left[a\left(\frac{\sigma_{tm}}{f_r}\right)^b - c\right] \tag{4.3.1-4}$$

式中:a、b、c——回归系数,按 JTG D40—2010 表 B.3.4 确定,见表 4.3.1-2。

回归系数 a、b、c 表 4.3.1-2

系数	公路自然区划					
	Ⅱ	Ⅲ	Ⅳ	Ⅴ	Ⅵ	Ⅶ
a	0.828	0.855	0.841	0.871	0.837	0.834
b	1.323	1.355	1.323	1.287	1.382	1.270
c	0.041	0.041	0.058	0.071	0.038	0.052

4.3.2 有沥青面层时 CRC 板温度疲劳应力计算

有沥青面层 h_a 时的 CRC 板临界荷位处温度疲劳应力 σ_{tra} 按 JTG D40—2011 附录式 C.2.1-1 计算确定,见下式:

$$\sigma_{tra} = (1 + \zeta'_a h_a)\sigma_{tr} \tag{4.3.2-1}$$

式中:σ_{tra}——有沥青面层的 CRC 板临界荷位处温度疲劳应力(MPa);

ζ'_a——系数,可由 JTG D40—2011 图 C.2.1 查取,见图 4.3.2;

σ_{tr}——无沥青面层时 CRC 板在临界荷位处的温度疲劳应力(MPa),按式(4.3.1-1)进行计算。

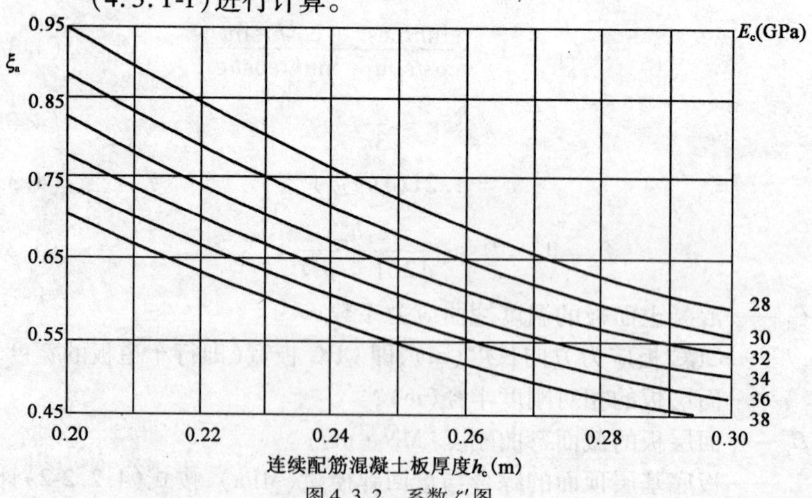

图 4.3.2 系数 ζ'_a 图

4.3.3　旧混凝土路面上铺筑 CRC + AC 复合式路面时的温度疲劳应力计算

旧水泥混凝土路面上加铺连续配筋混凝土复合式路面时，按分离式双层板结构，双层板的上层即为连续配筋混凝土层，下层即为旧水泥混凝土路面层。以弹性地基上的双层板进行温度应力计算，计算方法见 JTG D40—2011 附录 B.5。

(1)分离式双层混凝土板上层的最大温度翘曲应力 σ_{tm} 计算

分离式双层混凝土板上层的最大温度翘曲应力按 JTG D40—2011 附录 B.5.1 条计算，最大温度翘曲应力 σ_{tm} 按式(4.3.1-2)计算，综合温度翘曲应力和内应力作用的温度应力系数 B_L 按式(4.3.1-3)计算，其中温度翘曲应力系数 C_L 按 JTG D40—2011 附录 B.5.2 条计算，见下列各式：

$$C_L = 1 - \left(\frac{1}{1+\xi}\right)\frac{\sinh t\cos t + \cosh t\sin t}{\cos t\sin t + \sinh t\cosh t} \tag{4.3.3-1a}$$

$$t = \frac{L}{3r_g} \tag{4.3.3-1b}$$

$$\xi = -\frac{(k_n r_g^4 - D_c)r_\beta^3}{(k_n r_\beta^4 - D_c)r_g^3} \tag{4.3.3-1c}$$

$$r_\beta = \left(\frac{D_c D_b}{(D_c + D_b)k_n}\right)^{1/4} \tag{4.3.3-1d}$$

$$k_n = \frac{1}{2}\left(\frac{h_c}{E_c} + \frac{h_e}{E_b}\right)^{-1} \tag{4.3.3-1e}$$

式中：ξ——与双层板结构有关的参数；

r_β——层间接触状况参数(m)；

k_n——面层上层板与下层板之间竖向接触刚度，上下层之间不设沥青混凝土夹层或隔离层时按式(4.3.3-1c)计算，设沥青混凝土夹层或隔离层时，k_n 取 3 000MPa/m。

(2)分离式双层混凝土板上层的温度疲劳应力 σ_{tr} 计算

分离式双层混凝土板上层和下层的温度疲劳应力 σ_{tr} 分别按 JTG D40—2011 附录 B.3.1 条计算确定，见式(4.3.3-2)；但分离式双层板仅需计算上层板的温度疲劳应力，下层板不需计算。温度疲劳应力系数的确定方法与单层混凝土板完全相同。

$$\sigma_{tr1} = k_t \sigma_{tm1} \tag{4.3.3-2}$$

式中：k_t——考虑温度应力累计疲劳作用的疲劳应力系数，按 JTG D40—2011 附录式 B.3.4 计算，见式(4.3.1-4)。

(3)有沥青面层时分离式双层混凝土板上层板的温度疲劳应力,按 JTG D40—2011 附录式(C.2.1)计算确定,见式(4.3.2-1)。

4.4 连续配筋混凝土复合式路面 CRC 板厚度确定

CRC + AC 复合式路面 CRC 板厚度确定时,其应力在考虑沥青面层的影响后,荷载疲劳应力和温度疲劳应力之和应满足 JTG D40—2011 附录式(3.0.4-1)的要求,即 $\gamma_r(\sigma_{pra}+\sigma_{tra})\leqslant f_r$。

4.5 连续配筋混凝土复合式路面 CRC 板厚度验算

裂缝间距 L_d 对 CRC 板底荷载应力和临界荷位影响较大,应分别考虑不同裂缝间距 L_d 时的应力计算;由前面分析可知,裂缝间距 L_d 小于 1.0m 时,为临界荷位 1,即横缝边缘中部,计算时采用荷载组合Ⅰ。

先计算无沥青面层 h_a 时 CRC 板底的荷载横向应力 σ_{ps},再考虑沥青面层影响时的板底横向应力 σ_{psa},不考虑疲劳荷载应力;计算无沥青面层时 CRC 板荷位 1 的最大横向温度翘曲应力 σ_{tm},再考虑沥青面层影响时的板底温度应力 σ_{tma},不考虑温度疲劳应力,再综合荷载应力与温度应力是否超过混凝土的允许弯拉强度,即 $\gamma_r(\sigma_{psa}+\sigma_{tma})\leqslant f_r$。

4.5.1 CRC + AC 复合式路面极限荷载应力计算

(1)无沥青面层时荷载应力 σ_{ps} 计算

标准轴载 P_s 在无沥青面层的 CRC 板的临界荷位 1 处的荷载应力 σ_{ps},可根据不同裂缝间距 L_d 时的诺谟图和回归公式,先计算 σ_{ps0},再考虑地基模量 E_t 的修正系数 K_d,即:

$$\sigma_{ps}=K_d\cdot\sigma_{ps0} \tag{4.5.1-1}$$

式中:σ_{ps0} 查诺谟图 4.5.1 或按表 4.5.1 的回归公式计算;地基模量修正系数 K_d 根据计算的地基当量回弹模量 E_t 查表 4.2.2-2 或内插确定。

不同裂缝间距 L_d 时板底应力与 CRC 板厚度 h_c(m)的回归关系

表 4.5.1

序号	裂缝间距 L_d(m)	临界荷位	CRC 板底应力 σ_{ps0} 与 CRC 板厚度 h_c 的回归关系
1	0.2	荷位 1	$\sigma_{ps0}=75.0000h_c^2-57.4640h_c+14.380, R^2=0.9998$
2	0.3	荷位 1	$\sigma_{ps0}=50.8930h_c^2-38.7680h_c+9.6586, R^2=0.9997$
3	0.4	荷位 1	$\sigma_{ps0}=36.3100h_c^2-27.9290h_c+7.0662, R^2=0.9998$
4	0.5	荷位 1	$\sigma_{ps0}=31.8450h_c^2-24.2320h_c+6.0062, R^2=0.9999$

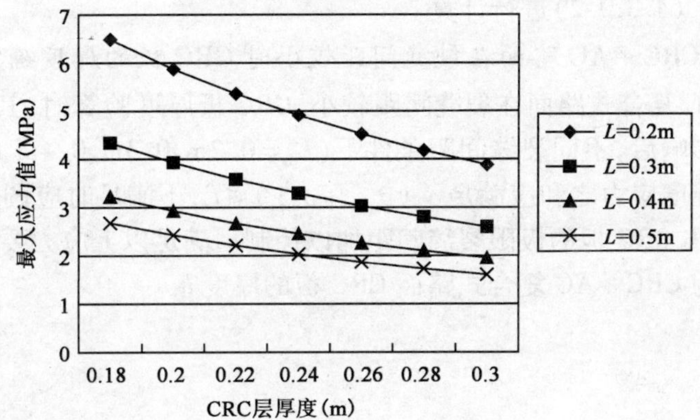

图4.5.1　不同裂缝间距 L_d 时板底应力 σ_{ps0} 与 CRC 板厚 h_c 的诺谟图

(2)有沥青面层时临界荷位的荷载应力 σ_{psa} 计算

标准轴载 P_s 在复合式路面的临界荷位处产生的极限荷载应力计算，按 JTG D40—2011 附录式(C.1.2-1)计算，见下式：

$$\sigma_{psa} = (1 - \zeta_a h_a)\sigma_{ps} \tag{4.5.1-2}$$

式中：σ_{psa}——标准轴载 P_s 在有沥青面层的连续配筋混凝土板临界荷位处产生的极限荷载应力(MPa)；

ζ_a——系数，可由 JTG D40—2011 图 C.1.2 查取，见图 4.2.2-2；

h_a——沥青面层厚度(m)；

σ_{ps}——标准轴载 P_s 在无沥青面层的 CRC 板临界荷位处产生的极限荷载应力(MPa)，按式(4.5.1-1)进行计算。

4.5.2　CRC + AC 复合式路面温度应力计算

(1)最大温度梯度时 CRC 板的温度翘曲应力 σ_{tm} 计算

最大温度梯度时 CRC 板的温度翘曲应力 σ_{tm}，按 JTG D40—2011 附录 B.3.2条计算，见式(4.3.1-2)。

(2)有沥青面层的 CRC 板温度应力 σ_{tma} 计算

有沥青面层的 CRC 板临界荷位处温度应力 σ_{tma} 按 JTG D40—2011 附录式 C.2.1 计算确定，见下式：

$$\sigma_{tma} = (1 + \zeta'_a h_a)\sigma_{tm} \tag{4.5.2-1}$$

式中：σ_{tma}——有沥青面层的 CRC 板临界荷位处极限温度应力(MPa)；

ζ'_a——系数，可由 JTG D40—2011 图 C.2.1 查取，见图 4.3.2；

σ_{tm}——无沥青面层时 CRC 板在临界荷位处的温度应力(MPa)，按式

(4.3.1-2)进行计算。

4.5.3 CRC + AC 路面在裂缝间距较小时 CRC 板的厚度确定

CRC + AC 复合式路面在裂缝间距较小，CRC 板厚度验算时，其应力在考虑沥青面层的影响后，不同裂缝间距条件下（$L_d = 0.2m$、$0.3m$、$0.4m$、$0.5m$），荷载极限应力和温度应力之和应满足 $\gamma_r(\sigma_{psa} + \sigma_{tma}) \leqslant f_r$，不满足时应调整 CRC 板的厚度 h_c 或提出 CRC 板的极限裂缝间距加以控制。满足以上应力要求的 CRC 板厚即可确定为 CRC + AC 复合式路面 CRC 板的厚度 h_c。

5　CRC 板结构配筋设计

连续配筋混凝土路面需配置纵向受力钢筋和横向构造钢筋。纵向钢筋根据温度应力的大小进行设计，以控制裂缝间距、裂缝宽度，并保证钢筋不会屈服拉断。

5.1　设计指标

连续配筋混凝土的纵向配筋设计，采用以下 3 项设计指标：

(1) 纵向钢筋埋置深度处的裂缝缝隙平均宽度不大于 0.5mm。

(2) 横向裂缝的平均间距不大于 1.8m。

(3) 钢筋所承受的拉应力不超过其屈服强度。

5.2　纵向配筋设计

(1) 纵向配筋率通常为 0.6% ~0.9%。中等交通荷载等级宜为 0.6% ~0.7%，重交通荷载等级宜为 0.7% ~0.8%，特重交通荷载等级宜为 0.8% ~0.9%，极重交通荷载等级宜为 0.9% ~1.0%；冰冻地区路面的配筋率宜高于一般地区 0.1%；最小纵向配筋率，冰冻地区为 0.7%，一般地区 0.6%。具体计算方法参见 JTG D40—2011 附录 D。

(2) 横向裂缝平均间距(L_d)计算

$$L_d = \frac{f_t - C\sigma_0\left(1 - \frac{2\zeta}{h_c}\right)}{\frac{\mu\gamma_c}{2} + \frac{\sigma_{cg}\rho}{c_1 d_s}} \tag{5.2-1}$$

$$\sigma_0 = \frac{E_c\varepsilon_{td}}{2(1-\nu_c)} \tag{5.2-2}$$

$$\varepsilon_{td} = \alpha_c h_c \beta_h T_g + \varepsilon_\infty (0.245e^{-5.3k_1h_c}) \tag{5.2-3}$$

$$\beta_h = 4.81h_c^2 - 5.42h_c + 1.96 \tag{5.2-4}$$

$$\varepsilon_\infty = a_1(1.51\times10^{-4}\omega_0^{2.1}f_c^{-0.28} + 270)\times10^{-6} \tag{5.2-5}$$

$$\sigma_{cg} = 0.234f_c \tag{5.2-6}$$

$$c_1 = 0.577 - 9.50\times10^{-9}\frac{ln\varepsilon_{t\zeta}}{\varepsilon_{t\zeta}^2} + 0.198L_d\times(\ln L_d + 3.67) \tag{5.2-7}$$

$$\varepsilon_{t\zeta} = \alpha_c \Delta T_\zeta + \varepsilon_{sh} \tag{5.2-8}$$

$$\varepsilon_{sh} = \varepsilon_\infty (1 - \varphi_a^3) \tag{5.2-9}$$

上述式中：L_d——横向裂缝平均间距(m)；

f_t——混凝土抗拉强度(MPa)，可参考 JTG D40—2011 附录表 E.0.3-1取用；

f_c——混凝土抗压强度(MPa)，可参考 JTG D40—2011 附录表 E.0.3-1取用；

ζ——钢筋埋置深度(m)；

h_c——混凝土面层厚度(m)；

γ_c——混凝土重度(kN/m^3)，一般可取 $24kN/m^3$；

μ——混凝土与基层的摩阻系数，可按 JTG D40—2011 附录表 E.0.3-3取用；

d_s——纵向钢筋直径(m)；

ρ——纵向配筋率，为钢筋横断面面积 A_s 与混凝土横断面面积 A_c 的比值(%)；

σ_0——温度和湿度变形完全受约束时的翘曲应力(MPa)；

E_c——混凝土弹性模量(MPa)，可按 JTG D40—2011 附录表 E.0.3-1取用；

ν_c——混凝土泊松比，一般可取为 0.15 ~ 0.18；

ε_{td}——无约束时混凝土面层顶面与底面间的最大当量应变差；

α_c——混凝土的线膨胀系数(1/℃)，可按 JTG D40—2011 附录表 E.0.3-2取用；

T_g——混凝土面层顶面与底面间的最大负温度梯度(℃/m)，可参照该地区最大正温度梯度(JTG D40—2111 表 3.0.10)的 1/4 ~ 1/3 取用，CRC + AC 复合式路面时应考虑沥青面层对温度梯度的影响(温度梯度修正系数 ξ_t)；

β_h——混凝土面层厚度不等于 0.22m 时的温度梯度厚度修正系数；

ε_∞——无约束条件下混凝土的最大干缩应变；

a_1——养生条件系数，水中或盖麻布养生时，$a_1 = 1.0$；采用养生剂养生时，$a_1 = 1.2$；

ω_0——混凝土单位用水量(N/m^3)；

k_1——与气候区和最小空气湿度有关的系数，道路位于公路自然区划Ⅱ、Ⅳ和Ⅴ区，$k_1 = 0.4$；位于Ⅲ、Ⅵ和Ⅶ区，$k_1 = 0.68$；

C——翘曲应力系数，按 JTG D40—2011 附录 B 式(B.3.3-2)计算，采用 $t=1.29/r$ 计算确定；

r——面层板的相对刚度半径(m)，按 JTG D40—2011 附录 B 式(B.2.2-2)计算；

σ_{cg}——混凝土与钢筋间的最大黏结力；

c_1——混凝土和钢筋之间的黏结—滑移系数，由于式中含有未知量 L_d，计算需采用迭代方式进行了，先假定 $L_d=L_{ds}$(设计要求的裂缝间距)，计算出 c_1 和相应的 L_d，如果 $|L_d-L_{ds}|<0.005$，计算结束；否则令 $L_{ds}=L_d$，调整配筋率，重复计算，直到满足要求为止；

$\varepsilon_{t\zeta}$——钢筋埋置深度处的混凝土最大总应变；

ΔT_ζ——钢筋埋置深度处混凝土温度与硬化时温度的最大温差(℃)，可近似取为路面施工月份日最高气温的月平均值与一年中最冷月份日最低气温的月平均值之差；CRC + AC 复合式路面时应考虑沥青面层对温度的影响；

ε_{sh}——无约束条件下钢筋埋置深度处混凝土干缩应变；

φ_a——年平均空气相对湿度(%)。

(3)纵向钢筋埋置深度处的横向裂缝缝隙平均宽度(b_j)计算

$$b_j = 1\,000L_d\left(\varepsilon_{sh}+\alpha_c\Delta T_\zeta-\frac{c_2 f_t}{E_c}\right) \tag{5.2-10}$$

$$c_2 = a+\frac{b}{17\,000f_c}+6.45\times10^{-4}\frac{c}{L_d^2} \tag{5.2-11}$$

$$a = 0.761+1\,770\varepsilon_{t\zeta}-2\times10^6\varepsilon_{t\zeta}^2 \tag{5.2-12}$$

$$b = 9\times10^8\varepsilon_{t\zeta}+149\,000 \tag{5.2-13}$$

$$c = 3\times10^9\varepsilon_{t\zeta}^2-5\times10^6\varepsilon_{t\zeta}+2\,020 \tag{5.2-14}$$

式中：b_j——钢筋埋置深度处的横向裂缝缝隙平均宽度(mm)；

c_2——与混凝土和钢筋之间的黏结—滑移特性有关的系数。

其他参数的含义与计算裂缝间距时相同。

(4)纵向钢筋应力 σ_s 计算

$$\sigma_s = 2f_t\frac{E_s}{E_c}-E_s[\Delta T_\zeta(\alpha_c-\alpha_s)+\varepsilon_{sh}]+\frac{0.234f_cL_d}{d_sc_1} \tag{5.2-15}$$

式中：σ_s——裂缝处纵向钢筋应力(MPa)；

E_s——钢筋弹性模量(MPa)，可参考 JTG D40—2011 附录表 E.0.4 取用；

α_s——钢筋线膨胀系数(1/℃),通常 α_s 取为 9×10^{-6}/℃。

其他参数的含义与计算裂缝间距时相同。

(5)纵向配筋率的计算

①初拟配筋 ρ,按式(5.2-1)计算横向裂缝平均间距 L_d。当 $L_d>1.8$m 时,应增大配筋率 ρ,当 $L_d<1.0$m 时,应减小配筋率 ρ,重复上述计算至符合要求。

②按式(5.2-10)计算纵向钢筋埋置深度处的横向裂缝缝隙平均宽度 b_j。当 $b_j\leqslant0.5$mm 时,满足要求;否则应增大配筋率 ρ,重复上述计算至符合要求。

③按式(5.2-15)计算纵向钢筋应力 σ_s。当纵向钢筋应力 $\sigma_s\leqslant$钢筋屈服强度 f_{sy}时,满足要求;否则应增大配筋率 ρ,重复上述计算至符合要求。

④综合上述 3 项计算结果,最终确定配筋率 ρ,并进一步确定钢筋直径与根数,并按纵向钢筋间距的要求进行钢筋布置。在满足纵向钢筋间距要求的条件下,宜选用直径较小的钢筋。根据 JTG D40—2011 中 6.3.1 条,CRC + AC 复合式沥青路面结构中,CRC 板的纵向配筋率可降低 0.1%。

5.3 横向配筋设计

(1)连续配筋混凝土板的横向配筋原则和要求与钢筋混凝土面板的配筋相同,可采用相同的配筋率计算方法计算确定,并应满足施工时固定和保持纵向钢筋位置的要求。

(2)横向配筋率的大小与面层平面尺寸和气候因素有关,一般为 0.1% ~ 0.2%,最低为 0.05%,最高可达 0.25%。一般横向配筋率为纵向钢筋用量的 1/8 ~ 1/5。

(3)横向配筋量的计算

横向配筋的数量是为了平衡混凝土板横向收缩受限制时产生的拉力,当 CRC 板收缩时,其中央两侧向内的摩阻力为一半混凝土板的质量乘以其与基层的摩阻系数,这一摩擦阻力即为作用于混凝土板中央的拉力,并假定沿 CRC 板断面平均作用而由钢筋承受。可按 JTG D40—2011 中式(6.2.1),即下式:

$$A_s=\frac{16L_sh_c\mu}{f_{sy}} \tag{5.3}$$

式中:A_s——每延米 CRC 板面层宽或长所需的钢筋面积(mm^2);

L_s——为无拉杆的纵缝或自由边之间的距离(m),一般即板宽;

h_c——CRC 板厚度(mm);

μ——CRC 板与基础之间的摩阻系数,按 JTG D40—2011 附录表 E.0.3-3 选用;

f_{sy}——钢筋屈服强度(MPa),可参考 JTG D40—2011 附录表 E.0.4 取用。

5.4　钢筋的选择原则与布置要求

CRC 的温度与干缩应力要求将纵向钢筋布置在板厚的中部。同时纵向钢筋布置的越靠近板顶越改善裂缝间距的均匀性和控制裂缝间距,从而减少冲断破坏。然而钢筋布置的位置越高会产生施工振捣密实问题,因此最小的钢筋深度为3.5in(9cm),最大的深度为中部。不推荐两层配筋结构。

①连续配筋混凝土面层的纵向和横向钢筋均应采用螺纹钢筋,其直径为12～20mm。当钢筋可能受到较严重腐蚀时,宜在钢筋外涂环氧树脂等防腐材料。

②纵向钢筋距面层顶面不应小于90mm,最大深度不应大于1/2面层厚度,宜设在面层表面以下1/3～1/2厚度范围内,在不影响施工的情况下宜接近90mm。

③纵向钢筋的间距不应大于250mm,不小于100mm或集料最大粒径的2.5倍。

④横向钢筋位于纵向钢筋之下;横向钢筋的间距不大于800mm,宜为300～600mm,直径大时取大值;横向钢筋宜斜向设置,其与纵向钢筋的夹角可取60°。

⑤纵向钢筋的焊接长度一般不小于10倍(单面焊)或5倍(双面焊)钢筋直径,焊接位置应错开,各焊接端连线与纵向钢筋的夹角应小于60°。

⑥边缘钢筋至纵缝或自由边的距离一般为100～150mm。

6 CRC + AC 复合式沥青路面接缝与端部设计

6.1 CRC 板接缝设计

6.1.1 CRC 板的接缝设计

(1)纵向接缝的布设应视路面宽度和施工铺筑宽度而定。一次铺筑宽度少于路面宽度时,应设置纵向施工缝,采用平缝形式。一次铺筑宽度大于 4.5m 时,应设置纵向缩缝,采用假缝形式。

(2)纵向接缝应与路线中线平行。在路面等宽的路段内或路面变宽部分的等宽部分,纵缝的间距和形式应保持一致。路面变宽段的加宽部分与等宽部分之间,经纵向施工缝隔开。加宽板在变宽段起终点处的宽度不应小于 1m。

(3)纵向接缝应设置拉杆,拉杆应采用螺纹钢筋,设在 CRC 板厚中央,并应在拉杆中部 100mm 范围内进行防锈处理。施工布设时,拉杆间距应按 CRC 板端部的实际位置予以调整,最外侧的拉杆距横向接缝的距离不得小于 100mm。

连续配筋混凝土板纵向钢筋布设在中部时,纵向拉杆可由板内横向钢筋延伸穿过接缝代替。CRC 板纵向钢筋布设在板厚上 1/3 处时,纵向缩缝仍采用横向钢筋替代,纵向施工缝除滑模施工外也可采用横向钢筋替代。滑模施工时,纵向施工缝拉杆需另外单独安放。

(4)连续配筋混凝土板只需设置纵向接缝,不需设置横向接缝。

6.1.2 CRC 板与路肩板的接缝设计

CRC 板与路肩板的接缝为纵向施工缝(平缝的形式),除滑模施工外可采用横向钢筋替代,滑模施工时,纵向施工缝拉杆需另外单独安放。

连续配筋混凝土板和素混凝土路肩板之间拉杆的间距、长度和直径的取值可以参考普通混凝土路面拉杆的设计进行。

CRC 板与路肩板纵向施工缝拉杆的设计参见表 6.1.2。

CRC 板与不配筋路肩板纵向施工缝拉杆的设计建议 表 6.1.2

面层厚度(mm)	到自由边或未设拉杆纵缝的距离/路肩板宽度(m)					
	3.00	3.50	3.75	4.50	6.00	7.50
200 ~ 250	14 × 700 × 700	14 × 700 × 600	14 × 700 × 600	14 × 700 × 500	14 × 700 × 400	14 × 700 × 300
260 ~ 300	16 × 800 × 700	16 × 800 × 600	16 × 800 × 600	16 × 800 × 500	16 × 800 × 400	16 × 800 × 300

注:拉杆直径、长度和间距的数字为:直径 × 长度 × 间距,尺寸单位:mm。

6.2 CRC + AC 复合式路面端部处理

6.2.1 CRC 板端部处理的方式

连续配筋混凝土板存在热胀冷缩变形，当连续配筋混凝土板与其他类型路面或构造物相连接时，应设置端部处理结构，以约束、消除或调节纵向位移，以免对其他结构产生破坏。一般有两种方式：

一是设置端部锚固结构，约束连续配筋混凝土路面端部的膨胀位移；

二是设置端部滑动结构，预留足够的空间满足端部膨胀时的位移量。

6.2.2 CRC 板端部处理形式

CRC 板端部处理形式目前使用较多的是钢筋混凝土地梁锚固结构和宽翼缘工字钢梁、桥梁伸缩缝等端部滑动结构三种。

6.2.3 CRC + AC 复合式路面端部处理形式

根据 CRC 板端部位移分析结果，一般变形量在 2 ~ 4cm，选用桥梁伸缩缝中的毛勒缝端部滑动形式。CRC + AC 复合式路面需进行端部处理的主要是桥梁结构与明涵（一般是盖板涵，少数是箱涵），可取消桥头搭板，将 CRC 板直接延伸至桥台，与桥梁伸缩缝合并，统一采用桥梁伸缩缝相接，不单独设置 CRC + AC 的端部处理，根据梁跨结构的变形量与 CRC 的变形量，选用毛勒缝的型号（变形范围）。

根据 CRC 板的厚度、AC 层的厚度以及桥面铺装、桥面高程进行综合桥台设计。桥头部位往往不均匀沉降较大，取消搭板后，为减少桥头的变形，一方面加强桥头路基的密实，选择良好的填料、加强压实；另一方面，将路面结构中的基层改为贫混凝土材料，提高地基的强度。使用过程中如发现板下脱空现象，可进行注浆处理。

CRC + AC 与其他路面结构相接，只是在结构两端，也就两个接缝，同样采用桥梁毛勒缝的形式，即保证了端部接缝的质量，又保证接缝的平顺，提高路面的使用性能。

7　CRC + AC 复合式沥青路面施工技术

7.1　连续配筋混凝土(CRC)施工技术

7.1.1　一般规定

7.1.1.1　施工设备选择

连续配筋混凝土 CRC 板的施工可采用滑模机械、轨道摊铺机、三辊轴机组和小型机具四种方式进行铺筑，对于高速公路宜采用滑模机械进行铺筑，有条件时也可采用轨道摊铺机进行铺筑，特殊工程中(如旧路改造、加宽工程等)也可选用三辊轴机组进行铺筑，小型试验路工程中也可采用小型机具配三辊轴进行铺筑。

7.1.1.2　连续配筋混凝土(CRC)施工工艺流程

在完成并经监理工程师验收合格的基础上，铺筑连续配筋混凝土板的工作。连续配筋混凝土 CRC 的施工工序可按图 7.1.1.2 实施。

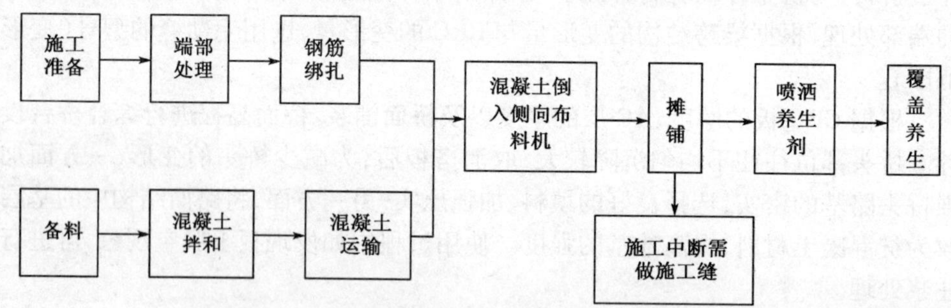

图 7.1.1.2　连续配筋混凝土 CRC 板施工工序简图

7.1.1.3　连续配筋水泥混凝土路面钢筋的位置一定要确保正确，施工车辆及施工人员均不得直接在钢筋上行走。

7.1.1.4　每天应对水泥混凝土的生产进行全面监督并记录操作参数，校对每天完成工程量与参数记录是否相符，作为质量评定的依据。

7.1.2　原材料

CRC 板的原材料包括水泥、粉煤灰及其他掺和料、粗集料、细集料、水、外加剂、钢筋、钢纤维、接缝材料、其他材料，其规格及技术要求按《公路水泥混凝土路面施工技术规范》(JTG F30—2003)的有关规定执行。

在端部处理桥梁伸缩缝(毛勒缝)两端混凝土中需掺入钢纤维或聚丙烯纤维网。聚丙烯纤维网用量0.9kg/m^3,聚丙烯纤维网的物化性能指标为:长度12~19mm、直径100μm、熔点160~170℃、抗拉强度560~770MPa、弹性模量3 500MPa、泊松比0.29~0.46。

1)水泥

(1)应采用强度高、收缩性小,耐磨性强的水泥。其物理性能和化学成分符合GB 175—85的规定。

(2)水泥进场时,应有产品合格证及化验单。承包人应对品种、强度等级、包装、数量、出厂日期进行检查验收,并按批量抽样检验,报监理工程师核查。

2)碎石

(1)用于连续配筋混凝土路面结构的粗集料必须采用质地坚硬、耐久、洁净的Ⅲ级以上石料,其质量技术要求应满足规范要求。其中碎石的最大公称粒径不应超过31.5mm。

(2)用做连续配筋混凝土路面的粗集料不得使用不分级的统料,应按最大公称粒径的不同采用2~4个粒级的集料进行掺配,有一定的合成级配。

3)砂

砂应不低于Ⅱ级,采用洁净、坚硬、使用的天然砂宜为中砂,也可使用细度模数在2~6.2之间的砂。同一配合比用砂的细度模数变化范围不应超过0.3,否则,应分别堆放,并调整配合比中的砂率后使用。含泥量不超过3%,硫化物及硫酸含量(折算为SO_3)不超过1%,云母含量不超过2%,有机物含量不深于标准溶液的颜色。

4)水

混凝土搅拌和养护用水应清洁,宜采用饮用水。使用非饮用水时,应经过化验,其硫酸盐含量(按SO_4计)不得超过2 700mg/L,含盐量不得超过500mg/L,pH值不得小于4,不得含有油污。

5)外加剂

①外加剂的掺入,应根据配合比试验确定,其外加剂的产品质量应符合JTG F30—2003中表3.6.1中各项技术性能指标的要求,并报监理工程师批准。

②满足摊铺工艺对混凝土工作性能的特殊要求,掺用外加剂时,根据目的不同,可按以下规定选用:

为减少混凝土拌和物的用水量,改善和易性,节约水泥用量,提高混凝土早期强度,可掺入减水剂。

为改善混凝土的触变性,保证滑模过后混凝土不塌边和麻面,提高混凝土抗折强度,可掺入引气剂。

夏季施工或由于混凝土运输时间过长,可掺入缓凝剂。

根据需要,可以掺入一定数量的微膨胀剂。

6)钢筋

①钢筋网应符合《钢筋混凝土用热轧带肋钢筋》(GB 1499.2—2009)和《钢筋混凝土用热轧光圆钢筋》(GB 1499.1—2008)的技术要求。

②纵向钢筋应采用Ⅱ级螺纹钢筋,横向钢筋应采用Ⅱ级螺纹钢筋。纵向钢筋一般不必进行防锈处理,但为防止纵向钢筋锈蚀,不得采用含氯离子的外加剂,必要时可掺加阻锈剂。

③钢筋应顺直,不得有裂纹、断伤、刻痕、表面油污和锈蚀。钢筋断口应垂直光圆,不得有毛刺。

7)粉煤灰

连续配筋混凝土路面工程可掺用质量指标符合规范要求的Ⅰ、Ⅱ级干排或磨细粉煤灰。粉煤灰的技术指标需满足规范要求。

8)养生剂

用于连续配筋混凝土路面施工养护的养生剂,喷洒后薄膜应密封性好,保水率高,强度和耐磨性损失小,干燥快、储存时间长而稳定、耐雨水冲刷。不得使用易被水冲刷掉的和对混凝土强度有影响的养生剂。

7.1.3 CRC 配合比设计

(1)用于铺筑水泥混凝土面层的各种材料,应提前通过试验进行混合料组成配合比设计,这些设计应包括材料标准试验、混凝土抗折和抗压强度、集料级配、水灰比、坍落度、水泥用量、质量控制等。

(2)水泥混凝土路面面层配合比设计在兼顾经济性的同时应满足下列三项技术要求:

①弯拉强度

路面板的28d设计弯拉强度标准值f_r应符合《公路水泥混凝土路面设计规范》(JTG D40—2011)的规定。按下式计算配28d弯拉强度的均值:

$$f_c = \frac{f_r}{1 - 1.04c_r} + ts \tag{7.1.3-1}$$

式中:f_c——配制28d弯拉强度的均值(MPa);

f_r——设计弯拉强度标准值(MPa);

s——弯拉强度试验样本的标准差(MPa);

t——保证率系数,由规范查表确定;

c_r——弯拉强度变异系数在 0.05～0.10 的范围取值，在无统计数据时，弯拉强度变异系数应按设计取值；如果施工配制弯拉强度超出设计给定的弯拉强度变异系数上限，则必须改进机械装备和提高施工控制水平。

②工作性

采用三辊轴机组摊铺水泥混凝土的出机坍落度应满足 30～50mm，采用摊铺机坍落度应满足 10～30mm，最大单位用水量为 153kg/m^3。一般 CRC 的坍落度宜比一般铺筑方式的普通混凝土大 10～20mm。

③耐久性

在无抗冻性及抗盐冻性要求的情况下，水泥混凝土路面的含气量不得超过 6.2%，其上下误差不得超过 1.0%，满足耐久性要求的最大水灰（胶）比和最小单位水泥用量应符合下表规定，最大单位水泥用量不宜大于 400kg/m^3。掺粉煤灰时，最大单位胶材用量不宜大于 420kg/m^3（表 7.1.3-1）。

满足耐久性要求的最大水灰（胶）比和最小单位水泥用量　表 7.1.3-1

最大水灰（胶）比		0.44
最小单位水泥用量（kg/m^3）	52.5 级	
	42.5 级	300
	32.5 级	310
掺加粉煤灰时最小单位水泥用量（kg/m^3）	52.5 级	
	42.5 级	260
	32.5 级	280

（3）外加剂的使用应符合下列要求

①高温施工时，混凝土混凝土拌和物的初凝时间不得小于 3h，否则要采取缓凝或保塑措施；低温施工时，终凝时间不得大于 10h，否则要采取必要的促凝或早强措施。

②外掺剂的掺量应由混凝土试配试验确定。

③引气剂与减水剂或高效减水剂等其他外加剂复配在同一水溶液中时，应保证其共溶性，防止外加剂溶液发生絮状现象。如产生絮状现象，应分别稀释、分别加入。

（4）配合比参数的计算应符合下列要求：

①水灰（胶）比的计算和确定。

根据粗集料的类型，水灰比可分别按下列统计公式计算：

$$\frac{W}{C}=\frac{1.5684}{f_c+1.0097-0.3595f_s}$$

式中：$\frac{W}{C}$——水灰比；

f_s——水泥实测28d抗折强度(MPa)。

掺用粉煤灰时，应计入超量取代法中代替水泥的那一部分粉煤灰用量（代替砂的超量部分不计入），用水胶比$\frac{w}{c+f}$代替$\frac{W}{C}$。

应在满足弯拉强度计算值和耐久两者要求的水灰（胶）比中取小值。

②最优砂率应根据砂的细度模数和粗集料种类查《公路水泥混凝土路面施工技术规范》（JTG F30—2003）表4.1.4确定。

③碎石混凝土的单位用水量按下式计算：

$$W_o=104.97+0.309S_L+11.27\frac{C}{W}+0.61S_p$$

式中：S_L——坍落度(mm)；

S_p——砂率(%)；

$\frac{C}{W}$——水灰比（水灰比例数）。

掺加外加剂时，应考虑减水效果，掺加外加剂时单位用水量。

$$W_{ow}=W_o\left(1-1-\frac{\beta}{100}\right) \tag{7.1.3-2}$$

式中：β——外加剂实测减水率(%)。

④单位水泥用量用下列公式计算，并不能低于360kg/m³。

$$C_o=\left(\frac{C}{W}\right)W_o \tag{7.1.3-3}$$

⑤粗、细集料用量一般按密度法计算，取单位质量为2 450kg/m³。

(5)为了确定在整个施工过程中，混凝土混合料配合比是否需要调整，可按规定作7d的抗折强度试验。

(6)混凝土配合比除应保证设计强度、耐磨、耐久性外，还必须满足摊铺对混凝土拌和物工作性能的要求。试验室理论配合比，必须经过试验路段的试拌、试铺检验，检验满足要求后，将确定的配合比资料报监理工程师批准后才能用于施工配比。

(7)已批准的混凝土施工配合比，施工方法和材料，除由于原材料天然含水率变化引起的用水量变化需适量调整外，未经监理工程师的同意不应改变，如需改变时,承包人应重新报送资料,试拌试铺经监理工程师批准后才能使用。

7.1.4　连续配筋混凝土施工

1)人员准备

在摊铺开始前,施工单位应对施工、试验、机械、管理等岗位的技术人员和各工种技术工人进行培训,未经培训的人员不得单独上岗操作。

2)料场应建在地势较高、排水通畅的位置,其底部应硬化处理,严禁料堆积水和泥土污染。不同规格的砂石料之间应有隔离设施,严禁混杂。

3)材料准备

(1)施工单位应安排专人负责材料的准备工作。施工前,应根据设计要求,工程量大小和施工经验,就近对水泥、砂石、水、粉煤矿灰、外加剂等材料的质量、供应量、运距等方面进行调查。在保证工程质量的前提下,充分利用当地材料,以降低工程造价。

(2)水泥应查验出厂质量报告单,抽样检验水泥的细度、凝结时间、安定性及3d、7d和28d的抗压强度,只要有一项不符合要求就坚决不能使用。新出厂的水泥至少存放一周后方可使用,如受潮结块一律不得使用。

(3)砂、石材料应抽样检查含泥量、有害物质含量、坚固性、针片状颗粒含量等,如有不满足使用要求的,采取措施处理符合要求后方可使用,否则得另选材料。

(4)不得使用被污染或有害物质含量超标的水作为拌和与养护用水。拌和用水应不影响混凝土和易性和凝结时间、强度。不降低耐久性和不污染混凝土表面等。

(5)外加剂应进行化学成份和剂量适应性检验。化学成分不适应者,不得使用。剂量不适应者,应通过试验确定最佳剂量,也可根据使用经验来确定。粉煤灰使用前应查阅等级检验报告并抽样检验,测定粉煤灰混凝土的弯拉强度、工作性、抗磨性等技术指标,合格后方可使用。

所有运至工地的材料必须经监理工程师验收。

4)机械设备施工前,必须对搅拌楼、运输车辆、布料机、三辊轴机组、养生机等施工机械,经纬仪、水准仪或全站仪等测量基准线仪器和人工辅助施工的振捣棒、整平梁、模板等机具、工具及试验仪器进行全面的检查、调试、校核、标定、维修和保养,并试运行正常。对主要设备易损零部件应有适量储备。

混凝土的搅拌、运输、摊铺、表面整修与纹理制作等设备必须与其相配套,搅拌机的生产率、混凝土运输生产能力必须与摊铺速度合理匹套。

新拌混凝土的运输应采用10~20t的大吨位自卸汽车为主,辅以汽车式混凝土搅拌运输车,自卸车的车斗要平整、光滑,不渗漏,后挡板应关闭严密,不漏浆、不变形。运料时应加盖,以防水分蒸发,每天应对运输车辆检查清洗。

5)面层施工前,应对下卧层进行评定。必须保证下卧层的平整度、高程等指标符合要求。

6)摊铺前,必须将下卧层表面吹扫干净,并洒水湿润,若下卧层表面被泥土等污染,应用洒水车冲洗干净。

7)模板安装

(1)滑模机械铺筑时需配备辅助模板用于纵缝拉杆安放时进行稳固边缘。采用其他铺筑方式时需安放固定模板。连续配筋混凝土路面的施工模板必须采用刚度足够的钢模板。模板的(加工矫正)精确度及尺寸要求应符合 JTG F30—2003 第7.2.1 小节的规定。

(2)下卧层验收合格后,应对路面施工段的中线和高程测量,中线和高程测量数据应符合设计标准误差的要求。采用设计厚度高的钢模板,根据测量的高程进行准确安装,应安装稳固、牢靠。模板安装完毕后,应检查其安装准确与否,禁止扰动,特别是正在摊铺时,严禁碰撞和振动。确保模板的稳定,保持混凝土路面边缘形状与高程准确,保证路面的平整度。

(3)纵向施工缝的拉杆一般由横向钢筋外延替代,因此模板中部的穿孔间距应根据横向钢筋的直径与间距确定;横向施工缝端模板应按图纸规定的纵向钢筋直径和间距开槽,以利于纵向剪力钢筋穿过。模板的数量应根据施工进度和施工气温确定,并应满足拆模周期内周转需要。模板架设和安装及拆除的技术要求及允许偏差应符合 JTG F30—2003 第7.2 节的规定。

8)钢筋架设

(1)连续配筋位置设置在水泥混凝土顶面下板厚的1/3 处,横向钢筋的布置与中线夹角为60°。

(2)纵向钢筋必须紧密绑扎、安装好且稳固可靠(所有接点必须稳固),搭接点可采用细铁丝绑扎或者点焊,一般采用绑扎方式。纵向钢筋最小搭接绑扎长度为 $35d$(d 为钢筋的直径);当采用搭接焊或绑条焊时,钢筋的焊缝长度应符合下列要求:双面焊不应小于 $5d$,单面焊不应小于 $10d$。钢筋搭接位置应错开布置,同一垂直断面上不得有2 个以上的焊接或绑扎接头,相邻钢筋的焊接或绑扎接头应分别错开500mm 和900mm 以上。

(3)横向钢筋布置于纵向钢筋之下,一般不应搭接,若有搭接也应错开布置,搭接长度不小于钢筋直径的35 倍。纵横向钢筋绑扎的钢筋网必须平直成带片状,至板边的侧距应保持相等。除了临时中断的施工缝以外,钢筋网应保持连续。

(4)支架应按照设计图纸设置,根据监理工程师批准,也可以采用其他可靠的方法。一般应采用活(滑)动支架,支架不得锚入下层中。支架每平方米应配置4~6个,以确保钢筋网在混凝土堆压与路面施工机械的作用下,不下陷、不移位,并能承受施工人员的踩踏。

(5)混凝土摊铺和振捣期间,钢筋的排列和间距应保持和控制在正确的位置,且在规定的允许误差范围内。混凝土摊铺前,对安设好的钢筋网要进行仔细检查。钢筋网应平直,至板边的侧距应保持相等,并符合图纸要求;钢筋不得有贴地、变形、移位、松脱和开焊等现象。

(6)钢筋网的安设精度应符合下列要求:纵向钢筋间距允许误差为±5mm,横向钢筋间距绑扎施工允许误差为±20mm,横向钢筋间距点焊施工允许误差为±10mm,纵向钢筋中心线竖向位置允许误差为±5mm,外侧钢筋至板边距离允许误差为±10mm。钢筋网的安放位置与精度应满足设计及JTG F30—2003的要求。

(7)施工缝和纵缝处外露的普通钢筋和补强钢筋宜进行防锈处理。一般情况下,要保证在摊铺机前预留1km长的钢筋施工范围,以确保有足够的时间在摊铺混凝土前对钢筋进行检查和调整。

9)拌和

混凝土拌和机必须采用强制式搅拌机,设有集料配料系统、供水系统、外加剂加入装置和水泥及粉煤灰供应系统。

(1)搅拌站的生产能力应保证摊铺均衡地、不停顿地作业,按设计摊铺宽度所需要的水泥混凝土量来决定,其生产能力不宜小于200m^3/h。采用多台搅拌机组合时,必须保证新拌混凝土的质量均衡性。

(2)搅拌站应有备用搅拌机和发电机组,应保证搅拌、清洗、养生用水的供应,并保证水质。

(3)应配备足够的试验设备和人员,以对混凝土的质量进行检验与控制。

(4)拌和站各种规格的集料应分开堆放和供料,取自不同料源的集料应分开堆放;每个料源的材料要进行抽样试验。搅拌站的计量系统在工地安装之后,应进行标定,标定控制误差范围为水泥±0.5%~1%、水±1%~1.5%、中砂±1%~2%、粗集料±3%~4%,经监理工程师验收合格后方可正式投入生产。

(5)混凝土的拌和时间应根据搅拌机的性能和拌和的和易性确定。净拌最短时间,即材料全部进入拌和楼起,至拌和开始出料的连续搅拌时间,对强制式搅拌一般不应小于35~40s。

(6)对搅拌站的大型搅拌机的生产性验证，应根据试验室提供的配合比试拌，进行混凝土和易性、含气量、弯拉强度三项检验，并从每台搅拌机试拌时的初期、中期和后期分别取样制作试件，以检验各台搅拌机拌制混凝土的均匀性。

(7)每天应对混凝土的生产进行全面的监督，并要求将多台搅拌机的实际配料记录和材料使用统计、机械操作参数以及搅拌混凝土生产时间、数量等记录进行统计，并作定期分析，以提高混凝土生产质量的均匀性。

10)混凝土拌和物从搅拌机出料后，运至铺筑地点进行摊铺完毕的最长允许时间，由试验室根据水泥初凝时间、施工气温以及坍落度试验结果确定，一般不应大于1.5h，在气温不同的条件下，可以采用外掺剂来调节初凝时间。

11)混凝土的运输应采用10～15t的大吨位自卸汽车为主，辅以汽车式混凝土搅拌运输车，自卸车的车斗要平整、光滑，不渗漏，后挡板应关闭严密，不漏浆，不变形，每天应对运输车辆进行检查清洗。在夏季或冬季施工时，自卸车厢上应加遮盖，以防水分蒸发。混凝土出料时应注意移动自卸汽车，避免离析。出料时的卸料高度不得超过1.5m。

12)在摊铺的开始阶段，应测量校核路面高程、厚度、宽度、中线、横坡等技术参数，并及时进行调整，保证混凝土板的板厚、密实度、平整度及饰面质量。

13)连续配筋混凝土的摊铺可根据实际情况，分别选择滑模机械、轨道摊铺机、三辊轴机组和小型机具配三辊轴等摊铺方式。摊铺宽度应根据CRC的板块划分来确定，一般超车道与行车道宜一次摊铺，硬路肩板单独摊铺；也可分为三块板进行摊铺。混凝土的摊铺应满足JTG F30—2003的要求。

14)由于钢筋网的影响，CRC摊铺时采取切实可行的横向布料方式，常用的布料机械有：侧向上料的布料机、侧向上料的供料机、带侧向上料机构的滑模摊模机、挖掘机加料斗侧向供料、吊车加短便桥钢凳车辆直接卸料等方式。宜采用侧向进料方式，在没有侧向布料机的情况下，可采取挖掘机加料和混凝土搅拌运输车配人工布料。在人工辅助摊铺时，不应对混合料进行抛掷和耧耙，以防离析。

15)摊铺应保持均匀摊铺速度，摊铺时应随时观察新拌混凝土的级配和稠度情况，并根据其稠度调整摊铺的速度和振捣频率。摊铺后的混凝土表面应无麻面、侧面无漏浆现象。如有少量麻面、气泡、边角塌陷等，应及时用人工修整，如缺陷严重，应立即对摊铺工序加以调整，经调整后仍不能克服的，应立即停机，查出原因，清除弊端后方可继续工作。

16)在摊铺施工过程中，要求供料与摊铺速度密切协调，尽可能减少停机次数。若出现新拌混凝土供应不上的情况，摊铺停工等待时间不得超过30min，在

30min 内,应每隔 10min 开动振捣棒振动 2min;超过 30min 时,应做施工缝。

17)施工时要求尽量保证连续施工,以减少横向缝的数量。当遇实际情况不得不中断施工时,其间距不宜小于 200m。在施工缝处增加纵向抗剪钢筋,其布置位置保证距两根纵向钢筋的间距相等,钢筋的直径与纵向钢筋相同,且应具有足够的长度,抗剪钢筋应伸入先施工的面板一端至少 95cm,后摊铺的面板一端 245cm。

18)施工缝端部应平整、光洁、无麻面,先浇筑混凝土的一端应凿毛,后摊铺的一端应在稳定的气候条件下摊铺(即日温差较小,在 0~10℃范围内),摊铺时应非常仔细,以避免蜂窝麻面,通过混凝土振捣保证紧密地裹覆钢筋。如果预测日温差超过 10℃,养生方法必须改进,以保证养生温度均匀稳定,可在两侧面板表面(包括自由边)喷洒隔热材料,喷洒长度最小为 60m;隔热材料应至少保留 72h,且保持湿润。施工应采用湿治养生,直到新浇混凝土强度达到 3.9MPa,在混凝土养生期间,隔热材料也应保留在两侧板上。

19)对混合料进行振捣,应及时检查排振的设置位置、振幅与频率、行走速度。人工振捣时,每一位置的持续时间应以混凝土停止下沉,不再冒气泡并泛出砂浆为准,振捣时间不宜太长。振捣时应辅以人工找平,并随时检查模板有无下沉、变形和松动。混凝土的振捣应满足 JTG F30—2003 的要求。

20)滑模施工时纵向施工缝边缘,由于滑模板阻隔,不能将横向钢筋外延作为拉杆,纵向施工缝边缘需单独另外布设纵缝拉杆。可在 CRC 板中间厚度的位置,在混凝土滑模摊铺时,模板滑过后采用人工植入方式,放置拉杆并固定。

21)混凝土表面修整

(1)混凝土摊铺、捣实、刮平作业完成后,应用饰面设备进一步整平,使混凝土表面达到要求的坡度和平整度。混凝土表面修整应满足 JTG F30—2003 的要求。

(2)饰面作业时,不得在混凝土表面洒水或洒水泥粉,当烈日暴晒或干旱风吹时,宜在遮阴棚下进行。

(3)修整作业应在混凝土仍保持塑性和具有和易性的时候进行,以确保从路表面上清除水分和浮浆。表面低洼处不得填以表面的浮浆,而必须用新制混凝土填补与修整。

22)下列情况下不能进行摊铺

准备工作不充分;气温低于 5℃或高于 35℃;正在下雨或估计 4h 内有雨;其他监理工程师认为不摊铺的情况。

23)当混凝土路面采用一次完成半幅路面摊铺施工时,混凝土板达到一定的强度时，要求在板中设置纵向缩缝，切缝深度为板厚的1/5～1/4。

24）混凝土养生

（1）混凝土浇筑完成后，应开始养生并进行防护。混凝土的养生应满足JTG F30—2003的要求。养生方式宜采用喷洒养护剂同时保湿覆盖，也可采用覆盖保湿膜、土工毡、土工布、麻袋、草袋、草帘等洒水养生方式，不宜使用围水方式。混凝土的摊铺应满足JTG F30—2003的要求。

（2）采用喷洒养护剂的方式进行养护时，应采用专用的养生机喷洒，养护剂的品种和数量应满足规范的要求，养生剂按不低于1L/15m^{2}的用量均匀喷洒两遍，面板两侧也应喷洒。养生剂的喷洒量必须以在混凝土表面形成完全封闭的薄膜为度，一般蒸发率超过0.75kg/m^2·h时必须再用塑料薄膜覆盖或加盖麻袋进行湿治养生。在养护膜未形成前，如遇雨水侵袭，应重新喷洒。

（3）应控制养生初期的养生温度。养生时间应随混凝土强度的增长情况而定。覆盖应持续到14d或达到混凝土设计强度的80%。

25）由于混凝土在凝结硬化时，水泥的水化作用会产生大量的水化热，使混凝土内部温度升高，如果施工时为高温季节，将导致路面内温度的变化较复杂。混凝土早期强度较低，较大的和频繁的温度变化易导致CRCP裂缝增多，裂缝间距过小，因此CRCP施工中应采用人为的温度控制措施。

（1）水泥、水及砂石集料在夏天施工时应有一定的遮蔽措施，必要时还要有一定的降温措施（如用水冷却），混凝土在运输过程中也要使用遮蔽措施或夜间施工。

（2）CRCP路面混凝土浇筑完成后，表面宜覆盖一定的保温材料，以减小混凝土内外温差，防止混凝土水分的迅速挥发。

（3）混凝土施工中应加强管理，提高混凝土施工质量。实践表明，若混凝土强度不均匀，离散性大，混凝土的裂缝就会明显增多，且裂缝间距相差很大。

（4）掺用减水剂，可节约水泥，减少用水量，增加早期混凝土的塑性，减少早期裂缝。

（5）选用低热高强水泥，并可考虑掺入一定剂量的粉煤灰。

（6）加入引气剂，增加混凝土的触变性和流动性，并使混凝土内部结构均匀。

26）CRC + AC端部处理施工

CRC + AC复合式路面与普通CRCP路面存在差异，普通CRCP和端部接缝处没有上履的沥青面层，不需考虑CRCP端部变形对上部沥青面层的影响，因此，CRC + AC复合式沥青路面端部处理采用桥梁伸缩缝的方式。施工按桥梁伸缩缝中毛勒缝的施工工艺进行施工,其施工要求按桥梁工程中有关规定进行。

7.1.5　试验检测与施工质量管理

1)连续配筋混凝土路面摊铺施工应根据全面质量管理的要求,建立健全有效的质量保证体系,实行严格的质量控制、工序管理和岗位责任制度,对施工各阶段的质量进行检查、控制、评定,达到所规定的质量标准。

2)施工前承包人必须完成如下试验,并达到规范要求:

(1)筛分试验;(2)相对密度试验;(3)集料压碎值试验;(4)水泥试验(强度等级、安定性、初终凝时间);(5)混凝土配合比设计试验;(6)生产碎石用石料的抗压强度试验;(7)含泥量试验;(8)碎石的针片状颗粒含量试验。

3)施工前监理处必须对承包人所报混凝土配合比进行复核试验。

4)施工中承包人必须做如下试验:

(1)含水率试验(随时抽检);(2)水泥试验(每批或每 1 500t 取样试验);(3)混凝土抗折强度试验:每工作班或每铺筑 200m 或 200 ~ 300m^3 混凝土,应同时制取试件 2 组,龄期为 7d 和 28d;每铺筑 3 000m^3 混凝土应增做一组试件用于检测龄期不少于 90d 的后期强度。

5)细集料按每 1 000m^3 一次或每批进行检验;粗集料按每 2 000m^3 一次或每批进行检验。

6)平整度

每车道连续不间断检测(3m 直尺检测平均值应小于等于 4mm,极值小于等于 6mm)。

7)混凝土板厚按每 100m 路面摊铺宽度内左右各检测 1 处。

8)混凝土摊铺前必须对纵向钢筋的高程进行检测,检测合格并经监理认可后方可摊铺。

9)施工中测量人员必须对路面高程进行检测,并及时进行调整。监理工程师在施工过程中必须做必要的抽查。

10)施工后应对路面抗滑构造深度、路面宽度、横坡及外观鉴定等内容按规范要求检查。

11)对于施工缝部位,在下一次施工之前应确保其竖直平整,监理工程师许可后方可继续摊铺。施工后对两侧板高差进行检测(应不大于 2mm),确保该处衔接平顺。

7.1.6　滑模摊铺施工技术

1)采用滑模摊铺施工技术,和传统的人工和小型机械施工方法相比,可以更好地保证混凝土摊铺均匀、振捣充分,使路面密实、平整和耐久,具有良好的抗滑性能,并保证了施工的连续性和施工质量的稳定性。其施工关键工序包括原材料、摊铺厚度、平整度和混凝土强度的控制等。

2)滑模摊铺施工工艺流程如图7.1.6所示。

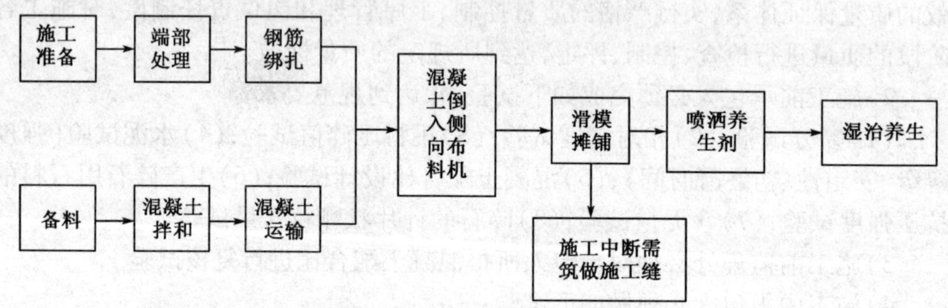

图7.1.6 滑模摊铺施工工艺流程图

3)施工时除须具有水泥混凝土拌和与原材料堆放等场地外,还应布置好钢筋制作场地。钢筋制作场应布置在距路面施工路段较近处,以便将预制加工好的钢筋运至工地。场地应利于排水,同时需有充足的电源保证钢筋制作所需电力。采购的钢筋必须按不同品种、牌号分别验收堆存,以免混杂。钢筋在运输、储存过程中应避免锈蚀和污染,宜存放在仓库(棚)内,露天堆置时,应垫高并加遮盖。

4)原材料在采集前均应按规定进行质量检验或试验,合格后方可购买或采集。原材料主要有钢筋、水泥、粗集料、细集料、水和混凝土外掺剂等。除要求出厂合格证书外,还应重点检测以下项目:钢筋的抗拉强度;水泥的强度等级和安定性试验;粗集料(碎石)的母岩强度(应为混凝土设计抗压强度的2.5倍以上);最大碎石粒径和碎石级配;细集料的含泥量(应在3%以下);水要求纯净、无污染及杂物。

5)根据设计图纸定出路面边缘线、纵缝和胀缝位置,并检查基层顶面高程(即路面底高)、路拱横坡、平整度和模板平顺性。

6)混凝土应采用间歇式强制拌和机拌制。进入拌和机的各种原材料必须按施工配合比准确计量。每班开工前应实测砂、石料的含水率,并以设计配合比为基础调整确定施工配合比。拌和机的进料顺序为砂、碎石、水泥,边搅边加水。混凝土的搅拌时间应根据拌和机性能与拌和物的和易性确定,一般少于3min。

7)混凝土采用自卸机动车运输,运输时间一般不大于10min。运距较远时,可采用搅拌运输车运输。混凝土装运时不得漏浆,并防止离析。

8)滑模摊铺机的方向与高程都是靠设置在机械两边基层上的导引线并通

过6个传感器来控制的，因此挂线的准确程度对路面平整度的好坏影响很大。一般说来，挂线主要有以下问题：

①间距过大，挠度变大，水平传感器在中间位置时，板面会出现轻微凹陷。

②间距过小，水平传感器接触夹线臂的次数增加，接触时摊铺机有轻微浮动，板面会出现凸起。

③导引线受到干扰，人为的侵扰可使导引线振幅达到2~5mm，面层误差将超过4~10mm，导致平整度不合要求。

在导引线挂好后，应有专门的施工员负责对挂线进行复核，并通过目测所挂好的线是否圆滑、顺直，如有明显拐点就马上采取措施查明原因并改过来。

挂线的要求是：

①合理设置拉线桩间距。根据实际情况设置间距，平面直线段7~10m，圆曲线段加密为5m，平面缓和曲线段或纵断面竖曲线段根据情况取5~10m。

②导引线要稳定。张紧力要足够大，约0.98kN，张紧后导引线的挠度应小于1mm；施工过程中应加强导引线的保护，确保导引线不受人为侵扰。拉线断掉后可连接使用，但接头不得大于1cm，同时一根线最好不要有3个以上的接头。

③挂线桩前部做成稍向下弯曲，以减小传感器在通过时的阻力。

9）摊铺机行走装置要调整好对称性和平行性，使行走方向与引导方向一致，避免摊铺机的自适应调整。摊铺机成型装置均为拼装件，拼装时要使模板底部平整，接缝控制在1mm左右；挤压底板前倾角调整到3°左右为宜。成型装置将面板表面砂浆层厚度控制在4mm左右，平整度就能得到良好控制。

10）摊铺机磨平器对已摊铺成型的混凝土表面的压力不可过大，并且摊铺机手在施工过程中应仔细观察，随摊铺的纵坡变化随时调整。适宜的磨平器压力是以刚好悬浮在混凝土表面为佳，而且速度均匀、快慢适中，路面不出现由抹平板端部推出的“之”字形影响路面平整度的砂浆棱。一般来说，抹平板的高度比摊铺机的拖模低1.5~2cm比较合适。同时磨平器要进行检查和保养，使其底部无变形且平整光滑；悬起时与地面、机架、磨平器桁架水平，若不平衡应进行调整；磨平器在工作中应运动自由，纵向自由度应在后端，若有问题进行润滑和调整。

11）振捣棒应排列均匀，若有损坏应及时更换；间距合适，相互间的间距不大于45cm，与边沿的间距不大于25cm；振捣棒高度要平齐、位置适当。另外，液压式振捣器随着使用时间的加长，振捣能力有所下降，要根据摊铺路面的厚度，振捣棒使用时间与效果等因素要调整振捣棒的间距。

12)摊铺机高程传感器的安装与支架要稳定可靠,4 个支腿的油缸动作也要平稳可靠,以减少振动而影响平整度。

13)在摊铺前须安排人员将 4 条履带行走路线上的河砂、卵石等杂物清除干净,保证 4 条履带在一个基本平整的地面上匀速行驶,减少整个摊铺机的跳动。

14)对于后机架上的拖布要勤洗勤换,尽力做到不沾浆,不变形,不虚边,在摊铺过程中每 2d 更换一次。同时要经常对摊铺机进行检查、保养,并配齐足够的易损零件。

15)施工期间气温过高或风力过大时,不得进行混凝土的摊铺。气温较高或风力较大时摊铺混凝土必须加以重视,防止混凝土水分蒸发过多。对于滑模摊铺机起步时的 5 ~ 10m 范围内的混凝土面板,在进行人工摊铺时,必须尽快在滑模摊铺的混凝土初凝之前完成,否则将会影响该处混凝土的凝结。

16)为了保证混凝土的强度和平整度,采用“三振、一拖滚、二拌、一拉毛”成面法进行施工。振捣时应辅以人工找平。随时检查模板,如有下沉、变形或松动,应及时纠正。整平时必须保证模板顶面的整洁,并应保证接缝处板面平整。做面前应做好清边整修,清除泥浆,修补掉边、缺角,严禁在面板上洒水或撒水泥粉。

17)拉纹是混凝土摊铺关键的工序之一,拉纹时机选择的好坏对平整度的影响很大,拉纹拉得太早,会使纹边上翘和翻砂,从而影响平整度;太迟拉纹的混凝土,表面又达不到构造深度。因此,应随气温、水泥的初凝时间、坍落度大小的不同而调整拉纹时间。一般以拉毛后细砂略有翻起为宜,轻重则以达到抗滑构造深度为准。

7.2 CRC + AC 复合式沥青路面层间黏结层施工技术

7.2.1 基本要求

1)必须保证混凝土补强调平层与沥青混凝土面层之间的黏结,界面抗剪强度应满足剪应力的要求。

2)应采取必要的措施解决连续配筋混凝土结构层裂缝处的防水与防裂问题,防止雨水渗入到混凝土路面结构内,延缓裂缝处的反射裂缝。宜采用应力吸收夹层,如黏结沥青(SBS 改性沥青、橡胶沥青等)、浸渍沥青的土工布夹层、道路专用 SBS 防水防裂夹层等。

7.2.2 层间界面黏结材料要求

1)喷洒式黏层结构,一般采用沥青质的液体涂料,如橡胶改性沥青、SBS 改性沥青、SBR 改性沥青、热石油沥青(A—70)、SBR 改性乳化沥青、普通乳化沥青等,应根据当地的气候条件、交通荷载条件、沥青面层厚度选用不同的黏结层材料及用量。沥青材料应满足《公路沥青路面施工技术规范》(JTG F40—2004)的要求规定;采用SBS改性沥青,应满足规范I-D的要求。

2)浸渍沥青土工布结构,一般采用沥青质液体与聚酯长丝无纺土工布结合,也可为类似防水卷材的防水夹层材料,现场摊铺而成。应根据当地的气候条件、交通荷载条件、沥青面层厚度选用不同的浸渍沥青与土工布。

7.2.3　复合式路面层间裸化及施工技术

在PCC+AC、CRC+AC等复合式路面结构中,水泥混凝土刚度与沥青混凝土刚度相差很大,水泥混凝土振捣后表面出现的浮浆使混凝土板比较光滑,AC层与PCC层、CRC层之间的接触面是抵抗水平剪切力的薄弱环节,容易造成水泥混凝土板和沥青混凝土两者之间接触面黏结不牢的现象,在行车荷载作用下发生的剪切破坏有两种情况:一是PCC、CRC板模量远大于其他结构层的模量,加之AC层厚度较薄,沥青内部产生较大的剪应力而引起难以确定破坏面的剪切变形;二是AC层与PCC、CRC层间结合面抵抗水平剪切能力较弱,在水平方向上产生相对位移,发生剪切破坏。研究表明:在层间设置应力夹层、将水泥混凝土层表面进行裸化,均可增强水泥混凝土板与沥青混凝土之间的黏结力。

1)CRC表面的裸化处理技术

为加强沥青面层与CRC混凝土板的黏结,除优选层间界面黏结强度高的黏结层材料外,还需对CRC混凝土板表面进行清理与处理,CRC混凝土板表面的碎石最好能外露出来。可采用混凝土浇筑时表面洒缓凝剂,待混凝土强度达到一定强度时用高压水冲刷表面,除去表面砂浆,露出碎石;也可采用机械方法,刷去表面浮浆。

表面露骨技术,即在新浇混凝土的表面喷洒缓凝剂,再用高压水冲掉混凝土表面的砂浆,集料外露后,在新的表面上喷洒养生薄膜。

表面刷浆技术,即在新浇混凝土的表面喷洒缓凝剂,然后用塑料薄膜覆盖。第二天刷掉混凝土表面的砂浆,集料外露后,在新的表面上喷洒养生薄膜。

表面抛丸技术,即在混凝土完全凝结后,没有采取其他的表面处理技术,在层间黏结层施工前对混凝土表面进行抛丸除浆处理。

裸化是一种清除水泥混凝土表面浮浆,使碎石露出集料的施工技术。而裸化成功的关键是裸露化时间,过早裸化,水泥混凝土强度未形成而导之破坏水泥混凝土的结构;时间过晚,混凝土强度已形成而使裸化难以形成。

2)裸化时间

在路面摊铺后,在切缝前,及时检查混凝土表面以控制裸化时间,通过试验及参照类似工程的经验,将裸露化时间控制在160~200℃·h进行裸化比较合适。当混凝土表面可以裸化后,可用裸露化机进行裸化,并用带有压力的水管,不断在裸化过程中冲去水泥砂浆,以便裸化顺利进行。

3)裸化深度及其要求

裸化深度控制在2~3mm,以露出碎石面为准。

4)在裸化过程中,应注意以下:

(1)施工中应控制裸化过程中裸化机的喷水量和水压力,以免破坏混凝土的强度,并保证面层的平整度。

(2)裸化要均匀、连续,整个断面均要裸化,不能漏裸,裸化过程中要注意对混凝土表面的冲洗,在冲洗过程中要不断地清扫,不能有水泥浆残留在混凝土表面。

7.2.4 复合式路面层间黏结施工技术

1)热沥青尤其是SBS改性沥青封层由于洒布温度较高,同时要求必须洒布均匀,一般要求采用进口的撒布设备(如法国、美国设备),本身具有加热系统,能保证洒布温度尤其是高温洒布,各个喷嘴能够单独自动控制,喷油管具有回路,能严格控制洒布量。目前国内已有多家改性沥青封层专业施工公司。而国产沥青洒布车各个喷嘴不能自动控制,没有回路,洒布量主要由洒布车速度控制,没有加热系统,对于改性沥青需高温洒布时施工困难。同时需要配套的碎石洒布设备。

2)清理路面,应平整、干燥、整洁,不得有尘土、杂物或油污。

3)采用进口沥青洒布车均匀喷洒热沥青封层。

4)洒布单一粒径规格的碎石,覆盖率50%~60%左右。

5)用轮胎压路机碾压成型。

6)采用同步碎石封层机进行热沥青封层的施工。

7.3 CRC+AC复合式沥青面层施工技术

沥青面层各层的施工,按《公路沥青路面施工技术规范》(JTG F40—2004)的有关要求执行,包括材料技术要求、沥青混合料组成设计、施工要求、质量检验等。

参考文献

[1] 张志强,余概宁,钱国平. 广东省重载沥青路面的水损害及防治对策[J]. 中外公路,2004,24(4):43-45.

[2] 黄文元,王旭东,孙立军. 公路超载特征及重载沥青路面交通量参数[J]. 公路,2003(5):56-59.

[3] 胡伟,黄仁基,陈小波. 长潭路旧水泥混凝土路面上补强层的设计与方案比较[J]. 湖南交通科技,2004,30(1):1-3.

[4] 沙庆林. 高速公路沥青路面早期破坏现象及预防[M]. 北京:人民交通出版社,2001.

[5] 贺广华,邓义波. 高速公路修修补补何时了(监督与思考)[N].《人民日报》(2006-05-30 第 05 版,视点新闻).

[6] 胡长顺,王秉纲. 复合式路面设计原理与施工技术[M]. 北京:人民交通出版社,1999.

[7] 邓学钧,陈荣生. 刚性路面设计[M]. 北京:人民交通出版社,1993.

[8] 冯治安,等. 长寿命路面典型结构研究、设计与施工技术[M]. 北京:人民交通出版社,2007.

[9] 姚祖康. 水泥混凝土路面设计理论与方法[M]. 北京:人民交通出版社,2003.

[10] 姚祖康. 公路设计手册　路面(第三版)[M]. 北京:人民交通出版社,2006.

[11] 黄卫,钱振东. 高等级水泥混凝土路面设计理论与方法[M]. 北京:科学出版社,2000.

[12] 邓学钧,黄晓明. 路面设计原理与方法[M],北京:人民交通出版社,2001.

[13] 黄仰贤. 路面分析与设计[M]. 北京:人民交通出版社,1993.

[14] 张起森. 高等路面结构设计理论与方法[M]. 北京:人民交通出版社,2004.

[15] 黄晓明. 水泥路面设计[M]. 北京:人民交通出版社,2003.

[16] 黄立葵. 美国路面结构与性能[J]. 中南公路工程,2005,30(3):157-162.

[17] 中华人民共和国交通行业标准. JTG D40—2002　公路水泥混凝土路面设计规范[S]. 北京:人民交通出版社,2011.

[18] 中华人民共和国交通行业标准. JTG D50—2006　公路沥青路面设计规范[S]. 北京:人民交通出版社,2006.

[19] Nunn, M. E., Design of Long-life Flexible Pavements for Heavy Traffi, Report 250 Transportation Research Laboratory, U K,1997.

[20] Jim Huddleston, Perpetual Pavement, Asphalt Pavement Alliance, USA, 2002.

[21] Highway Preservation Systems, Ltd. Pavement Condition Evaluation Manual. April 2002.

[22] Illino in De Partment of Transportation. Performance of an Unbonded Concrete Overlay on I-74. Physical Research Report NO. 140 April 2002.

[23] 张军辉,黄晓明编译. CRCP:当今高速公路耐久性路面的解决方案—荷兰实践[J]. 中外公路,2005,25(6):11-15.

[24] Kang YJ, Park JS, Yoon KY, Han SY. Experimental Study on Fatigue Strength of Continouslys Reinforced Concrete Pavement[J]. Magazine of Concrete Research 56(10): 605-615 DEC 2004 Document Type: Article Language: English Cited References: 10 Times Cited.

[25] Roesler JR, Popovics JS, Ranchero JL, Mueller M, Lippert D. Longitudinal Cracking Distress on Continuously Reinforced-Concrete Pavements in Illinois [J]. JOURNAL OF PERFORMANCE OF CONSTRUCTED FACILITIES 19 (4): 331-338, NOV 2005.

[26] 唐伯明,蒙华,刘志军. 欧美水泥混凝土路面设计使用现状综述[J]. 公路,2003(10).

[27] 周志刚,张起森. 连续配筋混凝土路面研究综述[J]. 长沙交通学院学报,2000,16(3):23-27.

[28] 张映雪译. 南北高速公路—连续配筋混凝土路面[J]. 国外公路,1998,18(4).

[29] 曹东伟,等. CRCP 施工技术研究[J]. 公路交通科技,2002,19(5):55-58.

[30] 胡长顺,等. 连续配筋混凝土路面试验路研究[J]. 公路,2001(7).

[31] 孙中阁,杨鸿. 连续配筋混凝土路面在 110 国道改造中的应用[J]. 公路,2004(8).

[32] 查旭东,黄庆,等. 高速公路连续配筋混凝土路面施工技术研究[J]. 中外公路,2003(1).

[33] Green, J. (Burks Green); Davies, I. A449 COLDRA-USK REHABILITATION[J]. Proceedings of the Institution of Civil Engineers, Municipal Engineer, v 139, n 1, Mar, 2000:13-20.

[34] Selezneva O, Rao C, Darter MI, Zollinger D, Khazanovich L. DEVELOPMENT OF A MECHANISTIC – EMPIRICAL STRUCTURAL DESIGN PROCEDURE FOR CONTINUOUSLY REINFORCED[A]. Pavement Design and Accelerated Testing 2004 Transportation Research Record (1896)46-56,2004.

[35] 徐一岗,顾兴宇.连续配筋水泥混凝土路面的有限元模型探讨[J].交通标准化,2006(11):131-134.

[36] 王虎.连续配筋混凝土路面静动力学计算与分析[D].西安:西安公路交通大学,2001.

[37] 王虎,胡长顺,王秉纲.连续配筋混凝土路面在横向荷载作用下的解析解[J].西安公路交通大学学报,1999,Vol.19(4):1-5.

[38] 王虎,胡长顺,王秉纲.连续配筋混凝土路面荷载应力精确解[J].中国公路学报,2000,13(2):1-4.

[39] 王虎,胡长顺,王秉纲.连续配筋混凝土路面动荷响应分析[J].工程力学,2001,18(5):119-126.

[40] 曹东伟.连续配筋混凝土路面结构研究[D].西安:西安公路交通大学,2001.

[41] 曹东伟,胡长顺.连续配筋混凝土路面温度应力分析[J].西安公路交通大学学报,2001,Vol.21(2).

[42] 曹东伟,胡长顺.旧水泥混凝土路面沥青加铺层力学分析[J].西安公路交通大学学报,2001,21(1):1-5.

[43] 曹东伟,胡长顺.连续配筋混凝土路面端部锚固力计算方法[J].西安建筑科技大学学报,2000(32).

[44] 曹东伟,胡长顺.连续配筋混凝土路面裂缝间距的可靠性分析[J].交通运输工程学报,2001,Vol.1(3):37-41.

[45] 胡长顺,曹东伟.连续配筋混凝土路面结构设计理论与方法研究[J].交通运输工程学报,2001,1(2):57-62.

[46] 田寅春,胡长顺,王秉纲.连续配筋混凝土路面荷载应力分析[J].西安公路交通大学学报,2000,20(3):6-10.

[47] 张洪亮.连续配筋混凝土端部锚固结构研究[D].西安:西安公路交通大学,2000.

[48] 陈云鹤,邓学钧,周早生.连续配筋混凝土路面温度应力的弹性解[J].应用力学学报,Vol.17,No.4,2000.12.

[49] 陈云鹤,庞有师,邓学钧.连续配筋混凝土路面结构总应力的计算方法

[J]. 华东公路,2000(5):45-46.

[50] 陈锋锋,黄晓明,张军辉. 连续配筋混凝土路面设计和施工方法的研究[J]. 华中科技大学学报,2005(22).

[51] 高启俊. 连续配筋混凝土路面裂缝的分析与研究[D]. 南京:东南大学. 2000.

[52] 蔡东锋. 连续配筋混凝土路面设计施工技术及其应用[J]. 公路,2004(06).

[53] 苏清贵. 连续配筋混凝土路面横向开裂分析与端部位移研究[D]. 长沙:长沙交通学院. 2002.

[54] 苏清贵,张起森. 连续配筋混凝土路面的端部位移[J]. 中外公路,2002(2).

[55] 李卓. 连续配筋混凝土路面早期横向开裂的分析与验证[D]. 长沙:长沙交通学院. 2003.

[56] 陈志良. 连续配筋混凝土路面收缩开裂分析[D]. 长沙:长沙交通学院. 2003.

[57] 巨锁基. 地基支承不良条件下连续配筋混凝土路面荷载应力分析[D]. 长沙:长沙交通学院. 2002.

[58] 张庆宇,田平. 连续配筋混凝土路面施工技术研究[J]. 现代交通技术,2006(2).

[59] Seong-Min Kim, Moon C. Won, B. Frank McCullough. Mechanistic Analysis Of Contituously Reinforced Concrete Pavements[J], the University of Texas at Austin ,October 2001.

[60] 董侨. 沥青混凝土+连续配筋混凝土复合式路面结构与材料[D]. 南京:东南大学,2006.

[61] B. Frank McCullough. Three-Dimensional Nonlinear Finite Element Analysis of Continuously Reinforced Concrete Pavements[J], the University of Texas at Austin,2000.

[62] Van Metzinger, William A., McCunogan, B. Frank. Performance of Bonded Concrete Overlays on Continouslys Reinforced Concrete Pavement[J]. Concrete International: Design and Construction, v 13, n 12, Dec, 1991:35-42.

[63] 顾兴宇,等. AC+CRCP 复合式路面温度场有限元分析[J]. 东南大学学报(自然科学版),2006,36(5):805-809.

[64] 王秉纲. 有沥青面层的水泥混凝土路面的应力分析[J]. 公路,2002(8):

23-26.
[65] 曾四平,郭少华,等. RCC-AC 路面温度荷载型断裂的有限元分析[J]. 中南大学学报(自然科学版),2005,36(1):149-153.
[66] 沙庆林,王旭东. 水泥混凝土路面加铺沥青混凝土面层的技术研究[J]. 公路,2002(11).
[67] 杨群,郭忠印,陈立平. 考虑水平荷载的公路隧道复合式路面表面拉应力分析[J]. 公路交通科技. 2006,23(1):16-19.
[68] 周富杰,孙立军. 复合路面荷载型反射裂缝的力学分析和试验验证[J]. 土木工程学报,2002,35(1):50-56.
[69] 邹春伟,郭少华. 带裂缝混凝土路面的极限承载力[J]. 中南工业大学学报(自然科学版),2002,33(5):466-468.
[70] 李淑明,蔡喜棉,许志鸿. 防治复合式路面的反射裂缝技术研究[J]. 同济大学学报(自然科学版),2005,33(12):1616-1620.
[71] 李淑明,许志鸿,蔡喜棉. 土工织物对复合式路面结构内力影响分析[J]. 中国公路学报,2006,19(1):28-31.
[72] 蒋应红,周挺. 旧水泥混凝土路面沥青加铺层结构设计探讨[J]. 中国市政工程,2005(3).
[73] 朱自萍,孙海鹏,胡志伟. 合巢芜高速公路大修改造工程旧水泥混凝土路面沥青加铺层结构设计[J]. 安徽建筑,2004(11).
[74] 闫景侠. RCC-AC 复合式路面满足车辙要求的 AC 层厚度范围[J]. 安徽建筑,2005(5):121-122.
[75] 邹春伟,郭少华. 温度变形对刚性路基的影响[J]. 中南工业大学学报(自然科学版),2003,34(2):208-210.
[76] 沈化荣,杨明玉. 刚柔复合路面动载响应模型的建立[J]. 淮阴工学院学报,2005,14(5):74-77.
[77] 吴金贵. 基于 ANSYS 的 AC/CRC 层间剪应力分析[J]. 公路与汽运,2005(4).
[78] 阳宏毅. 连续配筋混凝土复合式路面层间应力分析与结合技术研究[D]. 长沙:长沙理工大学. 2005.
[79] 高金岐,等. 沥青黏结层抗剪强度试验分析[J]. 北京建筑工程学院学报,2003,19(1):66-71.
[80] 高雪池,黄晓明,王松根. 大跨径预应力混凝土桥梁防水黏层的研究[J]. 公路交通科技,2005,22(8):70-73.

[81] 王昌引. SBR 复合材料在沥青路面层间结合中的应用研究[J]. 合肥工业大学学报(自然科学版),2000,23(增刊):889-892.

[82] 夏选朋,覃绮平. 复合式路面黏结层沥青用量的研究[J]. 青海交通科技,2005(1):37-38.

[83] 顾兴宇,等. CRCP 板与沥青混凝土面层间黏结层材料试验研究[J]. 公路交通科技,2005,22(6):14-17.

[84] 郝文化. ANSYS 土木工程应用实例[M]. 北京:中国水利水电出版社,2005.

[85] 过镇海. 钢筋混凝土原理[M]. 北京:清华大学出版社,1999.

[86] 中华人民共和国交通行业标准. JTG F30—2003 公路水泥混凝土路面施工技术规范[S]. 北京:人民交通出版社,2003.

[87] 中华人民共和国交通行业标准. JTG F40—2004 公路沥青路面施工技术规范[S]. 北京:人民交通出版社,2004.

[88] 傅智. 水泥混凝土路面施工技术[M]. 北京:人民交通出版社,2004.

[89] 梁军林,傅智. 水泥混凝土路面三辊轴机组铺筑施工中应注意的几个问题[J]. 公路,2003(7).

[90] 曹源文,梁乃兴,龚同燕. 复合式沥青混合料路面摊铺工艺[J]. 建筑机械,2004(9).

[91] 郭大智,任瑞波. 层状黏弹性体系力学[M]. 哈尔滨:哈尔滨工业大学出版社,2001.

[92] 郭大智,冯德成. 层状弹性体系力学[M]. 哈尔滨:哈尔滨工业大学出版社,2001.

[93] 郭大智,马松林. 路面力学中的工程数学[M]. 哈尔滨:哈尔滨工业大学出版社,2001.

[94] 郑传超,王秉纲. 道路结构力学计算(上下册)[M]. 北京:人民交通出版社,2003.

[95] 许涛,黄晓明. 混凝土桥沥青铺装层力学计算分析[J]. 合肥工业大学学报(自然科学版). 2004,27(6):653-657.

[96] 高雪池,黄晓明,许涛. 大跨径桥梁沥青混凝土桥面铺装层力学分析[J]. 公路交通科技,2005,22(1):69-72.

[97] 张占军,王虎,胡长顺,等. 水泥混凝土桥面沥青铺装及防水层荷载弯曲应力分析[J]. 中国公路学报,2004,17(4):37-40.

[98] 叶勇,冯庆忠,薛连旭. 构造物顶部沥青混凝土铺装层的层间剪应力分析

[J]. 中国科技信息,2005(2).
[99] 郑健龙,周志刚,张起森,著. 沥青路面抗裂设计理论与方法[M]. 北京:人民交通出版社,2003.
[100] 张占军,胡长顺,王秉纲. 水泥混凝土桥面沥青混凝土铺装结构设计方法研究[J]. 中国公路学报,2001(1).
[101] 倪富健,卢杨,顾兴宇,等. 沥青混凝土与连续配筋混凝土复合式路面承载力分析[J]. 交通运输工程学报,2007,7(1):43-48.
[102] 马庆雷. 基于刚性基层的耐久性沥青路面结构研究[D]. 长安大学,2006..
[103] 王笑风,等. 混凝土桥面防水层直剪试验[J]. 长安大学学报,2006,26(4):30-34.
[104] 高英,黄晓明,许涛. 水泥混凝土桥梁沥青混凝土铺装层的疲劳性能[J]. 交通运输工程学报,2006,6(1):39-43.
[105] 李小重,范跃武,黄晓明. 水泥混凝土桥面铺装防水黏结层的分析与设计[J]. 中外公路,2006,26(1).
[106] 中华人民共和国交通行业标准. JTG E30—2005 公路工程水泥及水泥混凝土试验规程[S]. 北京:人民交通出版社,2005.
[107] 中华人民共和国交通行业标准. JT/T 513-521—2004 公路工程土工合成材料等九项标准[S]. 北京:人民交通出版社,2004.
[108] 苏凯,等. 山区公路沥青路面基面层滑移破坏研究[J]. 中国公路学报,2005,18(3).
[109] McCullough B F, Won M C, Hankins K. Long-Term Performance Study of Rigid Pavements. 4th International Conference for Design and Rehabilitation of Rigid Pavements, Purdue University, West Lafayette, Indiana, April 1989.
[110] 刘朝晖,等. 旧水泥混凝土路面上加铺层结构类型选择与结构组合设计[A]. 第四届交通运输领域华人学者国际会议论文集[C]. 2004 年 6 月,武汉.
[111] 刘朝晖,等. 旧水泥混凝土路面加铺连续配筋混凝土复合式路面结构设计[A]. 第三届全国公路科技创新高层论坛论文集[C],北京:人民交通出版社,2006.
[112] 刘朝晖,等. 高速公路旧水泥混凝土路面加铺沥青面层结构组合设计[J]. 公路交通科技,2004(7).

[113] 刘勇,刘朝晖.旧水泥混凝土路面加铺复合式路面结构方案设计[J].中南公路工程,2004(2).

[114] 刘朝晖,李宇峙.连续配筋混凝土路面应用技术[J].广东公路交通,2003(S).

[115] 刘朝晖,李宇峙,苏纪开,等.国道325线恩平东段一级公路连续配筋混凝土试验路路面结构设计[J].广东公路交通,2003(增刊).

[116] 严岩,刘朝晖,黄伟雄.连续配筋混凝土路面加铺层结构方案设计[J].中外公路,2005(5).

[117] 阳宏毅,刘朝晖.水泥混凝土与沥青混凝土复合式路面层间剪应力分析[J].公路与汽运,2004(6).

[118] 李宇峙,李健,刘朝晖,等.长永路旧水泥混凝土路面上沥青混合料加铺层结构设计[J].湖南交通科技,2003(1).

[119] 刘朝晖,郑健龙,华正良.连续配筋混凝土刚柔复合式沥青路面端部结构设置研究[J].中外公路(核心),2008,28(1):41-44.

[120] 刘朝晖,华正良,郑健龙.刚柔复合式沥青路面层间结合技术[J].公路交通技术,2008(5):21-26.

[121] 刘朝晖,郑健龙,华正良. CRC + AC 刚柔复合式路面结构与工程应用[J].公路交通科技(CSCD),2008,25(12):59-64.

[122] 刘朝晖,林佛光,华正良.连续配筋混凝土复合式沥青路面温度应力分析[J].交通科学与工程,2009,25(1):5-9.

[123] QIN Ren-jie, LIU Zhao-hui, HUA Zheng-liang. Comparative and analytic research on shear strength of different asphalt binder[J]. Journal of Materials Science and Engineering (USA), 2009, 3(3):31-35.

[124] 刘朝晖,孙湘俊,谢军. G319国道浏阳焦溪岭隧道路面结构设计与修筑技术[J].中外公路,2010,30(2):59-62.

[125] 刘朝晖,谭炯,沙庆林.多碎石沥青混合料SAC路用性能[J].长沙理工大学学报,2008,5(2):9-13.

[126] 刘朝晖,沙庆林,李振科. A-30硬质沥青及其混合料性能试验研究[J].石油沥青,2008,22(2):7-13.

[127] 刘朝晖,李文科,沙庆林.硬质沥青及其混合料高温性能试验研究[J].公路(核心),2008(4):152-155.

[128] 刘朝晖,郑健龙. CRC + AC 复合式路面结构层间剪应力分析与层间界面抗剪强度试验研究[A].第四届全国公路科技创新高层论坛论文集[C].

北京:人民交通出版社,2008.04:42-46.

[129] 刘朝晖,郑健龙,华正良.CRC+AC复合式路面结构荷载应力分析[A]//.第17届全国结构工程学术会议论文集[C].北京:《工程力学》杂志社,2008.08:471-476.

[130] 秦仁杰,刘朝晖,张宝静.低路堤高速公路集水净化渗滤系统排水方式研究[J](EI).中国公路学报,2009,22(3):31-35.

[131] 龚先兵,刘朝晖,李九苏.道路再生骨料混凝土耐久性试验研究[J].中外公路(核心),2009,29(3):200-204.

公路工程现行标准、规范、规程、指南一览表

序号	类别		编　　号	名称(书号)	定价(元)
1	基础		JTJ 002—87	公路工程名词术语(0346)	22.00
2			JTJ 003—86	公路自然区划标准(0348)	16.00
3			JTG B01—2003	公路工程技术标准(04957)	28.00
4			JTJ 004—89	公路工程抗震设计规范(0347)	15.00
5			JTG/T B02-01—2008	公路桥梁抗震设计细则(1228)	35.00
6			JTG B03—2006	公路建设项目环境影响评价规范(0927)	26.00
7			JTG B04—2010	公路环境保护设计规范(08473)	28.00
8			JTG/T B05—2004	公路项目安全性评价指南(0784)	18.00
9			JTG B06—2007	公路工程基本建设项目概算预算编制办法(06903)	26.00
10			JTG/T B06-01—2007	★公路工程概算定额(06901)	110.00
11			JTG/T B06-02—2007	★公路工程预算定额(06902)	138.00
12			JTG/T B06-03—2007	★公路工程机械台班费用定额(06900)	24.00
13			交通部定额站 2009 版	公路工程施工定额(07864)	78.00
14			JTG/T B07-01—2006	公路工程混凝土结构防腐蚀技术规范(0973)	16.00
15			交通部 2007 年第 30 号	国家高速公路网相关标志更换工作实施技术指南(1124)	58.00
16			交通部 2007 年第 35 号	收费公路联网收费技术要求(1126)	62.00
17			交通运输部2011 年第13 号	收费公路联网电子不停车收费技术要求(09033)	120.00
18			交通运输部 2011 年	公路工程项目建设用地指标(09402)	36.00
19	勘测		JTG C10—2007	★公路勘测规范(06570)	28.00
20			JTG/T C10—2007	★公路勘测细则(06572)	42.00
21			JTG C20—2011	公路工程地质勘察规范(09507)	65.00
22			JTG/T C21-01—2005	公路工程地质遥感勘察规范(0839)	17.00
23			JTG C30—2002	公路工程水文勘测设计规范(0604)	22.00
24			JTG/T C22—2009	公路工程物探规程(1311)	28.00
25	设计	公路	JTG D20—2006	★公路路线设计规范(0996)	38.00
26			JTG D30—2004	公路路基设计规范(05326)	48.00
27			JTG/T D31—2008	沙漠地区公路设计与施工指南(1206)	32.00
28			JTG/T D31-03—2011	★采空区公路设计与施工技术细则(09181)	40.00
29			JTG/T D32—2012	公路土工合成材料应用技术规范(09908)	42.00
30			JTG D40—2011	★公路水泥混凝土路面设计规范(09463)	40.00
31			JTG D50—2006	★公路沥青路面设计规范(06248)	36.00
32			JTJ 018—97	公路排水设计规范(0147)	12.00
33		桥隧	JTG D60—2004	公路桥涵设计通用规范(05068)	24.00
34			JTG/T D60-01—2004	公路桥梁抗风设计规范(0814)	28.00
35			JTG/T D65-01—2007	公路斜拉桥设计细则(1125)	28.00
36			JTG D61—2005	公路圬工桥涵设计规范(0887)	19.00
37			JTG D62—2004	公路钢筋混凝土及预应力混凝土桥涵设计规范(05052)	48.00
38			JTG D63—2007	公路桥涵地基与基础设计规范(06892)	48.00
39			JTJ 025—86	公路桥涵钢结构及木结构设计规范(0176)	20.00
40			JTG/T D65-04—2007	公路涵洞设计细则(06628)	26.00
41			JTG D70—2004	公路隧道设计规范(05180)	50.00
42			JTG/T D70—2010	★公路隧道设计细则(08478)	66.00
43			JTJ 026.1—1999	公路隧道通风照明设计规范(0397)	16.00
44			JTG/T D71—2004	公路隧道交通工程设计规范(0810)	26.00
45		交通	JTG D80—2006	高速公路交通工程及沿线设施设计通用规范(0998)	25.00
46			JTG D81—2006	★公路交通安全设施设计规范(0977)	25.00
47			JTG/T D81—2006	★公路交通安全设施设计细则(0997)	35.00
48			JTG D82—2009	公路交通标志和标线设置规范(07947)	116.00
49		综合	交公路发〔2007〕358 号	公路工程基本建设项目设计文件编制办法(06746)	26.00
50			交公路发〔2007〕358 号	公路工程基本建设项目设计文件图表示例(06770)	600.00

续上表

序号	类别	编　　号	名称（书号）	定价（元）
51	检测	JTG E20—2011	公路工程沥青及沥青混合料试验规程（09468）	106.00
52		JTG E40—2007	★公路土工试验规程（06794）	79.00
53		JTG E30—2005	公路工程水泥及水泥混凝土试验规程（0830）	32.00
54		JTG E41—2005	公路工程岩石试验规程（0828）	18.00
55		JTJ 056—84	公路工程水质分析操作规程（02971）	8.00
56		JTG E42—2005	公路工程集料试验规程（0829）	30.00
57		JTG E50—2006	★公路工程土工合成材料试验规程（0982）	28.00
58		JTG E51—2009	公路工程无机结合料稳定材料试验规程（08046）	48.00
59		JTG E60—2008	公路路基路面现场测试规程（07296）	38.00
60	施工 公路	JTG F10—2006	公路路基施工技术规范（06221）	40.00
61		JTJ 034—2000	公路路面基层施工技术规范（0431）	20.00
62		JTG F30—2003	公路水泥混凝土路面施工技术规范（04622）	46.00
63		JTJ 037.1—2000	公路水泥混凝土路面滑模施工技术规程（0425）	16.00
64		JTG F40—2004	公路沥青路面施工技术规范（05328）	38.00
65		JTG F41—2008	公路沥青路面再生技术规范（07105）	25.00
66	桥隧	JTG/T F50—2011	★公路桥涵施工技术规范（09224）	110.00
67		JTG/T F81-01—2004	公路工程基桩动测技术规程（0783）	20.00
68		JTG F60—2009	公路隧道施工技术规范（07992）	42.00
69		JTG/T F60—2009	公路隧道施工技术细则（07991）	58.00
70	交通	JTG F71—2006	★公路交通安全设施施工技术规范（0976）	20.00
71		JTG/T F83-01—2004	高速公路护栏安全性能评价标准（0809）	15.00
72		JTG/T F72—2011	公路隧道交通工程与附属设施施工技术规范（09509）	35.00
73	质检安全	JTG F80/1—2004	公路工程质量检验评定标准　第一册　（土建工程）（05327）	46.00
74		JTG F80/2—2004	公路工程质量检验评定标准　第二册　（机电工程）（05325）	26.00
75		JTG G10—2006	公路工程施工监理规范（06267）	20.00
76		JTJ 076—95	公路工程施工安全技术规程（0049）	12.00
77	养护管理	JTG H10—2009	公路养护技术规范（08071）	49.00
78		JTJ 073.1—2001	公路水泥混凝土路面养护技术规范（0520）	12.00
79		JTJ 073.2—2001	公路沥青路面养护技术规范（0551）	13.00
80		JTG H11—2004	公路桥涵养护规范（05025）	30.00
81		JTG H12—2003	公路隧道养护技术规范（0695）	26.00
82		JTG H20—2007	公路技术状况评定标准（1140）	15.00
83		JTG/T H21—2011	★公路桥梁技术状况评定标准（09324）	46.00
84		JTG H30—2004	公路养护安全作业规程（05154）	36.00
85		JTG H40—2002	公路养护工程预算编制导则（0641）	9.00
86	加固设计与施工	JTG/T J21—2011	公路桥梁承载能力检测评定规程（09480）	20.00
87		JTG/T J22—2008	公路桥梁加固设计规范（07380）	52.00
88		JTG/T J23—2008	公路桥梁加固施工技术规范（07378）	30.00
89	造价	JTG M20—2011	公路工程基本建设项目投资估算编制办法（09557）	110.00
90		JTG/T M21—2011	公路工程估算指标（09531）	30.00
1	技术指南	中建标公路［2002］1 号	公路沥青玛蹄脂碎石路面技术指南（0634）	20.00
2		交公便字［2005］330 号	公路机电系统维护技术指南（0922）	30.00
3		交公便字［2006］02 号	公路工程水泥混凝土外加剂与掺合料应用技术指南（0925）	50.00
4		交公便字［2005］329 号	★微表处和稀浆封层技术指南（0920）	18.00
5		交公便字［2005］329 号	公路冲击碾压应用技术指南（0921）	15.00
6		交公便字［2006］02 号	公路工程抗冻设计与施工技术指南（0926）	26.00
7		厅公路字［2006］418 号	公路安全保障工程实施技术指南（1034）	40.00
8		交公便字［2006］02 号	公路土钉支护技术指南（0995）	22.00
9		交公便字［2006］274 号	公路钢箱梁桥面铺装设计与施工技术指南（1008）	25.00
10		交公便字［2006］243 号	盐渍土地区公路设计与施工指南（1006）	20.00
11			横张预应力混凝土桥梁设计施工指南（0831）	15.00
12		交公便字［2009］145 号	公路交通标志和标线设置手册（07990）	165.00

注：JTG——公路工程行业标准体系；JTG/T——公路工程行业推荐性标准体系；JTJ——仍在执行的公路工程原行业标准体系。批发业务电话：010-59757973；零售业务电话：010-85285659（北京）；网上书店电话：010-59757908；业务咨询电话：010-85285922。带“★”的表示有勘误，详见 www.ccpress.com.cn 人民交通出版社网站首页。